桑 兵 著

国学与汉学

近代中外学界交往录

北京师范大学出版集团
BEIJING NORMAL UNIVERSITY PUBLISHING GROUP
北京师范大学出版社

目 录

绪　论

第一节　缘起

此书缘起，当在 1994 年年初即将结束客居日本的研究生活之际。归国前，我从东京去银装素裹的京都查阅史料，蒙狭间直树教授相邀，在他主持的京都大学人文科学研究所的梁启超研讨班例会上做报告。还在博士论文的修订期间，我即注意到晚清民国时期学界风潮锋芒所向的教职员中，不少人是当时的学问大家，他们在近代中国学术的转折期所起的承先启后的作用，不是仅仅从学界风潮角度立论所能认识清楚的。因此，我在集中精力关注近代大众传播媒介与社会变迁的关系这一课题的同时，注意收集有关近代学者的资料。此外，因为研究甲午至辛亥海内外中国新知识界的社团与活动，我对于和政治关系密切的梁启超了解较多，于是选择"梁启超与近代学术"为报告主题。

近代中国学术界名家辈出，形成宋以来学术发展的又一高峰。究其原因，史料大量涌现，承袭清学余荫，沟通域外汉学，当在首要之列。或以为近代中国社会动荡，政治黑暗，何以学问独盛？言下之意，颇疑立说者居心叵测。其实学术文艺等事，虽不能脱离社会基础，乃至有人称第三世界的学者只能做第三世界的学问，其兴却往往不在太平盛世。纵观古今中外，乱世出学人，绝非例外，正如 1932 年孙楷第函告陈垣："窃谓吾国今日，生产落后，百业凋零，科学建设，方之异国，殆无足言；若乃一线未斩唯在学术。"[1]近代学问大家，对于清学

---

① 陈智超编注：《陈垣来往书信集》，409 页，上海，上海古籍出版社，1990。

用功颇深，源流脉络，长短利弊，了解周详，虽见仁见智，不无微词，但变换角度，亦可谓心得独多。清学极端发展，得失凸显，适为近代学者奠定更上一层楼的基础。认识和把握清学史，正是近代学者超越前人的妙诀之一。与此相较，当代中国学者对于近代学术史可以说相对隔膜，海外学者亦然。而且世风流变，当时口碑与事后评价乾坤颠倒者不乏其例。究其原因，禹内主要在学术以外，而非如时人所谓忘怀，域外则是第二次世界大战前后学风激变。虽然原因不一，但均使后来者临歧徘徊，无所适从。治学须知大势，近代国际汉学界对中国认识的深化和中国学者掌握西学及外语程度的增强，使得彼此沟通，渐成一有机整体。通过描述分析中外学者的交往关系，可以显现学术发展的状况趋势，并把握个人及学派在其中所处的时空位置。这或许能够弥补专而偏的局限，见木见林，相辅相成。

文章千古事，得失寸心知。一时代之学术，须经时间检验，才能分别一时之俊与百代之英。世纪回眸，几度浮沉之后，前贤的历史地位大体依所贡献而适得其所，后学亦可摆脱非学术性制约，从容煮酒论英雄。欲知21世纪中国学术发展的大道何在，应对近代学术史的利弊得失详察深究，而与国际汉学界的交往，为其中重要内容。如果说不通域外不能知近代史，那么不知中外学术交往，则难以恰当体验近代学术发展。域外汉学家对于近代中国学术及学者的评点，往往不止衡鉴而已，尤其是那些纯就学术立论，因而与禹内公意不尽相同的真知灼见。以几位享有盛名的学术大家而论，对王国维、陈垣的推崇中外一致，对梁启超、胡适的看法则相去甚远。据传一位中国学人访美，和一位美籍学者谈及胡适，前者说胡适学术上有贡献，政治上很差；后者的看法则截然相反，认为其政治很好，学术很差。政见分歧，缘于双方立场观念不一，不难理解。学术评价如此悬殊，值得玩味，所凭借的依据不同，或为重要原因。国人论学，往往将社会影响作为学术贡献的参考。

不过，真正高明的学术，毕竟难以领悟。所以对于陈寅恪，本土学者（包括海外华人）中虽不乏推崇备至之人，域外汉学家多少有些莫名所以。而且本土学者的认识，大都限于其壮岁成就，至于晚年之作，仍然曲高和寡。陈寅恪治学，前期虽经留学同人的大力举荐和罗振玉、王国维等大家的品题，但学术界还是看法不一，不少人有所保留。

1932 年年初，孙楷第致函陈垣，试为蠡测宇内名流之品类，认为："今之享大名者名虽偶同，而所以名者则大有径庭，其间相去盖不可以道里计也。"他区分时贤为三类：一为时势造英雄，"偶因时会，奋起昌言，应社会之须要，有卓特之至论，风声既播，名价遂重。一字足以定毁誉，一言足以论高下。虽时过境迁，余威犹在。既妇孺之尽知，亦无施而不宜"；一为渊源有自，"关闽不同，扬刘异趣。都分门户，尽有师承。人慕桓荣之稽古，士归郭太之品题，学利可收，清誉易致"；一为博辩多识，"鉴古今之源流，知中外之旨归，学非一途，业有多方。著书立说，亦能提挈纲领，务去陈言。规模既宏，众望所归。为当代之闻人，有激扬之令誉"。首类当指胡适，其次则章门弟子，最后似为陈寅恪。"综斯三途，虽成就不同，仕隐各异，然俱有赫赫之名，既负硕望，亦具威灵，足以景从多士，辐凑门闾；然而业有不纯，实或未至，其一时之声气诚至烜赫；身后之品藻，或难免低昂。即以见今而论，亦随他人所认识者不同，而异其品目，此可谓一时之俊，未可谓百代之英也。"在孙楷第看来，"名浮于实者一时而已，实浮于名者则百世而下其名将益彰。后生小子所须要者为实浮于名之前辈，非名浮于实之前辈。凡夫庸流所震荡者为名浮于实之闻人，其实浮于名者，或不能尽知。一为社会的，一为真实的"。此意他曾向余嘉锡道及，并与王重民莫逆于心，均推崇陈垣"乃不借他力，实至名归，萃一生之精力，有悠厚之修养……亦精亦博，亦高亦厚，使后生接之如挹千顷之陂，钻弥坚之宝，得其片言足以受用，聆其一教足以感发"。①照杨树达的评语，不能兼顾温故与知新的胡派、章门学人非庸即妄。②而将陈寅恪与之并举，则显然仅据其前期成果，主要由朴学传统着眼立论，不了解学术背景，似缺乏洞见。随着陈寅恪本人学术的发展和

---

① 以上引文出自陈智超编注：《陈垣来往书信集》，409～410 页。

② 杨树达谓治学须先因后创，"温故而不能知新者，其人必庸；不温故而欲知新者，其人必妄"［杨树达：《积微翁回忆录 积微居诗文钞》（《杨树达文集》之十七），129 页，上海，上海古籍出版社，1986］。前者指黄侃，后者指胡适。

学界风气的演变，其得到普遍公认大概是在 20 世纪 40 年代，后来则或大起大落，或毁誉不一。时至今日，学人排定陈寅恪在近代中国学术史上的地位，仍依各自的性情近于考据或文化类型，而不免徘徊于史料与史观之间。

近代世界学术史上，中国研究的状况颇为特殊。中国文化数千年绵延不绝，至今仍然持续，史料大量留存，关注者极为广泛。异文化出身的研究者为数之众，在世界文化之林恐怕首屈一指。20 世纪以来，有关研究在海内外各成风气，虽然相互交流影响，仍各有不同的路径。在欧洲主导近代世界思维的背景下，域外汉学不仅自成体系，甚至有超越和"制导"本土研究的趋势。而其他文化体系，或传统中绝，内外研究者起点相同；或异文化关注者少，结果非由人主宰，即本土独霸。中国研究却早有资料依靠禹内，方法求诸域外之说。近代中国百事不如人，学者对中国研究落于人后不免耿耿于怀。陈垣、胡适、傅斯年等学者慨叹汉学或东方学的中心不在中国，呼吁努力夺回，陈寅恪因中国学者贡献于敦煌学少而感到遗憾。从 20 世纪 30 年代起，欧美学者渐有由日文论著入手治汉学之端倪，当时中国学者深以为耻，力图扭转。然而半个多世纪过去，征兆蔚然成风，愈演愈烈。国人不仅因中体动摇而自毁体系，似乎对国际汉学的批判能力也日趋减弱，使之日益脱离本土学术的制约。有学者以为："研究中国历史文化的学术，如果脱离中国人的阅读批评，自成一个世界，实在是最畸形的事！对于我们也是很可耻的事！不重视历史的民族，以历史为生命的中华民族，是不应该懒惰到有如此'雅量'的。"①不幸的是，事实正是如此。

对于中国本土研究的批评乃至忽视，包含各种因素。强调客观性者立论角度往往不在学术本身，所说实为"敢不敢"和"能不能"的问题，并非见识高明，可以略而不论。真正有学术价值的是来自最注意中国学者研究成绩的巴黎学派与京都学派的意见。京都学派几代传人历来自诩第二，乍听以为自谦，其实是头甲纵然难求，二甲舍我其谁的自信表现。其开山鼻祖之一的内藤虎次郎对于巴黎学派众人亦不相让。

---

① 梁容若：《欧美与日本的汉学研究》，见《中日文化交流史论》，85 页，北京，商务印书馆，1985。

20世纪初京都学派能够迅速崛起，与巴黎学派双峰并峙，成为国际公认的汉学研究中心，并非浪得虚名。斟酌其对包括本土学者在内的世界中国研究者所分的三六九等，确令神州学人汗颜。当然，由此可见本土的研究即使就方法而言，亦不容忽视。

中国学术，从来以经史为大道正途，其余则为雕虫小技。近代学风变迁，经学解体，史学独盛，杂学丛生，各擅胜场，所谓"附庸蔚为大国"之事，不胜枚举，但仍有主次之分。王国维治学，前后凡三变，愈加近大道而趋精深，晚岁缄口不谈早年所治哲学及美学，甚至将好评如潮的戏曲研究也束之高阁。治学良法，不外考据、义理、辞章。今人提倡史学的严谨、哲学的思辨、文学的风采，当脱胎于此。以治史而论，三者皆备最佳，其次则兼具前两项，至少须知考据。治史首重求真，失真则无信史。单凭考据，可治有形之史实。日本的中国学和东洋学，虽不免琐碎，日积月累，基础巩固，方向扩展，蔚为大观。美国的中国研究，造就大批标准化的博士，亦能凭人多势众凌驾于巴黎学派正统之上。反观中土，上焉者亦不免以思辨、文采代替实证求真，于理应阙疑处有所取巧，甚至天马行空，任意驰骋；等而下之者更是侈谈义理，苦熬文章，用心不浅，可惜多从史料外面看，格义附会，似是而非；遑论还有以抄撮代著述，裁补剪贴，粗制滥造的赝品制造商。因此，从来为国际汉学界非议诟病者不少。先哲有言：读书当与古人较，当自以为愚。近代以来中国学术的弊端之一，或是学人往往自以为智，因而天才想象和文人气质难受真理与逻辑的约束。守成尚且力所不逮，何况竞相推陈出新，结果作品陈义纵高，数量亦复不少，却连基本规范也达不到，不仅形同废品，还会误人害世。①

---

①　本书中出现的"汉学""中国学""中国研究"，均为国外关于中国的研究的统称，但作者使用这三者时，在表意上有细致的区别，例如，用"汉学"时偏于传统，用"中国研究"则多指近代以后，特别是第二次世界大战之后的相关研究。作者在行文中综合国别、学派、语境、使用范围等因素选择合适的名词来指称，并与地域和国别名词连用，派生出诸如"巴黎汉学""欧美中国学""国际汉学""日本的中国学""美国的中国研究"等词汇，以及用"汉学家""中国学家""中国研究者"这类名词来指称研究中国的外国人。如果强行统一，反而导致理解上的不便。所以，除必要的改动外，不做过多处理。——编辑注

近代国际汉学的方法，虽然轨则不一，基本倾向是重在发现，可概言之为找材料。中国传统治学则首重发明，先读完书以求贯通，才能不失之于偏蔽，因而贵通人而不重专家。中外学风互为激荡，由此而生博通与专精、预流与趋时的关系，均须从理解彼此学术的异同中领悟把握。为学之难，不在于能写好文章，而在始终不讲外行话。欲臻此境界，前提即为通方知类。就此而论，近代中国学术界成就最高的三位学者，王国维之蔽显于早年，陈垣之蔽见于晚岁，都有不当作之文；而所蔽主要在西学一面。[1] 只有陈寅恪天缘巧合，得以沟通古今中外，再从容论学。其所治之学，虽前后亦有变化转移，但绝无悔其少作或晚节有亏之事。在历经剧变的近代学术史上，实为凤毛麟角。坚持异见的梁漱溟颇为海外学者引为文化守成的中流砥柱例证，其为学却无论中外，大抵是依据体验的格义附会而不自觉，因而其坚定多少缘于信仰。

从学之初，或谓成名要津为"亦官亦学"，即以官威造势，带动学问。这大概是那一时代的学人凡名气大者位必高的现实反映。然而入学愈深，愈知此说误人害世之甚。虽然中国历来学术与政治密不可分，但是从政与治学之道毕竟两歧。在向学之途上凭借金权，无非想饰己之短，夺人之长。淆乱学界视听，莫此为甚。还在 20 世纪 20 年代，有人就指出："在我国历史上凡是有名的学者，固然都是在大大小小的政治舞台上或台后发生过关系，但是如果政治生命断送愈早，或不甘失足而回头愈早的人物，便是学术史上愈有深造的人物。"[2]不过这是九十多年前的看法。1920 年民国大总统徐世昌获法国所赠博士学位，学术界传为笑柄，这与后来的风尚多少有些不同。那一时代的纯粹学人，每以从政为畏途，杨树达甚至"见纯洁士人一涉宦途，便腐坏堕落，不可挽救；遂畏政治如蛇蝎"[3]。

因此，影响近代学术的政治，主要还不是政务，而是政论。前者

---

① 今人批评陈垣，多从政治角度立论，其实陈垣对西学新法历来怀有崇敬之心，此为其晚年转向的学术潜因。

② 郑师许：《我国学者与政治生活》，载《新闻报》，1929 年 2 月 18 日。

③ 杨树达：《积微翁回忆录 积微居诗文钞》，"自序"，1 页。

与学术的关系清浊分明，后者却扑朔迷离。梁启超与胡适，便是其中最典型的代表。观察近代尤其是新文化运动以来的中国学术，王国维、陈垣、陈寅恪指示来者轨则，而梁启超、胡适领导时代潮流。梁与胡的贡献，主要在思想一面；至于学术影响，生前虽然位高名重，而非议亦多，身后更难免低昂。但两人均凭借传媒，以思想鼓动大众，又转而作用于学术，甚至以传媒方式倡导学术，结果从之者愈众，则流弊愈广，造成大大小小以"任公""适之"自命的学术畸人。对此，王国维早已表示异议，认为只有以学术为目的而不是以政论为手段，中国学术才可望发达。"学衡派"诸人也指责"政客式之学术家"的"霸道之学"。① "学衡派"与"新文化派"争论的要点之一，正是学者与思想鼓动家、学术研究与政治鼓动的差异，尽管他们也不自觉地在思想层面进行回应。作为当年中国最高学府的堂堂北京大学，竟然将社会影响正式作为教师升等的四项基本条件之一，难怪北大派竞相以传媒造势，形成传统。近年有人提出超越胡适之说，仍是分不清思想与学术的表现。就思想论，无所不知的君子时代似已过去；就学术论，悬"胡"为的，立意本来也不高。

在科学主义盛行之时，北京大学研究所国学门出身的容庚曾经评论道："方今学风，喜欢疑古，于古人的制度、文物、学说无所不疑，那知意念一偏，万物纷错，随而转变，所谓看朱成碧，最是学者一大毛病。胡适之先生述学，用敏锐的眼光和审慎的态度来批评古人，故所得的成绩很不错。流弊所及，后生学子，于古书未尝深造，辄逞其私智，就主观所得随意钞录，加以评骘，愚己惑人，以为猎名的工具。胡先生在讲坛上常对此大发其牢骚，并说述学之不易，须知'怀疑'与'求证'相联，万不能易'求证'而为'武断'。"②

此说看似褒扬胡适，其实是将王国维（容庚之师）与胡适的方法做一分别。前者主张读书，后者实为找材料。王国维以为"宜由细心苦读

---

① 刘伯明：《学者之精神》，载《学衡》，第 1 期（1922 年 1 月）；梅光迪：《评今人提倡学术之方法》，载《学衡》，第 2 期（1922 年 2 月）。

② 容庚：《红楼梦的本子问题质胡适之俞平伯先生》，载《北京大学研究所国学门周刊》，第 1 卷第 5 期（1925 年 11 月 11 日）。

以发现问题，不宜悬问题以觅材料"①，这不仅是批评疑古派，也针对大胆假设、小心求证的胡适科学主义，因为"胡先生想把国学开出一帐来，好像是索引，一索即得。但是细帐开好后，大家便利了，也就不读书了"②。萧公权也主张在假设与求证之前，应有一放眼看书的阶段，以免"思而不学则殆"。③ 胡适与顾颉刚等人往往在立论之后才大量补充材料，虽因悟性高而不至于大谬，毕竟有先入为主之嫌。选择"梁启超与近代中国学术"为报告主题，用意不在申明其贡献，而在指出其流弊。用以比较的对象，主要是清华国学研究院的几位导师。后来写成的《陈寅恪与清华研究院》一文，虽然主角变换，立论基本是那次关于梁启超报告的引申。

现在反省，当时对近代中国学术发展的了解仍然表浅，尤其对于学者的身世与交游缺乏足够认识，连王国维号观堂是缘于京都一事，亦蒙小野信尔教授赐教，论人论学，很难入木三分。或许因为对梁启超贬抑过甚，讨论时有学者提出，评价学术，除非评论者的见识超过所评对象，否则难以征信。欧洲学者亦有人见解相同。此说多少有点悖论的味道，值得一评的前贤往往名重，后学高明与否，须待时间检验。但由此所得启示，是必须解决研究学术史的方法问题。追寻前人的相关研究，可为入手前提。

第二节　学术史

"汉学"这一译名以及汉学与中国学的区别，历来认识不一。"国学"概念的争议更大，傅斯年等人甚至根本反对用这一名词来涵盖中国本土固有文化的研究。事实上，欧洲汉学本身并无后来学术界所认定

---

① 周光午：《我所知之王国维先生——敬答郭沫若先生》，见陈平原、王枫编：《追忆王国维》，165 页，北京，中国广播电视出版社，1997。

② 蒋复璁：《追念逝世五十年的王静安先生》，见陈平原、王枫编：《追忆王国维》，147 页。

③ 参见《问学谏往录——萧公权治学漫忆》，70 页，上海，学林出版社，1997。

的藩篱，国学也几经转折变化。从历史学的角度看，由发生过程的复杂事实来综合认识模糊概念所包括的具体内容，比在抽象的语义学层面讨论其内涵和外延更有助于理解其实际含义，因为任何概念的抽象都后于事实，只能概括现象的主要和基本特征，不可能涵盖一切方面。在许多情况下，概念的不确切恰好反映了历史的真实性。本书即是在充分考虑到这些因素的情况下使用上述概念并将其作为标题。

20 世纪以来，国际汉学研究的发展与自我认识同步进行，汉学研究史始终为世界各国学术界所关注，除了专题性论文和目录学形式的成果如考狄（Henri Cordier）《汉学书目》（*Bibliotheca Sinica*）外，全面概述的论著有沙畹（Édouard Chavannes）为法国教育部参加巴拿马太平洋万国博览会所编《法兰西科学》第 2 卷（巴黎，1916）所写《汉学》，马伯乐（Henri Maspero）为"历史评论丛书"（Bibliothèque de la Revue Historique，Paris，1927）之一《最近五十年的史学与史学家》（*Histoire et Historiens Depuis Cinquante Ans*）所写关于中国与中亚的部分（这篇为法兰西亚洲学会成立百年庆典而写的综述长达 43 页，分时期和门类评论 20 世纪头二十五年全世界中国研究的发展成果），俄国东方学大家巴托尔德（W. Barthold）撰写的《欧洲及俄国的东方研究史》（虽然初版于 1911 年，且以俄国为主，范围包括中世纪以后的整个东方研究，但后来再版时有所增补，而且汉学研究为其中重要部分。此书 1913 年译成德文出版，在欧洲影响广泛），德国的海尼士（Erich Haenisch）写的《汉学》（柏林，1930）；分国别的研究综述则有福兰克（Otto Franke）所写《德国的汉学研究》（见《东亚的新生——远东政治和文化发展进程研究论文集》，汉堡，1911），傅路德（Luther Carrington Goodrich）所写《美国的中国研究》["Chinese Studies in the United States"，*The Chinese Social and Political Science Review*（《中国社会及政治学报》），vol. 15，no. 1，Apr.，1931]等。

日本的中国研究在方法上多受欧洲汉学的影响，尤其重视收集整理学术情报。日本利用其与欧亚各国的广泛交流之便，密切注意欧美各国的研究动态，对各种著作、刊物的出版，学者的研究动向及生平，相关学术组织与活动，均及时予以报道和评介。综合论文有岩松五良

的《欧米に於けるしな学の近状》[载《史学雑誌》，第 33 編第 3 号（1922
年 3 月）]，和田清的《西洋諸国の於るしな学の現状》[载《北京周報》，
第 228—230 号（1926 年 10 月 17 日—10 月 30 日）]，田中萃一郎的《し
な學の沿革》（载《東洋学報》，第 8 卷第 1—4 号），石田幹之助的《欧米
におけるしな学の現状》（载《しな》，1927 年第 7—9 月号）、《欧米に
おけるしな学関係の諸雑誌》[载《東亜》，第 7 卷第 10—12 号（1934 年
10 月—1935 年 1 月）]。专著则有石田幹之助的《欧人のしな研究》（见
《現代史学大系》第 8 卷，東京，共立社，1932）、《欧米におけるしな
研究》（東京，創元社，1942）。国别的综述有松本信广的《佛蘭西に於
けるしな研究》（见慶応義塾望月基金しな研究会編：《しな研究》，東
京，岩波書店，1930），石滨纯太郎的《ロシアの東洋學》[载《東洋史研
究》，第 1 卷第 6 号（1936 年 8 月）]，后藤末雄的《しな文化としな学
の起源》（東京，第一書房，1933），青木富太郎的《東洋学の成立とそ
の発展》（東京，蛍雪書院，1940）。①

　　此外，欧洲有关汉学研究史的论著，多被及时翻译，例如，前述
沙畹、马伯乐的论文和巴托尔德的专著，分别于 1935 年和 1937 年被
译成日文刊载、出版。翻译介绍的成果还有戴密微（Paul Demiéville）
的《佛蘭西に於けるしな學の發達》[载《歷史学研究》，第 3 卷 2 号

---

　　① "支那"，源于印度指称中国，并影响印欧语系各国对中国的称呼。汉译
佛经时传入中国。该词日文写作しな，通过佛典传入日本，从江户时代中期开始
逐渐流行。明治时期，为了与西文对应以及与清国相区别，同时避免称中国，"支
那"成为日本广泛使用的名称。"支那"一词本无蔑视中国之意，清季的政治流亡者
和革命党人因为反清，反而自称"支那"，以致在进入民国后相当长的一段时期里，
中国人对"支那"一词并不排斥。但是甲午战争后，日本人不称中国而称"支那"，
后来日本国会更几度决议不能称中国必须称"支那"，使得这一指称成为日本军国
主义侵华进程中表示民族歧视的蔑称，引起中国民众和政府的强烈反感及坚决抵
制。日本战败后，应中国政府的要求和盟军司令部的指令，日本政府明确通知禁
止使用该词。本书涉及范围在此复杂变化的时期之内，所征引的汉学著作、杂志
等大量使用"支那"一词。由于书名、文章名以及引文已经成为历史事实，不可更
改，故予以沿用。如果改为"中国"，则无法找到对应的书名、文章名所涉及的引
文，也会影响对于具体语境的理解判断。至于研究所得的行文部分，除语境要求
不得不使用的情况外，一律不用"支那"一词。

(1934 年 12 月)]以及日本《东亚》杂志所载的介绍苏联东方学概况的论文[载该杂志第 4 卷第 9、第 10 号(1931 年 9、10 月)]。

国际汉学以中国为研究对象，中国学者理当重视，加上当时中国学术界的主流一派提倡按照西方汉学或东方学的方法研究中国，更需要了解动态趋势。20 世纪 30 年代以前，中国学术界对国际汉学的关注主要集中于著名学者个人及其研究成果，而且不少人是借着留学等因缘，如冯承钧之于伯希和(Paul Pelliot)、杨堃之于葛兰言(Marcel Granet)、姚从吾之于福兰克、郑寿麟之于尉礼贤(Richard Wilhelm)。因研究领域兴趣相同而有多人介绍的，则以高本汉(Klas Bernhard Johannes Karlgren)为典型。另有个别的国别研究，如王古鲁《最近日人研究中国学术之一斑》(1936 年自刊本)。还有以专门为主线的综述，如姚从吾《欧洲学者对于匈奴的研究》[载《国学季刊》，第 2 卷第 3 号(1930 年 9 月)]。全面了解国际汉学动态需掌握多种外语和多门学科的知识，否则应有长期情报积累，但中国当时这方面人才不多，语言好又具有相当研究能力者，多有各自的专门，不能全力以赴。最适宜此道的陈寅恪，归国之初曾拟在清华国学研究院讲授西人研究东方学之目录学，欲由佛经讲起。这实际上是为具体研究开道，而非一般性的概论综述。至于胡适、傅斯年等人，虽然泛泛推重国际汉学，留学期间所下功夫并不在此，很难全面具体地了解和把握国际汉学的态势。

以国际汉学史为专题研究，在中国主要开始于抗日战争爆发后。这时，一方面受日本的影响，易于获得日本学术界积累的有关信息；另一方面学者的研究受到局限，不得不回避某些课题。同时法、德等国的汉学家聚集北平，开办研究机构和杂志，而如法国的考狄所编《汉学书目》共五册(含补遗一册)这样重要的参考书，1938 年至 1939 年由北平隆福寺文殿阁影印出版，为汉学史的研究提供了一定的条件。主要研究成果有梁绳祎的《外国汉学研究概观》[载《国学丛刊》，第 5、第 6、第 7 期(1941 年 12 月、1942 年 1 月、1942 年 2 月)]，唐敬杲的《近世纪来西洋人之中国学研究》[载《东方文化》，第 1 卷第 2 期(1942 年 7 月)]，王静如演讲、瞿恩宝记录的《二十世纪之法国汉学及其对于中国学术之影响》[载《国立华北编译馆馆刊》，第 2 卷第 8 期(1943 年 8

月）]，中法汉学研究所编的《十八世纪十九世纪之法国汉学》（北平，1943），莫东寅的《汉学发达史》（北平文化出版社 1949 年 1 月出版，据其序言，实际写成于 1943 年）。

另外，中国还翻译了不少欧洲、日本学者的有关成果，如石田幹之助的《欧人之中国研究》（朱滋萃译，北平，中法大学，1934），海尼士的《汉学》（王光祈译，见北平中德学会编：《五十年来的德国学术》第 2 册，"中德文化丛书"之六，上海，商务印书馆，1937），福兰克的《德国的汉学研究》[杨丙辰译，标题为《现下在德国之中国学》，载《研究与进步》，第 2、第 3 期（1939 年 7、10 月）]，青木富太郎的《东洋学之成立及其发展》[唐敬杲译，改题《六十年来日本人之中国学研究》，载《东方文化》，第 1 卷第 1 期（1942 年 6 月）]。

不过，莫东寅的《汉学发达史》虽然是中国较早的综合性国际汉学研究史专著，却不免有以抄撮代著述之嫌，例如，书中关于鸦片战争后汉学发达部分的内容主要依据的是梁绳祎的论文，却未注明。时贤推重此书而未曾指出，不免失之于蔽。

抗战胜利后，中国再度陷入内战的旋涡，只有方豪等人发表过《英国汉学的回顾与前瞻》（载上海《中央日报》，1945 年 12 月 20 日；《世界文化》1946 年 2 月第 2 期转载）、《中法文化关系史略》（载南京《中央日报》，1946 年 4 月 26 日）等论文，内容简略。此后，因政治变动，有关研究主要在台湾地区继续开展，先后成立了几个专门研究机构，编辑出版了《世界各国汉学研究论文集》（台北，"国防研究院"，1962）、《海外汉学资源调查录》（汪雁秋编，台北，汉学研究资料暨服务中心，1982），撰写了一批论文（参见《海外汉学资源调查录》所附"参考书目"）。这些论著对于第二次世界大战后世界各国汉学研究的状况有较详尽的介绍和分析，但对于了解和认识第二次世界大战前的国际汉学界，则提供的新信息有限，主要依据的还是原来中外学术界的有关成果。

第二次世界大战后国际汉学发生重大变动，汉学传统也成为一种研究对象和受保护资源。欧美各国均有学者撰写国别的汉学研究史，如戴密微的《法国汉学研究简史》["Aperçu historique des études

sinologiques en France"，*Acta Asiatica*（《亚洲论丛》），第 11 期
（1966）］，米·苏远鸣（M. Soymié）的《中国研究》［载《亚洲学报》（*Jour-
nal Asiatique*）专辑《近五十年法国东方学：1922—1972》，1973］，傅
海博（H. Franke）的《德国大学的汉学》（威斯巴登，1968）等。甚至对于
美苏冷战时期的苏联汉学研究状况，也有美国学者予以关注，撰写了
《俄国的中国研究》（E. Stuart Kirby，*Russian Studies of China*，To-
towa，N. J.，Rowman & Littlefield，1976）；并组织人力物力，设法
与苏联汉学家沟通联系，由各方面的专家集体撰写了《苏联的前近代中
国研究：近来的学术评估》（Gilbert Rozman ed.，*Soviet Studies of
Premodern China：Assessments of Recent Scholarship*，密歇根大学
中国研究中心，1984），该书主要对 20 世纪 60 年代至 80 年代初的研
究状况进行深入分析，并将其与 20 世纪 20 年代至 50 年代进行比较。

　　第二次世界大战后日本与国际学术界的交往逐渐恢复，在对战争
的反省过程中，学者们虽然更多地受中国革命理论的影响，但对国际
汉学仍予以关注，尤其是对曾经给日本东洋学和中国学带来极大影响
的法国汉学，不断有所介绍。20 世纪 70 年代末以来，随着国际局势
的变动以及美国的中国学影响日益扩大，重新检讨和调整原有观念、
方法的趋势已不可逆转。为此，有人对欧美的东方研究进行比较，以
期从中发现利弊得失（参见福井文雅：《欧米の東洋学と比較論》，東
京，隆文館，1991）。

　　中国学术界的相关研究在相当长的时期内较为沉寂，20 世纪 50
年代初，杨树达曾撰文记述其与苏联汉学大家阿理克（V. Alekseev）的
交往，而对欧美、日本的汉学，则主要视为帝国主义文化侵略的一环，
如敦煌学史。此后，直到 20 世纪 80 年代，老一辈学者或在专题研究
中涉及相关的国际汉学史，如王力《中国语言学史》（香港，中国图书刊
行社，1984）第 17 节关于"西欧汉学家对中国语言学的影响"的专论，
或旧稿翻新，如梁容若《中日文化交流史论》中的《欧美与日本的汉学研
究》《国际文化交流的新机运》《现代日本汉学研究概观》等数篇论文。

　　近年来，经人文语言学科学人的提倡和努力，国际汉学研究颇成
一时之热。几种专业的杂志相继出版，一批论文、译文，甚至专著陆

续发表。国别的研究如严绍璗的《日本中国学史》，张弘的《中国文学在英国》，张国刚的《德国的汉学研究》，张静河的《瑞典汉学史》；综合的研究如金应熙的《国外关于中国古代史的研究述评》；另有介绍美国、日本的中国研究概况的资料性手册，并举办过专题研讨会。其实此事绝非易易，既要掌握若干语言和浩繁的史料，又须了解分化日益细密的各学科发展的来龙去脉，且须兼顾中外两面，进而还要区别主从和高下。目前所见成果，主要还在翻译方面；至于研究性、综述式评论则有概略而少辨识；个案式研究则具孔见而乏联系，且因操之过急而不免格义附会。就此而论，中外学术隔绝数十年，虽经恢复，毕竟时日无多，了解认识反不及近代学者之广且深。因为同时代者往往是师生同好，体会自然较后来人贴切，例如，对葛兰言的研究，现在连欧美学者也须以杨堃的著述为主要依据，而近年的相关论著却甚少引述近代学者的成果。所以，当务之急是加大翻译力度和汇集前人成果，在编辑汉学研究史目录索引的基础上，精选（包括翻译）一些优秀作品出版，先了解相关研究的源流概况，进而把握取舍的准绳，然后才能言及深入研究。否则，很难摆脱低水平的重复。

随着学科分工的日趋细密，对学术史进行综述式的评论越来越成为初学门径，精深的分析则基本在具体研究时进行。再高明的学者，面面俱到地关照所有领域，也只能蜻蜓点水，在专门学者看来不免表浅。而像柯文（P. A. Cohen）《在中国发现历史》那样以问题为中心的研究，虽然以本人亲历现身说法，其实还是专谈史法，而且主要从美国的研究背景出发来生成问题意识，恰好忽略了与中国学术界的关系。

总括 20 世纪国际汉学史的研究，不难发现，大多仅以域外汉学为范围，侧重于学术成果的分析评论，较少涉及和禹内的关系，尤其缺乏对于中外学者之间具体交往情形的描述分析。与日本学者的交流，尚有一些个案研究。中国方面，如王卫平的《俞樾与日本友人的交往》[载《文献》，1989(4)]、唐振常的《吴虞与青木正儿》（见朱东润、李俊民、罗竹风主编：《中华文史论丛》总第 19 辑，上海，上海古籍出版社，1981）；胡适与青木正儿的来往，王国维、鲁迅、郭沫若与日本学者的交往以及田中庆太郎与中国学者的关系等问题，也有论文涉及。

日本方面，如小仓芳彦的《顧頡剛と日本》(载《理想》，1972 年第 464 号，另见《抗日戦下の中国知識人》，東京，筑摩書房，1987)、《津田左右吉と中国》(载《歴史学研究》，1972 年第 391 号)，樽本照雄的《劉鉄雲と友人たち——内藤湖南の中国旅行記を手掛かりとして》(载《野草》，1975 年第 17 号)，中田吉信的《岡千仭と王韜》(载《参考書誌研究》，1976 年第 13 号)，河村一夫的《鄭孝胥と交渉のあった日本各界の人々》(载《政治経済史学》，1986 年第 243 号)。美国傅佛果(J. A. Fogel)所著的《内藤湖南：政治与汉学(1866—1934)》(陶德民、何英莺译，南京，江苏人民出版社，2016，原书为哈佛大学出版社1984 年出版)，也仔细描述和深入探讨了内藤虎次郎(即内藤湖南)与中国学者的交往；其另一研究数百种近代日本人的中国游记的著作，则涉及部分日本学者、学生与中国学人的关系。

关于中国学人与欧美汉学家的联系，除 19 世纪的王韬与英国理雅各(James Legge)、法国儒莲(Stanislas Julien)等人的交往被关注外，其余则较少论及。而在 20 世纪前半叶，国际汉学与中国学术的互补互动，正是以学者个人及团体形式的广泛密切交往为基础的。离开双方的实际交往滥加联系，往往格义附会，例如，有人以梁启超比附年鉴学派，真可谓两处茫茫皆不见，如同清末民初西学中源论的翻版。好比附是近代中国学术的一大弊病，梁启超本人也曾对此痛加挞伐。国际汉学研究虽然存在四裔偏向，关注的中心毕竟是中国；而近代中国学者研究的对象为本土，方法却主要借鉴异域，因而相互品评成为学术估量的重要甚至基本依据。各成系统只能割裂本来统一的学术。

除观念的局限外，资料不足当是重要的制约因素。各国汉学家的日记、信函、年谱、自传等资料，除与学术密切相关者外，由于种种条件限制，出版不易。例如，内藤虎次郎与中国学者的笔谈遗稿，难以辨认；青木正儿的日记，也未现全豹。至于欧美汉学家与中国学者的联系，更少有记载面世。倒是中国学者较多记述了双方交往的情形，成为研究的重要依据，而这些资料大都到 20 世纪 80 年代后才逐渐披露。只有充分发掘域外及 20 世纪 40 年代以前中国的相关成果，与各种新出史料相互印证，才能使有关研究的深入进行成为可能。

第三节　方法

治学术史往往面临两难：本来史料所出时间愈近，于史事而言愈为可信，但学术评价却须经历时间检验，同时代人见仁见智，莫衷一是，不得不留待后世；而后来者虽然可以凭借历史积淀，但仍须有所取舍，除非证明自己的见识高于前辈，否则难以征信，则复以前贤所论为依据。其间矛盾的焦点，在于史学首重寻求客观真相，而学术评价，无论当时或后世，均为一己之见的发挥，主观色彩极强，难以藏拙而易于露丑，稍有不慎，即流于凿空逞臆。因而近人有专讲史法者史学往往不甚高明之叹。连中外学者如内藤虎次郎、胡适等人推崇备至的浙东史学大家章学诚，也被陈垣讥为读书少而好发议论的乡曲之士。解决途径之一，是移植以往治思想史的主张，即将思想还原为历史，使主观变成客观。具体而言，即考察近代学者的相互联系，进而验证其相互评判，将主观的学术评价，变成探讨学者心路历程的事实分析。因此，与一般的学术史不同，本书所重不在于学术成果的评介，而是揭示学者的学术活动及其相互关系。学者用笔写的历史固然重要，其言行同样也是值得深究的历史。认识后者对于理解前者尤为关键，而且如此一来可以寓史法于史学之中。

乾嘉以来，清学独重考据，以治经为统，结果小学大盛，附庸蔚为大国。清末民初，学术演变，经学解体，学者心力所集，由经入子入史。治学之道，要言之方法则一，具体而论，主要是缘治经而来的校勘、训诂、考据之学，用于经史子集，当各有分别。章炳麟和胡适曾就治《墨辩》讨论此事，胡适认为治一切古书的途径如一，"即是用校勘学与训诂学的方法，以求本子的订正与古义的考定"，不承认章氏所谓"经多陈事实，诸子多明义理"，因而"说诸子之法与说经有异"的看法。①

经、子治法的分别，是否如章氏所论为一专门，姑且不论，治史

---

① 胡适：《论墨学》，见《胡适文存二集》第1卷，265～267页，上海，亚东图书馆，1924。

则显然与治经不同。前者在校勘、训诂之后，最重要的是征故实显寓意以明义理。王国维、钱穆等人以史入子治经，即主张义理自故实出。这正是主观变为客观，思想还原为历史。理解文献，须通晓全部字义、故实、寓意，其法大别为二，即文本与语境。胡适提倡考据、校勘但重古本，一般而言固然不错，但文本不通或误解，往往不在字义不明，而是故实不清，语境悬隔。只有通语境才能解文本。通语境的关键，在于掌握相关故实，相互参证，以解今典。经、子难治，主要即在资料遗留鲜少，无法解今典，不足以明语境，因而训诂难定，古义难求。这种情况，比照近现代史实尤为显然。有时甚至依据文献底本，亦不免隔滞误解。只有用功收集中外史料，相互比勘，了解把握各种关系牵连，解今典以通语境，文本所指之事及所寓之意，方可水落石出。

　　以胡适本人为例，其治学主观色彩不免过重。所治古代思想史，在通经、子之学的章炳麟和专攻西方哲学的金岳霖看来多是穿凿附会。其治清代学案，亦有此弊。梁启超指责胡著《章实斋年谱》对旧说下批评，不是做年谱的正轨，"与其用自己的批评，不如用前人的批评"[①]。后来姚名达遵胡适所嘱欲加修补，不料可改之处太多，只好重写。姚著《会稽章实斋先生年谱》曾经梁启超校阅，与胡著不同处，其一为只记述，不加解释批评的议论，以免失谱主原意；其二为多引自述而少引论文[②]；这大抵是运用了梁启超的方法。只是梁误以为考证的功夫，年代愈古愈重要，替近代乃至清初人做年谱，无须多加考证，因而难以解明相关故实和语境。所谓随事说明几句，仍然难免产生臆见。

　　说时容易做时难。尽可能详尽地收集阅读有关的报刊、文集、信函、日记、档案、传记、回忆录等资料，觉得窥大略不难，拿捏得当不易。就字义而言，一般可以轻而易举读懂近代文献，但史料愈近愈繁，不易收集完整，而故实激增，语境复杂，难以把握周详，理解起来自然窒碍重重。例如日记、信函，除专为他人观看而作者外，不仅

　　① 梁启超：《中国历史研究法（补编）》，见《饮冰室专集》第 1 册，81 页，台北，台湾"中华书局"，1972。

　　② 参见姚名达：《〈会稽章实斋先生年谱〉引言》，载《国学月报》，第 2 卷第 4 号（1927 年 4 月）。

为第一手资料，且多记载不为外人道的秘事隐言。可是近人日记、信函或记载过略，或用词太晦，每不解其所指人事及用意。凡人误以为治近代史易作文章，实则多将能读懂的片段抽出，以外在观念组织敷衍，大量未读懂的部分则弃置不顾。此种偏向，在近年海内外中国研究中普遍存在，且愈演愈烈。史料价值愈高的文本（如诗文、信函、日记），未解的语结愈多，利用愈难，愈容易被忽视。结果，一味走偏锋求新奇，史实的内在联系被割裂肢解，以外在观念重新组装的认识解释愈有系统，离事实真相就愈远。只有比勘各种文献，掌握有关人事的相互关系，才能逐一解开语结，理解文本，进而发现内外联系，从虚实两面认识真相与真意。

此法于中国学术史尤为重要。近代中国学者罕用西式的公开批评，不臧否人物成为美德。除输攻墨守的论战外，较严格的学术批评从 20 世纪 20 年代才开始出现，且多曲笔隐词。20 世纪 30 年代以后，燕京大学的一批后生颇有牛犊之气，所写中外时贤的书评好恶分明，在近代中国学术史上堪称异例。① 多数学者，往往不在正式场合发表批评意见，即使有所论议，也多有保留隐讳。胡适评梁启超，傅斯年评顾颉刚，均不免口是心非，因而公开评论反而不足为主要依据。倒是在非正式场合，如亲友通信、席间闲谈之际，议论褒贬人物往往是重要话题。所谓"高谈经世者，固足觇学识所极；而随意短笺，臧否人物，议论朝政，尤可见一时士风政态之真"②。其言辞之尖锐，观点之犀利，态度之严厉，令习惯于公开批评的外国学者也不免感到意外。20 世纪 20 年代和 30 年代之交留学于北平的吉川幸次郎，对于学者们议论清儒、时贤时的恶口相加（例如，指纪昀"没有学问"）颇感惊讶。只是这种场合也因人、因时、因地而异，各人心中的那一本账，常常只在知己面前才会翻开来，让人仔细过目。若以只言片语立论，结果往往是盲人摸象，而非管中窥豹。或以为研究胡适有四面看山山不同之虞，其实，不同也反映真实的一面，只要不以偏概全或为假象蒙蔽。而欲见真实全息图像，则非从上下里外、前后左右看个清楚并融会贯

---

① 参见该校《史学年报》《史学消息》《燕京学报》等刊物所载书评。

② 黄濬：《花随人圣盦摭忆》，303 页，上海，上海书店出版社，1998。

通不可。世间只有一位胡适，却有无数胡适相，即由各自眼界的偏与
蔽扭曲变形而成，真胡适反而很难全面直接地得到展现。

　　评价学术，本来成就大者见识亦高，论人论学，足以引为论据，
并非泛泛而谈者可比。但在中国，功力愈深的学者，对于同时代人的
学行愈是三缄其口，惜墨如金。近代学术史上成就最大的几位学者，
如王国维、陈垣、陈寅恪等，均以不臧否人物而为人所称道。张尔田
自称与王国维相处数十年，未尝见其臧否人物。① 果真如此，则后来
者议论近代学术或不得不束之高阁。其实，没有对于前人和同辈的清
楚认识，学术如何传承发展？幸而被公布的王国维致罗振玉信函显示，
王在罗的面前几乎无人不加评点，连张尔田本人也不能幸免，可见所
谓王国维常病学者孤陋寡闻，而独佩孙德谦、张尔田之说②，实在是
只知其一，不知其二。铃木虎雄的印象是，王国维甚少推许别人，"但
对在上海的学者，他极推赏沈子培曾植先生，称其学识博大高明"③。
以王国维为沈曾植贺七十寿诞所写序文看，似可印证。但也只能说他
在同时代学者中对沈的评价最高，其全面看法是，"乙老谈论须分别观
之，时有得失。得者极精湛，而奇突者亦多出人意外"；"此老于音韵
功力不浅，识见亦极公平，不似对他学时有奇说也"④，则公开赞誉也
有条件。张尔田所言，作为评议王国维的依据不足征信，反而表明他
与王国维交情尚浅。

　　此外，王国维虽然极少称许时人，对自己的研究却坚信不移。他
对人说"证据不在多，只要打不破"，以及在讲堂上向学生声言其结论
不可动摇，均为学者罕见而应有的自信。一般人包括梁启超但称道其
极为谦虚，有失全面。高明者的自信基于严谨用功，一味自谦，或是

　　① 　参见张尔田：《雁塔寒音·呜呼亡友死不瞑目矣 张孟劬复黄晦闻书》，见
陈平原、王枫编：《追忆王国维》，91 页。清华国学研究院的弟子亦有此说。
　　② 　参见王蘧常：《元和孙先生行状》，载《国专月刊》，第 2 卷第 4 期（1935
年 12 月）。
　　③ 　[日]铃木虎雄著，[日]滨田麻矢译：《追忆王静庵君》，见陈平原、王枫
编：《追忆王国维》，356 页。
　　④ 　刘寅生、袁英光编：《王国维全集·书信》，160、204 页，北京，中华书
局，1984。

掩饰治学的敷衍。陈寅恪后来自称不议论时人，今人多以之为其一生信条。其实他虽然少写商榷文字，议论人物却常常一语中的。他将热心办三青团，"外似忠厚，实多忌猜，绝不肯请胜己之教员"的姚从吾断为"愚而诈"，连傅斯年也叹为"知人之言"；罗常培指姚为"愚而滑"，当也典出陈氏。① 所谓不议论时人，原本不欲公开树敌，且无须借此制胜博誉，意见多在私下交换，公开点名的只有梁启超；后来则主要是一种政治自保术。史学二陈批评时人，一般不予指名，甚至不显露褒贬意向，需了解同情，才能知其所指及寓意。离开具体的时间、地点、人物、对象等背景，望文生义地图解文本，往往似是而非。读史当知表面背面，治学术与学者的历史，尤其是公开批评较少的中国学术史，更须知不言之意和字外文章。学术大家评断人物的只言片语，往往为点睛之笔，如能发幽抉微，善加利用，正是治学术与学者历史的重要依据。

由此可见，研究学术史的求真有二，一是所评学案的真，一是学者心路的真。学案真相究竟如何，往往见仁见智，甚至曲高和寡。而学者心路的真则每每不易实见。当事各人因利害各异而对同一事实叙述不一，因此事实真相未必能直接求证，相关记述或多或少反映当事各人的不同印象，且受条件的限制不能直接表达全部的所闻所见。追求事实真相，必须掌握各自的心理。其主要途径，并非借助心理学理论，而是了解相关人事的复杂关系，明了各人态度立场有别的缘由，在此基础上，建立综合印象。近年来学者传记渐多，通病之一，即往往以传主之是非为是非，不能通晓相关语境，结果不同人物传记中对同一事件的描述、分析、评判迥异。虽然求学案之真为研究目的，但是求学者心路之真更为重要。欲达此了解同情的境地，须追踪事情发展的客观过程，不以埋没事实真相为代价去寻求规律，更不能削足适履地迎合模式。随着复杂联系的逐一理清，真相脉络自然显现。

此或近于陈寅恪的同情式考述。有人说观其著述，从所引史料中不能直接显现所获结论，须几重回旋，才能柳暗花明。而对社会常情

① 中国社会科学院近代史研究所中华民国史研究室编：《胡适来往书信选》中册，481 页；下册，104～105 页，香港，中华书局香港分局，1983。本书多次引用该书，为简洁起见，之后引用时一律省略编者。

变态及个人心境的了解同情，多为贯通综合史料时潜移默化的移情，很难机械证实。读者须下同样功夫，并具有相近见识，否则无法理解。其极端者，为由纪昀痛骂古人作诗而疑其对乾隆皇帝指桑骂槐，此案因无法取证而被搁置，对于理解陈寅恪的方法却不无提示意义。这对域外汉学家而言，几乎无法企及。推崇其学问并得要领者，主要还是神州学人。至于异域学界，号称大家者亦难以体味欣赏。或以统计法驳其所论唐代仕进风尚，殊不知所谓风气未必能以数字多少为指示，恰如今人论太子党然。

　　或认为推重陈氏未免有自夸之嫌，尤其对于汪荣祖《史家陈寅恪传》引陈哲三文中记载的蓝文徵回忆与白鸟库吉、和田清、清水泰次等人关系事，疑为误传，甚至质疑陈哲三的人品。此事虚实，尚需进一步考证，从目前所见史料，子虚乌有的可能性极大。中国学者虽有人认为王国维之后学术所寄，在于陈寅恪一身①，20世纪30年代以前，陈寅恪在国际汉学界名声的确不大，法国的马伯乐竟不知其名，伯希和在吴宓极力推重后，来华时仍然只举王国维和陈垣为近代中国的世界级学者。日本的东西两京中，与中国学术界交往密切，对其评价亦较好的是京都学派。照陈寅恪的看法，日本人常有小贡献，但不免累赘，所长在于能用新材料；东京帝国大学一派，西学略佳，中文太差；西京一派，看中国史料的能力较佳。② 东京的东洋学派，虽与中国学者交往较早，后来关系却不及京都。白鸟库吉与中国学者尤为疏离，他成名甚早而声名甚大，且得到欧美汉学界的承认，其治学范围与途径近于欧美而远于中国。20世纪20年代中国史学界热闹一时的疑古辨伪思潮，不过拾其十几年前的牙慧。要他重视中国学者的成就，确乎其难。陈寅恪早年多因循欧洲东方学正途，后因环境所限，转而专注于禹内。其成就后来居上，出道却晚了一旬。

---

　　① 参见罗振玉：《罗雪堂先生寄陈寅恪书》，载《国学论丛》，第1卷第3号（1928年4月）。此为陈寅恪《王观堂先生挽词（并序）》的附文。
　　② 参见杨联陞：《陈寅恪先生隋唐史第一讲笔记》，见《陈寅恪集·讲义及杂稿》，487～488页，北京，生活·读书·新知三联书店，2012。

　　诸如此类的国际汉学界纠葛,影响往往及于对学术方法、流派及得失的认识。日本学术界,尤其是东京的东洋学派中,传言伯希和剽窃日本学者研究成果,白鸟库吉尤甚,据说他最讨厌别人当面谈及伯氏。石田幹之助等人亦推波助澜,而羽田亨、戴密微等人曾予以辩解。此事虚实,尚待深究。伯希和的日语程度在巴黎学派中不及马伯乐、戴密微、考狄等人,但他曾多次撰文介绍日本学者的研究成果,表明至少能够看懂大意。不过,伯希和有国际汉学界警察之称,学术批评极为严厉,对抄袭剽窃之事疾恶如仇,而巴黎学派向来经费不足,许多日文、俄文杂志不得完璧;研究相同或相关课题,风格水准相近的学者容易得出相似成果,在学术史上屡见不鲜。白鸟库吉对此深恶痛绝,很可能因为伯希和名气太大。白鸟库吉后来指导的一位中国留学生,入门之前曾将其论文翻译发表而未说明,被披露后尚遣词辩解,此事白鸟库吉理当知情,却未置一词。

　　近代学术史上,类似公案不少,与其任流言蜚语横行,不如弄个水落石出,天下大白。这并非摘发隐私,而是学者以名维生,学行亏则名节失。余英时所究郭沫若《十批判书》与钱穆《先秦诸子系年》的渊源,现在经人重新审理,问题转给了原告。其实郭著当年口碑不佳,被认为不及冯友兰思想之细和钱穆考证之精,只是未有断为剽窃者。[①] 更为重要的是,正是在此类公案的论辩中,学者往往相互表达看法,留下探寻其心路历程的雪泥鸿爪。学者著史,以学以行,敢不懔惧再三!

　　拙稿得以完成,当感谢众多师友相助,尤其是海外前辈同行的支持帮助。先是承蒙卫藤沈吉、野泽丰、武田清子诸前辈和容应萸教授的盛情邀请,我才有机会于1992—1994年赴日本访问研究,从而能够大量接触日文资料并提高使用能力。其间及此后在收集史料、了解学术方面,得到东京的滨下武志、山田辰雄、久保田文次,京都的狭间直树、森时彦、石川祯浩诸教授的帮助。复蒙韩国延世大学史学科主任白永瑞教授和瑞南财团的邀请,1997—1998年到汉城(今首尔)访问

---

　　① 参见齐思和:《书评·十批判书(郭沫若著)》,载《燕京学报》,第30期(1946年6月)。

研究一年，查阅日、英、韩文报刊书籍，补充台湾出版的资料。这些正是我僻居岭南越来越感到缺乏的。1996 年赴香港开会之际，又承香港科技大学蔡志祥博士的关照，于会后逗留，查阅有关资料。此外，牛津出身、家在香江的程美宝博士以其来往省港之便，也代为复印部分资料；美国圣巴巴拉加州大学的傅佛果、季家珍教授和台北"中央研究院"近代史研究所的张力教授曾赠送有关书籍。旅韩期间，适逢亚洲金融危机，社会颇有动荡，其间治学生活及学术交流得到白永瑞、裴京汉、张义植、车雄焕、金希教、郑文祥、金承郁、朴敬石、赵耕禺诸位教授学友的多方协助，得以在安静便利的环境中专心向学，研究进度不止成倍提高。九十多岁高龄的杨堃先生欣然赐教，令我获益多多；有中国藏书第一家之称的田涛先生慨允观其私藏，并赐赠资料；本系的陈锡祺、胡守为、蔡鸿生、姜伯勤、刘志伟、陈春声以及中国社会科学院近代史研究所的茅海建、虞和平，三联书店潘振平诸师友或述其亲历，或提示资料，或指点迷津，或给予方便。没有上述机缘，此项研究难以顺利完成。

1998 年 5 月初稿于汉城

1999 年 3 月改定于广州

第一章　四裔偏向与本土回应

　　第二次世界大战前后，海外中国研究截然两分。要言之，此前重古代和文献学（或语文学）方法，此后则重近现代和社会科学（含人类学）方法。这一变化自有其必然性与进步之处，但上升的螺旋之下，也不免曲折起伏，在一定程度上打断了前人由四裔而本土的努力，使中国研究重归旧途。由此带来的四裔偏向，既表现为研究方面，更在于研究方法①，从而导致该领域的表面繁荣与潜伏隐忧。从具体的人脉关系探讨其变化的脉络以及中外学术界的相互影响与隔膜，不仅有助于把握未来趋向，更为建立中国研究的学术大道所不可或缺。

第一节　由域外到本部

　　如果说第二次世界大战后美国的中国研究后来居上，那么第二次世界大战前的国际汉学界却几乎是法国的一统天下。20 世纪 20 年代留学法国的李思纯一言以蔽之曰："西人之治中国学者，英美不如德，德不如法。"②20 世纪初的国际汉学泰斗沙畹认为，中国学是由法国传教士所开创，并由法国学者雷慕沙（Abel Rémusat）与儒莲等人所组成的一门科学。傅斯年则称："中国学在西洋之演进，到沙畹君始成一种系统的专门学问。"③沙畹以后，西洋中国学的大师分为巴黎与瑞典两

---

　　①　所谓四裔，原为古代中国天下观的政治文化概念，此处借指中国研究偏重中外交通，无视本土资料成果和观念方法，以及所用方法多由域外初民社会生成的偏向。

　　②　李思纯：《与友论新诗书》，载《学衡》，第 19 期（1923 年 7 月）。

　　③　傅斯年：《法国汉学家伯希和莅平》，载《北平晨报》，1933 年 1 月 15 日。

派，而后一派的台柱子高本汉"学术渊源仍是师承沙畹"。此外，在苏联、美国汉学界位居显要的阿理克和叶理绥（Serge Elisséeff），也分别是巴黎学派的弟子和门生。因此戴密微说："中国学在西方，在骨子里仍是一门法国的科学。"留法社会学者杨堃亦称："'中国学'不仅是一门西洋的科学，而且还几乎可以说：它是一门法国的科学。"①领导巴黎学派正统的伯希和，自然成为国际汉学界的祭酒。

汉学在欧洲登堂入室，成为本国学术的一部分，得益及体现于相互关联的两个方面。

其一是学者的专门化。"从前欧洲研究东方学的人，大半是'海关上的客卿''外交机关的通事翻译'或'传教师'出身，本人既不是严格的科学家，也不是素来即有志研究东方学问，所以他们初期的著作，比较本国的学者，往往稍欠精确。比方史料来源的批评，鉴定史料的可信程度，在德国自尼博尔（B. G. Niebuhr）、栾克（L. von Ranke）以后，史学家对史料的来源、记载、口传与古物等的分别，清清楚楚，一毫不苟。对于记载是原形抑或副本（外部的批评），著作人是否愿意报告实事（内部的批评），都是慎加选择，宁缺疑，不愿轻信。"②而德国地质学家李希霍芬（Ferdinand von Richthofen）不懂汉语，竟写成多卷本巨著《中国》（China, Ergebnisse eigener Reisen und darauf gegründeter Studien），对中国地矿学研究贡献甚大，但引据谬误极多，对德国汉学反有不良影响，"投机作品，如雨后春笋，一似汉学著书为不学而能者"③。这种状况到沙畹时开始转变，用伯希和的话说："夫中国有史三十世纪而迄未间断，其雄伟深奥，确可成一独立学科而有余。盖久非（非久）涉猎之士，不经训练所能操觚者矣。"④西洋正统学术方法被运用于中国研究，因而与一般情况相比，"近来的法国'河

①　杨堃：《葛兰言研究导论》，见《社会学与民俗学》，107～108 页，成都，四川民族出版社，1997。

②　姚从吾：《欧洲学者对于匈奴的研究》，载《国学季刊》，第 2 卷第 3 号（1930 年 9 月）。

③　梁绳祎：《外国汉学研究概观（续前）》，载《国学丛刊》，第 6 期（1942 年 1 月）。又参见莫东寅：《汉学发达史》，111 页，上海，上海书店，1989 年影印。

④　傅斯年：《法国汉学家伯希和莅平》，载《北平晨报》，1933 年 1 月 15 日。

内派'——法国的沙畹、伯希和、马斯拍楼等都在安南河内久任教职——自然比较算是例外"①。1919年1月,法国总统在商业地理协会印度支那部演说时称,"法国研究中国,已自从来之散漫状态中成为一般学术上之正统,而认为一科;是故研究中国者,正所以为法国之学术"②,其视汉学为法国的"国学"。③

其二是重视中国学者的研究成果。在沙畹、伯希和之前甚至与之同时,"不少的西洋汉学家,每但以西洋的汉学为全个范域",无视中国前贤及当时学者的成果。而巴黎学派诸大师的态度完全不同。伯希和认为,"中外汉学大师之造就,堪称殊途而同归,尤以清初康熙以来,经雍乾而至道光,名家辈出,观其刈获,良足惊吾欧洲之人。此果何由,亦由理性之运用与批评之精密,足以制抑偏见成说。其达到真理之情形,实与西方学者同一方式",因"心向既久",不禁对当时继承前辈学者的中国学人也"寄有无限之敬重与希望"。④ 高本汉则责成自己追随清代学者的开路工作,而把现代西方语言学方法应用于所整理过的材料上。⑤ 傅斯年在高本汉所著《中国音韵学研究》中文版序言中说:"高本汉先生之成此大业固有其自得之方法,然其探讨接受吾国音韵学家之结论,实其成功主因之一。"⑥同时高本汉还认真收集中国当时的学术书刊,以追踪中国同行的研究。⑦ 高本汉晚年称:"我毕生从事中国文化的著述,只有爱护本国文物历史而从事研究的中国学者

---

① 姚从吾:《欧洲学者对于匈奴的研究》,载《国学季刊》,第2卷第3号(1930年9月)。马斯拍楼即马伯乐。

② 罗益增译:《日本人之中法文化运动观(续)》,见张允侯、殷叙彝、李峻晨:《留法勤工俭学运动(一)》,502页,上海,上海人民出版社,1980。

③ 参见和田清:《西洋諸国の於るしな学の現状》,载《北京周报》,第228—230号(1926年10月17日—10月30日)。

④ 傅斯年:《法国汉学家伯希和莅平》,载《北平晨报》,1933年1月15日。

⑤ 参见王力:《中国语言学史》,186页。

⑥ [瑞典]高本汉著,赵元任、罗常培、李方桂合译:《中国音韵学研究》,"序",2页,上海,商务印书馆,1940。

⑦ 参见1922年11月8日所附高本汉英文来函,见中国社会科学院近代史研究所中华民国史研究室编:《胡适的日记》,514～515页,北京,中华书局,1985。

是真正的知音。"①

受此影响，国际汉学的研究趋向由单纯四裔进而沟通中外，表现有三：一是对中国文献的理解力提高，重视程度加强，将中外资料会通比勘；二是与中国学者的联系交往增多；三是开始研究纯粹中国问题。"本来中国学在中国在西洋原有不同的凭借，自当有不同的趋势。中国学人，经籍之训练本精，故治纯粹中国之问题易于制胜，而谈及所谓四裔，每以无比较材料而隔漠（膜）。外国学人，能使用西方的比较材料，故善谈中国之四裔，而纯粹的汉学题目，或不易捉住。"②这种情形到沙畹-伯希和时代大为改观。沙畹凭在中国实地研究的经验，"深感到中国文化须与中国实际社会相接触，须能利用中国近代学者的研究结果以作参考，并须视中国文化为一活的文化，而非一死的文化，然后中国学方能真正成为一门科学"③。其译注《史记》，广征博引中外典籍，堪称范本。伯希和则"对纯粹中国材料认识之多，在北平学界亦大可惊人"④。他进而提出，"治'中国学'须有三方面的预备：①目录学与藏书，②实物的收集，③与中国的学者接近"⑤。"希望嗣后研究中国学问，须中外学者合作，以补以前各自埋头研究之缺陷，及使世界了解中国文化之真价值。"⑥

同时，伯希和还扮演了国际汉学界警察的角色。沙畹逝世后，他参与《通报》（*T'oung Pao*）的编辑，1925 年起成为主编，"他把这份杂志办成了类似汉学界的法庭"⑦。在其主导下，巴黎学派不满于既有的四裔研究，鼓励深入中国内部。当时欧洲汉学家的态度有二：其一是

---

① ［瑞典］高本汉著，董同龢译：《高本汉诗经注释》，作者赠言，上海，中西书局，2012。

② 傅斯年：《法国汉学家伯希和莅平》，载《北平晨报》，1933 年 1 月 15 日。

③ 杨堃：《葛兰言研究导论》，见《社会学与民俗学》，111 页。

④ 傅斯年：《法国汉学家伯希和莅平》，载《北平晨报》，1933 年 1 月 15 日。

⑤ 《胡适的日记》（手稿本），1926 年 10 月 26 日，台北，远流出版事业股份有限公司，1989。

⑥ 《辅大欢宴伯希和》，载《北平晨报》，1933 年 1 月 22 日。

⑦ ［法］戴密微著，胡书经译：《法国汉学研究史概述》，见阎纯德主编：《汉学研究》第 1 集，47 页，北京，中国和平出版社，1996。

将中国文明作为与印度、埃及、希腊罗马文明并驾齐驱的世界文明之一，并视为纯粹学问的智的对象，以法国为代表；其二是从本国的政治、贸易等实际利益出发，以英、德、俄三国为典型。① "研究中国古代之文化，而能实地接触当今代表中国之人，此种幸运，绝非倾慕埃及或希腊者所可希冀，知有此幸运而能亲来享受者，以沙畹为第一人。"而伯希和"治中国学，有几点绝不与多数西洋之治中国学者相同：第一，伯先生之目录学知识真可惊人，旧的新的无所不知；第二，伯先生最敏于利用新见材料，如有此样材料，他绝不漠视；第三，他最能了解中国学人之成绩，而接受之"，有鉴于伯希和沟通中外，充分利用中国学人的成就，傅斯年呼吁中国学者"仿此典型，以扩充吾人之范围"。② 日本京都学派与巴黎学派相呼应，是时塞外民族史料层见迭出，西域研究盛极一时，狩野直喜在宫崎市定赴欧留学之际告诫说，敦煌研究也要适可而止。或许西方学者以为日本人只对敦煌有兴趣。一般来说，应先入中国本部，有余力再及于塞外。③

尤为难能可贵的是，内藤虎次郎、狩野直喜等人进而提倡师法清学，用与当时中国学者同样的方法与观念治中国学术。伯希和时代西方汉学的成熟，以整个欧洲学术的发展为背景和依托。19世纪下半叶以来，实证史学在欧洲占据主导，受科学化倾向的制约，考古和文献考证日益成为史学的要项。法国势力最大的写实派史学家古朗日（Fustel de Coulanges）声称："在最细密处去直接解析遗文，只相信遗文所指出的意义。"④这种重视文献与考古的研究，使汉学逐渐脱离以往的两种偏向，即不通中文只据西文的道听途说和虽识中文却不加分析的以讹传讹，与清学颇为接近，但核心仍是西方近代科学思想，用以研究中国，往往有失文化本色。以中国固有方法整理文化遗产，不可或缺。受导师的影响，仓石武四郎、吉川幸次郎等人留学北京，实地学习中国的治学方法。

---

① 参见狩野直喜：《しな研究に就いて》，见《しな学文藪》，285～289頁，東京，みすず書房，1973。

② 傅斯年：《法国汉学家伯希和莅平》，载《北平晨报》，1933年1月15日。

③ 见宫崎市定：《歷史家としての狩野博士》，载《東光》，第5期（1948年4月）。

④ 李璜：《法兰西近代历史学》，载《少年中国》，第3卷第6期（1922年1月）。

第二节　方法与文献

西洋汉学正统的语文学方法引起一些学者的不满，在巴黎学派内部，率先起来纠偏的便是葛兰言。葛兰言是汉学家沙畹和社会学家涂尔干（Émile Durkheim）的学生，并深受社会学家莫斯（Marcel Mauss）的影响。他批评"一般旧派的史学家或中国学家，不是仅以考证为能事，就是虽有解释而仍是以主观的心理的意见为主，故貌似科学而实极不正确，极不彻底，故远不如杜氏所倡的社会学分析法为高明"①。对于清代考据学的成就，其评价也低于伯希和等人，认为其对于上古遗留经传的考订进步甚大，"但是中国学者向考据这条路一直往前走去，不免往往太走远了一点。中国考据的进步，好像都认为这是批评的精神在那里生出影响。虽然已有如此其煊赫的结果，我该当立刻的说道：引起这种考据批评的精神一点也不是实证的精神，并且不能真正算得是批评。这种批评的决（缺）点是：专心于作品而不大留意其中故实。他的原则都是一种用理智眼光来考究圣经的原则，而从来便未尝致疑于这种理智眼光的前提是否适当的"②。因此，他倡行将社会学分析法引入中国研究领域，撰写了《中国古代的祭礼与歌谣》(*Fêtes et chansons anciennes de la Chine*)、《中国人之宗教》(*La Religion des Chinois*)、《中国古代舞蹈与传说》(*Danses et légendes de la Chine ancienne*)、《中国古代之婚姻范畴》(*Categorie Matrimoniales et Relations de Proximité dans la Chine Ancienne*)等著作，开创了西方汉学崭新的社会学派。

葛兰言的新方法，有人概括为"伪里寻真"或"伪中求真"，乃是将历史学的内在批评、社会学的同类比较和事实分析三法并用。对于古代文献记载，其看法是："这件故事未必存在，而用笔写这件事的人的

---

① 杨堃：《葛兰言研究导论》，见《社会学与民俗学》，113 页。
② 幼春（李璜）：《法国"支那"学者格拉勒的治学方法》，载《新月》，第 2 卷第 8 号（1929 年 10 月）。

心理是确实存在的。"①他从文献中所搜寻的事实，便是后一类型的社会事实，然后应用社会学观点，对事实做一精细的、比较的与全体的分析，以便从中自然而然呈现出一种说明来。② 依照杨堃的看法，其《中国古代舞蹈与传说》一书的绪论，"不仅是葛兰言方法论中一个很好的说明书，而且是他向整个的中国学界一种革命的宣言"。而锋芒所向，首先便是伯希和、高本汉等人所代表的正统语文学派。"这一派从沙畹以至于伯希和与马伯乐，可谓登峰造极。其特长与弱点，已均暴露无遗。……社会学派的最大贡献即在乎方法。亦正是这样的方法，乃最能济语文学之穷而补其短。"③

王静如的分析略有不同，结论要旨则完全一致。他将法国汉学分为三期：兴隆期用语文考据法，儒莲为代表；大成期为史语方法（含考古、语言、宗教、民族、艺术及科学等辅助学科），沙畹创始，伯希和走到巅峰；发扬期以史语方法加社会学方法，葛兰言独放异彩。由于沙畹、伯希和等人将全力用于写史以前的工作，无法写出完全美备且理论精透的中国历史，葛兰言以社会学方法理董中国史文献，便可由考史进而写史。此说似得到法国学术界的印证，葛兰言的《中国古代的祭礼与歌谣》与《中国古代舞蹈与传说》，连获法国汉学研究最高荣誉的儒莲奖，而所著《中国上古文明论》（*La Civilisation Chinoise*）、《中国思想论》（*La Pensée Chinoise*），则列入法国新史学运动大师白尔（H. Berr）主编的"人类演化丛书"出版。白氏倡导综合史学，同人多为《社会学年刊》的合作者，可以说是影响 20 世纪史学最大的法国年鉴学派的源头之一。因此杨、王二人均预言葛兰言所开创的社会学派，将起而取代语文学派成为西方汉学的代表。

与伯希和、高本汉、马伯乐等人久为中国学者所称道的情形相反，

---

① 幼春（李璜）：《法国"支那"学者格拉勒的治学方法》，载《新月》，第 2 卷第 8 号（1929 年 10 月）。

② 关于葛兰言的方法，参见杨堃的《葛兰言研究导论》、李璜的《法国"支那"学者格拉勒的治学方法》和王静如的《二十世纪之法国汉学及其对于中国学术之影响》。因其方法曾引起极大争议，而本书又不重在介绍，有关表述以上述三文为准。三位作者均受教于葛兰言，领会当较贴切。

③ 杨堃：《葛兰言研究导论》，见《社会学与民俗学》，118、137 页。

葛兰言以社会学方法解析中国古史的创新，在中国本土却长时间反应平平。1929 年其《中国上古文明论》出版后，更引起强烈批评。1931年，丁文江在英文的《中国社会及政治学报》第 15 卷第 2 期上发表长篇评论，对葛兰言的著作乃至人品予以严厉抨击和讽刺。丁氏虽不是史学专家，但却是地质学家，兼通文化人类学，对中国上古史颇有研究，而且此文如果不是与傅斯年等人讨论的结果，至少写作过程中得到过后者在文献等方面的帮助。后来傅斯年称赞道，"凡外国人抹杀了中国的事实而加菲薄，他总奋起抵抗……论学如他评葛兰内的文，都是很有精彩的"①，可见此文代表当时中国史学主流派的观点。王静如说葛兰言的"观念很有些和国内大学者意见不同"②，或即指此。避难日本的郭沫若以社会科学方法研究甲骨文和古代社会，对于方法很相近的葛兰言的著作只能耳闻，无法目睹。③ 此后直到 1939 年，杨堃才在英文《燕京社会学界》(*The Yenching Journal of Social Studies*)上撰文介绍葛氏的学历、师承、方法，并对丁文江的批评有所回应。20 世纪 40年代，杨堃又在中文《社会科学季刊》上连载内容更为详尽的《葛兰言研究导论》。王静如于 1943 年在北平的中法汉学研究所演讲《二十世纪之法国汉学及其对于中国学术之影响》，也重点介绍了葛兰言的学术方法。但是代辩诸文发表于日本侵略时期，与大后方的学术联系基本隔绝，远不及丁文的影响深远。所以杨堃不无认真地称葛兰言之名不显于中国，是不幸遇到了丁文江这样的对手。④

　　个人的作用还应顺乎时势。中国学术界对葛兰言感到生疏，除了

①　傅斯年：《我所认识的丁文江先生》，见胡适等：《丁文江这个人》，18页，台北，传记文学出版社，1979。据此文可知，傅斯年曾为丁文江提供论据。

②　王静如：《二十世纪之法国汉学及其对于中国学术之影响》，载《国立华北编译馆馆刊》，第 2 卷第 8 期(1943 年 8 月)。

③　参见郭沫若：《答马伯乐教授》，见郭沫若著作编辑出版委员会编：《郭沫若全集·历史编》第 3 卷，317 页，北京，人民出版社，1984。

④　参见 Yang Kun, "Marcel Granet: An Appreciation", *The Yenching Journal of Social Studies*, vol. 10(1939)。另据杨堃先生所赐教，许烺光对葛氏的批评也影响很大，尚查无确证。

由于他后来不到中国，与中国学者缺少联络，著作译成中英文的少而且晚，以及治学方法与中国新旧两派史学家和国学家俱不相合，而中国的社会学者对于国学和西洋汉学一向不大注意，不能打通①，更重要的还在于其方法与中国史学的特性不尽吻合。此点对于认识近代以来中外学术的相互关系至为重要。

在欧洲，社会科学兴起于社会发展造成传统的人文方法力所不及之际，例如，与第二次世界大战后史学变化密切相关的人类学和社会学的若干分支，主要由研究已殁的上古社会和尚存的初民社会生成。传统人文学科尤其是历史学，以文献研究为主，辅以其他手段，目的仍在更好地通过文献研究历史。此一特征，中外一律，而中国尤为突出。因为中国有始终一贯的文字文化，保存及传播的技术手段又相对发达，留存的文献极为丰富广泛。这不仅造成中国学术传统中史学特盛的局面，而且竟能影响近代新兴学科的引进与发展。考古学长期以发现和印证文献为要项，文化研究则多由文史哲学界兼挑，与欧美各国反差明显，也令行内人莫名所以。②

葛兰言的趋新尝试，同样受此制约。当时"法兰西史学界颇有欲以社会背景之研讨代替旧派之著重个人心理之解释者"③，葛氏因此想以欧洲封建社会为研究对象，后发现史料不足，才转学中文，"因为中国文化乃世界文化中最古老并最富有连续性"，适宜此类课题，可见其问题意识来自在法国本身的历史研究中个人心理解释法已经发挥到极致。而欧洲汉学界，包括成就最高的巴黎学派，只有极少数人开始进入中国文史学的"个人心理之解释"阶段，如沙畹对《史记》的看法。同时，葛兰言所属的法国社会学派的社会学并非如一般而言，"反而与我们所叫作的民族学或文化人类学，颇为相近"，其"社会学分析法在骨子里，

---

① 另一原因或为早期翻译介绍其著述较多的李璜是国家主义者，其著作屡遭禁止。

② 章炳麟说："凡荒僻小国，素无史乘。欧洲人欲求之，不得不乞灵于古器。如史乘明白者，何必寻此迂道哉。"（徐一士：《一士类稿》，见荣孟源、章伯锋主编：《近代稗海》第 2 辑，105 页，成都，四川人民出版社，1985）其中至少包含了部分真理。

③ 高名凯：《葛兰言教授》，载《燕京学报》，第 30 期（1946 年 6 月）。

原是一种实际调查与田野研究的方法"。①葛氏曾主张以中国的乡村文化为中心，并选择受都市文化影响最少、最能保存旧日文化形态（如河南郑州一带）的一个乡村为研究对象。如果照此而行，他得到公认的机会可能更大。后来费孝通即首先避开文献的困扰，开创乡土社会研究的先例，然后回头再适应中国学术，结合文献解释皇权与绅权。葛兰言却将社会分析即对社会事实的分析直接用于历史研究，尽管他对从文献中发现史实已经十分慎重，但在史家看来依然破绽百出。②

　　丁文江的批评与杨堃等人的辩护，分歧的关键在于如何看待方法与文献的关系，即以发现事实为目的的葛氏新法，是否有助于正确地从文献中发现事实。前者指责葛兰言对文献误引错解，所称事实并非历史真相，因而怀疑其方法的适用性；后者则由介绍方法而阐明其发现事实的不同路径以及事实的不同类型。两相比较，丁文江确有误会方法之处，但所指出的事实真伪问题，并未得到正面解答。葛兰言不重视文献的真伪，而重视传说，认为文献所出时代或者较晚，所记载的传说（事实）却很古。这显然并非一概而论的通则。依据丁文江的批评，葛著至少有三类错误不容置辩：第一，将理想误认为事实，例如，以男女分隔制为古代普遍实行，殊不知只是儒家的理念；第二，误读文献而得出与自己方法相合的错误事实观念；第三，先入为主地曲意取证，尤其认为《诗经》尽属农民青年男女唱和。事实一错，立论根据全失，用以发现事实的方法自然无效。所以王静如也不能不承认说："顾此失彼之事亦不能避免，故葛氏书中亦颇多误点。惟氏所用法，方在开始，史语方法训练或有未精。然如继起之人，能有沙、伯史语方法之深刻，再有葛氏社会学法之通达，则其著作必如葛氏诸书之言理

---

　　①　杨堃：《葛兰言研究导论》，见《社会学与民俗学》，116、122 页。今有专书总结中国的社会学史和人类学史，可惜无一字及此。

　　②　当代法国汉学家中有人认为："葛兰言的功绩在于把社会学方法引入了汉学研究，这种方法使他写出了综合性的著作。然而他的综合都是由理念出发的，而现在社会学和人类学研究的倾向，是先进行实地考察，然后再从中得出结论。""葛兰言的研究方法对他的汉学的学生并没有太大的影响，但却影响了其他专业的学者，特别是对人类或神话学的学者。"见[法]程艾蓝：《法国的古代中国研究》，见《国际汉学》编委会编：《国际汉学》第 1 期，370 页，北京，商务印书馆，1995。

持故左右逢源，且无葛氏之小訾，则混圆如一，自然颠扑不破了。"①

依代辩者之见，似乎沙畹、伯希和等人不能出大著作是为方法所囿。此节大有商讨余地。据杨堃《葛兰言研究导论》，沙畹对于近代历史科学中一切新的方法全能运用，对于史学的一切辅助科学又全是内行，并主张以整个中国文化与整个活动的中国社会为研究对象，其附于《泰山志》(*Le T'ai-Chan：Essai de Monographie d'un culte chinois*) 一书的论文《中国古代的社神》，实为西洋中国学界空前的杰作。王静如更认为："此文重要之点，乃在启发后之学者，走上以社会学法研究汉学之途径。"②而 1908 年伯希和在关于敦煌遗书的报告中称"此类卷本，在东方学上，实含二重新义"：一是增加大批写本，据此可考写本印本流变沿革；二是"自此以往，可借文书真迹以研究东方学也。吾尝以之从事乡土之学，恒获效益。然此类效益，一经数种书籍之比勘，往往矛盾，于是有是非之分。顾借以比勘者，不外书本而已，从未有运用碎杂未编之文书原本以从事探讨者。今则私家纪录，契约状牒，灿然大备，于是此中国西陲行省，往昔仅展数种流行之载籍以窥概略者，今则七世纪至十世纪间宗教社会之真实生涯，涌现目前矣"。③

巴黎学派另一代表马伯乐在为法国"历史评论丛书"之一的《最近五十年的史学与史学家》所写的中国及中亚研究述评结语处也说："众所周知，从来汉学研究主要致力于古代、宗教、美术及蒙古帝国时代前后的中亚，因此这些方面取得了显著的进步。现在，用真正科学的方法叙述中国社会历史还为时尚早，希望欧洲、日本和中国人紧密协作，

---

① 王静如：《二十世纪之法国汉学及其对于中国学术之影响》，载《国立华北编译馆馆刊》，第 2 卷第 8 期(1943 年 8 月)。此文系王静如在中法汉学研究所演讲的记录，该所主事者为葛兰言的良友铎尔孟(André d'Hormon)及葛氏的得意门生杜让(J. P. Dubosc)。

② 王静如：《二十世纪之法国汉学及其对于中国学术之影响》，载《国立华北编译馆馆刊》，第 2 卷第 8 期(1943 年 8 月)。

③ ［法]伯希和著，陆翔译：《敦煌石室访书记》，载《国立北平图书馆馆刊》，第 9 卷第 5 号(1935 年 9—10 月)。

尽力将我们的智识投向这一最重要的空间。"①由上述内容可见,沙畹等人均已意识到社会研究之必要,或者说,历史研究本来就以人类社会为对象。只是史家治史须依据史料,而上古史料遗留不足或鱼龙混杂,不得不阙疑以待,而要首先进行史料的发掘、收集和整理。

另外,掌握并贯通古今中外的材料,本身必需绝顶聪明加长期功夫,非一般人力所能及。沙畹、伯希和以不世出的天才所达到的史语方法的深刻,几乎穷尽人力。如果葛兰言照此办法,至多与伯希和齐头并进,或犹不及。诚然,在一定的条件下,新方法的运用能够贯通若干旧史料,或扩展史料的利用。但如果脱离相关语境,一味格义附会,强做解释,则不免呼卢喝雉、图画鬼物之弊,解释愈有条理系统,则距事实真相愈远。葛兰言批评中国的汉学家"不从神话中去求真的历史事实,而反一味的因为有神话而便去疑及古书",结果令"西方人自知汉学考据以来,便不敢再相信秦以前的书,而从此便结论到秦以前的中国史事都是假的,更从此而称中国的古文化大都从埃及和巴比伦去的",连马伯乐也声称秦以前的中国还是"史前时代"②,希望用既有资料寻求中国文化的渊源和原始形式,立意甚佳,运用方法也极为严谨系统,远非时下滥用者可比(如慎用同类比较法)。但他怀疑甲骨卜辞,又不通金文,且不能等待考古事业的发展,面对材料不足以征信的上古史,自然难免捉襟见肘。

尤为可惜的是,葛兰言从巴黎汉学研究的进展中倒退回去了,表现在两方面。一是运用文献资料的范围大为缩小,能力也有所降低。20世纪以来中国研究长足进步的要因之一,在于史料向三方面丰富扩展,即中国与外国,地上与地下,经史与一切文字资料乃至器物。同时涌现出一批能够综合运用各种资料的优秀学者。而葛兰言则局限于几种问题甚多的古籍,似乎认为单靠方法的改善就能发现历史事实并

① アンリ・マスペロ著,内藤耕次郎、内藤戊辰共訳:《最近五十年しな學界の回顧》,载《東洋史研究》,第1卷第1号(1935年10月)。

② 幼春(李璜):《法国"支那"学者格拉勒的治学方法》,载《新月》,第2卷第8号(1929年10月)。

形成对社会的系统解释。而且尽管他提倡直接阅读原文，可是丁文江证实其大量依靠顾赛芬（Séraphin Couvreur）的译文，且未以中文原本印证。顾赛芬虽号称汉籍欧译三大师之一，所译《诗经》却是所有译本中最糟的一种。因为沙畹和理雅各都有中国人帮助，顾赛芬则独力进行。此外葛氏中文能力似乎不足，一旦自己动手翻译，较顾氏尤逊一筹。二是几乎无视近代中国学者的研究成果，没有一位做过文本批评的中国学者之名被提及。而他对中国传统学术的反复指责，又早已是众所周知的陈言，形同无的放矢。因此丁文江说，如果葛兰言注意到王国维等人的著作，许多错误本来不难避免。

第三节　欧风美雨论高下

丁文江评论文章的影响不限于禹域之内，石田幹之助将此文译载于日本《民俗学》杂志，该国"东洋学界以其评 Granet 多知其名"，谓其将葛氏"误读谬解中国文献指摘得体无完肤"①。虽然后来庆应义塾大学教授松本信广著《古代文化论》为葛氏辩护，又在撰文介绍法国汉学研究时强调舆论尽管对葛兰言毁誉参半，自己却认可其功绩并看好将来发展②，但势难挽回。京都学派在伯希和以后的法国汉学家中多倾向于马伯乐，只有留法的小岛祐马主张师法葛兰言。③ 他认为其著作对于全面考察和理解中国古代社会有重要启示，不能以方法的瑕疵完全否认结论的正当，同时亦对葛氏将不同时代的中国文献同样看待以及天马行空式的推断不以为意。④ 东京帝国大学的和田清也不赞成学生以葛著《中国上古文明论》为读本，指示用马伯乐的《中国上

---

① 《丁文江訃報》，载《東洋史研究》，第 1 卷第 3 号（1936 年 2 月）。
② 参见松本信廣：《佛蘭西に於けるしな研究》，见慶応義塾望月基金しな研究会編：《しな研究》，東京，岩波書店，1930。
③ 参见《先学を語る——小島祐馬博士》，载《東方学》，第 60 輯（1980 年 7 月）。
④ 参见小岛祐马：《〈しな古代の祭礼と歌謡〉序》，见マーセル・グラネー著，内田智雄訳：《しな古代の祭礼と歌謡》，1～3 頁，東京，弘文堂書房，1938。此书由内田智雄翻译，得到小岛祐马的指导。

古史》。①　在法国，对葛兰言似乎抑扬互见，他始终未成为法兰西学院院士，可见对其学术创新性的评价不无保留。

不过，杨堃、王静如等人的预言在第二次世界大战后却变成现实。照戴密微和贝冢茂树所说，葛兰言所用方法，其实就是后来对民族学影响极大的结构主义。随着第二次世界大战后社会学和人类学对历史学的渗透日益加强以及法国年鉴学派史学主导地位的确立，此法盛行一时。而汉学研究在西方的独立地位，只有在本国学术正统承认的前提下才能获得，因而不可避免地受到本国社会与人文科学发展总体趋势的制约。更有甚者，当整个人类社会的思维仍处于欧洲主导时代之际，其他文化体系的认知方式都将由此左右。京都大学的贝冢茂树后来便认为小岛祐马当年选择葛兰言有先见之明，因为那时在法国，葛氏的身价已经超过马伯乐。

葛兰言身后的成功，除方法本身日臻完善外，更重要的原因是方法应用范围有所变化和扩展，或用于初民及乡村社会，或施诸近现代历史。前者对文献的依赖较小，后者则利用文献相对粗疏，给新方法提供了较大的回旋空间。

使第二次世界大战后海外中国研究发生重大变化的关键人物，是被称为"美国中国研究开山祖"的费正清（John King Fairbank）。欧风美雨经过一轮对垒，后者显出后来居上之势。然而，如果说葛兰言只是研究方法脱离中国历史及史学，费正清则在将汉学研究重心由古代下移到近现代并应用社会科学方法的同时，本质上有全面退回沙畹以前欧洲传统汉学的弊端，尽管表面看来更具现实感。

费正清以前美国的中国研究，可谓欧洲汉学的延伸或移植。"其间足以为斯学生色而放大光明者，二三十年来惟三人耳：一为哥伦比亚教授夏德（Friedrich Hirth），二为加利佛尼亚教授阜克（Alfred Forke，通译佛尔克），三即洛佛尔（Berthold Laufer，通译劳佛）氏也。此三人者皆条

---

①　参见《先学を語る——和田清博士》，载《東方学》，第 56 輯（1978 年 7 月）。严绍璗《日本中国学史》称，《中国古代的祭礼与歌谣》对近代日本中国学的形成，在观念与方法上意重大。参见严绍璗：《日本中国学史》，245～251 页，南昌，江西人民出版社，1991。此或据一家之言，或限于《诗经》研究，或为后来的变化。

顿种，生于德国，学成于德国。"①他们显然感到美国的学术风气与汉学
研究多少有些格格不入，所撰论著，多送往欧洲发表出版。夏德、佛尔
克后来回到德国，劳佛则坠楼身亡。② 20 世纪 20 年代初，美国学者赖
德烈(Kenneth Scott Latourette)承认，"中国史包藏之浩博，吾国学者稀
能见之。通常学者……因于近代史之研究，亦兼及中国最近数十年之变
迁。其或深思远瞩，知中国民族有其三千年继续之历史，有浩富精美之
史籍，足供西方学者研究之良好资料者，殆寥寥无几人焉"③。

1928 年，费正清所在的哈佛大学成立远东语言学部时，想请伯希
和，后者表示谢绝，认为没有人愿意离开法国的优良学术环境而去到
穷乡僻壤的哈佛，于是推荐尚无正式职位的叶理绥。④ 叶理绥在哈佛
继续推行法国式的汉学教育，因难度过大，令从学者望而却步。这从
一个侧面证明欧洲汉学家的感觉并非偏见。巴黎学派的形成与发展，
建立在聚集了若干兼备语言和社会、人文科学天赋的绝顶聪明的人才
之上，其来源范围后来更扩展到整个世界，但这同时也就意味着难以
普及。伯希和对于巴黎学派的中衰早有预见，他对即将归国的王静如
怆然道："君来时法国汉学可谓极盛，君去后恐未必如此矣。"⑤在汉学
研究上后进的美国更加缺乏相应条件。在当时美国学生眼中，伯希和

---

① 贺昌群：《悼洛佛尔氏》，载《国立北平图书馆馆刊》，第 8 卷第 5 号(1934
年 9—10 月)。

② 参见《ベルトールド・ラウファー博士の訃》，载《史学雑誌》，第 45 编第
12 号(1934 年 12 月)。据说劳佛为当时在世的汉学家中学问最渊博者，但在美国其
名不显，令日本学者感到痛心。参见岩松五良：《欧米に於けるしな学の近状》，载
《史学雑誌》，第 33 编第 3 号(1922 年 3 月)

③ [美]拉多黎著，陈训慈译：《美人研究中国史之倡导》，载《史地学报》，第
1 卷第 3 期(1922 年 5 月)。拉多黎即赖德烈。原文为："Chinese History a Field of
Research"，*Historical Outlook*，vol. 11，no. 1(Jan.，1922)。

④ 参见[美]费正清著，黎鸣、贾玉文等译：《费正清自传》，117 页，天津，
天津人民出版社，1994。又参见羽田明：《エリヤエフ教授を悼む》，载《東方学》，
第 51 辑(1975 年 6 月)。1932—1933 年，叶理绥以访问教授身份在哈佛大学远东
语言学部任教，1934 年再赴哈佛时出任哈佛燕京学社社长。

⑤ 王静如：《二十世纪之法国汉学及其对于中国学术之影响》，载《国立华北
编译馆馆刊》，第 2 卷第 8 期(1943 年 8 月)。

宛如神祇。洪业指出其今古文《尚书》章节对照的错误，学生竟说："伯希和从来不会弄错的。"①费正清面临的问题，与其说是怎样将汉学研究推进一步，不如说是如何使少数天才的事业变成多数凡人的职业。批量培养标准化的学位获得者，正是其方法的成功标志与应用价值。

在某种意义上，费正清是逃离汉学正统智慧考验的侥幸者。他在不懂汉语的情况下着手研究中外关系，又有意选择汉学研究比较薄弱的牛津大学留学，而避开巴黎、莱顿等欧洲汉学中心。他指责道："欧洲的汉学家普遍拘泥于一种成见，他们认为一位研究中国问题的西方学者，必须要求能够娴熟地阅读中国经典原著，必须全靠自己大量利用中文工具书和文献资料。这一来显然看不到在中国沿海地区的传教士和领事们所作汉学研究的价值。这些人在遇上困难时总可以在屋后找到可靠的老师提供指导，就象我们曾经做过的一样。"②实际上，欧洲汉学家特别是巴黎学派的所谓"成见"，是经过几代人的不懈努力，才设法摆脱掉非专家式研究，走上学院化正轨的体现。③

费正清留学中国时，因原来选题的机缘，主要受教于蒋廷黻。后者专攻近代外交史，对中国传统治史方法也很不满意，认为"中国史学家往往是'治史书而不是治历史'，以致一个人熟读许多史书，或专治一部史书，费了很大精力，对于版本训诂也许有所发明，但到头来对于史实本身反而没有多少知识，这根本不是学历史的正当途径"④。他主持清华大学历史系时即贯彻上述宗旨，主张学生多掌握社会科学工

① ［美］陈毓贤：《洪业传》，103～104 页，北京，北京大学出版社，1996。

② ［美］费正清著，黎鸣、贾玉文等译：《费正清自传》，118 页。

③ 齐思和的《评马斯波罗中国上古史》指出，19 世纪西人研究中国文物制度者渐多，唯著书者大抵学识浅陋，鲜通中文，往往逞其臆见，发为谬论。书籍虽多，可观者少。后有一派悟到，欲研究中国文化，须通典籍，于是翻译之风大盛，最精者为沙畹所译《史记》。自此汉学成为专门，不通中文而谈汉学者渐少。"即通晓文义者，亦渐舍普通而为专门之学。"该文载《史学年报》，第 2 卷第 2 期（1935年 9 月）。

④ 陈之迈：《蒋廷黻的志事与平生》（"传记文学丛书"之四），23～24 页，台北，传记文学出版社，1967。

具，少兼修文献课程，名为考据与综合共存并重，实则偏向于为综合史学鸣锣开道。他请执教于武汉大学的雷海宗回校，借重在欧洲争议极大的施本格勒（O. Spengler）的文化形态史观①，而同系的陈寅恪"对雷海宗式的国史初步综合的容忍度是很低的"，为此蒋廷黻不得不一再公开捧陈，以换取两派间的和平。②

陈、雷之间的分别，绝非考据与综合的轻重取舍，而是在什么基础上进行综合的差异。是尽可能读懂全部相关文献，掌握史实及其相互联系，发现内在规则，还是以外在观念模式从能读懂的文献片段中断章取义，脱离原有语境重新拼装。而蒋廷黻的平衡政策，背后也有费正清所面临的类似问题，即曲高和寡与从之者众的取舍。陈寅恪任教于清华之初，遵循地道的欧洲汉学及东方学方法，讲授欧洲东方学研究之目录学，从佛经翻译讲起，无奈学生难以接受，不得不一再调整。他先后在清华国学研究院，北京大学国学馆以及清华文、史两系所开课程，尽管已经逐渐降低标准，学生仍然不能听懂。1934 年，代理清华文学院院长的蒋廷黻在总结历史系近三年概况时，一方面承认陈寅恪现在所开国史高级课程最为重要，另一方面又说明陈三年前所开课程多面向极专门者，学生程度不足，颇难引进，只得继续更改。③而雷海宗的综合史观，无疑较易引起学生的共鸣。

在华期间，费正清并未致力于《筹办夷务始末》等中文文献和档案的阅读、收集和整理，他关于中国海关总署与英国政策的博士论文，主要依据英国档案写成。所附中国文献目录，实际上尽其所知了。他

---

① 施本格勒所著《西方的没落》最喜比较，新文化运动时期的东西方文化论争，大体采用类似方法，中国留欧学生也往往眩于其思想之新颖刺激。但欧洲学者对其人其书批评极为严厉，认为斯氏不知历史，"以体验与认识等列，为不伦"。见魏时珍：《旅德日记》，载《少年中国》，第 3 卷第 4 期（1921 年 11 月）。

② 忻平：《治史须重考据 科学人文并重——南加利福尼亚州何炳棣教授访问记》，载《史学理论研究》，1997(1)。陈寅恪后来推荐雷海宗主编三卷本的英文《中国通史》，表明他并不否认综合，至少希望面对欧美汉学界时有中国自己的综合性著作。

③ 参见刘桂生、欧阳军喜：《陈寅恪先生编年事辑补》，见王永兴编：《纪念陈寅恪先生百年诞辰学术论文集》，436 页，南昌，江西教育出版社，1994。

自述答辩时的表现："我已经学会了如何成为历史学家中的汉学家，以及稍加变化，又成为汉学家中的历史学家。很象一个不易被抓住的中国土匪，处在两省辖地的边缘，一边来抓便逃到另一边。我通过了答辩。"①这种在欧洲汉学界的边缘地带仍须溜边的行为，正是退回欧洲传统汉学四裔偏向的极好写照。

不仅如此，费正清地位的上升，同样有四裔化的背景。20 世纪 30 年代，"美国对中国问题的学术研究分为两个阵营：一个是具有足够资金、坦然紧随欧洲模式的哈佛—燕京研究会，另一个则是纯粹美国阵营，这一阵营散布各处，缺乏基金，而且大都接受从中国回来的传教士的影响和指导"，费氏称"这两个阵营在一定程度上属于风格问题"②，其实所谓风格差异，乃是欧洲汉学发展的两个不同阶段之别。有人统计，当时汉学方面的西书作者共 145 人，美国有 23 人，其中一半不识中文。③

落后的美国风格在近现代中国研究群体中更为突出。1936 年费正清赴伦敦途中对全美各地的中国或远东研究中心进行了考察，发现研究方面进展不大，在职的少数研究人员中鲜有懂汉语者，又对社会科学概念无知，无人是按照后来的七年制培养出来的。在此情况下，纯粹美国阵营发挥组织优势，一方面通过委员会聚合队伍，壮大声势，例如，国会图书馆亚洲部的恒慕义（Arthur William Hummel）和美国学部委员会合作，召集众多学人乃至业余爱好者编撰《清代名人传略》；另一方面则利用宗派情绪和排外倾向，排挤按欧洲方式专心研究和培养助手，不愿在遍及全国的各种委员会中浪费时间的叶理绥。1948 年美国学部委员会决定将远东研究会扩展为学会，叶理绥等 12 人被推荐成为首届理事。但有人提出增补加拿大的明义士（James Mellon Menzies）进

---

① ［美］费正清著，黎鸣、贾玉文等译：《费正清自传》，170 页。

② ［美］费正清著，黎鸣、贾玉文等译：《费正清自传》，119 页。

③ 参见 L. C. Goodrich，"Chinese Studies in the United States"，*The Chinese Social and Political Science Review*，vol. 15，no. 1（Apr.，1931）。

行差额选举，结果唯一落选者正是公认水准最高的叶理绥。①

美国中国学的集团协作和组织管理是其与欧洲汉学的重要区别，也是优势所在，至今仍为不少人所称道，被认为是超越欧洲汉学的秘诀。然而，集团协作往往否认独创，量的扩张有余，质的提高不足。费正清本人也承认，在《清代名人传略》的编撰中，"事实证明，我们这些外来者以及那些得到洛克菲勒基金会资助的受训的特别研究生共约50人所作的贡献，尚远远逊于恒慕义博士请来的两位高级助理"②，即房兆楹、杜联喆夫妇。而组织管理则往往出现曲高和寡的局面，导致有术无学者排挤有学无术之人。

上述绝非全盘否认美国中国学脱离欧洲汉学走向独立的意义，而旨在说明这一转变并不全是凯歌式行进的。其积极意义主要表现为：在分科研究的基础上，政治学、经济学、社会学、人类学等学科的相关领域均出现一批中国研究专家，从而使研究更加专门化，各学科间分工合作，重视与中国学者的交流合作，对中国近现代史的研究成为重心。更何况倒退受到两种因素的抑制。其一，随着美国经济力量的增长和与亚洲联系的密切，关注东方者日益增多，公私机构乃至个人陆续来华搜购文物、文献。后来中日关系紧张，战云密布之下，大批文献流往大洋彼岸。1941年3月8日上海各报所载恒慕义的讲话称："中国珍贵图书，现正源源流入美国，举凡稀世孤本，珍藏秘稿，文史遗著，品类毕备。……月以千计，大都索价不昂，且有赠予美国各图书馆者，盖不甘为日本人所攫，流入东土也。""若干年前，北平有文化城之目，各方学者，荟萃于此，诚以中国四千余年以来之典章文物，集中北平各图书馆，应有尽有。自今而后，或将以华盛顿及美国各学府为研究所矣。"③见多自然蔽少，画鬼易，画人难，依据增加，论述反而无法随心所欲。其二，为数不少的中国学术精英，因战争政局而

---

① 参见［美］费正清著，黎鸣、贾玉文等译：《费正清自传》，120～121页。

② ［美］费正清著，黎鸣、贾玉文等译：《费正清自传》，119～120页。

③ 梁容若：《国际文化交流的新机运》，见《中日文化交流史论》，91页。

滞留美国，相当程度上起了学术警察的作用，弥补了其本土学者的不足。为费正清所推重的杨联陞说："稍有识见的西人，已知治中国文史之学不与中国同行学人商量参阅而一意独行者，只是胆大妄为而已。"受此影响，美国学者的中文水准也相应提高，费正清后来即"对近代中国的知识，中西文献确是渊博"。①

尽管如此，与巴黎汉学相比，美国中国学仍有两方面的根本倒退。其一是对中国文化与历史的认识重新回到封闭与停滞的观念。封闭论与停滞论是欧洲传统汉学的典型特征，经过巴黎学派的艰辛努力，这一陋见发生了根本转变。伯希和说："居今日而言中国文化为纯属闭关，为从未接受外来影响，已人人知其非。然外来之影响为一事，而中国能于外来影响之上，另表其独特之标记，则又为一事也。中国之文化，不仅与其他古代文化并驾媲美，且能支持发扬，维数千年而不坠，盖同时为一古代文化，中世文化，而兼近代现代之文化也。"②继夏德之后成为美国汉学泰斗的劳佛也持同样观念，"他的兴趣不限于过去和现在，用他自己的典型表述来说：'我到处看见活力和进步，并寄希望于中国的未来。我相信她的文化将产生新事实和新思想，那时中国引起世界普遍关注的时代将到来'"③。而费正清的"冲击-反应"模式，很大程度上以中国传统社会的封闭和停滞为前提。其二，将中国研究由对人类文化的认识，重新降为功利目的的工具。学术当然具有功利性作用，但并非研究目的，否则难求精深。美国的中国研究恰以功利性见长。其繁荣因此，其附庸同样因此。在表面的独立之下，长期存在简单移植和模仿欧洲社会和人文科学理论模式的弊端。巴黎学派能够进入法国学术正统的殿堂，正因为它在发展人类智慧的序列中占有一席之地，而不仅仅是追随或享用其结晶。即使是葛兰言，至少

---

① 杨联陞：《追怀叶师公超》，载《传记文学》，第 41 卷第 2 期（1982 年 8 月）。

② 傅斯年：《法国汉学家伯希和莅平》，载《北平晨报》，1933 年 1 月 15 日。

③ "Berthold Laufer：1874-1934"，*Monumenta Serica*（《华裔学志》），vol.Ⅰ，fasc.Ⅱ（1935）.

在法国社会学派的宗教社会学发展史上，亦为第三阶段的代表。① 而美国的中国研究中，极少有以此成名的人物，使用的"新理论"多为几度转手的陈货，且未充分考虑生成和应用系统的文化差异，并做必要的调适。加上 20 世纪欧洲一般汉学家自诩为秘诀独擅的"运用类书"法的影响②，美国学者多依赖索引找材料而非读书，弊端之一是先入为主，弊端之二是见木不见林。结果，随着研究阵容的日益扩大，对中国的认识反而越来越外在和支离。柯文提出从中国内部发现历史，或为隐约察觉到问题的症结所在。可惜药不对症，不从方法着眼，还会导致进一步的偏离。

第四节　发现与发明

受国际汉学的影响，中国本土的学术也出现了四裔偏向。表现之一，研究领域偏重边疆史地及中外交通。表现之二，胡适倡导的整理国故和傅斯年主张的史料学，不仅有欧美学术背景，还是欧洲汉学的影子。表现之三，释古及社会性质论战，都有以中国史实填充外来系统之嫌。这三方面现象，实有内在逻辑联系。

道咸以来，海通大开，中外交涉增多，边疆史地之学日见兴盛，加以西方考古重心逐渐东移，中国边疆及域外民族的文物、史料被大量发现，刺激了相关研究的深入拓展。但更重要的背景原因，当是西学东渐，中体动摇，欧洲汉学挟此余威，由四裔而侵入腹心。近代学术史上的知名学者，鲜有不涉足相关领域的。章炳麟、张尔田、邓之诚、吴芳吉等人讥之为趋时，固有正统卫道的偏见，但其中的合理因素是，中国学的核心主干仍应为纯粹中国问题，或者说就中国学者而言，此较四裔更为重要，且为研究之归宿，通四裔适以说明本部。狩

---

① 参见杨堃：《葛兰言研究导论》，见《社会学与民俗学》，137 页。
② 参见姚从吾：《欧洲学者对于匈奴的研究》，载《国学季刊》，第 2 卷第 3 号（1930 年 9 月）。马斯拍楼即马伯乐。

野直喜主张先通晓本土再及域外，与此有一定程度的共识。① 同时治学不仅在考证具体事物，更须显现民族精神文化。因研究领域偏重四裔进而一味使用外来方法，反而有令固有文化失真的危险。胡适的整理国故，"明白说来，即是以西洋人的'汉学'方法整理中国古书"。傅斯年反对使用"国学"的含糊概念，其《历史语言研究所工作之旨趣》声明设所目的为使东方学中心从巴黎或京都移回北京。②

　　1923 年梁启超指出国故学复活的原因："盖由吾侪受外来学术之影响，采彼都治学方法以理吾故物。于是乎昔人绝未注意之资料，映吾眼而忽莹；昔人认为不可理之系统，经吾手而忽整；乃至昔人不甚了解之语句，旋吾脑而忽畅。质言之，则吾侪所恃之利器，实'洋货'也。坐是之故，吾侪每喜以欧美现代名物训释古书；甚或以欧美现代思想衡量古人。"③然而，将国故以科学方法加以索引条理，令王国维担心会误导后人一味找材料而不读书。京都学派则感到如同让峡谷风光沉没于大坝之中，他们主张按照天然景色加以爱护并体会其韵味。④至于不同派别的释古以及热闹一时的社会性质论战，更加削足适履地取舍史实以适应外来解释框架。流风所被，等而下之者名为史观实乃史抄。陈寅恪断言外来理论若不与中国国情调适，必然难以持久，即

---

　　① 张尔田《上陈石遗先生书》[载《学衡》，第 58 期（1926 年 10 月）]谓："若夫新郑碎金，敦煌残楮，其所以为吾经典佐证者，盖亦有限。然此乃成学者取资。今悉屏落一切，驱天下之学僮，惟是之从，至有正经疏注，终身未读其全，而中西稗贩，高谈皇古者，侮圣蔑经，行且见披发于伊川矣。某生平师友，若孙仲容年丈、暨王君观堂，其为学皆自有本末，乃亦为时风众势，扳之而去，私心诚不能无惜。"邓之诚从此说。罗继祖曾予以驳斥。张尔田主张治学先循轨道，然后可言歧创，固为笃论。可惜他剜版改订《蒙古源流笺证》时，多用陈寅恪以梵藏文字勘校所得之说而不言所自出。参见杨树达：《积微翁回忆录 积微居诗文钞》，120 页。张尔田引内藤虎次郎为生平第一知己，而内藤虎次郎也看重他和沈曾植等对整个中国学问通达有识之人。参见《先学を語る——内藤湖南博士》，载《東方学》，第 47 輯（1974 年 1 月）。
　　② 参见牟润孙：《北京大学研究所国学门》，载《大公报》（香港），1977 年 2 月 9 日。
　　③ 《先秦政治思想史（节录）》，见夏晓虹编：《梁启超文选》下集，328 页，北京，中国广播电视出版社，1992。
　　④ 参见吉川幸次郎：《胡適》，见《吉川幸次郎全集》第 16 卷，432 页，東京，筑摩书房，1974。

指上述倾向。

四裔偏向也与中国学术的内在变化有关。梁启超论及光宣以后学术复兴的趋向，对于正统考据学做这样评价："普通经学史学的考证，多已被前人做尽，因此他们要走偏锋，为局部的研究。其时最流行的有几种学问：一，金石学；二，元史及西北地理学；三，诸子学。这都是从汉学家门庭孳衍出来。"①入民国后，这种状况愈演愈烈。章炳麟讥讽道："近人言国学，于经则喜说《周易》，于文字则喜谭龟甲，于子则喜解墨辩，以三者往往其义不可猝识。乃可任以己意，穿凿附会之。其甚非人与己皆不可为正，故无所不可，此所谓魍魉易图狗马难效也。"②1934 年 2 月，赵万里对朱自清谈论学术界大势，认为"材料不多而又思突过古人"，所以时人"皆不免钻牛角尖之病"；"大抵吾辈生也晚，已无多门路可开矣。日本人则甚聪慧，不论上古史而独埋首唐宋元诸史，故创获独多也"。③这番话颇值得玩味，诚如傅斯年所说："学问之道不限国界，诚欲后来居上，理无固步自封。"④但制料不足而欲超过前人，实乃近代学人爱走险道偏锋的要因。治学一旦失去轨道，只求标新立异，则"知稗贩而不知深研，知捷获而不知错综。以此求异前辈，而不知适为前辈所唾弃"⑤。

其实，中外学术，各有所长，本应各自扬长避短，优势互补。巴黎汉学虽由四裔而沟通禹域，毕竟仍坚守四裔长技。例如，沙畹"深用逊抑，自限于书本功夫与中外关系"⑥，伯希和更远及中亚。日本发扬"读西书能力强于中国，读汉文能力强于西洋"⑦的特长，一面选择欧

---

① 梁启超：《中国近三百年学术史》，29～30 页，北京，东方出版社，1996。

② 徐一士：《一士类稿》，见荣孟源、章伯锋主编：《近代稗海》第 2 辑，111 页。

③ 《朱自清日记》(1932—1934 年)，载《新文学史料》，1981(4)。

④ [瑞典]高本汉著，赵元任、罗常培、李方桂合译：《中国音韵学研究》，"序"，2 页。

⑤ 杨树达：《积微翁回忆录 积微居诗文钞》，129 页。

⑥ 傅斯年：《法国汉学家伯希和莅平》，载《北平晨报》，1933 年 1 月 15 日。沙畹考释西域简牍虽借助中国留学生之力，仍多误解。参见贺昌群：《流沙坠简校补》，载《国立北平图书馆馆刊》，第 8 卷第 5 号(1934 年 9—10 月)。

⑦ 《先学を語る——桑原隲蔵博士》，载《東方学》，第 49 辑(1975 年 1 月)。

美汉学鞭长莫及的蒙古和朝鲜问题，一面缘清学而深入腹心。中国学术所长，如 1930 年黄侃对来访的吉川幸次郎所说，"中国之学，不在发现，而在发明"①。黄侃虽被讥"温故不知新"，此论却不失为卓见。二者的区别，大体如王国维所说，一"由细心苦读以发现问题"，一"悬问题以觅材料"②；而二者的关系，即新旧材料的关系。王国维、陈寅恪、伯希和、内藤虎次郎、狩野直喜等中外前贤均主张尽量吸收新材料，但必须熟悉"多数之所汇集"，才能利用"少数脱离之片段"。③ 没有"发现"，难以发明；不以发明为目的，则"发现"不过是杂碎。不知新材料或不通旧材料而强做发明，更难免妄臆之弊。更为重要的是，发明者之极致，不专赖材料以证实，而是贯通古今中外，以实证虚。所以吉川幸次郎认为，即使是被日本学者奉为权威的罗振玉、王国维，也不免有资料主义的倾向。

　　欧美乃至日本汉学家难以达到的化境，即陈寅恪所谓"育于环境，本于遗传"的"精神之学"。留法三年的李思纯说："法之治中国学者，其攻中国之事物凡两途。其一探讨古物，而为古物学之搜求；其一探讨政制礼俗，而为社会学之搜求。然决未闻有专咀嚼唐诗宋词以求其神味者。此无他，彼非鄙唐诗宋词为不足道，彼实深知文学为物，有赖于民族之环境遗传者至深，非可一蹴而几也。"④女作家陈学昭留法，在葛兰言指导下撰写关于中国词的博士论文，陈本不懂词，搜寻文献后，明白葛氏"所以要我写关于中国的词的论文，因为他自己不了解中国的词"；其论文连词牌"八声甘州"误为"入声甘州"的错误都未被指

---

① 吉川幸次郎：《留学時代》，见《吉川幸次郎全集》第 22 卷，421 頁。

② 周光午：《我所知之王国维先生——敬答郭沫若先生》，见陈平原、王枫编：《追忆王国维》，165 页。

③ 陈寅恪治上古史，主张"群经诸史，乃古史资料多数之所汇集，金文石刻则其少数脱离之片断，未有不了解多数汇集之资料，而能考释少数脱离之片断不误者"（陈寅恪：《杨树达积微居小学金石论丛续稿序》，见《金明馆丛稿二编》，230 页，上海，上海古籍出版社，1980）。

④ 李思纯：《与友论新诗书》，载《学衡》，第 19 期（1923 年 7 月）。

正，便得到"很好"的评语而获通过。① 文学研究最易见外来方法的不适合。朱自清曾与浦江清谈及："今日治中国学问皆用外国模型，此事无所谓优劣，惟如讲中国文学史，必须用中国间架，不然则古人苦心俱抹杀矣。即如比兴一端，无论合乎真实与否，其影响实大，许多诗人之作，皆着眼政治，此以西方间架论之，即当抹杀矣。"②

这种局限不仅在文学专科，更在于思维。擅长译事的理雅各深得其中真味，认为中国文字"不是字的代表，而是思想的符号；其于文中的结合不是来表现作者要说的而是作者所思想的"③。所以辜鸿铭一方面称赞翟理斯(Herbert Allen Giles)"具有以往和现在一切汉学家所没有的优势"，即拥有文学天赋；另一方面则指责其缺乏哲学家的洞察力甚至普通常识——"他能够翻译中国的句文，却不能理解和阐释中国思想"④。尽管沙畹"于汉学及东方学，不但博览旁通，知识渊博，且能明解中国礼教道德之精义，为其他西方学者之所不及"⑤，但巴黎学派对纯粹中国问题依然难以深入堂奥。1931 年 2 月吴宓访欧与伯希和交谈后慨叹："然彼之工夫，纯属有形的研究，难以言精神文艺。"⑥

日本文学家长与善郎曾问长期在华的汉学名家小柳司气太道："关于汉学与中国一般文化之精密的科学的研究调查，是否日本比较中国本国犹其发达？是否汉学学者也是以日本的杰硕之士为多?"小柳司气太断然答道："不，没有那事。我已经七十岁了，直到今年一向是专攻这一门学问的，但像我这样的人即使架上梯子也不能望其项背的伟大的学者，在中国还很多呢。只是那样的人，都深居简出而已。"长与善

---

① 参见陈学昭：《想天涯，思海角(续)》，载《新文学史料》，1979(4)。其学位得自法国克莱蒙大学。

② 《朱自清日记》(1932—1934 年)，载《新文学史料》，1981(4)。

③ [美]恒慕义著，郑德坤译：《近百年来中国史学与古史辨》，载《史学年报》，第 1 卷第 5 期(1933 年 8 月)。

④ 辜鸿铭著，黄兴涛、宋小庆译：《中国人的精神》，121～122 页，海口，海南出版社，1996。

⑤ 王国维：《最近二三十年中国新发见之学问》，"编者注"，载《学衡》，第 45 期(1925 年 9 月)。

⑥ 吴学昭：《吴宓与陈寅恪》，78 页，北京，清华大学出版社，1992。

郎因而领悟到，"关于中国一国知识的深邃，详尽的地方，无论如何，自有其本土人的独擅。在一件调查上，关于文献，大抵不外既有之物，但每每在他国人不得寓目的事物里，却含有那民族性格之文化的真面目与时代相的神髓的"；"假令欧美有笃学研究日本的人，关于日本的故事古典，即或较之日本一般学者知道的多，但我们也不能认为他比我们自己还能正确地全面地理解日本的。由于那种'研究'得到的知识，是会有想像与架空的地方的。同样，某一土地上的事物，不是那土地上生长的人，总有学问的研究所不及的地方。而且这也常是最紧要的地方"。① 那时日本学界已经意识到单纯检讨素材的实证研究不能综括中国学的全貌，"待望着溶化进去富于人情气息的东西"②。

　　然而，在正统崩坏、中体动摇之下，中国学人陷入文化夹心状态，大都偏于温故不能知新与不温故而求知新③，或舍己从人，或抱残守缺。如何超越保与弃的两极，调适发扬，成为一大难题。清末以来的国学研究，在承继清代朴学基础上佐以欧洲汉学新法，创获不少，弊亦随之。邯郸学步，反失其本。因为西洋学者受过各种史学辅助学科的专门训练，"是以他们对于中国民间故事、语言、礼制生活及历史的特殊现象，比较中国本国的学者容易明白认识。这种现象在考古学、人类学、佛教及中国周围民族的语言各方面处处可见其为事实"④。而批评者或抱持义理，或标榜通儒，责人虽中时弊，自己却不免墨守与粗疏。结果，"哗众取宠之士既蔽于今蔽于浅"，而"老师宿儒抱残守缺，又不免蔽于古蔽于博"。⑤ 在京都学派看来，"当今中国，因受西洋学问的影响而在中国学中提出新见解的学者决非少数，可是这种新涌现的学者往往在中国学基础的经学方面根柢不坚，学殖不厚，而传

---

① ［日］长与善郎著，红笔译：《回想鲁迅（上）》，载《华文大阪每日》，第 4 卷第 8 期（1940 年 4 月）。京都学者也屡屡表明此意，参见吉川幸次郎：《留学时代》，见《吉川幸次郎全集》第 22 卷，424 页。

② ［日］长濑诚：《日本之现代中国学界展望（下）》，载《华文大阪每日》，第 2 卷第 8 期（1939 年 4 月）。

③ 参见杨树达：《积微翁回忆录 积微居诗文钞》，152 页。

④ ［美］恒慕义著，郑德坤译：《近百年来中国史学与古史辨》，载《史学年报》，第 1 卷第 5 期（1933 年 8 月）。

⑤ 缪钺：《与学衡编者书（节录）》，载《学衡》，第 59 期（1926 年 11 月）。

统的学者虽说知识渊博，因为不通最新的学术方法，在精巧的表达方面往往无法让世界学者接受"①。无本可据、无所适从的中国学人日益失去学术自信，处于世界学术边缘的欧美汉学反而形成主导中国本土研究之势。

时至今日，中国文史之学的最大隐患即为支离，表现之一是"发见"多于发明。今人所见史料，超过近代学者，而读懂史料的能力则远不如之。因而治史一味追求方法模式的运用，忽略文献本身的解读，从中发现史实及其内在联系。往往以格义法解读文本，并将自以为读懂的部分史实抽出，甚至按图索骥地找材料，附会于现成的解释框架，大量未读懂的部分则弃置不顾。于是，清代经学末流的字未识完而微言大义已出之弊变相盛行于近代史学，史实脱离相关语境，历史和文化的内在联系被割裂，格义附会而成的东西愈是自为系统，就愈是肢解真实系统。中国学者在方法上不能跟上几经转手的欧美中国学变化的频率和幅度，而以后来外在观念断章取义文献，则有过之无不及。表现之二是分解中国文化的统一性。中国社会长期大小传统并存互渗，小传统往往由大传统推演而成，不知其大，焉能识小？社会学与人类学方法，受生成系统（无大传统）和方法本身（重调查轻文献）的制约，极易脱离大传统而专就小传统立论。结果，中国文化的统一性被人为肢解，精华难以充分展示，这势必导致其发展程度受到贬低。葛兰言的理论方法，之所以更容易在人类学和神话学范围内产生影响，然后再反作用于汉学，原因在于其方法适用于前者，而与后者不相凿枘。当年松本信广为葛兰言辩护的依据，是认为葛氏的中国研究与涂尔干派的社会学者对世界各地的蒙昧民族研究结果一致，批评前者必须批评后者；反之，承认后者就必须承认前者。这正是将中国文化与所谓未开化民族等同的典型表现。② 欲救其弊，不仅视野应从四裔转向内部，更重要的是方法须与对象吻合。

---

① ［日］狩野直喜著，［日］滨田麻矢译：《回忆王静安君》，见陈平原、王枫编：《追忆王国维》，345 页。

② 参见松本信廣：《佛蘭西に於けるしな研究》，见慶应义塾望月基金しな研究会编：《しな研究》，388 頁。

第五节 了解之同情

从 20 世纪 20 年代后半段起，上述偏向引起越来越多的不满。中国学术，本守中道，清中叶汉宋之争大起，虽有统治者人为作祟之因素，而根源还在方法本身。历史以人为中心，其发展包括人的有意识活动与社会的有规律运动，欧洲学术因此分为人本与科学两大派，相互竞进，却将本来统一的两面割裂。汉宋之争类此，言义理者凿空，谈考据则琐碎。但历史本身是两位一体，清代考据正统，与欧西近代科学主义暗合，反而偏离中国学术传统的大道，晚清各家因而多主调和汉宋。自欧化思潮风行，科学主义大行其道，而考据再兴。1921 年梁启超发表题为《中国历史研究法》的演讲，着重于史料的收集和别择，"以致有许多人跟着往捷径去"；后作补编，即突出"广"，强调"大规模做史"，"想挽救已弊的风气"。① 钱穆、蒙文通、张荫麟、萧一山等人也有批评。例如，"近人治史，群趋杂碎，以考核相尚，而忽其大节；否则空言史观，游谈无根"②；整理国故"盲目的迷信外人，袭取皮毛，吐弃故籍"，"以考订破碎为学，而讥博约者为粗疏"③。他们重提调和汉宋，主张通专并重，以专求通。与此前章炳麟、张尔田等人不同，

① 梁启超：《中国历史研究法（补编）》，见《饮冰室专集》第 1 册，167～168 页。梁启超认为史学家喜欢补残钩沉是受科学的影响，欧洲因大题目已做完，故可以找小题目以求新发明。而中国如一味行此捷径，则史学永无发展。

② 钱穆致李埏函，转引自李埏：《昔年从游之乐，今日终天之痛——敬悼先师钱宾四先生》，见中国人民政治协商会议江苏省无锡县委员会编：《钱穆纪念文集》，17 页，上海，上海人民出版社，1992。此函写于全面抗战期间，其见解却早有表露。1933 年 2 月，钱应邀为罗根泽编著的《古史辨》第 4 册作序，表面上替考据辩护，其实"着眼于中国民族文化之前途，颇有慨于现今大思想家的缺乏"，因而有评论称"这在北平的学术界里充满着'非考据不足以言学术'的空气之中尤其是对症发药的文字"。该文载《读书月刊》，第 2 卷第 7 号（1933 年 4 月）。朱自清说："盖钱意调和汉宋，其志甚伟。"见《朱自清日记》（1932—1934 年），载《新文学史料》，1981（4）。

③ 萧一山：《为清代通史批评事再致吴宓君书 并答陈恭禄君》，载《国风》，第 4 卷第 11 号（1934 年 6 月）。

他们吸取西学的研究和表述新法，将之与宋儒及清初学者的观念方法融合，实际写出了作品。不过，具通识和著通史并非一事，通与不通，分别不在对象而在见识，加上变通经致用为通史致用，形通而实疏，则仍为蔽而不通，因而所获认可有限。梁启超的粗浅博杂，自认不讳。渐居主流的傅斯年等人，对成就较著的钱穆的著述主张也白眼相加。

与此同时，史学二陈有意无意起而矫正时弊。陈垣以其治宗教史的严密转治传统正史（政治史）。主张用一时代之新材料治一时代之学问以预流的陈寅恪，则宣称平生所知，仍限于禹域之内。其所撰《唐代政治史述论稿》和《隋唐制度渊源略论稿》两书，"空论少而发明多，建设多而破坏少"，推究渊源，明述系统，不具成见，实事求是，被评"异于时人所讥之琐碎考据，亦异于剪裁陈言纂辑成书之史钞，更大异于具有成见与含有宣传性之史论"，可一洗当时治史者喜称专家、不识制度损益演变、多穿凿附会一二事之流弊，为抗战期间公认的佳作。有人因而以"风雨如晦，鸡鸣不已"称赞二书。①

在推重宋代学术这一点上，陈寅恪与钱穆所见略同。他对钱著《先秦诸子系年》的评价远较时流为高。此书写成不久，顾颉刚代为申请列入"清华丛书"。列席审查的三人中，冯友兰主张改变体裁以便人阅；陈寅恪则认为自王国维后未见此等著作。虽因陈的意见居少数而此书未获通过，他却屡屡对人称道推许此书。② 不过，陈、钱二人所指宋

---

① 王育伊：《书评·唐代政治史述论稿（陈寅恪著）》，王钟翰：《书评·隋唐制度渊源略论稿（陈寅恪著）》，载《燕京学报》，第30期（1946年6月）。

② 参见钱穆：《八十忆双亲 师友杂忆》，160页，北京，生活·读书·新知三联书店，1998。1933年3月4日，陈寅恪在叶公超宴席间谈及，"《诸子系年》稿，谓作教本最佳。其中前人诸说皆经提要收入，而新见亦多。最重要者说明《史记·六国表》但据《秦纪》，不可信，《竹书纪年》系魏史，与秦之不通于上国者不同。《诸子》与《纪年》合，而《史记》年代多误。论纵横之说，以为当较晚于《史记》所载，此一大发现"，并且"更可以诅楚文楚二主名及《过秦论》中秦孝公之事征之"。[《朱自清日记》（1932—1934年），载《新文学史料》，1981(4)]1934年5月16日，又对来校参加研究生口试的杨树达"言钱宾四（穆）《诸子系年》极精湛。时代全据《纪年》订《史记》之误，心得极多，至可佩服"（杨树达：《积微翁回忆录 积微居诗文钞》，82页）。钱著初版于1935年12月，陈寅恪显然对清华不出版此书有所不满。对钱穆抗战期间发表的《国史大纲》"引论"，陈也认为是篇"大文章"（钱穆：《八十忆双亲 师友杂忆》，228页）。

代学术又有分别，治学路径也不同。后者重在义理之学，即一般所谓宋学，先以史证子治经，继以经驭史，后来更偏于义理一端，形同以史注经，有违"非碎无以立通"以及"义理自故实生"的初衷①。义理之学，难以目验，功夫不到，见识愈高，愈易逞臆玄谈，似是而非。陈寅恪则推崇宋代学术的总体成就，尤其认为中国长于史学，欧洲长于哲学，且由宋代史学发掘出相应方法，由史见经（礼乐）。② 他特重《资治通鉴》《通鉴考异》《建炎以来系年要录》三书，由第一种知著史须通古往今来大势，不能仅见个别史实；由第二种则明选择取舍史料即由史料见史实真相的方法；由第三种知治史不仅需了解故实，更需会通社会常情变态及个人心境，以呈现和把握民族精神文化。其上溯宋代学术精义所创的同情式述论史学，沟通人本主义与科学主义，超越乾嘉考据学和域外汉学，解文本以通史实，由史实以明语境，因语境而知人心，扬各家之长而抑其弊，且与中国史学特性相合，最宜于匡正中国研究的时弊。

中国历来文献遗留多而且连续一贯，文史之学的特征与特长均受此制约。清代学术详于经史文本而忽略辅料故实，近人矫枉过正，每有脱离文本和正史的趋向。史料为史学基础，所谓发明，即贯通新旧史料，揭示所含之事实、联系与意义。欲通史料文献，须知字义、故实及寓意。就此而论，治史有三重境界：一为从史料外面看，曰望文生义，格义附会；二为从史料里面看，曰信而有征，实事求是；三为从史料上面看，曰虚实互证，了解同情。所谓虚，一是其事不能具体实证，须由相关语境显现；二是所证并非实事，而是社会常情变态及个人心境，由此可从事与情两面把握作为历史活动中心的人。第三重境界须处处由第二重演进，最忌凭义理凿空演绎。

---

① 罗根泽编著：《古史辨》第4册，"钱序"，4页，北平，朴社，1933。

② 重视宋代学术，虽为当时学者共识，其实分别甚大。陈寅恪极少凭空谈经论理说禅，对先秦思想的看法远较时流为低，对宋学则更多从新儒学的源流立论，而且形容无书可读之苦为"日入禅宗，讲宋元理学，作桐城文章"（《胡适来往书信选》下册，100页），这与陈垣所谓读书少的人好发议论的看法立意相通。他虽号称文史兼通，但说文实为治史的手段，如以诗证史和论古音韵，其目的均在求历史的真相，只是所谓真相不仅在故实，更重在人心。

　　近代以来，文献范围大为扩展，地下遗文、域外文书、杂著实物，都入于治学正道，但仍有时间、主次之别。公认于史料最精博的陈寅恪，对此体会极深。他认为上古史料遗留不足，确证不易，反证亦难，加以所受训练主要不在小学，因而一反潮流，自称生平不敢观三代两汉之书。虽然他在冯友兰《中国哲学史》的审查报告中提出了解移情、神游古人相同境界之说，但其实有寓贬于褒之意，而且其本人在史料不足处慎用此法。至于中古史，立论不难，反证亦易。于此，他一面主治制度文化，注意古人言行与社会生活制度的关系，从条文与实际的差异见社会常情与变态①；一面以诗文证史，虚实互证，既扩大史料范围，更由事实深入人心②。

　　最适宜同情式述论法的还在明清以降的近世和近代。史料愈近愈繁，不仅可辨事实真伪，更能洞悉具体语境。近代学者拥挤于古史狭境，忽视晚近历史。或以为轻视考据治古代史固然不行，治近代史尚无大碍，实为谬见。对此陈寅恪的看法前后有所变化，本来他认为近世资料易得，立论不难，只是收集完整不易，但后来研究陈端生，特别是倾全力写作《柳如是别传》时，则自称将一生方法尽注于其中，而怅然于无人为之总结张大。由此可见，陈寅恪治学前后凡三变，晚年转向，虽有不得已的苦衷，毕竟令其成就达到极致。解析此书，为一

---

　　①　参见蒋天枢：《陈寅恪先生编年事辑》（增订本），111 页，上海，上海古籍出版社，1997。

　　②　钱锺书对于以诗证史颇有异议，这主要由于文学和史学界域有别，对中国古诗的见解或侧重不同。陈寅恪偏白居易"文章合为时而著，歌诗合为事而作"之说，前述浦江清关于比兴之论，或即陈寅恪意见。而诗歌另有"情动于中而形于言"（《毛诗序》）者，在白居易看来，如果不能"兴发于此，而义归于彼"，则不过嘲风雪弄花草而已，"丽则丽矣，吾不知其所讽焉"。（白居易：《与元九书》，见顾学颉校点：《白居易集》第 3 册，961～962 页，北京，中华书局，1979）胡适认为"白香山抹倒一切无所讽喻之诗，殊失之隘"（《胡适留学日记》，740 页，台北，台湾"商务印书馆"，1959）。但陈寅恪重在发明诗中所隐之人事以释史，钱锺书则着力于诗眼文心以谈艺，往往不大留意作者的身世交游，更轻视比兴。考史与欣赏不同，两位"人中之龙"均博览群书，尤好宋以下集部，了解同情古人可谓殊途同归；而解文本的旨趣有别，一位重现语境，另一位则直入心境。或据钱锺书之见判定二人学术高下，未免不智。虚实互证，已为清代治经学者见及。杨联陞认为，钱著《管锥编》若在见其异处时再多着墨，可能更富于启发。

专门事业，得失见仁见智。唯前贤本意在于展现方法，而方法大要，与近来所谓"语境"法不无契合，即由前后左右书与前后左右事相互参证发明。其一，将合本子注法由单纯比勘文献进为揭示史实，读通所有相关文献的全部情节含义与了解相关人事的上下左右关系相辅相成；而且联系并非就事论事，须通达古今中外，所谓解一字即一部文化史（欧美汉学家"运用类书"法之弊，在于脱离具体语境强引前后联系，不免曲解原意）。其二，通晓文献的情节含义和有关人事的语境，则历史人物言行所由生的心境逐渐显露，而文献背后的潜意即作者的思想也将透出纸背。由此可见，虚实往往相对而言，实事未必为实意，而实意常无实事直接表现。欲达此知其然亦知其所以然之境，至关重要者有三：一是解今典（鲁迅亦称为新典），若纯解古典，则只知字义，不明语境，不免望文生义，失之毫厘，谬之千里；二是注意具体殊境与社会常情变态的联系和区别，若二者相混，或以后者代前者，则容易流于比附；三是所揭示的人心，与民族文化的一贯精神密切相关，而非一己隐私。[①] 此法精要，在于读史书与治史事相统一，证有形之事实与显无形之精神相联系，究个别人事与晓民族大义相贯通。

　　治学无成法，而有定规。此一"灵魂之冒险"事业，"须发心自救"。[②] 而人的禀赋有别，往往难以兼具专精与博通。梁启超和胡适在大刀阔斧与拿绣花针之间均不免临歧徘徊，余者多随性之所近，各执一端。唯有禀赋特异而天缘巧合者能够既博且精，沟通两面。梁启超曾经感叹"中国学问，本来是由几位天才绝特的人'妙手偶得'"，不如西方科学能够传承普及。[③] 一般而言，固然如此，但若论学术的高妙境界，则东西同理，所以古今中外学术之兴替，与生埋之传承相异，后来者未必居上。各领风骚数百年的大师，往往照远不照近，后来者只能高山仰止，无法代代相继，更不必说长江后浪，青胜于蓝。其原因不在有人无人，而是那种天才本为不世出，正所谓一线单传，不绝如缕，

---

① 钱穆讲现在心小我心与文化心大群心之别，其实二者亦有联系，往往互见。

② 钱锺书：《与张君晓峰书》，载《国风》，第 5 卷第 1 号（1934 年 7 月）。

③ 梁启超：《科学精神与东西文化》，见夏晓虹编：《梁启超文选》下集，405 页。

非人多势众所能弥补。但其所昭示的轨则，悬空而实在，虽时为社会动荡所牵引，仍万变不离其宗，后来者不能不受此无形制约。冈崎文夫在悼念王国维时说，中国学界的新倾向本应以王国维一派为指导，"当然中国学界的现状违背了这一预想。不过与其说我的预想是不对的，勿宁说混乱的中国现状使学问的大潮流不能朝正常的方向发展"①。其实，除了客观原因，学术本身的性质更具有决定意义。近代中外学术发展变化的轨迹，便是最佳明证。

①　[日]冈崎文夫著，[日]滨田麻矢译：《怀念王徵君》，见陈平原、王枫编：《追忆王国维》，370 页。

第二章　欧美汉学界与中国学者

20 世纪前半叶，国际汉学的特征之一，是在东方学的大框架内沟通中外关系，揭示古代中国与世界的联系，或者说将中国视为整个世界的一部分加以考察。受此主导制约，中外学者日益接近，联系交往日趋频繁。而欧洲作为国际汉学的发源地和大本营，这方面表现尤为突出。由于沙畹、伯希和等人积极倡导并且身体力行，欧洲汉学界与中国学术界的交往由个别行为逐渐蔚然成风。论地域则不分国别制度，论人物则不分专业好恶。而中国自 20 世纪 20 年代以后，学术机构增多，专业研究者数量大为增长，方法上又有意学习模仿欧洲汉学的历史主义和科学主义，留学生也改变以往唯理工政法等实科是求的偏向，师从欧洲汉学大家者不乏其人。俄国在此期间虽然经历了十月革命的政治剧变，汉学研究尚能一脉相承，并保持和发展与中国学术界的往来。美国的汉学研究虽不及欧洲之盛，对中国的影响却别具特色。

第一节　巴黎学派正统

"二十世纪法国对于汉学研究划一新纪元"[①]，直到第二次世界大战爆发，人称国际汉学的沙畹-伯希和时代，两人师徒相承，统率巴黎学派正统，先后执国际汉学界之牛耳。翻译介绍巴黎学派著述最多的冯承钧称："近三十年欧洲汉学之发达，谓为沙畹提倡之功亦不为

---

① 陈定民：《中法文化交换之回顾与前瞻》，载《中法文化》，第 1 卷第 1 期（1945 年 8 月）。

过。"①这一时期开始之时，中国尚无正式的学术研究机构，1902 年 12 月 4 日，在法国殖民统治下的越南河内召开了首届国际东方学术大会，出席者有来自法国、奥地利、荷兰、意大利、德国、挪威、暹罗、印度、日本和中国的正式代表 37 人，其他会员 54 人，发起组织会员 22 人，共 113 人之众。大会推举法国东方学院院长为总会长，日本的高楠顺次郎等五人为副会长，下设六个分会，依次为"印度""印度支那""中国日本""音译法制定""印度支那言语学书""梵汉佛教学书"。而代表中国与会的机构分别为法国驻华公使馆、帝国海关和英国皇家亚洲学会北华分会(The North China Branch of the Royal Asiatic Society)，代表者均为外国来华人士。其他亚洲诸国除日本外，代表者也都是西人。只有代表日本政府和东京帝国大学的高楠顺次郎、代表日本东洋学会的南条文雄为非白人学者。所以日本人有所谓东洋学会实由日本人和西人掌管之说。而会议的重要决议之一，却是进行对中国疆域的探险。②

在此情况下，欧洲汉学界与中国人士的关系，依然部分延续以往传教士的风格，即依靠中国人的帮助从事汉籍翻译工作。沙畹早年即在清朝驻法国公使馆参赞唐复礼的帮助下，着手翻译《史记》。③他于 1889 年来华，任职于法国驻华公使馆，继续译事，次年以《〈史记·封禅书〉译注》("Le Traité sur les sacrifices Fong et Chan de Sen-ma Ts'ien")刊于《东方学会杂志》(*Journal of the Peking Oriental Society*)，之后将陆续发表的译文结集出版，被公认为历来的最佳译本。与一般翻译不同，在前言、评论和附录中，沙畹对国际汉学界存在的问题提出全面批判。其所加详细注释，比勘中外史料，实蕴含多篇论文，尤其具有高水准的学术价值。他后来考释西域出土简牍，也得力于中国

①　[法]沙畹著，冯承钧译：《西突厥史料》，"冯序"，1 页，上海，商务印书馆，1935。

②　参见《万国東洋学会》，载《史学雑誌》，第 14 编第 1 号(1903 年 1 月)；《河内府万国東洋学会につきて》，载《史学雑誌》，第 14 编第 3 号(1903 年 3 月)。

③　参见[法]戴密微著，胡书经译：《法国汉学研究史概述》，见阎纯德主编：《汉学研究》第 1 集，42 页。

留学生吴勤训和魏怀的帮助。① 1907 年沙畹来华进行北方考古考察，时有某俄人提议翻译中国历代正史，以沙畹为主任，"遍求世界各国学者之赞助，更请中国、日本、俄国、英国、德国诸皇帝及法国、美国诸大总统为名誉保护者"②。此事后来未能实现，但得到不少国家汉学研究者的赞成。

因为有在中国实地研究的经验，沙畹感到治中国学须与中国社会实际接触，这样亦能利用中国近代学者的研究成果。他本人喜爱中国风物，客厅中摆满中国古董，日本学者称他为最同情中国之一人。③伯希和说："研究中国古代之文化，而能实地接触当今代表中国之人，此种幸运，绝非倾慕埃及或希腊者所可希冀，知有此幸运而能亲来享受者，以沙畹为第一人。"④沙畹几次来华，与中国学者有所交往。而中国学者游历欧洲，也往往登门拜访。1910 年 10 月下旬，张元济访问巴黎，曾与沙畹畅谈。⑤ 一个月后，金绍城由美国到欧洲考察司法监狱审判制度，也前往拜访，并得其赠送自著书籍及石印画册。金氏还与另一位法国东方学家微希叶（Arnold Vissière）会面。其人能操北京语，善行书，治中国回教史事，后来曾任巴黎东方语言学校校长。⑥

1913 年，沙畹通过伯希和与罗振玉书信往还，应罗氏之请，将所撰考释斯坦因（Mark Aurel Stein）所获西域简牍的校本寄往京都。罗见其错误较多，遂与王国维协商，重新分类考订，编写成《流沙坠简》。

---

①　参见贺昌群：《流沙坠简校补》，载《国立北平图书馆馆刊》，第 8 卷第 5 号（1934 年 9—10 月）。

②　[日]桑原骘藏撰，J. H. C. 生译：《中国学研究者之任务》，载《新青年》，第 3 卷第 3 号（1917 年 5 月），原载日本《太阳》杂志 1917 年 3 月号。是时桑原骘藏留学中国，曾与沙畹会面。"某俄人"疑为沙氏弟子阿理克，参见桑原隲藏：《考史遊記》，東京，弘文堂書房，1942。

③　参见榊亮三郎：《シャワアンヌ教授の長逝を悼みて》，载《芸文》，第 9 年第 5 号（1918 年 5 月）。

④　傅斯年：《法国汉学家伯希和莅平》，载《北平晨报》，1933 年 1 月 15 日。

⑤　参见张树年主编，柳和城、张人凤、陈梦熊编著：《张元济年谱》，89 页，北京，商务印书馆，1991。

⑥　参见金绍城：《十八国游历日记》，见沈云龙主编：《近代中国史料丛刊续编》第 21 辑，151 页，台北，文海出版社影印。

因此机缘，罗振玉表示中国西陲古卷轴入欧洲者，他所见仅百分之一二，欲至英、德、法各国阅览。沙畹闻之欣然，联合各国学者邀请罗振玉访欧，协助审定东方古物，罗复邀王国维同行。不料巴尔干战争突然爆发，事遂中止。① 1917 年，沙畹在巴黎大学法华学会发表演讲《论中国人的道德观念》，给人留下深刻印象，"其于汉学及东方学，不但博览旁通，知识渊博，且能明解中国礼教道德之精义，为其他西方学者之所不及"②。连被人目为激进的蔡元培也称其"阐明中国儒术之优点，尤足引起吾人特殊之感情也"③。中国政府曾赠以勋章，表彰其在汉学研究及中法文化交流中做出的卓越贡献。

　　1918 年 1 月，正当盛年的沙畹不堪战争环境的严峻以及友人被难的刺激，53 岁即溘然长逝，"东西人士，哀悼不置；傅增湘氏之唁函，尤为悲恻"④。法国驻华公使柏卜（Auguste Boppe）应邀到北京大学演讲，专门介绍沙畹的学行。柏卜一面称赞沙畹"学极淹博，性尤谦逊，在欧洲一生精于演讲贵国历史美术文学，宣扬贵国名誉不遗余力"，一面感叹"具有首倡此项演说资格"的沙畹"天夺其寿，实我中法两国之不幸也"，希望众多法国人士"步其遗尘，时来贵校交换智识，及贵国多数学生前往巴黎暨法国各省大学，研究学问"。⑤

　　不过，当时正为推陈出新大造舆论的《新青年》，却对国粹派趁机

① 　参见罗振玉：《集蓼编》，见《罗雪堂先生全集》第 5 编，台北，大通书局，1973。

② 　王国维：《最近二三十年中中国新发见之学问》，"编者注"，载《学衡》，第 45 期（1925 年 9 月）。

③ 　高平叔编：《蔡元培全集》第 3 卷，180 页，北京，中华书局，1984。戴密微《法国汉学研究史》（见[法]戴仁主编，耿昇译：《法国当代中国学》，北京，中国社会科学出版社，1998）称，1917 年沙畹在巴黎大学授予徐世昌荣誉博士学位时参与接待，并发表此演讲（48 页）。但该校授予徐世昌博士学位在 1920 年（参见《巴黎大学赠徐总统博士学位》，载《新闻报》，1920 年 11 月 21 日），当与沙畹无关。20 世纪 20 年代，巴黎大学和东京帝国大学分别授予徐世昌、柯劭忞博士学位，中外学界对此不无微词。

④ 　冰弦：《蔗渣谭》，载《新青年》，第 5 卷第 3 号（1918 年 9 月）。

⑤ 　[法]杜柏斯古演说，李石曾译：《法公使莅本校演说纪事（续）》，载《北京大学日刊》，第 163 号（1918 年 6 月 15 日）。

鼓吹"东学西渐"大为不满。署名"冰弦"的《蔗渣谭》一文，为了反对国粹派引沙畹的"东学瘾"之深以自重，对其不免亦庄亦谐，甚而出言不逊。"嗟乎！夏先生死矣，我固为好学不倦者哭。然而夏氏其人者，决不出两途：尊之则为采译《春秋繁露》冀与《天方夜谭》齐名之某氏；卑之则直作公牍读八股试帖诵缅甸佛经之俦耳。"①第一次世界大战后东西方思想文化界潮流动向截然相反，沙畹之死的不同反响，虽然反映学问价值与时势人心的顺逆关系，但毕竟显示新文化运动倡导者学行浅薄的弊端。

沙畹的努力使法国的汉学研究进一步确立了在国际汉学界的领导地位，又与第一次世界大战后欧洲中心主义动摇、东方主义抬头的倾向交相作用，法国的相关学术团体开始注意与中国学术界的沟通交流。1922 年 1 月，"西方专心研究东方学团体领袖"巴黎亚细亚协会筹划于当年 7 月联合法国埃及古物学各团体，举行庆祝该协会成立 200 周年大会，特致函北京大学校长，请其派代表参加。②受沙畹的影响，其成就卓著的各大弟子如伯希和、马伯乐、葛兰言、高本汉、阿理克、叶理绥乃至及门戴密微等人，均重视与中国学者的交往，只是各人侧重不同。分别而言，除高本汉外，其余均不及伯希和那样与中国学者交往密切且影响重大。

马伯乐学问渊博，对中国古史、语言、宗教、天文、哲学、术数，无不精通。或谓其"方面不及伯氏之广，而精深过之"③，虽是见仁见智之说，但马氏深沉有思，则为公认。其治中国语言，足以与高本汉抗衡；所著《中国上古史》（La Chine Antique，巴黎，1927），尤为当时国际汉学界的权威之作。1936 年，他继伯希和之后，入选法兰西研究院评议员，得到法国学术界的肯定。他曾于 1908 年、1914 年两度来华，前一次据说参加过光绪和慈禧的葬礼，后一次则主要在浙江的杭州、绍兴、宁波、天台山进行宋元时代佛教美术资料的考古调查。

①　该文载《新青年》，第 5 卷第 3 号（1918 年 9 月）。作者为梁襄武。

②　参见孙芳译：《巴黎亚细亚协会致校长函》，载《北京大学日刊》，第 995 号（1922 年 3 月 30 日）。

③　齐思和：《评马斯波罗中国上古史》，载《史学年报》，第 2 卷第 2 期（1935 年 9 月）。

马氏通晓日语，与日本汉学界的联系更多，曾任日佛会馆馆长，但喜爱中国文物故事，其中文名字即取自伯乐相马的典故。后来虽然未再到中国，却始终关注中国学者的研究进展。1927 年他为《最近五十年的史学与史学家》一书撰写了中国及中亚部分，评介整个国际汉学界的研究状况，提及的中国学者有罗振玉、王国维、胡适、朱希祖、顾颉刚、张凤举、梁启超、陈垣、刘复、贺之才、朱家健、蒋瑞藻等，尤其注意归国留学生努力运用西洋研究法的新兴学问运动，认为时日虽浅而作品甚多，显示了令人感兴趣的结果。① 1935 年，马氏又撰文对郭沫若的《甲骨文字研究》和《中国古代社会研究》予以评介，后者为此专门写了《答马伯乐教授》，以谢其称许，并有所讨论。② 1939 年冯沅君翻译出版了马氏的著作《书经中的神话》，顾颉刚在序言中称此书打破了中国一班研究古史的人"建设'真美善合一'的历史的迷梦"③。

马伯乐"喜与中国人士接交，强作汉音，殊有风趣。盖其不唯一代汉学大师，且一爱护中华之高士也"④。他曾担任巴黎大学中国学院研究指导委员会委员，并一度任教于该学院，后因与校务长葛兰言不和而退出。中国留法学人陈定民、高名凯等与之交往甚多。其客厅陈设简单，满壁中国字画，几上摆放中国瓷器，好与来访者鉴赏切磋。1931 年吴宓访欧，在英国与之会面，曾共同考释一中国碑文，两人"为指出若干字，尚留阙文"。吴宓称"陈寅恪必能为解之"，并对马氏竟不知陈氏其人而大感惊讶和遗憾。⑤ 陈寅恪为学，不仅以考据治有形之史事，更能显现无形之精神义理，一般人难以领悟。在中国行内人士中，学问愈精深者愈是对其由衷钦佩，但在国际汉学界，包括号称理解中文较西人优的日本汉学界，真正的知音却十分罕见。马伯乐

---

① 参见アンリ・マスペロ著，内藤耕次郎、内藤戊辰共訳：《最近五十年しな學界の回顧》，載《東洋史研究》，第 1 卷第 1—6 号(1935 年 10 月—1936 年 8 月)。

② 参见郭沫若著作编辑出版委员会编：《郭沫若全集・历史编》第 3 卷，313～317 页。

③ [法]马伯乐著，冯沅君译：《书经中的神话》，"序"，6 页，长沙，商务印书馆，1939。

④ 高名凯：《马伯乐教授》，载《燕京学报》，第 30 期(1946 年 6 月)。

⑤ 吴学昭：《吴宓与陈寅恪》，78 页。

虽然全面关注中国学术界的研究动向，也很难超越其局限。

马伯乐"爱好中国古物，中国古代的文化，爱好中国朋友，自然更不会忘记中国"。抗日战争爆发后，他每见到中国人，"必谆谆以中国抗战情形相询"，"对于我国单独抗敌的勇敢精神，寄以深刻的同情"；并且表示："待中国胜利之日，他将再来中国一行。"德国占领法国期间，马氏反对德法合作，唯一的爱子参加地下抵抗运动，后又为躲避追捕，逃出法国参加戴高乐的自由法国运动。纳粹恼羞成怒，将马伯乐夫妇投入监狱作为人质。1945 年 3 月 17 日，战争结束前夕，马氏不堪虐待，死于集中营。① 其高足叶理夫（Vadime Elisséeff）时任法国驻华使馆文化专员，在新闻处出版的周报中向中国学界通报了这一噩耗。方豪、陈定民、高名凯等人相继为文，悼念这一"全世界研究汉学同志的损失"②。

葛兰言在法国学术界中被视为秉性倨傲之人，为人尖刻。他任巴黎大学中国学院校务长期间，与马伯乐屡次争执，致使后者辞去兼职。据说吴文藻游法之时，曾三过其门，不得一见，最后还是经莫斯介绍，方获晤谈。③ 1919 年蔡元培执掌北京大学时，与来华的葛兰言见过几次，欲聘其任教，葛氏不肯留京。④ 但这位与中国学者一向缺少联系的汉学家兼社会学家，对中国留学生的态度却相当宽厚热情。早在1921 年 2 月，留法中国学生组织的少年中国学会巴黎分会曾请几位法国学者发表对于宗教的感想，葛兰言最先作答，他说："我一点不迟延，便回答贵会的问题，你们贵会可算是最令我特别注意的。"对于所问的人是否为宗教动物，"新旧宗教是否还有存在的价值"，以及"新中国是否还要宗教"这三大问题，其简要的答复分别是，"人类由有宗教

---

① 参见陈定民：《记念法国汉学家马伯乐教授》，载《中法文化》，第 1 卷第7 期（1946 年 2 月）；樋口隆康：《マスペロ、ゴルービエフ両教授小伝》，载《東洋史研究》，第 10 卷第 6 号（1950 年 2 月）。

② 方豪：《敬悼马伯乐先生　一位法国汉学家的死去》，载《大公报》（重庆），1945 年 5 月 6 日。此文后来略加修改，收入《方豪六十自定稿》（2126～2129 页，台北，台湾学生书局，1969）。

③ 参见高名凯：《葛兰言教授》，载《燕京学报》，第 30 期（1946 年 6 月）。

④ 参见高平叔编：《蔡元培全集》第 3 卷，287 页。

渐渐变到无宗教，要算是人类的根本进化"；中国旧宗教已随社会变迁而消灭，无须白费力气以求恢复，希望中国人的思想"永远保守这个无宗教的道德精神"；为一民族重建一种宗教，为矫揉造作且甚危险之事，"新中国……在今日无宗教的需要了"。① 这对留学生很有鼓舞作用，先后从学者有杨堃、李璜、凌纯声、陈学昭、陈锦等人。

不仅如此，葛兰言还深深地景仰中国文化。他曾说，"中国代表一种文化传统，它是西方最好传统的姊妹。因此我们希望它所代表的理念获得成功"，杨堃因而称葛氏不但是一位伟大的西方汉学家，而且是中国的伟大朋友。② 他曾于1911年、1918年两度来华，先为学术调查，后来则是为了外交公务。他虽与马伯乐不睦，但两人都是"当时法国汉学家关心中国抗战前途最切的"，"是中国最真挚之友人"。③ 治学之外，葛兰言还勇于任事，1926年他出任由中法共同创办的巴黎大学中国学院校务长，由于其热心办理，院务"大有蒸蒸日上之势"④。他虽然认为中国无须恢复宗教，但对来访的中国宗教界人士却热忱接待。1928年9月、10月期间，太虚法师访问巴黎，两人在中国驻法国使馆的宴会上见面。后来葛兰言听说太虚有意发起世界佛学院，即邀请太虚过其家商议，并担任发起人，还为太虚在巴黎大学发表题为《中国禅宗》的演讲时担任翻译。⑤

1940年，葛兰言愤恨入侵的猖狂德军，56岁即告别人世，但其对中法学术研究及交流的影响则一直持续。次年，在北京成立了中法汉学研究所，"主其事者为沙畹教授之旧友与常为葛兰言教授计划改正其著述之良友铎尔孟先生，及葛教授最得意而成绩斐然之门生杜让（伯秋）

---

① 李璜译：《法兰西学者的通信》，载《少年中国》，第3卷第1期（1921年8月）。

② 参见 Yang Kun, "Marcel Granet: An Appreciation", *The Yenching Journal of Social Studies*, vol. 10(1939)。

③ 陈定民：《记念法国汉学家马伯乐教授》，载《中法文化》，第1卷第7期（1946年2月）。另一位关心中国抗战前途的法国汉学家是鄂庐梭（L. Aurousseau）。

④ 刘厚：《巴黎大学中国学院概况》，载《中法大学月刊》，第4卷第2期（1933年12月）。

⑤ 参见释印顺编著：《太虚法师年谱》，143～145页，北京，宗教文化出版社，1995。

先生"①，中方成员中，如杨堃等人也是葛氏的弟子。该所 1942 年秋设立的语言历史组，计划之一是将葛兰言的《中国思想论》一书译成中文。杨堃对其学说的介绍，也主要在这一时期。可以说从这时起，葛兰言才为中国学术界所了解认识。可惜在动荡的形势下，难以产生广泛影响。直到第二次世界大战后，日本学者仍然认为在北京的葛氏门生将继承发扬其所开创的学风。

巴黎学派的其他汉学家，也不同程度地与中国学者有所联系。佛教及梵文学者列维（Sylvain Lévi）20 世纪 20 年代来华游历，在北京大学演讲法兰西学院史略。② 戴密微任厦门大学哲学教员期间，参与该校国学研究院的筹备并任筹备总委员会委员，出席过讨论修订章程的会议。③ 他与任教于该校的陈衍、缪篆等人有所交往，1926 年 7 月，戴密微归国省亲并欲游学日本，陈、缪等人分别应其所请，赠诗送行，戴氏则还以瑞士山水画册。④

长期在华教授法文的铎尔孟，与众多中国学者建立了友谊。他参与北京大学研究所国学门的活动，并与钢和泰（Alexander Wilhelm Baron von Stael-Holstein）、尉礼贤、福开森（John C. Ferguson）等人参加柯劭忞、罗振玉等人组织的东方学会，后来又负责中法汉学研究所事务，虽不是专业汉学家，但对于中法汉学交流关系甚大。⑤

另外，刘复留学法国时，参加巴黎大学助教阿脑而特女士主办的歌谣讲演会，与之谈论中外歌谣，并请她担任北京大学歌谣研究会的

① 王静如：《二十世纪之法国汉学及其对于中国学术之影响》，载《国立华北编译馆馆刊》，第 2 卷第 8 期（1943 年 8 月）。

② 参见［俄］钢和泰著，藏云译：《西旦文·勒韦教授逝世》，载《国立北平图书馆馆刊》，第 9 卷第 5 号（1935 年 9—10 月）。

③ 参见《国学研究院筹备总委员会》，载《厦大周刊》，第 132 期（1925 年 12 月 19 日）；《国学研究筹备会志略》，载《厦大周刊》，第 133 期（1925 年 12 月 26 日）。

④ 参见缪子才：《送戴密微教授归省序》，载《厦大周刊》，第 152 期（1926 年 5 月 29 日）；陈声暨编，王真续编，叶长青补订：《侯官陈石遗先生年谱》，台北，艺文印书馆，1964。缪篆，字子才。

⑤ 参见金梁：《瓜圃述异·辜博士》，见沈云龙主编：《近代中国史料丛刊续编》第 24 辑，34 页；魏建功：《北京大学研究所国学门恳亲会记事（未完）》，载《晨报副刊》，1923 年 11 月 16 日。

特邀通讯员。① 该女士将所撰研究歌谣的报告编为"民歌通论""圣诞歌""民歌与神话""民歌与戏剧"四编，分别寄赠北京大学研究所国学门。②

1936 年 1 月，访学巴黎的王重民、庄尚严、傅振伦等人应罗道尔（Robert des Rotours）之邀，赴巴黎郊外维罗弗勒村参加午宴，阅览其拍摄的天龙山石窟寺造像、北平古迹名胜及民俗等照片。罗氏有欧洲第一汉籍收藏家之称，尤好唐代历史，翻译过《新唐书·选举志》，编制了《唐书》人名卡片索引，收藏唐代图书资料颇多。他还委托北平西琉璃厂来薰阁代为采购中国新出版的重要图书、杂志十余万卷。③

与法国其他方面的对华态度相比，汉学家的真诚更显得突出。1929 年，中法双方协议合组考察团，分头考察中国西北及中亚，预定会合后同返北平。1931 年 4 月出发，法方成员不受中方团长约束，不按协议悬挂中国国旗，擅摄影片，阻止中方公报考察情形，并侮辱殴打中方成员，而巴黎国际殖民地博览会称该团为"黄种巡察团"，与"黑种巡察团"并举。古物保管委员会闻讯，决议取消联合考察，并向巴黎国际殖民地博览会提出抗议。④

尤其值得一提的是，美国的中国研究后来居上，声势上压倒欧洲，很大程度上仰仗其趁第一次世界大战之机发展经济，由债务国变成债权国，能够大笔投资于中国研究。而法国的汉学研究，却始终在拮据的境况中艰难生长。几代汉学家均将有限的资金尽量用于购买书籍资料，其他条件则并不好。伯希和与马伯乐在法兰西学院所开课程，课室在陈旧楼房内的又小又暗的房间，学生也不过五六人。⑤ 但在这样简陋的条件下，他们的讲座却吸引了欧美各国的许多研究生和学者前来听讲。

---

① 参见徐瑞岳：《刘半农评传》，111 页，上海，上海文艺出版社，1990。

② 参见《刘半农致研究所国学门主任函》，载《北京大学日刊》，第 1627 号（1925 年 2 月 20 日）。

③ 参见傅振伦编著：《七十年所见所闻》，150 页，上海，华东师范大学出版社，1997。

④ 参见《取消一九学术考查团之经过》，载《燕京学报》，第 9 期（1931 年 6 月）。

⑤ 参见松本信廣：《佛蘭西に於けるしな研究》，见慶応義塾望月基金しな研究会编：《しな研究》，384 頁。

第二节　西北欧其他各国

巴黎作为国际汉学研究的中心，影响十分广泛。除了来自各国受教从学的留学生，"英美德荷比瑞士及北欧各国研究汉学的专家，接踵而来巴黎，求教于法国汉学家。当时汉学家上课，各国远道来听讲学生甚众"①。学风所被，欧美其他国家的汉学界也都重视与中国学者的交流。

第一次世界大战后，德国的东方主义盛极一时，最受推崇的中国古代硕儒为孔子，而当时最受推崇的学者竟是辜鸿铭。德国的尉礼贤，本不是学院式汉学家，但与中国学者的联系较为广泛，在德国的影响也十分普遍。1922 年 3 月，短期归国的尉礼贤与徐志摩、陈源等人同游魏玛和耶拿，先后参观了歌德与席勒故居。后来徐志摩作诗序记其事赞其人："卫礼贤先生，通我国学，传播甚力，其生平所最崇拜者，孔子而外，其邦人葛德是。"②1923—1924 年尉氏任教于北京大学期间，曾参与北京大学研究所国学门的活动。是时该所国学门声势极盛，一度有会员 160 人，尉氏因而提议："将中国学者生卒年月及重要学说报告美（英）美学者，编入世界学术史。"③

尉氏与北京大学的关系由来已久。早在 1920 年 6 月，他就应邀到北京大学演讲《中国哲学与西洋哲学之关系》④，主张将中国哲学的讲人道、重实用与西洋哲学的秩序、批评、历史三种研究相融合，形成最完全的世界人类的哲学。1922 年年底，他又于出席北京大学成立 25

---

①　陈定民：《中法文化交换之回顾与前瞻》，载《中法文化》，第 1 卷第 1 期（1945 年 8 月）。

②　徐志摩：《小花篮——送卫礼贤先生》，载《晨报副刊》，1923 年 3 月 23 日。

③　董作宾：《国立北京大学研究所国学门第二次恳亲会纪事》，载《北京大学日刊》，第 1506 号（1924 年 6 月 27 日）；《北大研究所国学门恳亲会 昨在杨树山故宅举行》，载《晨报》，1924 年 6 月 16 日。

④　载《北京大学日刊》，第 639 号（1920 年 6 月 21 日）。

周年纪念会时发表演讲，题为《文化的组织》①，将此次校庆视为"世界文化史上一个重要的日子"，希望北京大学顺利发展，使"最古的与最新的相联结而成中国的文化"，不仅古文化为世界所知，新文化"也要渐惹世界的注意"。1924 年，北京大学及梁启超等人发起纪念戴震诞辰 200 周年的活动，尉礼贤也有所响应，到清华学校演讲《中国之戴东原与德国之康德》。② 据说他对梁启超十分推重，斯文·赫定（Sven Anders Hedin）请他为诺贝尔文学奖候选人提名中国作家，他所提的名单中名列前茅者就是梁启超。③ 王国维的《观堂集林》印成，分送样书的外国学者中，便有尉礼贤和英国人庄士敦（Reginald Fleming Johnston）、日本人今西龙、俄国人伊凤阁（A. I. Ivanov）。④

尉礼贤归国后，组织中国学院，更加积极地从事中德文化交流。1925 年蔡元培游历欧洲时，尉氏曾提议法兰克福大学授予其名誉博士学位。1928 年年底太虚访欧，尉礼贤派人持亲笔函到法国邀请太虚赴德，聘请后者为中国学院董事，并陪同其到慕尼黑等地参观，为其在法兰克福大学和中国学院的演讲亲任翻译。其间两人协议：以中国学院为世界佛学院的德国通讯处，招集发起人。⑤ 1930 年尉礼贤逝世，中国学术界为此"中德学界之一莫大损失"深表痛惜，北京大学发布了讣告⑥，并由陈大齐、何鸿基、王烈、沈兼士、马衡、杨震文、石坦安（Diether von den Steinen）、刘钧发起，举行追悼演讲会，约请与之"有旧者数人分任演讲"，以纪念这位在北京大学"热心指导，成绩优

---

① 载《北京大学日刊》，第 1139 号（1922 年 12 月 25 日）。

② 参见《新闻·要闻》，载《清华周刊》，第 305 期（1924 年 3 月 14 日）。

③ 参见［德］莎珑·卫：《卫礼贤——中国与欧洲之间的精神使者》，转引自张国刚：《德国的汉学研究》，42 页，北京，中华书局，1994。

④ 参见《王国维全集·书信》，380 页。

⑤ 参见释印顺编著：《太虚法师年谱》，106、136、148～149 页。太虚西游，缘于 1925 年 10 月率团赴日本参加东亚佛教大会，与时任东京帝国大学教授的德国人毗支莫莎及参事卜尔熙结交，后者愿为其介绍柏林友人，并欢迎太虚前往德国讲学。参见释印顺编著：《太虚法师年谱》，114 页。该书误以卫中（Alfred Westharp，字西琴）为尉礼贤。

⑥ 《本校旧教授尉 Richard Wilhelm 先生逝世》，载《北京大学日刊》，第 2357 号（1930 年 3 月 8 日）。

美，生平著作宏富，沟通中西文化厥功尤伟"的学界巨子。① 主编《大公报·文学副刊》的吴宓则请任教于清华大学的石坦安撰《卫礼贤博士行述》，载于该报。②

20 世纪 30 年代中国学院成立友谊联合会，聘请蔡元培为名誉会员，并请蔡在该院《汉学杂志》上介绍中央研究院的建立情况与宗旨。③ 1931 年刘海粟应邀到中国学院演讲《中国绘画上的六法论》，并在该院举办了展览。④ 为褒奖尉氏的功绩，中国政府特于该院设尉礼贤纪念讲座。

尉氏身后，所留事业继续发挥作用。中国学者郑寿麟在法兰克福时与之过从甚密，每星期必有一次聚会。尉氏曾有意请郑寿麟协助创办中国学院，因见其一心归国而未明言。郑氏后来有感于"尉先生半世替中国文化作宣传，德国对他尚且非常敬仰，中国对他，实在有很多该感激的地方"⑤，也致力于中德文化交流。1931 年，他发起德国研究会，又与张嘉森、袁同礼等人约请中德人士组织中德文化协会筹备会。1933 年 5 月，中德文化协会正式成立，两国文化、学术、教育、外交各界多位名人与会并任董事，推动了中德文化交流。后来该会改名"中德学会"。全面抗战期间，参与活动的德国汉学家们坚持纯学术、亲中国的立场，抵制纳粹的影响，拒绝日本的利诱，成为中德文化交流史上的一段佳话。⑥

较早来华并对中德文化交流影响颇大的还有欧特曼（Wilhelm Othmer），他于 1904 年，仅 22 岁便获得柏林大学博士学位，精于"文史

---

① 《卫礼贤先生追悼演讲会启事》，载《北大日刊》，第 2364 号（1930 年 3 月 18 日）。

② 参见吴学昭整理：《吴宓日记》第 5 册，36 页，北京，生活·读书·新知三联书店，1998。

③ 参见高平叔编：《蔡元培全集》第 6 卷，215、263 页，北京，中华书局，1988。

④ 参见刘海粟：《忆蔡元培先生》，见陈平原、郑勇编：《追忆蔡元培》，305 页，北京，中国广播电视出版社，1997。

⑤ 郑寿麟：《尉礼贤的生平和著作》，载《国立北平图书馆读书月刊》，第 1 卷第 6 号（1932 年 3 月）。

⑥ 参见丁建弘、李霞：《中德学会和中德文化交流》，见黄时鉴主编：《东西交流论谭》，265～289 页，上海，上海文艺出版社，1998。

言语之学",后任德国国家科学院助手,致力于考订法兰西拉丁碑铭。其为研究中国地学之泰斗李希霍芬的门人,因而以"博通古今方言之才,转而治中国语学"。1907年他被派到北京主持中德学校,旋任青岛中德中学堂教员、青岛德华特别高等学校讲师,对中国语文豁然贯通。其所著《汉语通释》,至20世纪30年代仍为德国人治汉语之唯一典范。后又应商务印书馆之请,增订中德袖珍字典,并选译过《明史》列传、稗官小品、时贤论学论政之文多种。1920年后任国立同济大学中学部教务长(同时受聘于该校的各种委员会)、上海东亚学会分会主席、法兰克福中国学院友谊联合会会长兼同院董事、上海东方图书馆复兴委员等职,成为在华德侨领袖。德国政府欲招其归国任大学汉学教授,未应;日本所建的南满医科大学优礼聘请其任教,"峻拒之"。"尝谓中国为其第二故乡,热爱中国即所以爱故乡也。"因其为沟通中德文化之重要桥梁,国立中央大学授予其名誉博士学位。1934年欧氏病逝,中国朝野皆认为这是中德文化沟通上的重大损失。①

除了传统的传教士和外交官,20世纪20年代后德国的汉学家也陆续来华。例如,1924年5月,乐始尔(Erwin Bousselle)博士到武昌佛学院访太虚法师,请教大乘佛法;1920—1927年,柏林人种博物馆馆长曲梅路(Otto Kümmel)曾经美国、日本来华收集资料,他主编的《东亚杂志》(*Ostasiatische Zeitschrift*),"于阐扬中国美术,颇著功绩"②。又如,1928年、1936年柏林大学汉学教授海尼士先后到蒙古实地调查,并到北平收集宋元史料,当地中外学者开茶会欢迎,并合影留念③;汉堡大学中文教授颜复礼(F. Jaeger)曾受教于孙德谦④。

特别是20世纪30年代中期后,由于德国国内的政治局势恶化等情况,汉学家纷纷走避出国,北京成为德国汉学的中心。1935年,根据德国汉学家和传教士鲍润生(Franz Xaver Biallas)的倡议,辅仁大学

---

① 滕固:《欧特曼先生小传》,载《国风》,第4卷第8号(1934年4月)。
② 莫东寅:《汉学发达史》,116页。
③ 参见宋致泉拍摄的照片,见《北洋画报》,第29卷第1437期(1936年8月11日)。
④ 参见王蘧常:《元和孙先生行状》,载《国专月刊》,第2卷第4期(1935年12月)。

创办了《华裔学志》，居住在北平的德国年轻汉学家，如富克斯(Walter Fuchs)、傅吾康(Wolfgang Franke)、卫德明(Helmut Wilhelm)、石坦安、谢理士(Ernst Schierlitz)、艾克(Gustav Ecke)等人均围绕这一中心活动。① 1932 年组织中德文化协会筹备会时，飞师尔、谢理士、卫德明、石坦安、洪涛生(Vincenz Hundhausen)等人出任委员。傅吾康后来任教于四川大学，专访吴虞，"求其著述，谓将译馈其国人"②。艾克取中文名艾谔风，曾在厦门大学与戴密微同任哲学教员，讲授德文、希腊文和希腊哲学，喜读《庄子》，与陈衍有所交往，陈赠之以五律，艾克则为陈摄影并寄回德国刊布。戴密微还是通过他才结识陈衍的。③ 他与鲁迅似也相识。④ 后来艾克移席北京，任教于清华大学、辅仁大学，致力于中国建筑、绘画、雕塑、艺术和青铜器的研究，尤其是红木家具的研究，他认为自康熙时起，西方家具即受中国影响，在世界艺术史上开辟了新的领域。⑤ 1933 年中德文化协会成立时，他也出席了。⑥ 这些年轻学者与中方筹委会委员及协会董事中的丁文江、袁同礼、胡适、傅斯年、贺麟等学者均有所接触。

　　与此同时，中国学者鉴于域外研究日显重要，法、德两国的东方学尤其发达，王国维、陈垣等人均主张选派于史学有根底者前往留学。早在民初蔡元培留学德国时，就由莱比锡大学中国文史研究所孔好古(August Conrady)教授介绍，得以进入该校。孔氏曾任京师译学馆教员，通梵文，常用印度寓言与中国古书对照，著有《中国艺术史上最古之文献》《屈原所著〈天问〉之研究》等书。⑦ 他的文言不错，阅读当时的

---

① 参见[德]巴巴拉·霍斯特著，魏建平译：《德国汉学概述》，见《国际汉学》编委会编：《国际汉学》第 1 期，356～357 页。

② 范朴斋：《吴又陵先生事略》，见赵清、郑城编：《吴虞集》，486 页，成都，四川人民出版社，1985。

③ 参见陈声暨编，王真绩编，叶长青补订：《侯官陈石遗先生年谱》，305 页。

④ 参见《鲁迅全集》第 11 卷，507 页，北京，人民文学出版社，1989。

⑤ 参见《汉学在德国》，见陶振誉等：《世界各国汉学研究论文集》，台北，"国防研究院"，1962。

⑥ 参见《中德文化协会成立》，载《国立北平图书馆读书月刊》，第 2 卷第 9 号(1933 年 6 月)。

⑦ 参见高平叔编：《蔡元培全集》第 7 卷，298～300 页，北京，中华书局，1989。

中文报刊却有困难。20 世纪 20 年代任教于北京大学的林语堂到莱比锡大学学习研究，受到他的热忱欢迎。① 之后如姚从吾、陈寅恪、傅斯年、俞大维、毛子水、罗家伦、施学济、陈枢等人，均留学德国，不过所学专业或为西洋历史，或为自然科学，或为历史哲学，与中国关系较直接者为东方语言学及中亚历史。②

与德国汉学家接触最多者为姚从吾和陈寅恪。姚于 1923 年 2 月入柏林大学，从福兰克、海尼士专攻蒙古史及历史学方法论，毕业后相继担任波恩大学东方研究所中文讲师、柏林大学汉学研究所讲师，至 1934 年才归国。③ 据说福兰克热衷于中德文化交流，甚至抽时间照顾留德中国学生的生活。④ 姚从吾曾于 1936 年在《新中华》第 4 卷第 1 期上发表《德国佛郎克教授对中国历史研究之贡献》（佛郎克即福兰克）一文，介绍乃师的学术。另外中国学人蒋复璁于 1930 年留学德国，经柏林大学副教授西门华德（W. Simon）介绍，也与福兰克相识。⑤ 中国政府曾授予福兰克荣誉奖章，以表彰其沟通中德文化之功。⑥ 20 世纪 30 年代以后，中国研究蒙元史、中亚史的新进多前往德国学习相关语言。

英国的汉学研究虽然成就不及法、德两国，但其与中国的关系却由来已久。设于上海的皇家亚洲学会北华分会历史悠久，1858 年即创办机关刊物，会员曾达 600 人之众，为英国远东研究的中心组织，1902 年在首届国际东方学术大会上，还代表中国与会。早期来华外国人士对中国研究感兴趣者，多与该会联系，担任会长、书记、图书馆馆长者除英国人外，还有美国的裨治文（Elijah Coleman Bridgman），

① 参见刘慧英编：《林语堂自传》，90 页，南京，江苏文艺出版社，1995。

② 参见《史学系派遣留德学生姚士鳌致朱遏先先生书》，载《北京大学日刊》，第 1465 号（1924 年 5 月 9 日）。

③ 参见札奇斯钦：《姚从吾》，见"中华学术院"印行：《中国文化综合研究——近六十年来中国学人研究中国文化之贡献》，370～371 页，台北，1971。

④ 参见 Ursula Richter，"Portrait of a German Sinologist：Otto Franke"，载《近代中国史研究通讯》，第 3 期（1987 年 3 月）。

⑤ 参见蒋复璁：《追念逝世五十年的王静安先生》，见陈平原、王枫编：《追忆王国维》，156 页。

⑥ 参见梁绳祎：《外国汉学研究概观（续前）》，载《国学丛刊》，第 6 期（1942 年 1 月）。

法国的考狄，德国的佛尔克、夏德等人①，甚至来自日本、留学中国的狩野直喜也主要以该会图书馆为活动场所。不过，该会与中国学术界的关系似较为疏离，始终缺乏积极联系。

在学者中间，理雅各与王韬的交往在近代中外学术交流史上可谓具有里程碑意义。连并非学者的孙中山，也与英国汉学家翟理斯、道格拉斯（Robert Douglas）有过接触。进入 20 世纪，由于英国汉学迟迟没有起色，与中国学术界的联系相对较少。中国学者前往英国，多是为了看斯坦因劫去的敦煌卷子。1917 年，董康游历欧洲，与翟理斯结识，之后继续通信往来。② 翟理斯还认识北京大学的萧一山，屡称"其一生深恨外国教士著书言中国事"③。翟氏自号"翟山"，热爱中国的传统文化及其变化发展，1923 年，曾获中国政府授予的民国二等嘉禾勋章。④ 1931 年翟理斯 85 岁寿辰时，清华大学的傅尚霖曾在英文《中国社会及政治学报》发表长文介绍其生平业绩，以感谢他向中国政府提供孙中山亲笔所写自传的副本以及为研究中国文化做出的贡献。⑤ 受其影响，其四子翟林奈（Lionel Giles）一生从事中国研究和汉籍整理，退休后原打算移居北京以度余年，因战争而未能如愿以偿。⑥ 他除了与胡适交往，还认识不少中国学者。1930 年吴宓访欧，因袁同礼作介绍函，前往拜访翟林奈，并由其"导观敦煌经卷及中国藏书"⑦。

英国来华学者中，庄士敦在中国时间较长，与新旧各派学者联系较广泛。后来他归国任伦敦大学东方学院（School of Oriental Studies）

---

① 参见石田幹之助：《欧米におけるしな学関係の諸雑誌（中）》，载《東亜》，第 7 卷第 11 号（1934 年 11 月）。

② 参见董康著，傅杰校点：《书舶庸谭》，沈阳，辽宁教育出版社，1998。

③ 萧一山：《为清代通史批评事再致吴宓君书 并答陈恭禄君》，载《国风》，第 4 卷第 11 号（1934 年 6 月）。

④ 参见《ヂヤイルブ博士の訃》，载《史学雑誌》，第 46 编第 8 号（1935 年 8 月）。

⑤ 参见 Shang-Ling Fu, "One Generation of Chinese Studies in Cambridge: An Appreciation of Professor H. A. Giles", *The Chinese Social and Political Science Review*, vol. 15, no. 1（Apr., 1931）。

⑥ 参见石田幹之助：《ライオネル・ヂヤイルブ氏の訃》，载《東方学》，第 17 辑（1958 年 11 月）。

⑦ 吴学昭整理：《吴宓日记》第 5 册，131 页。

中文系教授，中国学者访英，多与之联系。1931年吴宓在伦敦与之相见，两人系旧识。庄士敦以人才相询，吴宓首举陈寅恪，并详告此人之价值。庄士敦此时参与庚款用于文化教育之事，答应如能实行，必视己力所及，聘陈来英讲学。此外吴宓还会见了伦敦大学历史讲师艾琳·鲍尔（Eileen Power）、同校东方美术及考古学讲师颜慈（Walter Perceval Yetts），助后者考释中国碑文，并代将照片及其释文寄回北京，请陈寅恪相助。是年10月，欧洲汉学界预定集会于伦敦，邀请吴宓参加，吴以开学在即，谢之。① 太虚访欧时，也曾应翟林奈之邀，前往大英博物馆参观。1935年在伦敦举办中国艺术展，傅振伦等人乘机走访有关的汉学家。此次展览虽然对于欧洲关注中国艺术影响很大，筹备过程中却风波不断。

当时欧洲传统汉学家对中国学者不无偏见，只需其提供资料，而认为中国学者缺乏批评与辨识能力。洪业探望知名汉学家时，屡遭冷眼。他在牛津会见苏慧廉（William Edward Soothill）时，后者"特意给他几个质难问题，见洪业应付裕如后，才对他平等相待"②。英国聘请中国人任教，多为教授语言，待遇不高。例如，舒舍予、萧乾先后在伦敦大学东方学院教中文，收入只能聊以维生。比较受到优待的是陈寅恪，他先后应征牛津、剑桥两校的汉学教授之位，此事是中国学术界引以为荣的，但其实这一职位在英国相当冷落，招不到学生，也找不到人继任。

与中国学者关系较好的英国汉学家，一是维列（Arthur Waley），二是李约瑟（Joseph Needham）。前者虽然从未到过中国，但去英国的中国学人如陈源、凌叔华、萧乾等，多与之交往，受其关照。后者则来到中国，第二次世界大战时在大后方与不少学者结下友谊。他后来得以完成中国科技史研究的大业，得力于许多中国学人的帮助。

此外，曾任教于北京大学的阿克敦是一位业余汉学家。他与陈世骧"合译过现代中国诗"，与梁思成等人有所交往，同时又是京剧爱好者和昆曲剧本的翻译者。他发表过关于英译《金瓶梅》的书评，自己则

---

① 参见吴学昭：《吴宓与陈寅恪》，78页；吴学昭整理：《吴宓日记》第5册，167、169页。

② ［美］陈毓贤：《洪业传》，101页。

翻译《长生殿》。阿克敦酷爱中国，尤其是北平的生活，喜欢住四合院和逛厂肆，几为中国文化所同化。日本占领北平后，他被迫回到英国，但"不喜欢钢骨水泥的巨厦"，盼望早日返回中国。在伦敦期间，他继续与中国学人如萧乾等交往，引导其参与当地的社交活动。①

抗日战争全面爆发后，关心中国前途的英国人士组建了一个名为"全英援华运动总会"（China Campaign Committee）的团体，从物质、政治和道义上援助中国的抗战。英国的汉学家也积极参与，伦敦大学经济史教授艾琳·鲍尔和汉学家维列担任副会长，而牛津大学中国哲学讲师修中诚（Ernest Richard Hughes）等人的加入，则使该团体能把教会方面的力量汇合起来。② 本来汉学家"把中国的古文化向外国介绍，使人对中国古文化发生一种崇敬的感情，由于这种崇敬的感情，对中国及中国人发生一种由衷的爱好"。但过去"汉学家们对中国古文化的爱好，不过像对古器物的爱好一样，对于产生这种文化、制造这些古器物的国家与人民之受威胁，虽然不胜其惋惜之情，也不过仅仅惋惜而已。他们因为对于现代中国的文化生活并没有深切的了解，对于中国民族早有不胜惋惜之情，觉得这衰老的民族，总是不免于继一切古国之后而消灭了。或者误解中国民族精神，中国文化，以为中国对付侵略的正常方式是始而无抵抗，继而起同化作用。因此对于中国的被侵略毫不介意"。中国展开全民族抗战后，这种倾向完全改变了，"一切真正汉学家，对于中国的抗战，是表现无限的钦服与喜悦。抗战使他们知道，创造他们所爱好的古文化（的）国家与人民竟没有衰老，竟能在全世界文化受侵略者威胁的今天，站起来不让侵略者通过中国的土地。这不仅是为了中国，而且为了世界。这证实他们对于这文化的爱好不是一个幻梦之境，而是一个有骨有肉的文化，这喜悦是远超过于一名天文学家发现一个星球。同时对于要来毁灭这个文化的侵略者也就不胜其憎恨之情。因此他们对于中国是同仇敌忾，和国际主义者一样"。

1938 年，担任全英援华运动总会副主席的王礼锡归国，英国的汉

---

① 《萧乾选集》第 2 卷，348～351、356 页，成都，四川人民出版社，1983。

② 参见王礼锡：《在国际援华阵线上·英国的援华组织与运动》，见《王礼锡诗文集》，422～423 页，上海，上海文艺出版社，1993。

学家们纷纷写信，向中国的领袖和人民表示敬意与支持。维列写道："这个创造丰富、为世所称道的国家，现在是很英勇的在为生存而抗战。我，和这里一切知道中国在文学艺术上的功绩的人们一样瞻仰中国人的奋斗，而深表其同情与赞叹。"

名诗人和艺术批评家宾阳（Laurence Binyon）称："中国以其新建立的团结与统一，作伟大的奋斗，以反抗无情的侵略，在一切珍视自由的国家里获得了倾心的同情与赞叹。我们很久已经尊重中国过去在和平的艺术中的成就，现在对于她的可惊怖的奋斗与受难的英勇，谨重表示其敬意。并祈祷中国克服困难，安全脱险。"

曾任剑桥大学中文教授的慕阿德（Arthur Christopher Moule）说："我相信差不多全世界都盼望中国胜利，并且一切和我谈过这件事的都和我一样相信中国会得到实际的胜利。中国已获得全世界的钦服，中国自抗战以来之坚强和团结不但是一般人所料想不到，就是那些了解中国，爱好中国的人们也非其预料所及的。"

修中诚不仅谴责日本的侵略行径，赞扬中国领袖和人民的精神，相信中国必将胜利，而且抨击张伯伦政府的绥靖政策，指责英国的小人政治家，以英国乃至全世界人民拥有君子精神鼓舞"为正义而作伟大的战斗"的中国军民。

汉学家的真挚话语表明，"这一个伟大的抗战，不但使轻视中国、不了解中国的人，要对中国重新估价，就是'那些了解中国爱好中国的人们'，也要重新估定其了解与爱好，他们今天的同情是已经有质的不同，不仅是同情一个产生过'雨过天青'磁瓶的国家，产生过杜甫、白居易的国家，而是一个活生生的能站起来抵抗野蛮侵略的国家"①。两度久住中国，有很多中国朋友的艾琳·鲍尔教授希望转达英国教育界对于奋斗中的中国人民的极大同情与赞扬，以及反对欧洲军事独裁的坚定决心，而英国教育界对中国的普遍同情，不仅是自发形成的，主

---

① 以上几段中的引文，见王礼锡：《在国际援华阵线上·英国汉学家对于中国的同情之声》，见《王礼锡诗文集》，498～503 页。

要原因之一，是受到爱好中国的教授们的感情与正义的鼓荡。①

　　荷兰的远东研究发端甚早，享有盛名的国际汉学权威刊物《通报》，即由莱顿大学汉学讲座教授施古德(Gustave Schlegel)与法国汉学家考狄协力创办，因而莱顿被视为巴黎以外的另一欧洲汉学研究中心。到20世纪，荷兰与丹麦、挪威等国组织了东方学联合会。20世纪20年代继任汉学教授的戴闻达(Jan Julius Lodewijk Duyvendak)又组建了汉学研究会。戴闻达原为驻华外交官，久住中国；1918年归国，先后任莱顿大学汉学研究所研究员、教授，参与主编《通报》。1926年年初，他访问清华国学研究院，与王国维、梁启超、赵元任、吴宓见面，谈中国新文化等问题；是年6月，又在"北京研究国学之中外名流"参加的燕京华文学校茶会上，与苏慧廉一起发表演说。② 他于燕京华文学校校刊 *The New Mandarin* 上发表文章，评介美国哥伦比亚大学汉学教授卡脱(Thomas Francis Carter)所著的《中国印刷术之发明及其西传》(*Invention of Printing in China and its Spread Westward*)。③ 1929年太虚访美，曾在哥伦比亚大学哲学教授施乃德的晚餐会上与之相会，同席的还有博路德、薛维林、芳春熙等人。④

　　1922年，挪威大学哲学教授希尔达从北京到汉口向太虚请晤。1923年北京大学研究所国学门聘请丹麦的吴克德(K. Wulff)博士为通信员。⑤ 1932年，捷克汉学家普实克(Jaroslav Průšek)来华收集中国史资料，曾与鲁迅通信联系，并将鲁迅的《呐喊》译成捷克文，鲁迅还为其撰写了序言。⑥

----

①　参见王礼锡：《在国际援华阵线上·教授们对援华运动的领导》，见《王礼锡诗文集》，488～490页。

②　参见吴学昭整理：《吴宓日记》第3册，125、175页；孙敦恒：《清华国学研究院纪事》，见葛兆光主编：《清华汉学研究》第1辑，295页，北京，清华大学出版社，1994。

③　参见[荷]戴闻达撰，张荫麟译：《中国印刷术发明述略》，载《学衡》，第58期(1926年10月)。

④　参见释印顺编著：《太虚法师年谱》，155页。

⑤　参见《国立北京大学研究所国学门重要纪事(十二年七月一日至十二月三十一日)》，载《国学季刊》，第1卷第4号(1923年12月)。

⑥　参见《鲁迅全集》第14卷，313页。

瑞典的高本汉是伯希和以外对 20 世纪前半期中国研究影响最大的欧洲汉学家，他与杨树达的通信往来持续数年，互赠论著，交流心得。① 中央研究院历史语言研究所聘其为通信研究员。② 除与中国的语言学家保持着长久、紧密而且广泛的关系外，高本汉兼治考古、文学等科，因而与其他专业的学者也有所联系。1947 年陈梦家游历欧洲，收集中国青铜器资料，在高本汉的陪同下拜见了酷好中国文物的瑞典国王。③ 20 世纪 20 年代，他还是瑞典王子时曾来华访问，受到中国学术界的热烈欢迎。

瑞典地理学家和探险家斯文·赫定曾多次到中国的新疆等地探险考察。1926 年，他又组建"中亚细亚远征队"，欲赴中国西北考察，遭到中国学术界的反对，"北京各学术团体如北京大学考古学会、历史博物馆、古物陈列所、故宫博物院、清华学校研究院、中华图书馆协会、中央观象台、京师图书馆、北京图书馆等皆认瑞典人此举系学术的侵略，组织北京学术团体联席会，发表宣言反对"。经过多次交涉，与斯文·赫定达成协议。双方合组"西北科学考查团"，由周肇祥任该团理事会主席，斯文·赫定、徐炳昶任团长，中方参加者有黄文弼、袁复礼、丁道衡、龚元忠等人。该团计划到新疆、甘肃、蒙古地区进行考古。④ 刘复则代表北京大学充当常务理事，并担任照看该团利益的委员会主席，"中外学术界独立合作，及与外人订约，条件绝对平等，实自此始"；所发现的汉简，由刘复、马衡和斯文·赫定三人共同研究。⑤ 南京大学院、国立第一中山大学也积极要求派人参与考察，收

---

① 参见杨树达：《积微翁回忆录 积微居诗文钞》，75、90、91、111 页。

② 参见王静如：《二十世纪之法国汉学及其对于中国学术之影响》，载《国立华北编译馆馆刊》，第 2 卷第 8 期(1943 年 8 月)。

③ 参见赵萝蕤：《忆梦家》，载《新文学史料》，1979(3)。

④ 《中西人合组西北科学考查团》，载《北京大学研究所国学门月刊》，第 1 卷第 6 号(1927 年 9 月)。

⑤ 《中华民国故国立北京大学教授法国国家文学博士刘先生行状》，载《国学季刊》，第 4 卷第 4 号(1934 年)。

集有关资料。① 此项活动一直持续到 1935 年。

斯文·赫定为了改善与中国学术界的关系，以便于考察活动的开展，积极为中国作家申请诺贝尔文学奖，先后考虑提名者有梁启超、胡适、鲁迅等人。他又到清华大学等处做关于其所著《藏南》一书的学术报告，与中国学者广泛交往。此公英语纯熟，演讲生动有趣，浦江清甚至以"得一见其面，并亲聆其讲演"为"实可庆幸"之事。②

然而，真正使斯文·赫定与中国学术界改善关系的是历时八年的西北考察，他不仅与西北科学考查团的成员同甘共苦，与理事会的成员时相过从，还结识了中国学术界的领袖人物，并与他们广泛建立起友好关系，如胡适、丁文江、翁文灏、傅斯年、袁同礼等。1929 年 3 月、4 月期间，他在顾颉刚、徐炳昶等人陪同下游览了苏州，并对此感慨道："在 1927 年春以前，我们与中国学者的个人联系并不多，也看不出任何与他们建立友谊的希望。但随着时间的推移，一致的目标，共同的甘苦，把我们紧密地联系在一起。由于那支考察队，我们成了最亲密的朋友。在我离开北京后的最初 4 年中，一直与我那些出色的中国朋友保持着密切联系。"③

第三节　从沙俄到苏联

俄国汉学界与中国渊源甚远，早期来华者多为探险家，之后从事研究者渐多，但仍十分重视探险、考古及民族调查。沙俄时代的学术，多由官办。政府设立的亚洲研究会，由俄国科学院、圣彼得堡大学东亚学科、考古诸协会、地学协会以及俄国政府的宫内、外交、陆军、财政、教育等部各出一名代表组成，会所设于外交部。④

---

① 参见《西北科学考查团发现新石器时代之遗物》，载《国立第一中山大学语言历史学研究所周刊》，第 1 集第 1 期(1927 年 11 月 1 日)。

② 浦江清：《清华园日记·西行日记》，25 页，北京，生活·读书·新知三联书店，1987。

③ [瑞典]斯文·赫定著，徐十周、王安洪、王安江译：《亚洲腹地探险八年：1927—1935》，769 页，乌鲁木齐，新疆人民出版社，1992。

④ 参见《露京の亚細亚研究会》，载《史学雑誌》，第 14 编第 5 号(1903 年 5 月)。

十月革命后，苏俄一度处于和外界隔绝的状态，但局势相对稳定后，即调整经济文化政策，扩大对外联系与交流。列宁等俄共（布）领袖从战略全局出发，重视东方研究。1921 年，由列宁提议，在莫斯科成立全俄东方学术研究协会，隶属民族人民委员部，1924 年改称全苏东方学术协会，归苏联中央执行委员会领导。先后担任全苏东方学术协会会长的帕甫洛维奇（Poflowich）、巴托尔德以及副会长、科学院常任书记鄂登堡（S. F. Oldenburg）与联共（布）领导关系甚好，颇具影响力，又是内行，懂得按学术规律办事。[①] 在他们的主持下，苏联的汉学研究乃至对外交流，尚能正常进行，并有所发展。

1925 年，苏联成立国外文化沟通社，成员包括苏联主要的科学和文化团体，以及负责和国外科学及文化团体沟通的政府机关，下设交际、书籍交换、出版、询问、写真五个部。该社与欧美多数文化及科学团体建立了关系，并致函北京大学研究所国学门，表示"渴望与中华之文化及科学团体成立同样之关系"，"急欲与中华交换关于文化及科学之书籍及杂志，且极愿以诸君所感兴味之书寄奉，与在中华印行之相等之中文书或英文书相交换"。[②] 与此同时，清华国学研究院也接到了类似的信息，王国维复函苏联科学院，吴宓则将研究院章程寄往苏联。[③]

中国方面同样希望与苏联进行学术文化交流。沙俄时代的汉学研究虽然相当发达，但因语言等关系，国际汉学界所了解的详情甚少，介绍最多的是伯希和与美国学者劳佛。五四运动后，中国普遍关注俄国十月革命以后的状况，而学术界尤其希望与各国学者建立交流关系，对于苏联也不例外。1924 年，北京大学派陈启修赴苏联进修考察，次年又派李仲揆参加该国科学院成立 200 周年纪念活动。陈启修对苏联的社会科学及教育政策评价甚高，称列宁的《国家与革命》等书为不朽

---

① 参见《ソウエト東洋学について》，载《東亜》，第 4 卷第 9、第 10 号（1931年 9、10 月）；冈田英弘訳：《ニコラス・ポッペ自叙伝抄》，载《東方学》，第 69 辑（1985 年 1 月）。

② 《研究所国学门通讯》，载《北京大学日刊》，第 1763 号（1925 年 9 月 21 日）。

③ 参见吴学昭整理：《吴宓日记》第 3 册，45、58、63 页。

之作，预计将来新兴社会科学的势力必将风靡全世界，写信寄回北京大学，建议从经济、政治、法律、历史、哲学五系的书费中提出 500元至 1000 元，用以购买俄文的社会科学书籍。① 二人归国后，北京大学研究所国学门特开茶话会，请他们演讲苏联关于东方学术的发展情况。因二人专业均非中国研究，所了解的情况有限，但北京大学也由此获悉第三国际、外交部、东方大学的藏书情形，《新东方》杂志的出版情况，以及俄国学术与西欧的不同之处在于人类学和考古学材料充足等信息。

苏联政府为纪念本国科学院成立 200 周年付出了巨大的人力物力财力，拨款 200 万卢布，筹备五个月之久，预计世界各国学者有 200人参加（实际七八十人到会），加上国内各地到会的科学家，共约 900人。其目的在于让世界知道"破坏的时代已经过去，建设的时期正在开始；并且要向世界上表示……他们也尊重学术和学者"。不过，欧洲各国学者中有人对此抱怀疑甚至抵制态度，或拒绝赴会，或提前离开，中国学者则较为积极。李仲揆主动与之接洽学术合作与交流事宜，与苏方约定，以伊尔库茨克（Irkutsk）为中俄学术界开会的中心点，苏联将派人经西伯利亚、蒙古到北京。鄂登堡 1920 年曾率队到中国新疆考察，他计划 1926 年再次来华，并与中国学术机构交换出版物。②

当时苏联汉学界分为新旧两派，所谓旧派，亦称古典派，主要指继承革命前欧洲汉学传统的学者。他们以俄国旧京圣彼得堡为中心，重点研究以语言学为基础的古代历史、文学、宗教、思想等，同时也关注现代及民间社会。20 世纪 30 年代以前，旧派学者在全苏东方学术协会中起主导作用，与中国学者的交往，主要在旧派学者中进行，而关系最密切的领域，为西夏研究、蒙藏和中业研究、古汉语研究、考古以及佛教研究。

---

① 参见《陈惺农教授自苏俄来函》，载《北京大学日刊》，第 1409 号（1924 年3 月 3 日）。

② 参见《本学门同人欢迎李、陈二教授茶会纪事》《俄国学者的生活及其他》，均载《北京大学研究所国学门周刊》，第 1 卷第 12 期（1925 年 12 月 30 日）；《李仲揆教授在本学门茶话会演说》，载《北京大学研究所国学门周刊》，第 2 卷第 13 期（1926 年 1 月 6 日）。

西夏研究，发端于 19 世纪末，法、俄、美等国的学者相继加入，进展显著。而中国学者治此绝学者，早期只有罗振玉的两个儿子罗福成、罗福苌，而且罗福苌早逝。圣彼得堡大学教授伊凤阁被聘为北京大学研究所国学门导师后，于 1924 年上学期通告其指导研究的主题为"西夏国文字与西夏国文化"，包括"(1)西夏国之历史文案和古迹"，"(2)西夏国之地位与东方文化之关系"，"(3)西夏国之历史、国语、文字"，欢迎学生报名。后因苏联外交代表团事务繁忙，延期到 6 月，他才以一星期余暇每天到校讲演一小时。① 他还担任北京大学研究所国学门歌谣研究会的特别指导，参与讨论以音标注方言歌谣等事。②

此后，在中国继起研究西夏学的学者有王静如，苏联则有聂利山（N. A. Nevsky，即聂斯克）。聂氏 20 世纪 20 年代留学日本，任大阪外国语学校教师，与京都学派的学者关系密切，对王国维暗自崇拜，认为其"广泛的学识、确实的分析以及富有逻辑性的叙述恐怕无人与之比肩。当然，'支那学'在我国乃至欧洲是非常年轻的，但难道当今中国本国内还有这样的学者吗？除了日本，我敢说在这方面他的学问是世界第一"③。他于 1925 年暑假来北京，除了得到伊凤阁的指教及其所提供的资料外，还请内藤虎次郎和狩野直喜写了介绍函，想拜访王国维。其间他曾抱病赴清华大学王宅，不巧适逢王进城，恭候三小时，病重而返。次日卧床，王国维托清华国学研究院主任吴宓往其寓所致歉，吴赠以研究院章程及《学衡》。两人晤谈两小时，吴知"聂君研究东方文字及 Folklore（民俗学）。近治西夏文，偏于考据，然颇爱旧中国也"④。聂氏虽然最终未能见到王国维，崇敬之心却不稍减。1927 年王国维自沉于昆明湖，刚好大阪的学者筹划组织同志会，欲以共同景

---

① 《研究所国学门通告》，载《北京大学日刊》，第 1389、第 1411、第 1472 号（1924 年 1 月 18 日、3 月 5 日、5 月 17 日）。

② 参见《歌谣研究会常会并欢迎新会员会纪事》，载《北京大学日刊》，第 1406 号（1924 年 2 月 28 日）。

③ ［苏］聂斯克著，［日］滨田麻矢译：《访王静安先生》，见陈平原、王枫编：《追忆王国维》，363～364 页。

④ 吴学昭整理：《吴宓日记》第 3 册，63 页。

仰的东西硕学先儒为会名，聂听说王国维刚去世，建议用其名，参与者均以为"静安先生的学行足以成为我们慕仰的榜样"，遂名之为静安学社。①

1929 年，聂利山归国，在列宁格勒的苏联科学院任研究员。次年，王静如等人计划在《国立北平图书馆馆刊》出版西夏文专号，与日本的石滨纯太郎及聂利山等人联系，得到热烈响应。石滨纯太郎复函道："顾西夏之学，人习难遇同调之士，学界罕见商榷之文，深以为憾。今仁兄先生从事斯学，同臭有友，曷胜欣颂？"除了交换作品及信息，还告以："吾友聂斯基教授现在苏俄旧都，月前寄信云，顷者再于Kozlov（柯兹洛夫）黑城遗文中，发见夏译《贞观政要》《韵镜》残本，夏文层出，同学大庆，实莫过焉。"②王静如是中国学界以比较语言学方法研究西夏语的发端之人③，在聂利山和石滨纯太郎等人的大力协助下，经过一年的筹划编辑，1932 年西夏文专号终于问世。该刊所发启事对此感慨万千道："夫世运纷乘，靡有既极，所愿天下万国，亦能如区区斯册之聚中日俄三国人士于一堂，而雍容揖让，讨论讲习，借合作之精神，化干戈为玉帛，则人文化成，世界大同，其可冀乎！"④学者对于时局的愿望，展现了人类向善的一面。此专号在西夏研究史上，不无里程碑意义。此后王静如连续出版了《西夏研究》第 1 辑、第 2 辑，与伯希和、聂利山等人就西夏语音及国名等问题切磋。

严格来说，苏联汉学界的领军人物是人称阿翰林的阿理克。他是沙畹的学生，于 1906 年、1912 年、1924 年三次来华，在中国北方及华南进行考古、民俗调查，广交中国学者。与之相识又通汉语的狩野直喜对阿氏的汉语之纯熟感到惊讶，"乍听以为是北京人"⑤。阿氏声

---

①　[日]石滨纯太郎著，[日]滨田麻矢译：《静安学社》，见陈平原、王枫编：《追忆王国维》，382 页。

②　《学术通讯：石滨纯太郎——王静如》，载《学文》，创刊号（1930 年 11 月）。

③　参见陈寅恪：《西夏文佛母大孔雀明王经夏梵藏汉合璧校释序》，见王静如：《西夏研究》第 1 辑，"序"，5 页，北平，国立中央研究院历史语言研究所，1932。

④　《国立北平图书馆馆刊》，第 4 卷第 3 号（西夏文专号，1932 年 1 月）。

⑤　参见狩野直喜：《海外通信》，见《しな学文藪》，332 頁。

称，"把中国与欧洲世界隔开的，不是'万里长城'，也不是'汉字'，而是我们对中国文化的不了解"，因而致力于让人们以最好的方式了解中国文化，"无论是旧中国或新中国的文化，没有哪一个领域不在他的讲稿、报告或文著中得到反映"。① 他先后任圣彼得堡大学副教授和亚洲博物馆主任，1929 年经鄂登堡推荐，成为苏联科学院院士。苏联培育的第一代汉学家，无论哪一领域，几乎都是其嫡传弟子。

1925 年 7 月，他看到北京大学研究所国学门的法文本概要，十分高兴，致函该所，希望再得到一个中文本，并要求按期邮购《国学季刊》和《歌谣》周刊，或交换所著汉学著作。北京大学研究所国学门遂将《国学季刊》四册、《歌谣》合订本两册寄去，并提出以该所考古学会所藏器物之拓本照片与苏联科学院的出版物交换。阿理克欣然允诺，寄来了他个人的六种汉学著作以及苏联最近的中国学出版物。② 1935 年蒋廷黻到苏联访问新旧两京，见到各派学者，阿理克告以读杨树达所著书，极为佩仰，希望杨以著述寄赠。蒋归国后转达此意，杨树达即寄去所著各书及论文。阿理克得书后，及时复函，并回赠著作。③ 20世纪 50 年代初两人再度以书信交往，杨还写了《我与阿理克君之文字因缘》一文，以为纪念。④ 阿氏对于西夏研究也给予帮助，他担任亚洲博物馆主任期间，与鄂登堡一起将该馆所藏的许多自汉藏译出的西夏文佛经及有藏文注音的西夏文书寄给在日本的聂利山，使后者的研究较前人大为进展。⑤

---

① ［俄］齐一得著，李明滨翻译整理：《苏联的汉学研究》，见阎纯德主编：《汉学研究》第 1 集，117 页。

② 参见《研究所国学门通信》，载《北京大学日刊》，第 1766 号（1925 年 9 月24 日）。其个人著作为《中国考古学的命运》《记欧洲的中国学》《我对于北京话的声韵观察》《中国押镇钱的图说》《中国镇宅神符》《和合二仙与刘海儿戏金蟾》。

③ 参见 1935 年 11 月 23 日阿理克致杨树达，见杨逢彬整理：《积微居友朋书札》，69～70 页，长沙，湖南教育出版社，1986。阿氏注重研究方法，而不满于以西法解中文，对杨树达的研究法"敬慕不已"。

④ 参见杨树达：《积微翁回忆录 积微居诗文钞》，105、108、307 页。

⑤ 参见［苏］聂斯克：《西夏语研究小史》，载《国立北平图书馆馆刊》，第 4卷第 3 号（西夏文专号，1932 年 1 月）。

20 世纪 20 年代至 30 年代，中国人士前往苏联访问者为数不少，其中有的虽然不是专业学者，但对中国学术问题十分关注。1926 年于右任访苏，归途经过蒙古，先此他听说俄国学者在库伦附近发现古坟，即欲约北京大学的考古学者入蒙古实地调查，因事未果，这时经人介绍，结识蒙古图书馆馆长札木萨赖诺甫，再与发现古坟的曾任圣彼得堡大学教授的柯兹洛夫（P. K. Kozlov）相识，由后者引导，前往现场参观。柯兹洛夫为史地专家，曾到中国的川藏甘新等地探险考察，著作甚多，于西域、西夏研究等影响颇大。于右任在诗集中详记其事原委及经过，希望中国考古学者加以研究。此事甚至引起日本学术界的关注。[①]

俄国在蒙藏和中亚研究方面的优势在十月革命后继续保持，而中国学者治边疆史地者日益增多，势必重视其研究成果。1925 年，蔡元培致函蒋梦麟，告以"俄京学院各种印刷品，多关于回纥、蒙古、吐火罗、突厥之研究"，陈寅恪有详细目录，希望敦请加拉罕（Lev Mikhailovich Karakhan）帮助，索取全部出版物。[②] 此事不知是否实现。1928 年，北平图书馆又与位于列宁格勒的亚洲博物馆协议交换书籍，由阿理克主持，将所藏关于蒙藏问题的 52 种俄文复本书，与北平图书馆交换，"其目录且经阿理克教授注明最重要者凡十四种，次要者四种，余为通行本。然在我国则无一不为难得者矣"[③]。俄文书刊流通范围有限，连极为关注相关研究的日本也声称难得其全，欧美亦不充足，所以此举无疑有助于中国的研究事业。

考古及民族调查，原为沙俄时代东方研究的重心，除重视与中亚接壤的中国西部及蒙古外，还关注东北。19 世纪末，沙俄即在海参崴设东方语言学校、远东研究所、博物馆、黑龙江地方研究会等，东清铁路公司也从事相关调查研究。时任清华大学教授的史禄国（Sergei Mikhailovich Shirokogoroff），研究通古斯族最力，著有《满族之社会

---

① 参见石田幹之助：《三松盦読書記（二）》，载《史学雑誌》，第 45 编第 1 号（1934 年 1 月）。

② 高平叔编：《蔡元培全集》第 5 卷，53～54 页，北京，中华书局，1988。

③ 《蒙藏俄文书之交换》，载《北京图书馆月刊》，第 1 卷第 2 号（1928 年 6 月）。

组织》《极东北通古斯族之移植》《北通古斯族之社会组织》等书。史氏先在厦门大学任教，与张星烺等人相识。厦门大学国学院解体后，其函告张星烺，称"在厦门无足与言学问者"；张即与中山大学的罗常培联系，推崇史氏"为研究中国人种及东北民族语言专家。弟尝读其书，且与谈论，洵不愧为学者"，鉴于中山大学语言历史学研究所设有东方语言科目，主张"此人极宜罗致，以增校光"，请罗常培与顾颉刚及校中执事者商议。① 后来史禄国被中山大学聘为语言历史学研究所教授，参与了该所的西南少数民族调查研究。② 而哈尔滨博物馆的特尔马澈夫(V. Y. Tolmachev)则调查石器时代遗迹，考察金上京会宁府遗址，著有《满洲之石器时代》，对东北考古研究贡献颇多。③ 1928 年，中日合作进行貔子窝发掘，陈垣和北京大学考古学会的马衡，北京历史博物馆的罗庸、董光忠参与其事，特尔马澈夫也前来参观。④ 1931 年波罗索夫(B. Ponosov)在吉林省宁安县调查东京城的渤海土城，获得不少瓦当、佛像等。

　　流亡北京的沙俄东方学者钢和泰除了与胡适交往，还与许多研究佛教史的学者建立联系和交谊。他在北京大学教授古印度宗教史的同时，为该校学术团体举行讲演。1920 年 6 月，钢和泰演讲了《玄奘与近代之史学研究》，认为以《大唐西域记》为代表的古印度游记多成于中国人，是研究中亚各国古史的重要依据和近代史学新发现的引导。他希望中国学者发扬前人研究学问及记载真确的精神，"表现出同样的热诚，供献出同样的著作"。⑤ 1930 年 11 月，他又在北京大学研究所国

---

　　① 《学术通讯：张星烺——罗常培》，载《国立第一中山大学语言历史学研究所周刊》，第 1 集第 13 期(1928 年 1 月 23 日)。

　　② 参见顾潮编著：《顾颉刚年谱》，151、156 页，北京，中国社会科学出版社，1993。

　　③ 参见莫东寅：《汉学发达史》，138 页。

　　④ 参见滨田耕作：《貔子窝》(東方考古学叢刊甲種第一冊)，2 页，東京，東亜考古学会，1929。

　　⑤ 该演讲载《北京大学日刊》，第 637、第 638 号(1920 年 6 月 18 日、19 日)。

学门重新恢复的月讲中负责第一讲，题为《故宫咸若馆宝相楼佛像之考证》。①

1922 年，梁启超在北京高等师范学校讲演，涉及大月氏迦腻色迦王事，钢和泰听说后，即托丁文江引介会晤，自称专为"捉拿迦腻色迦"而来东方。此后两人屡次会面，钢和泰示以中译佛经与梵本对照之区别，令梁启超感到专凭译本研究学问的危险。他对钢和泰的研究精神十分佩服，认为："他到中国不过两年，他对于全部藏经的研究，比我们精深多了。"钢和泰编成《大宝积经迦叶品梵藏汉文六种合刻》，还托梁启超介绍给商务印书馆出版，梁表示"很盼望他的精神能间接从这部书影响到我们学界"。② 钢和泰与丁文江交往甚久，曾积极鼓动丁去哈佛讲学。他与号称"中国两梵文专家之一"的汤用彤相识③，与吴宓也有所交往，曾送稿于后者主编的《学衡》杂志，并接受清华国学研究院的聘请，担任讲师。④ 他与陈寅恪更长期密切往来，经常互相切磋梵文佛经，同为这一领域的权威。1929 年北平图书馆购得西夏文书籍百册，经二人审查，知为河西《大藏经》之零帙。⑤ 1926 年 8 月，他曾拜访在北京开讲经会的太虚。⑥ 另外，任教于北京大学的柏烈伟（S. A. Polevoy）则赠送所编《俄华辞典》给周作人，并请其审阅自译《蒙古童话集》书稿。⑦

这一时期，苏联的东方学者虽然在生活待遇方面逐渐得到改善，

---

① 参见《研究所国学门通告》，载《北大日刊》，第 2495 号（1930 年 11 月 15 日）。

② 梁启超：《大宝积经迦叶品梵藏汉文六种合刻序》，见《饮冰室专集》第 7 册，84～85 页。此书刊出时题为《大宝积经迦叶品梵藏汉六种合刊》。

③ 参见《胡适来往书信选》上册，243、518 页。

④ 参见吴学昭整理：《吴宓日记》第 3 册，11、29、38、391、399、405、410 页。

⑤ 参见余逊、容媛：《民国十八、九年国内学术界消息：北平图书馆购获河西大藏经》，载《燕京学报》，第 8 期（1930 年 12 月）。

⑥ 参见释印顺编著：《太虚法师年谱》，120 页。

⑦ 参见鲁迅博物馆藏：《周作人日记》（影印本）中册，631、654 页，郑州，大象出版社，1996。

薪金较高，但与劳动者相比，社会地位及福利仍有很大差别。① 1927
年、1930 年、1934 年，帕甫洛维奇、巴托尔德、鄂登堡相继逝世，继
位者为党的干部而学术水平和声望远不能与上述诸人相比，与专家学
者的矛盾渐深。这对中国研究产生了不良影响。本来苏联科学院多购
五四以后中国学术文化界出版的新书，与大英博物馆相比，尤具特色，
但 1927 年后的新书则没有添置。② 特别是 1929 年联共（布）提出东方
学革命的口号，指责此前东方研究仍处于资产阶级学者的支配之下，
命令苏联科学院选举会员时将此前落选的布哈林等党的干部重新选入，
并在 1930 年召开的全苏东方学者大会上正式发出呼吁，要求将年轻学
者从资产阶级学者的有害影响下解放出来，改变沙俄时代以古代研究
为重心，借调查东方古迹之名、行殖民榨取之实的做法，重视现代政
治经济研究。

联共（布）对原有汉学局限性的批评，旧派学者也承认。但这种做
法极大地挫伤了占学术界主导地位的旧派学者，而且否认了此前的变
化。原来全苏东方学术协会的组织者和指导者帕甫洛维奇，正是亚洲
和殖民地马克思主义研究及新东方学的创始人，他曾与流亡巴黎的东
方革命运动参加者交谈，以事实立论，以马克思主义驾驭特殊材料，
所写关于中、印等国社会历史的论文，开拓前人未及的崭新领域。从
20 世纪 20 年代起，他又在莫斯科设立了一系列机构，重点研究现代
东方各国，逐渐形成与列宁格勒相并立的新东方学中心。③

---

① 俄国学者在沙皇时代颇受皇室优待，二月革命时，鄂登堡曾任教育部部
长，组织全国教职员大团体，主张革皇帝的命，但不赞成共产革命。波兰战争结
束和 1923 年，两度改革，学者薪金逐渐提高，研究也得到政府资助，后来的薪金
更高过技术工人数倍。但在政治及子女就学等方面，仍然存在明显差别。特别是
处于领导地位的党员学者，往往以政治优势补学术不足，导致与非党员学者的关
系紧张。

② 参见王礼锡：《海外二笔·列宁城琐录》，见《王礼锡诗文集》，294 页。

③ 参见《革命の東洋学——ボルシウイキ方法の検討》，载《東亜》，第 4 卷
第 9 号（1931 年 9 月）；《蘇聯の東洋学》，载《東亜》，第 9、第 10 号（1931 年 9、
10 月）；[俄]齐一得著，李明滨翻译整理：《苏联的汉学研究》，见阎纯德主编：
《汉学研究》第 1 集。

高压之下，旧派学者在与中国人士的交往中，不时流露出不满情绪。于右任询问柯兹洛夫苏联的政治现状，柯氏开始答以系史地专家，不愿过问政治经济。后来于主动表示最近刚从莫斯科回来，对苏联的建设甚为满意，政府对于协助农工，培植青年，以及图书馆、博物馆、学士院的建设，无不日益求进。柯氏则直言道："甚不以为然，谓苏俄之教育方针非常错误，不奖励青年伏案读书，反教以社会常识及世界革命。彼在家时，偶以历史故事询诸小学生，鲜能答者，反詈予为迂腐。其实彼等之所谓知识，不过道听途说而已。"反而是于右任认为其思想迂泥，劝说教育道："自来专力古学者，于现代之政治经济多不耐虚心研究，因此对于世事不免隔膜。中国之学者亦然。予在中国亦古董学者之一，对于苏俄初多误会，及亲到莫斯科，始完全了然。当至莫城车站时，与一小学生接谈，彼对于打倒国际帝国主义，援助世界被压迫人类及弱小民族，无不洞悉，且深知吾国现在受英日法美等帝国主义之剥削，甚欲竭其全身精力，与资本主义宣战，为解放运动而牺牲。此种光明怀抱，实足证明苏联新教育之成功。"柯氏闻言辩解道："非难苏俄，并非谓其不当。现在苏维埃之建设，确有许多进步之处，较之资本主义国家之苦待工农，压迫弱小民族，实有天渊之别。不过我希望苏俄不仅如现在而已，还望其继续进步，才能达到美满之共产社会。"①

蒋廷黻访问列宁格勒时，科学院院士们不仅"有点穷翰林的样子"，还将被迫离开故乡，迁往莫斯科，"免不了有点不满意"；与阿理克会面之际，在蒋廷黻看来，"他很对北平表同情，我很对列宁格拉表同情"②，二人对于中俄学者均徘徊于新旧两京之间的境遇感到同病相怜。

于右任如果知道后来事态的发展，恐怕多少会后悔他对柯兹洛夫的批评为时过早，缺乏同情。苏联的东方学界曾遭受重大劫难，东方

---

① 参见石田幹之助：《三松盦読書記（二）》，载《史学雑誌》，第 45 编第 1 号（1934 年 1 月）。

② 蒋廷黻：《观列宁格拉》，见《蒋廷黻选集》第 3 册，583 页，台北，传记文学出版社，1978。"就文化上的风气看来，列宁格勒有些像中国的北平，莫斯科像上海。"见《海外二笔·列宁城琐录》，见《王礼锡诗文集》，294 页。

语言研究所的许多著名学者被免职、逮捕或流放，如西夏学和日本学研究者聂利山，该所副所长也被迫辞职。阿理克则受到点名批判，说他为反动世界观所决定，任科学院院士十年中，没有进行有学术价值的劳作；以编撰现代汉语辞书为非学术性工作而反对将其列入东方学研究计划；以不了解现代中国文学为由拒绝参加《鲁迅选集》的编辑，而在巴黎出版关于中国文学的著作时则猛烈诽谤中国现代文学，原因是他承认中国的旧学术和文学传统，对于和民族解放运动及新文学相联系的现代中国，在他看来只是污损破坏了可爱的古代世界。科学院也被要求将其著作作为玷污苏联学者体面的迫切问题予以追究。[①] 他虽然侥幸挨过清洗，但这顶帽子却一直戴到身后，直至 20 世纪 70 年代，才由其门生齐赫文斯基(S. L. Tikhvinsky)撰文呼吁平反。[②] 肃反后的苏联东方学研究，陷入异常状态，引进工厂作业法，不按科学规律办事，出产几乎全是废品。[③] 直到 20 世纪 60 年代，苏联的汉学研究才逐渐有所恢复，而昔日的辉煌则一去不复返。

第四节　新大陆的影响

这一时期，美国的汉学研究总体成就不高，但对中国的影响却不小。这不仅指留美学生在新文化运动中扮演了重要角色，甚至作为反对派阵地的《学衡》也以留美学生为骨干，影响近代中国的整个思想与文化至深至远。后来又因战争和政局的关系，羁留于大洋彼岸的中国学者众多，更重要的是美国汉学界在几个特殊领域直接影响了中国的相关研究。

---

① 参见藤枝晃：《アレケヤーエフ教授の業績》，载《東洋学報》，第 10 册第 1 分册(1939 年 5 月)。

② 参见 Gilbert Rozman ed. , *Soviet Studies of Premodern China: Assessments of Recent Scholarship*, Center for Chinese Studies, The University of Michigan, 1984, p. 166.

③ 冈田英弘訳：《ニコラス・ポッペ自叙伝抄》，载《東方学》，第 69 辑(1985 年 1 月)。

20 世纪 20 年代以前，中国只有金石古玩而无考古学，正式建立考古学机关及其早期活动，与美国关系匪浅。1923 年，美国斯密苏尼恩博物院调查古迹代表毕士博（Carl Whiting Bishop）和芝加哥博物馆东方人类学部部长劳佛相继来华考古探险，其间参观了北京大学考古学研究室。该研究室前一年已经成立，但只有从古董商人手中收购的零星材料，颇难进行考古学研究，而又无力实行探险发掘，于是组织古迹古物调查会，计划先自调查入手，待经费落实，再组织发掘团。后因同志尚少，未能积极进行。美国同行的远道而来，尤其是毕士博据说预定了七八年的发掘计划，劳佛则为考古名家①，令该会感到中国古代文明有待考古发现者颇多，"本会当此时机，更应努力进行，以期对于世界有所贡献"②，于是广泛网罗人才，以谋发展。

1922 年北京大学筹设考古学研究室时，曾有意聘请欧美学者担任这一新兴学科的教授，被咨询意见的日本京都大学滨田耕作教授认为："就在西洋，虽有许多考古学者，但多是历史家兼的，所以言论总难得中。若请西洋人教，这一点要留意。芝加哥大学教授 Saufer 先生前于东方考古素有研究，著作也忠实，若能聘请他来比请别人好。"③1924 年毕士博随同由美国汉学家组成的佛里尔艺术陈列馆（Freer Gallery of Art）学术考察团到天津，与南开大学的李济常常会面，他知道李在美国学习过人类学和考古学，遂邀请其参加该团体，合作进行田野考古。李与丁文江协商，提出须与中国学术团体合作，获得的古物须留在中国等条件。这时美国、法国、瑞典等国的考古学家纷纷到中国北方从事考古活动，而中国学者困于经费，对此有心无力。李济移席清华国学研究院后，请毕士博到校与校长及国学研究院主任吴宓晤谈。④ 双

① 岩松五良：《欧米に於けるしな学の近状》，载《史学雑誌》，第 33 编第 3 号（1922 年 3 月）。

② 《国立北京大学研究所国学门重要纪事》，载《国学季刊》，第 1 卷第 3 号（1923 年 7 月）。

③ 《张凤举先生与沈兼士先生书》，载《北京大学日刊》，第 974 号（1922 年 3 月 6 日）。

④ 参见吴学昭整理：《吴宓日记》第 3 册，25 页。

方合作，一切工作以清华大学的名义进行，由美方负担费用。是为中国现代考古学的发端。

中央研究院历史语言研究所成立后，在所长傅斯年的支持下，双方继续合作，著名的殷墟发掘，第二次、第三次也以合作方式进行。①毕士博在合作过程中也获益匪浅，他坦率地对朋友提到向其提供材料的中国人的姓名，"明确指出什么地方采纳了他们的观点，什么地方使用了他们的材料但形成了自己的看法"②。1930、1931年，美国数所大学两次组织考古团，与北平大学女子师范学院、山西省立图书馆合作，先后在山西发掘汉代汾阴后土祠故址及万泉县荆村新石器时代遗迹，收获丰富。③ 1928年李济再度赴美，曾特地到芝加哥拜访劳佛。1930年，北平图书馆还聘请劳佛为通讯员。④ 后者关于中国考古学的著述，如《中国古玉考》《汉代之陶器》，系筚路蓝缕之学，且为权舆之作。

加拿大的明义士可以算在美国汉学家的行列，1948年美国远东研究学会成立时，他被选为理事。明义士1910年以传教士身份来华，在豫北一带活动，几年后即对刚刚发端的甲骨卜辞研究抱有兴趣，长期钻研，收集了大量甲骨实物。他是以学者身份造访小屯"殷墟"的第一人。⑤ 1925年他曾到清华国学研究院拜访王国维，与丁文江、吴宓等人相识⑥；1927年至1929年在华文学校任教，其间与甲骨学名家马

---

① 参见李济：《我与中国考古工作》，见张光直、李光谟编：《李济考古学论文选集》，2页，北京，文物出版社，1990。又参见李光谟：《锄头考古学家的足迹——李济治学生涯琐记》，62～64页，北京，中国人民大学出版社，1996。

② ［日］矶野富士子整理，吴心伯译：《蒋介石的美国顾问——欧文·拉铁摩尔回忆录》，42页，上海，复旦大学出版社，1996。

③ 参见余逊、容媛：《山西万泉发掘成绩》，载《燕京学报》，第9期（1931年6月）。

④ 参见《1930年7月7日聘伯希和及劳佛任通讯员函》，见北京图书馆业务研究委员会编：《北京图书馆馆史资料汇编（1909—1949）》上册，324页，北京，书目文献出版社，1992。

⑤ 参见方辉：《明义士在华期间的文物收藏及其对中国考古学的贡献》，见宋家珩主编：《加拿大传教士在中国》，259页，北京，东方出版社，1995。

⑥ 参见吴学昭整理：《吴宓日记》第3册，29～30页。

衡、容庚、商承祚等有所交往；1931 年又在安阳结识了正在当地进行考古发掘的李济等人；同时注意中国的犹太人历史，曾到开封访问犹太人聚居地。1932 年，他被齐鲁大学国学研究所聘为教授，先后在该校国际问题研究会和国文学会演讲《巴勒斯丁之犹太人》《龟甲与商代文化》等。① 他在该校一直任职到全面抗战开始。②

20 世纪 30 年代后，社会经济史的研究逐渐兴起。北京大学的陶希圣主办《食货》半月刊，积极提倡。1935 年至 1937 年，从德国移居美国的哥伦比亚大学国际社会研究所主任魏特夫（Karl August Wittfogel）来华，在北京进行研究，并大规模地搜集资料。其主要课题有二，一是国际社会研究所资助的中国家族调查，二是太平洋问题调查会资助的中国历史研究计划。

关于前者，他首先得到北京协和医院社会事业部几位能干的中国助手的帮助，两年中对约 7000 名患者进行了调查，接着又在燕京大学和中山大学社会学系的董家遵等人的帮助下，对福州、广州附近的家族进行实地调查。在进一步的大规模问卷调查中，至少有 16 所中国的大学予以协助，包括燕京大学、清华大学、北京师范大学、东北的各大学、南开大学、金陵大学、齐鲁大学、大夏大学、光华大学、中山大学、岭南大学、武昌中华大学以及金陵、华南的两所女子文理学院。

关于后者，先由他的临时助手王毓铨召集和指导一批历史系学生，从历代官员传记中收集与科举制有关的资料。王出自陶希圣门下，当时在南开大学经济研究所经济史组读研究生。此举获得成功后，魏特夫又以充足的基金为后盾，聘请了 17 位历史学、经济学方面的专家，分期将中国正史中有关社会经济的记事文字摘录下来，并作英文注释出版，同时进行研究。成员包括赵丰田（清代）、姚家积（元代）、梁愈（宋代）、鞠清远（唐代）、武仙卿（南北朝）、连士升（近代及中外经济关系）、曾謇（三国）、吴景超（秦汉）、冯家昇（辽金）。王毓铨参与整个计

① 参见《中国文学系近讯》，载《齐大旬刊》，第 3 卷第 7 期（1932 年 11 月 1 日）；[美]明义士：《巴勒斯丁之犹太人》，载《齐大旬刊》，第 3 卷第 12 期（1932 年 12 月 21 日）。

② 参见《メンジース师の长逝》，载《東方学》，第 17 辑（1958 年 11 月）。

划的准备工作，范旭东担任监阅。

此外，陶希圣和燕京大学的邓之诚给予他的帮助最大。陶时常与之过从，帮助其收集资料，并有所讨论，还将自己熟练的助手借给魏氏。陶希圣后来说："他的见解的确定，态度的虚心，很使编者佩服。编者对于他坚持的原则虽不同意，但对他个个事件的评定，有时极感兴味与钦服。"①邓之诚则为其解释难懂的字义，并推荐训练有素的合作者。②当时任教于燕京大学的顾颉刚曾与之谈论中国古史，并几度交往。③因此魏氏在报告中特别感激中国学术界的长老新进对其所从事的崭新尝试予以的热心关怀和积极协助。中国社会经济史研究拓荒者之一的冀朝鼎，也与魏特夫有所交往，他翻译了后者发表于 1935 年的《中国经济史的基础和阶段》④，称魏氏为治该学的先进学者。该文为其在中国经济史上所贡献的理论之总叙，言短而意长，可谓其学说之精髓。

不过，对于魏特夫的为人行事及其治学方法，不少中国学者颇不以为然。后来胡适向王重民推许恒慕义主持编撰《清代名人传略》一事，即与魏特夫做一对比，说："你试看冯家昇、王毓铨两兄的领袖 Wittfogel 的待遇同事的态度，对于合作事业的态度，就可以知道'名人传记'的成绩不是偶然的。"⑤而对魏氏以外来观念驾驭取舍中国史料，中国学者往往认为失之武断，有削足适履之嫌，甚至将与之共事视为畏途。

20 世纪 30 年代起，由于哈佛燕京学社、太平洋学会的成立等机缘，来华的美国学人日渐增多⑥，其中不少人主动与中国学者交流。杨树达 1934 年在刘节做东的宴会上与顾立雅（Herrlee G. Creel）相识，谈及《史记》，顾称："西洋无此佳著。今中国人均称旧日史书不叙述社

---

① 陶希圣：《编辑的话》，载《食货》，第 5 卷第 3 期（1937 年 2 月）。

② 参见马場次郎：《ウイットフオーゲリル博士のしな研究近况》，载《歴史学研究》，第 8 卷第 4 号（1938 年 6 月）。此文为魏特夫所写研究报告的译文。

③ 参见顾潮编著：《顾颉刚年谱》，235 页。

④ 译文载《食货》，第 5 卷第 3 期（1937 年 2 月）。

⑤ 耿云志、欧阳哲生编：《胡适书信集》中册，902～903 页，北京，北京大学出版社，1996。

⑥ 参见张寄谦：《哈佛燕京学社》，载《近代史研究》，1990(5)。

会状况，欲撰新史，尽反昔日之所为，不知中国人早有此种著述，惜彼等不知耳。"杨闻而慨叹道："此语如令专捧外国诸君闻之，不知当作如何感想也。"同年他又与燕京大学研究生卜德(Derk Bodde)共饮，同坐还有冯友兰、许地山、吴宓及福开森，以后卜德将所著《左传与国语》之文寄给杨，"申证高本汉《左传》非伪书之说，颇有心思"。① 此文发表在《燕京学报》上，得力于顾颉刚甚多。顾虽然称赞卜德"来平两年，竟能以汉文作文，其勤学可知"，但学术论文毕竟不同于一般文书，来稿数月，顾先"托孙海波改，谢不敏"，容庚也说"无办法"；顾遂自己费一日之力为之，"以就稿改削不便，索性猜其意而重作之，居然可用矣"。② 第一次世界大战后美国的中国研究能够后来居上，超越欧洲正统，除了本身条件使然，中国方面的影响也至关重要，而来华学人得到中国同行的帮助，显然是其中的重要因素。

---

① 杨树达：《积微翁回忆录 积微居诗文钞》，87、91、92 页。

② 1934 年 10 月 14 日顾氏日记，见顾潮编著：《顾颉刚年谱》，224～225 页。

第三章 沟通欧洲汉学的先进
——陈季同述论

  时势造英雄，也造历史。一些历史人物，在世时经历各种重大事件，始终处身时代旋涡中心，虽非显要，却是良好的见证者；但因为不是主角，忠奸两面都轮不上，身后因时势变化，其名愈加隐而不显，其事甚至湮没无闻。陈季同便是此类人物中较为典型的一位。其有生之年不过五十有四，可是从洋务运动兴起，到革命思潮发源，三十年间每一大事出，几乎都适逢其会，或任重要配角。此外，在近代中国与欧洲汉学界的交往史上，他是继王韬之后的又一阶段性代表人物，而且还是近代中国最早熟悉欧洲文学，并以外国文字输出中国文化的有数之人。有人曾感叹，近代福建译才辈出，人们只知道输入泰西文明的严复和林纾，而很少提及输出本国文化的辜鸿铭和陈季同，这实在是个缺憾。[1] 关于王韬，历来海内外研究成果甚多，与欧洲汉学家的交游被浓墨重彩写出，近年来辜鸿铭研究也大为深入，而对于陈季同，因缺乏资料，中外学者迄今只有片段的论及。[2] 有关辞典也大多

---

  [1] 参见沈来秋：《略谈辜鸿铭》，见中国人民政治协商会议福建省委员会文史资料编辑室编：《福建文史资料》第 5 辑，108～109、112 页，福州，福建人民出版社，1981。

  [2] 涉及陈季同的论著，主要有 H. J. Lamley, "The 1895 Taiwan Republic", *The Journal of Asian Studies*, vol. 27, no. 4 (Aug., 1968)；陈彪：《洋务运动与维新运动的交合点——台湾民主国》，载《社会科学战线》，1986(2)；［法］玛丽昂娜·巴斯蒂著，张富强、赵军译：《清末赴欧的留学生们——福州船政局引进近代技术的前前后后》(下文简称《清末赴欧的留学生们》)，见中南地区辛亥革命史研究会、武昌辛亥革命研究中心编：《辛亥革命史丛刊》第 8 辑，189～202 页，北京，中华书局，1991。桑兵：《甲午战后台湾内渡官绅与庚子勤王运动》，载《历史研究》，1995(6)。

不收，收录者又错误惊人。① 关于陈季同的生平略历，仅有的几篇论文中的有关内容也主要依据沈瑜庆、陈衍主编的《福建通志》中由沈瑜庆撰写的《陈季同事略》。② 沈、陈二人均为陈季同旧识，不过所写传略有待补正诠释之处甚多。在收集整理史料和考证史实的基础上重建陈季同的形象，揭示并分析其生平活动及与各方面的关系，不仅能够丰满历史认识，从而检查历史视野和观念的局限与偏差之处，也可见文化交流先驱者孑然独行的心路历程。

第一节　"留学"与随使

陈季同，字敬如，福建侯官人，家世不显，"少孤露，读书目数行下"。1867 年 2 月，福州船政局创办附设学堂，即求是堂艺局，陈是首批进入制造学堂即船政前学堂的学生。在校期间，他主要学习法国语言文字和一般西学课程，"历经甄别，皆冠其曹"，1873 年毕业，"拔充办公所翻译。时举人王葆辰为所中文案，一日论《汉书》某事，忘其文，季同曰出某传，能背诵之"③，可见于中西学都奠定了较好的基础。两年后，当他和几位同学出现在"科学文艺之渊薮"的巴黎，站在"世界文明之导师"的法国人面前时，"他们的知识，特别是数学知识，使遇见他们的外国官员都感到大吃一惊"。④

陈季同载入史册，是由清末首批派学生赴欧洲留学开始的。但此事中外史家颇有误会之处。1872 年中国派遣留美幼童时，主持福州船政局的斯莱塞格（Louis Dunoyer de Segonzac）提出应照例派人留学法

① 人物辞典虽不是专题研究的依据，但像陈季同词条那样几乎无一句不误者，毕竟少见。

② 参见沈瑜庆、陈衍主编：《福建通志》卷三十四《列传·清八》，75～78 页，1938 年刻本。《陈季同事略》的作者前人多写陈衍，实由沈瑜庆主撰。沈清末曾任贵州巡抚，后为经学会会长；1916 年福建通志局设立，出任正总纂。

③ 沈瑜庆、陈衍主编：《福建通志》卷三十四《列传·清八》，75 页。

④ ［法］玛丽昂娜·巴斯蒂著，张富强、赵军译：《清末赴欧的留学生们》，见《辛亥革命史丛刊》第 8 辑，193 页；《通信》，载《新青年》，第 2 卷第 3 号（1916 年 11 月）。

国。尽管 1867 年法国外交大臣曾致函驻华公使，指示鼓励中国派留学生，这时却对斯氏的建议不感兴趣。1873 年，福州船政大臣沈葆桢奏请派遣学生赴法国留学，计划派 40 到 50 人。清廷饬李鸿章议复，迟迟未决。不久发生日本侵略台湾事件，沈葆桢赴台筹划防卫，该计划搁置。1875 年 3 月，因福州船政局前船政监督日意格（Prosper Giquel）归国，沈葆桢"于前学堂内派出魏瀚、陈兆翱、陈季同等三人，后学堂内派出刘步蟾、林泰曾等二人，随同日意格前往游历英吉利、法兰西等处，俟机船铁胁新机采购既便，仍随日意格同归"①。

据此，陈季同一行 5 人赴欧，目的并非留学，而是游历。二者的身份使命在清末截然两分，一为学生学习，一为官绅考察，不宜混淆。他们于 3 月 17 日从福州启程，5 月初抵达法国的马赛，即分别前往英、法两国参观考察，直到 1876 年年初，魏瀚、陈兆翱才入土伦市郊的船厂学习制造，刘步蟾、林泰曾则进英国的海军学校。这也说明他们此行本来不是留学。而既不学制造也未学驾驶的陈季同，更负有特殊使命。"癸酉朝议拟派使驻西洋各国，然不知崖略，须先遣人往探，令船政大臣沈葆桢举其人。众皆惮风涛，季同独请行，遂保以都司，偕洋员日尔格游历英法德奥四国，与彼都人士周旋晋接，悉合窾窍。"②赴法前，陈季同曾随沈葆桢到台湾筹防，参与机要，早已不是一介书生。其余 4 人也均已毕业。1876 年 4 月 23 日，结束考察的陈季同和刘步蟾、林泰曾随日意格离法归国，6 月初抵福州。③ 以一般留学生而论，这样乍入还出未免反常。清廷有关文件对 5 人身份含糊其辞，或有意

---

① 光绪元年三月十三日（1875 年 4 月 18 日）沈葆桢等奏，见朱有瓛主编：《中国近代学制史料》第 1 辑上册，396 页，上海，华东师范大学出版社，1983。

② 沈瑜庆、陈衍主编：《福建通志》卷三十四《列传·清八》，75～76 页。陈季同著有《西行日记》四卷记其事。

③ 有关此行发端及过程详情，参见前引玛丽昂娜·巴斯蒂所写《清末赴欧的留学生们》一文。唯此文认为这是中国首次派学生留欧，仅派 5 人，是由于原计划预算减少，似误。

掩饰其实际使命。后人失察，径呼为学生，以讹传讹，曲解至今。①

　　1876 年 10 月，陈季同随日意格、李凤苞等人到北京会见即将出任英国公使的郭嵩焘，此行当为向清廷报告欧洲考察详情。② 在此期间，沈葆桢、丁日昌、李鸿章等人商议协调此前由沈提出的派人赴欧留学计划，达成一致，遂由沈葆桢、李鸿章出面，奏派洋监督日意格带同随员马建忠、文案陈季同、翻译罗丰禄以及制造生 14 人、驾驶生 12 人、艺徒 4 人赴欧。他们于 1877 年 3 月 30 日乘福州船政局的济安轮船从福州启程，4 月 8 日在香港换乘法国邮轮，抵马赛时受到省长和市政府的欢迎，接着转往伦敦，7 月初抵达巴黎。③ 此行陈季同本来也不是去留学，但为了"学习交涉切用之律"，他和马建忠进入巴黎政治学校（Ecole des Sciences Politiques），"专习交涉律例等事"④，所习功课包括交涉、公法、律例、格致、政治、文词等⑤。此外，因李鸿章要求

---

　　① 池仲祜《海军大事记》谓："是年（1875 年）冬，沈葆桢以日意格回国之便，派学生刘步蟾、林泰曾、魏瀚、陈兆翱、陈季同随赴英法游历，并订办七百五十匹铁胁船一艘……命名威远。"见中国史学会主编：《中国近代史资料丛刊·洋务运动》第 8 册，482 页，上海，上海人民出版社，1961。

　　② 参见郭嵩焘：《伦敦与巴黎日记》（"走向世界丛书"），19～20 页，长沙，岳麓书社，1984。

　　③ 参见［法］玛丽昂娜·巴斯蒂著，张富强、赵军译：《清末赴欧的留学生们》，见《辛亥革命史丛刊》第 8 辑，189～202 页；中国史学会主编：《中国近代史资料丛刊·洋务运动》第 8 册，482～483 页；光绪三年三月十九日（1877 年 5 月 2 日）督办福建船政吴赞诚片，见中国史学会主编：《中国近代史资料丛刊·洋务运动》第 5 册，199 页。

　　④ 郭嵩焘：《伦敦与巴黎日记》，510～512 页；光绪四年二月十六日（1878 年 3 月 19 日）督办福建船政吴赞诚片，见中国史学会主编：《中国近代史资料丛刊·洋务运动》第 5 册，206～207 页。关于巴黎政治学校，玛丽昂娜·巴斯蒂文称系私立，郭嵩焘日记所录李鸿章函则说是官学。李培德《曾孟朴的文学旅程》（"传记文学丛书"之七，台北，传记文学出版社，1977）推测为自由政治学院（L'École Libre des Sciences Politiques）或巴黎大学的法学院。翻译罗丰禄也进泾士书院兼习化学、政治。参见光绪六年十二月十八日（1880 年 1 月 17 日）直隶总督李鸿章等奏，见中国史学会主编：《中国近代史资料丛刊·洋务运动》第 5 册，254 页。

　　⑤ 参见马建忠：《适可斋记言记行》卷二，见沈云龙主编：《近代中国史料丛刊》第 16 辑，75～76 页，台北，文海出版社影印。另参见陈三井：《略论马建忠的外交思想》，载《"中央研究院"近代史研究所集刊》，第 3 期下册（1972 年 12 月）。

其兼习英语，陈季同还"兼习英、德、罗马、腊丁各种文字"①。

除了学习，身为文案的陈季同须协助出洋肄业局监督李凤苞督率照管留学生，以后又和马建忠、罗丰禄一起，被郭嵩焘咨派为帮办翻译，负责拟订翻译往来的外交文书，随同公使出席各种公私社交场合，担任口译以及在兼署或新旧公使到、离任时迎来送往等。在巴黎的一年多时间里，他先后出席了递交国书、到法国外交部呈送总理衙门照会、观看及以武官身份和各国驻法武官一起佩刀骑马参加规模盛大的阅兵式以及参观万国奇珍会、兵器博物馆、天文馆、矿务学堂等活动，并陪同郭嵩焘经比利时前往德国参观克虏伯兵工厂，几度目睹了民主国家"伯理玺天德"的风采，也领略了"西洋精进日新而未有已也"②的进取精神，眼界大为开阔，脑筋日益灵活。

与此同时，陈季同的学业也有长足进步，"尤精熟于法国政治并拿布仑律，虽其国之律师学士号称老宿者莫能难"③。由于时间较短，他没有像马建忠那样获得学位，但熟练的法语和丰富的西学知识，使其同样与法国社会建立了一些实质性的关系。通过业师弗里和得干尼，他认识了化学教授得那阿，并由其开示法国在文理工矿及海陆军各领域的 11 位著名学者的名单，以便于郭嵩焘交游。他本人也因此与法国学术界建立起联系，这为他后来与巴黎上流社会，尤其是外交界和文艺界的交往开辟了通道。同时他还在公私两方面交往中，和清朝驻欧使馆人员及留学圈接触，既了解他人，又展现才能。不久，郭嵩焘命属下互相举荐，陈季同以罗丰禄、严复等人为储用之才，而严复所举的 9 人中，陈季同也榜上有名。④

1878 年，清政府加派曾纪泽为驻法公使，原出洋肄业局监督李凤苞升任驻德公使，接替刘锡鸿，仍兼本职。李与郭嵩焘商定，咨调兼办英法翻译罗丰禄和陈季同随同赴德。郭对二人的评价是，"罗则静

① 沈瑜庆、陈衍主编：《福建通志》卷三十四《列传·清八》，76 页。

② 郭嵩焘：《伦敦与巴黎日记》，567 页；黎庶昌：《西洋杂志》（"走向世界丛书"），见钟叔河主编：《漫游随录 环游地球新录 西洋杂志 欧游杂录》，433、479 页，长沙，岳麓书社，1985。

③ 沈瑜庆、陈衍主编：《福建通志》卷三十四《列传·清八》，76 页。

④ 参见郭嵩焘：《伦敦与巴黎日记》，846～847、853 页。

默，可以讨论学问。陈则活泼，可以泛应世务，再能历练官常，中外贯通，可胜大任矣"①，可见通过一年多的接触观察，这位清朝首任驻外使节对陈季同的印象颇佳。可惜清廷不能用人，与郭嵩焘的看法相反，后来罗丰禄倒是官运亨通，而陈季同却几经挫折，仕途困顿，与郭嵩焘自己的境遇不无相似。陈季同在巴黎为即将到任的曾纪泽物色新设的公使馆用屋后，又与日意格等人赴伦敦，与李凤苞商议肄业生徒及支发经费等事，并陪同李凤苞拜会德、法两国大使。11 月，他和李凤苞一起前往德国赴任。

当时欧洲大陆的上流社会流行以法语为社交语言，而驻德使馆的翻译又较驻英使馆减少，加上清制公使馆无专职武官，遂由陈季同兼任，所负职责无形中增加，凡与德国皇室、政府、外交部及各国公使来往公务，或阅兵、参观、应酬等事，均需其参与。由于李凤苞兼任意、荷、奥三国的公使，1881 年陈季同还陪同其前往维也纳和阿姆斯特丹，晋见奥地利、荷兰国王，并参观两国的考古和博物院，以及艺学、矿学、艺术院校等。② 此外，依照事先约定，陈季同仍兼办在法国的肄业文案译事，只是在洋监督有临时须译急件时，就近令马建忠代理，因此，当留法学生刘某病重时，陈季同仍奉命驰往察看。其公务虽然不免繁重，却得以经常来往于德法之间，保持与法国各界的联系。他久住德国，而与法国社会文化的关系最深，不仅因为通法语，还由于个人社交也以法国为重心。

到德国两个月后，李凤苞令陈季同加入了柏林著名的葛西努俱乐部，此举大大便利了陈的社交，使其这方面的才能充分施展。该俱乐部为各国驻德外交人员和德国官绅"会讲学业访问时事之地"，由德皇任主席，下设总管、副管、提调、帮办等专职，会员分三等，头等为"殷实官绅有恒产在柏林者及使署人员驻防武员"，具有选举表决权和引荐新会员的权利，二、三等会员则只能参与日常活动。除了定例聚

　　① 李凤苞：《使德日记》，见沈云龙主编：《近代中国史料丛刊》第 16 辑，48 页。

　　② 《节录德国水操法前赴和国谒君致词并顺道阅和比两国塘工炮台武库情形》《谨节录赴奥晋接情形并见奥君致词答词呈备钧核》，均见《驻德使馆档案钞》（美国国会图书馆藏写本），389～409 页，台北，台湾学生书局，1966 年影印。

餐会，每年 2 月下旬还召开大会，决议修改章程及购置器具等事。李凤苞认为："欧洲都会，每有官商会馆，所以聚会友朋，通达时事，法至善也。柏林之葛西努选择甚精，规条尤善，冠盖相望，道谊相资，岂饮食征逐者可同日语哉。"①其令陈季同参与的本意不过是便于交际周旋②，至多因郭嵩焘所言，欲发挥陈季同的特长，令其有所历练。陈由于善于结交，后来反而成为清廷了解欧洲政情军机和商况民意的重要媒介。中法战争前军情紧迫急需情报之际，因陈季同归国未返，李凤苞竟声明："季同未到，似无可探。"③长期在外交事务方面扮演要角的李鸿章，不少事需要依靠或通过陈季同。不久，陈季同又在报纸主笔爱字尔的宴会上结识了二十几位大学教授、报刊主笔和著名画家。④

出身船政学堂的陈季同还具有军工、舰船、兵器的知识，驻法、德期间，又几度陪同郭嵩焘、李凤苞、徐建寅等人参观考察法、德、奥、荷、比等国的军火库、军事院校、兵工厂、水雷厂、铜厂、兵器博物馆，以及炮台等设施，收集建筑图纸，并以武官身份参与或观看了法、德、奥等国的水陆军事演习，目睹各类"制造精良，洵甲天下"⑤的舰船、兵器的制作过程和使用效果，见多识广，逐渐成为内行专家，清政府"凡购船舰炮械，亦皆由季同折验而后运归"⑥。

由于陈季同在各方面的出色表现，1881 年年初李凤苞提出，以其"办理文案翻译，襄助华洋监督，移调生徒，料简妥协，及偕同前赴各厂考求机器制造采炼，并查察功课，兼习律例公法、化学、政治等事，

---

① 李凤苞：《使德日记》，见沈云龙主编：《近代中国史料丛刊》第 16 辑，149～150 页。

② 郭嵩焘认为李凤苞"专意周旋"，人品不及黎庶昌。参见郭嵩焘：《伦敦与巴黎日记》，791 页。

③ 李凤苞：《驻德李使来电》[光绪九年五月十七日（1883 年 6 月 21 日）]，见顾廷龙、叶亚廉主编：《李鸿章全集》第 1 辑，40 页，上海，上海人民出版社，1985。

④ 参见李凤苞：《使德日记》，见沈云龙主编：《近代中国史料丛刊》第 16 辑，154 页。

⑤ 徐建寅：《欧游杂录》（"走向世界丛书"），见钟叔河主编：《漫游随录 环游地球新录 西洋杂志 欧游杂录》，659 页，长沙，岳麓书社，1985。

⑥ 沈瑜庆、陈衍主编：《福建通志》卷三十四《列传·清八》，76 页。

均能始终勤奋，办理有成"，和罗丰禄等人一起，经李鸿章等人照案奏奖，留闽补用都司，"免补本班，以游击仍留原省补用，并赏加副将衔"。① 是年 9 月，已是二等翻译官的陈季同到德国任满三年，照章应奏请奖励，李凤苞以其"考求武备，随阅操演，并办理翻译事务，均能博访周咨，精勤奋勉，实属异常出力，特拟请免补本班，以参将仍留原省尽先补用，并戴花翎，以示鼓励"②，奉旨照准。

第二节　折冲樽俎

1882 年 10 月 5 日，陈季同告假半年，回闽修墓，其间被北洋大臣李鸿章召往天津，"蒙询外洋情形并派带工匠四人赴德学习"，后又回闽携取行李，赴粤谒见督宪，共逾期四个月零三天。依定制，出使各国馆内随员在差年久，可准假六个月不扣资俸。陈季同虽然超期，但系为"北洋大臣传讯各情，尚与寻常耽延逾限不同"，申请免扣资俸，总理衙门将其作为个案批准，"嗣后不得援引为例"。③

然而，此事并非如此简单，其中大有隐情。陈季同回国期间，中法两国因越南问题大启争端。此前法国趁清廷无暇兼顾之机，迫使越南国王订立条约，取其六省，并有派兵保护之条。中国方面虽未明确表态反对，却始终不以为然。后来法国政府听信商人之言，"知东京附近矿产甚富，红江通商可得厚资，遂有并吞越南之意"，借口官员被杀，欲以复仇践约和保护镇守为名，出兵越南。中国以越南为其属国，事关政体和管属权，不能坐视，准备派兵助越抗法，并与法方严正交涉。法方指中国的管属权有名无实，不予承认，双方经几轮对抗后，外交谈判陷入僵局。1883 年 4 月陈季同北上见李鸿章之时，恰是"越南之事正在议论未定"之际。同年 7 月 16 日至 31 日，陈季同返回德国时途经巴黎，频繁会见法国朝野人士，陈述中方立场，探查法方态度，

---

① 李鸿章：《出洋肄业在事各员奏奖折》[光绪七年正月十九日(1881 年 2 月 17 日)]，见吴汝纶编：《李文忠公奏稿》卷四十，1～3 页，光绪三十四年(1908)刻本。《陈季同事略》称其 1874 年由欧洲归国，即升参将并加副将衔，误。

② 《奏陈季同赏戴花翎报署咨文》，见《驻德使馆档案钞》，177～179 页。

③ 《署咨陈季同逾限四个月》，见《驻德使馆档案钞》，523～524 页。

并将与各方会谈之详情逐日记载，写成《巴黎半月密记》，寄呈李鸿章；后者又抄送总理衙门，作为决策的重要参考。①

尽管陈季同在与法国总理茹费理(Jules Ferry)会谈时声明自己并非代表中国政府，实际上其行动显然出于李鸿章的授意。因为当时驻法国公使曾纪泽主张备战望和，从越事开始就坚持中国对越南的管属权，不承认法越之间避开中国订立的条约，与法国外交部处于紧张对立状态。② 而在上海，李鸿章又严拒一贯爱惹是生非、跋扈嚣张的法国新任驻华公使脱利古(Arthur Tricou)。结果在这两个主要外交谈判场所，中法双方均针锋相对。而清廷的基本方针是主和避战。法国则因为内外矛盾重重，利益考虑不一，态度反复暧昧。陈季同的巴黎之行，正是为了查探法国的确切方针，找到打破僵局的缺口和沟通联系的渠道，促使两国重新回到谈判桌前。

不料，陈季同此举刚好让内外交困的法国政府察觉到中方内部的裂痕，后者迅速采取行动，利用中方的分歧，从中取利。本来在中方的强硬态度和美国的调停下，法国已经开始松动，其外长主动复函曾纪泽，并约谈两次，"词色较和"。正当曾以为"议事略有转机"时，法国从陈季同的来访会谈中了解到清廷的求和意向，再度改变态度，试图避开"办事过刚"的曾纪泽，转而通过其驻德国的公使与李凤苞接触，欲将谈判地点移到柏林。

----

① 参见陈季同：《巴黎半月密记》，见张振鹍主编：《中法战争》("中国近代史资料丛刊续编")第 1 册，541～561 页，北京，中华书局，1996。

② 法国内阁大臣莫拉说："曾侯于前二年越事起议时，连次咨文称：'越南为中国属国，法欲立约动兵，必须先告中国。'词强语厉，未得通使之旨。故外部虽屡换，皆亦厉词答之，不认越南为中国属邦，其失和实始于此。近曾侯不能与外部商议，听英人言，将所有来往咨文和盘托出，刊于英报，故外部在议院宣辞时，暗诋其非。当沙外部履任时，函告驻法各使接见日期，各使均来拜谒；曾侯彼时固在伦敦，始终不一来。故外部请备使宴，曾侯无与。"(陈季同：《巴黎半月密记》，见张振鹍主编：《中法战争》第 1 册，552 页)曾纪泽也说："法廷之恶纪泽久矣。文牍则经年不复，而谈则纯用粉饰，议事则迄用无成，纪泽已不胜愤懑。本年夏间，沙梅拉库直向议院痛诋纪泽；宴各国公使，独无请帖到中国使署。"(曾纪泽为陈季同与法相会谈事致总署函，见张振鹍主编：《中法战争》第 1 册，612～613 页)

法国显然将陈季同所在的清廷驻德国公使馆视为可以代表"最明白政务，谅不至于决裂"的李鸿章一线。其实，曾、李之间的根本立场并无二致，曾纪泽虽然主张备战，"特谓吾华必实筹战备，乃可望和"，"非谓卤莽灭裂，使衅自我开也"，但他"深知吾华练兵制器虽已日有进境，然头绪太多，章法不一，散阅大有可观，合全局而运用之，犹未能操必胜之券"，因此"不敢侥幸生事，存孤注一掷之心"。[①] 此前他曾奏请简派重臣专办越事，以利于谈判，未获批准。当法方态度软化时，他又拟订四条办法，以备重开谈判，"一系法国与越南改约，须有中国钦使在场会商，或定约之后送与中国酌夺；二、除法国已有六省之外，不能再占越地；三、红江口之得尔他，法国不能作为己有，只能如上海作为租界；四、红江通商，须各国均沾利益"[②]，与李鸿章的主张大同小异。

陈季同尚在巴黎时，当地报纸即报道了他与法国首相、外相会谈的消息，认为以其身份"谈论公事，于礼不合，且讥中国国家举动出于常例之外"。曾纪泽闻讯，"不胜骇然"，于陈季同来使馆辞行时略加询问。陈的行动本系秘密使命，他又深知有越俎代庖之嫌，"恐触其怒"，只承认与茹费理在茶会相遇，否认见过外相，并允诺登报声明。因其后来所写辩词"但云未奉中朝谕旨，与法廷议论公务而已"，法国报纸还刊出的同时声明得有确据，曾纪泽再度召陈季同来使馆诘问。陈仍坚持未见外相，只是曾与外交部总办同席。在曾纪泽的再三追问下，陈"又称夙与相识，渠若往见，本可无须先来使署禀明"。曾回应道："谒之于私宅则可，谒之于外部则不可；为朋友寒暄之语则可，自谈公务则不可。"[③]

---

① 曾纪泽为陈季同与法相会谈事致总署函，见张振鹍主编：《中法战争》第 1 册，613～614 页。

② 陈季同：《巴黎半月密记》，见张振鹍主编：《中法战争》第 1 册，561 页。后来曾纪泽也主张乘胜议和。

③ 曾纪泽为陈季同与法相会谈事致总署函，见张振鹍主编：《中法战争》第 1 册，612～613 页。陈季同：《巴黎半月密记》，见张振鹍主编：《中法战争》第 1 册，560～561 页。关于陈季同与曾纪泽的交涉，《巴黎半月密记》似有隐自。据曾纪泽《出使英法俄国日记》可知，此次陈季同到巴黎，二人共会见三次，第一次为 7 月 16 日刚到时，为例行礼节，后两次为 7 月 28 日和 30 日，久谈，时间与《巴黎半月密记》所载相印证。但陈称允诺登报声明在最后一次见面时，为此还暂缓归期，则应有另一次会见。二者对问答内容的记载也有所不同。

陈季同返回德国不久，曾纪泽就收到李凤苞来函，知"驻德之法使郭式尔述其外部之命，言外部与中国公使意气不合，愿就商于柏林"，洞悉法国外相态度骤变的原因，决定以强硬对策"与彼部争论，成败利钝，非所敢计也"。① 双方僵持到 1884 年 5 月，清廷见战祸迫在眉睫，将曾纪泽调往伦敦，派许景澄接任，未到任前由李凤苞署理。在李鸿章的授意下，擢升陈季同为驻法国使馆参赞，先期派往巴黎，一面协同李凤苞与法国外交部反复交涉，一面刺探舆论军情。②

1884 年 8 月 23 日，李凤苞因法国舰队突袭福建水师，中法处于战争状态，撤离法国，陈季同仍留在巴黎探听有关情报③，并负责与

---

① 曾纪泽为陈季同与法相会谈事致总署函，见张振鹍主编：《中法战争》第 1 册，613～614 页。李凤苞在向总理衙门抄送的"与法使问答节略"中记："郭曰：前接法外部来函云，有贵使馆随员陈季同过巴黎，曾与晤谈，外部甚喜，且喜尚能与中国人晤谈，因此想及贵使为欧洲所见重，或肯商议此事，是中法交情可将断而复续也。"（张振鹍主编：《中法战争》第 1 册，527 页）玛丽昂娜·巴斯蒂《清末赴欧的留学生们》称："自 1882 年起陈季同奉职于中国驻巴黎公使馆，由于他通过许多法国朋友而进行大量的社交活动，异常灵活地协助了驻法公使曾纪泽在唤起法国舆论反对茹·费里（Jules Ferry）'东京政策'的外交活动中所作的努力。"（《辛亥革命史丛刊》第 8 辑，195 页）实际情况当有如上述。

② 参见《署使法大臣李凤苞向总署抄送与茹费理会谈赔款撤军节略》[光绪十年七月十五日（1884 年 9 月 4 日）]、《署使法大臣李凤苞向总署抄送与法外长问答节略等》[光绪十年八月初八日（1884 年 9 月 26 日）]，见张振鹍主编：《中法战争》第 2 册，196～217、276～293 页，北京，中华书局，1995。又参见李鸿章：《寄驻德李使》[光绪十年四月初六日（1884 年 4 月 30 日）]、《寄李使》[光绪十年闰五月十二日（1884 年 7 月 4 日）]，见顾廷龙、叶亚廉主编：《李鸿章全集》第 1 辑，124、154 页；《出使法国大臣李凤苞来电》[光绪十年闰五月十三日（1884 年 7 月 5 日）]，见中国史学会主编：《中法战争》（"中国近代史资料丛刊"）第 5 册，403 页，上海，上海人民出版社，1957。《陈季同事略》称："甲申中法之役将启衅，饬季同由德之法，与议分越南地，以红河为界。事将成，曾袭侯纪泽闻而争焉，遂启战，并红河北岸数百里之地亦不可得。"见《福建通志》卷三十四《列传·清八》，76 页。其实订约之事主要在天津，由李鸿章主持。

③ 参见《李凤苞向总署函告撤离巴黎日期》[光绪十年八月二十九日（1884 年 10 月 17 日）]，见张振鹍主编：《中法战争》第 2 册，356 页。又参见李鸿章：《寄柏林李使》[光绪十年七月初四日（1884 年 8 月 24 日）]、《寄巴黎参赞陈季同》[光绪十年七月初六日（1884 年 8 月 26 日）]、《寄译署》[光绪十一年正月十七日（1885 年 3 月 3 日）]，见顾廷龙、叶亚廉主编：《李鸿章全集》第 1 辑，250、256、438 页。

法国政府继续交涉。当时中法争执的焦点在于谅山事件咎在何方，究竟是中国因内部意见不一、不满《天津条约》而有意撕毁，还是法国急于抢占越南全境。先此法国外交部每以议院主政为词，强行狡辩，陈季同在与法国外交部交涉的同时，通过个人关系，将有关情况通报议员，以防其两面欺瞒，尤其是与驻德国使馆里应外合，揭露福禄诺（Captain Fourier）捏造续约，从而令法国特使理屈词穷。①

近代国际关系盛行以力制胜，即所谓弱国无外交。如果说中外纠纷早期还有文化差异的因素，即条约体制与天朝体制的纠葛所引发的误会，那么，自认为是礼仪之邦的中国从自觉进入国际社会之始，就注意培养陈季同这样熟悉国际法的外交人才，竭力按照国际法则办事，却仍然招招失利，主要就是遵循了公理的一面，而缺乏强权的支撑。这在晚清外交事务中扮演重要角色的李鸿章身上表现得尤其明显。他的幕下有一批类似陈季同的通晓国际政治的外交和法律专家，熟悉外国的社会政情，掌握利害得失的尺度，因而往往能够利用矛盾，熟练使用谈判技巧，令对手大感头痛。但近代中国的利权流失，主要又经他之手。究其原因，则在于对手依据公理的技法或不如他，依靠强权的实力却远过之。所以，一旦对方超越公法的范围行事，他便一筹莫展。

近代对外关系中，清政府内部每每分为战和两派，主战者虽败犹荣，主和者虽验却辱。其实，战不过是手段，和才是目的。只是面对强权，战必败，苟安亦非真正和平。中法战争前后的对外交涉，本来中国有一定的平衡实力。陈季同在法国会见朝野人士时，强调"公法为先，利益为次"，一方面声明中国所为，乃"本分之事，万国公法确不可易之条"，另一方面则指出："一旦开兵，中国与法国主客劳逸之势不同，殊未知鹿死谁手，君以为法国能操必胜之权，未免大言欺人也。"②由此可见外交活动尚有一定的空间。后来事态的发展，也证实了他的判断。茹费理内阁的下台，主要由于陆战失败，陈季同的外交努力，也是促成的因素之一。而中国在积弱不振的总形势下能以乘胜议和之策实现保全台

① 参见张振鹍主编：《中法战争》第 2 册，345、347 页。
② 陈季同：《巴黎半月密记》，见张振鹍主编：《中法战争》第 1 册，541～542 页。

湾的目的，结果可谓差强人意。① 因为从根本而言，清政府不具备最终取胜的决心和能力。在此情形下，陈季同能够施展外交才干的空间有限，折冲樽俎也就很难得心应手，只好审时度势，乘胜即收了。

第三节　私债风波

中法战争结束，1885 年 7 月 23 日，新任驻法、德兼意、荷、奥公使许景澄抵达巴黎，完成外交礼节后，即返回柏林，法国使馆由陈季同和庆常照料一切。② 其间陈季同按例得赏加总兵衔。本来依出使三年得一过班保举的定制，应再加提督衔，"已奉旨依议，忽兵部有书索巨金，弗与，遂创非战功不得保总兵提督例，仍为副将"③。

五年后，薛福成出任驻英、法、意、比等国公使，常驻伦敦，法国使馆实际上仍由二等参赞陈季同负责。他长期驻外，又独当一面，与各国君王公卿、将相名士往还交游，不禁有些自以为是。其生性本来不拘小节，"官职虽是武夫，性情却完全文士，恃才傲物，落拓不羁"④。一次他陪徐建寅入宫觐见德皇和皇后，有通行证两枚，使署八人前往，分乘双马车两辆。陈欲另自一车，称不必通行证亦可入宫，临行前又派人将徐建寅车的通行证取走，致使徐到宫门不得入。徐建寅解释再三，"待至一刻久，始得入宫，大难为情"，在日记中愤愤然道："此事陈季同初以无票可入误人，继则夺人之票以自用，无礼

---

① 参见季云飞：《中法战争期间清政府的抗法保台策略》，载《历史研究》，1995(6)。

② 参见《使法大臣许景澄致总署函报巴黎之行情形并抄呈与宝海会谈节略》[光绪十一年八月十六日(1885 年 9 月 24 日)]，见张振鹍主编：《中法战争》第 2 册，752 页。许于是年初到德国，曾由陈季同陪同前往王宫递国书，参见致总理衙门总办函[光绪十年(1884)十二月]，见《许竹篔先生出使函稿》卷一，3 页，出版信息不详。

③ 沈瑜庆、陈衍主编：《福建通志》卷三十四《列传·清八》，76 页。据薛福成《出使英法义比四国日记》可知，陈季同为总兵衔、福建补用副将。

④ 曾朴：《孽海花》，429 页，北京，华夏出版社，1995。

甚矣。"①

　　这种率性在无人约束之下进一步膨胀，加以与欧洲上流社会交往极多，颇受影响，不免想入非非。他"默计当时各省所借外债，为数甚巨，息约六七厘八九厘不等，若合借一家，年可减息银数百万金。条陈于李鸿章，鸿章韪其说。适醇亲王奕譞当国，鸿章以此告之，拟移此款创卢汉铁路，令季同成其议。往返奥比，与其富商订明息四厘，每百实收九八五。盖西人借款，两家中润五分均分，若脂膏不润，则国家收数较多"②。

　　此项借款对象为奥地利商人伦道呵，共拟借库平银 3000 万两，分三次交清，每年四厘半息，收银之日起息，每年还本利 200 万两，二十二年半本利俱清。据李鸿章计算，若"自分年交银至还清本利，共十六年，每年筹付二百五十万"，已经"有盈无绌"。③ 此举如果成功，在中国近代外债史上倒是一个特例。因利息较低，作为报酬，允许伦道呵为中国代办购置各国物料之事，但须同质同式同价，不得把持渔利。从 1890 年 4 月开始协议，双方就合同细节反复讨论，其间伦道呵又提出一些附加条件，如"以后借债、购件、雇洋人、造工、在洋设公司，俱由伦代办，其价贷与他人同。并准伦父子在洋设公司专为中国办事"等，被李鸿章驳回；加以英法商人及政府闻讯，纷纷扬言"中国准伊等借金，以掣伦金，以掣伦肘"，甚至说"银款做不到由中人谎骗"，令中方疑窦丛生④，因此合同迟迟未能签订兑现。直到次年年初，草约拟定，恰逢醇亲王死去，无人主事，廷议暂作罢论。

　　正当借款悬而未决之际，发生了陈季同私债决裂之事。1890 年 12月 7 日薛福成电告李鸿章，"敬如逌欠累累，法银行催索罔应，势将决裂，恐伤中国体面。成（诚）无力代偿，亦防人效尤，更难从井救人。理应参撤究追为妥，但恐碍洋债"，请李"代还四千五百英镑，保敬声，即

---

　　① 　徐建寅：《欧游杂录》，见钟叔河主编：《漫游随录 环游地球新录 西洋杂志 欧游杂录》，756 页。

　　② 　沈瑜庆、陈衍主编：《福建通志》卷三十四《列传·清八》，76 页。

　　③ 　李鸿章：《寄巴黎陈参赞》［光绪十六年四月初三日（1890 年 5 月 21 日）］，见顾廷龙、叶亚廉主编：《李鸿章全集》第 2 辑，243 页。原书录此电稿时题为《寄巴黎参赞陈》，本书引用时据其他版本校改。

　　④ 　顾廷龙、叶亚廉主编：《李鸿章全集》第 2 辑，285、291、313 页。

可免洋债掣肘";并称"敬尚有他欠,未来讨,姑缓问"。李复电表示私债与公事无关,无从代还,应令其自行清理,同时指示:"如决裂,希先电知,并告陈勿庸管理国债事。"到次年 2 月 20 日,薛福成通知李鸿章,"敬如私债决裂,外部即日来文,若文到后不请总署参追,咎在使臣。现已不令进馆",请李以"借洋债为名,电调赴津面议,以善其退"。而陈季同也因借款草约寄往天津,要求和伦道呵一同回国。李再度以洋债已作罢论为由予以拒绝。拖到 3 月下旬,薛福成令陈季同先行告假,4 月 18 日陈启程回国。此后,法国外交部咨文总理衙门,指控陈季同诓借巨款,总署电令薛福成查拿。薛在通报李鸿章后,复电总署,告以陈的行踪,"请电饬密拿"。结果,陈季同回到福建后即被看押。①

关于此事原委,沈瑜庆《陈季同事略》称:"薛福成奉使英法,有庆常者窥季同位,以飞语陷之,谓于此项借款有利。薛心动,讽季同。答言此事即成,我亦无利,况未成乎?乃请告归。薛意未已,电闽督拘之。季同弟寿彭入都营救,总署诘薛,薛于九月摭季同无关紧要事劾之,令北洋讯问,事皆虚枉。"②庆常原与陈季同均驻法国,后调往俄国使馆。陈季同告假后,薛福成即调庆常接任。二人之间,本有矛盾,所以当李鸿章觉得薛福成有意治罪时,即提醒其"闻庆常等与伊不睦,勿听播弄"③。

不过,陈季同负债较多当系事实。其人风流倜傥,文武兼备,"善文墨,下笔不能自休,而击射枪炮尤精稳,兼能驰骋,距马丈许,一跃即登其背,以枪击空中飞鸟,无不中。在泰西十九年,凡各国君长大搜时咸延往较(校)阅;又时偕其将校会猎,所获较多。闲居久,郁郁不乐,遂寄意于醇酒妇人"。他先娶刘氏,早卒,"在法国时娶法女",后又有一英国女士慕其才,与之同居。此女取给较奢,随陈季同回国后,因不餍其求,竟率所生子离去。④ 如果其确"以大清帝国名义

① 参见顾廷龙、叶亚廉主编:《李鸿章全集》第 2 辑,314、315、340、350、368、369 页。

② 沈瑜庆、陈衍主编:《福建通志》卷三十四《列传·清八》,76 页。

③ 顾廷龙、叶亚廉主编:《李鸿章全集》第 2 辑,361 页;薛福成:《出使英法义比四国日记》("走向世界丛书"),305 页,长沙,岳麓书社,1985。

④ 沈瑜庆、陈衍主编:《福建通志》卷三十四《列传·清八》,77 页。曾孟朴小说《孽海花》对其域外恋情有详细描写。二人有师弟之谊,所记当非杜撰。

在巴黎珠宝店和装饰品商那里负债累累"①，用途当是笼络异性，所以后来张之洞问陈衍陈季同为人如何，陈衍"答以季同不修边幅，滥用钱有之，然未尝媚外。薛叔耘忌之，其言不可信也"②，而生忌的原因，很可能是陈季同办理借款等事时完全避开薛，使其感到尾大不掉。据许景澄说，陈"自居代理公使，冒借洋债"，而"代使名目，向章所无，推究其由，仅系译洋沿袭之误"，因此除"具牍陈明更正"外，还想请总署"通行各使臣酌照办理，以归画一"；"后因日、秘两馆使臣，不过莅任一到，其常川驻扎之参赞，或须比照西例，假以代使之号，以装门面，与俄、德等国情形不同"，才未实行。③

至于法国方面，虽有欠债事实为由，但也有外交积怨的作用。陈季同长期担任情报刺探之事，难免触犯法国政府的禁条，招致怨恨。1890 年 9 月，法国破获一桩牵涉法、德的间谍案，将陈季同牵连在内。近代法、德关系极为敏感，此事经传媒披露，法方为此曾跟中方交涉，虽由陈季同本人剖明与此案无关，法方似乎不肯善罢甘休。由政府出面通过外交途径追究他国驻法外交官的私人债务，并非常例。④

对于如何判定处理此案，薛福成和李鸿章的态度明显不同。后者认为不过是私债，一开始就有意维护，先请薛福成设法转圜，后又建议"照中外利债办法，只可代追，参后则身名俱败，更难清款"，希望薛"能发亦能收"，并指出牵扯的"法越事谤者非事实"。1890 年 9 月，总署奏请将陈季同先行革职，由"北洋大臣提津讯明，勒限严追，令自行设法清偿"，实际上已经定下调子，只是为了对各方面有所交代，特别是应付穷追不舍的薛福成，才拖到次年结案。

薛福成则大有置诸死地而后快之势。他知道陈与李鸿章关系非同

---

① ［法］玛丽昂娜·巴斯蒂著，张富强、赵军译：《清末赴欧的留学生们》，见《辛亥革命史丛刊》第 8 辑，195 页。

② 陈声暨、王真编：《石遗先生年谱》，见沈云龙主编：《近代中国史料丛刊》第 28 辑，104 页。

③ 致总理衙门总办函［光绪十七年（1891）四月］，见《许竹篔先生出使函稿》卷四，8 页。

④ 参见致总理衙门总办函［光绪十六年（1890）八月］，见《许竹篔先生出使函稿》卷四，1 页。

一般，不能避开李直接处置陈，又要防止李有意袒护，因而往往借总理衙门和法国外交部之名向李鸿章施压，令其无可推托，同时表明自己不过奉命行事，以免欲加之罪之嫌。当李鸿章提醒他不要听信庆常等人的播弄时，他复电否认道："陈冒国家名借私债，伪造使臣信押银号，控外部，均在庆未到前。容忍半年，因外部将全案寄京，始咨总署，失在宽缓，决不信播弄。"李鸿章劝其能发能收，代追了事，他则声明，"控案外部咨总署，非成先发。陈以欺骗被控，似难照中外利债办法"，并出难题让李鸿章直接出面与总署交涉，"电止参办"。

由于李鸿章的牵制，薛福成答应"拟遵署电，用轻笔参暂革，勒追缴款后，尚可开复，否则代为筹款救急"，但其言行显然有加重陈季同罪名的倾向，试图将私欠债务扩大为媚外辱国，并有意挑拨陈李关系。他屡次指陈及其同伙"假中堂声势招摇"，又电告总署防止其"逃入外洋为患"①，将告假回国描绘成畏罪潜逃。当他得知此事由李鸿章负责查办时，知道难以如愿，一面向总署表示忧虑，一面几次致函李鸿章，指陈季同在津"踪迹诡秘"，怀疑闽帮诸人"代为推挽"②，甚至担心其反噬离间。李鸿章复函时虽劝其打消疑虑，暗中却已令陈季同设法凑两万金与欧洲各银行清债。此后薛福成仍不断电告陈季同冒名宣言及借债欠款事，均被李鸿章以"浮议断不可信""应置不理"等语驳回。③

---

① 以上各条引文，见顾廷龙、叶亚廉主编：《李鸿章全集》第 2 辑，360、362、367、368、369、395、456 页。

② 《复钦差出使英法义比国大臣薛》，见《李文忠公尺牍》（手稿本）第 2 册，608 页，台北，文海出版社，1963 年影印。李鸿章复函谓："连奉十月朔日、腊月中旬、二月初旬叠次惠函。具聆一是。陈季同事前经电复大概，其究□明白，中外皆知，虽极意诪张，断难自饰，又岂能摇撼台端于万一。在津看管累月，未令进见一次，戟门洞开，万目共睹，非能如所云之踪迹诡秘者。兄与执事累世之旧，廿载之知，其所以相信者，顾犹不及一陈季同哉。其借款之倒填年月，意在挟诈要求，案牍炳然，岂容诪赖，前复竹篔函已详尽矣。闽帮诸人亦无代为推挽者，并无人助其口，因知公论在人，不能以乡曲之私而淆夺也。"从中可推知薛福成来函大意。

③ 顾廷龙、叶亚廉主编：《李鸿章全集》第 2 辑，465、467、468、475、493 页。

第四节　从保台到革政

此案了结，陈季同得以复官，但从此离开清政府的外交部门，留在北洋办理洋务。1892 年秋，永定河洪水泛滥，北岸崩塌，京畿震恐。陈季同与其弟陈寿彭奉命测绘水势，决定在卢沟桥筑坝，分水于大清河，到 1894 年夏才宣告完成。其间曾有派陈季同往欧洲监督留学生之议，比利时政府得到法国政府的警告，通知李鸿章不欢迎他出任此职。[1] 不过，因陈熟悉欧洲各国情形，又多有私人关系，有关借款购船等事，往往还由其介绍。甲午战争爆发之际，他在天津再与奥商伦道呵接洽低息借款 100 万英镑之事，历时两月，因军情变化，未能实现。[2]

甲午战争的风云变幻，再次将陈季同推向外交领域，而且可以说让他攀上外交生涯的巅峰。陈熟悉军事地理，战事初起，"进高丽地图，请守平壤险要之地，因循弗果行"；后战况紧急，又派他"督粮糈赴辽"，尚未动身，"而辽势已不支"。[3] 1895 年 3 月，署理台湾巡抚唐景崧电调陈季同赴台，4 月，陈赴南京，转往台湾[4]，署台湾布政使。唐景崧调陈赴台以及陈经由南京，目的都是争取法国援助保台行动。三国干涉还辽后，法国地位提高，中国朝野希望其将干涉范围扩大到台湾，主持其事者，即为张之洞、唐景崧和陈季同。陈经南京赴台，显然是为了与署理两江总督的张之洞商议行动方略。

4 月下旬至 5 月上旬，清廷通过赴俄专使王之春和驻英法公使龚

---

① 参见［法］玛丽昂娜·巴斯蒂著，张富强、赵军译：《清末赴欧的留学生们》，见《辛亥革命史丛刊》第 8 辑，195 页。

② 此事详情，参见陈季同致盛宣怀第 443、461、404、481、487、494、542、546、550 各函，见陈旭麓、顾廷龙、汪熙主编，齐国华、季平子编：《盛宣怀档案资料选辑之三·甲午中日战争》下册，287、299、303、314、317、321、352、358、360 页，上海，上海人民出版社，1982。

③ 沈瑜庆、陈衍主编：《福建通志》卷三十四《列传·清八》，77 页。

④ 参见姚锡光：《东方兵事纪略》，见中国史学会主编：《中国近代史资料丛刊·中日战争》第 1 册，91 页，上海，新知识出版社，1956。又参见中国历史博物馆编，劳祖德整理：《郑孝胥日记》第 1 册，479 页，北京，中华书局，1993。4 月 4 日郑曾在南京筹防局与陈季同会面。

照璦与法国接洽，法方一度有意介入，表示愿派舰船前往基隆、淡水护商，并遣员与唐景崧等人面商机宜。后来局势变化，法国态度转而消极，5 月 11 日，正式通知清廷干预之事作罢。①

台湾官绅闻讯，筹划自立民主政体，"以民政独立，遥奉正朔，拒敌人"②。据说台湾绅民曾引公法第 286 章的"割地须问居民能顺从与否"以及"民不服某国，可自立民主"③作为依据，此事应与熟悉西洋政法的陈季同有关。陈季同曾作《吊台湾》（四律），表达自己对清廷的强烈怨愤：

> 忆从海上访仙踪，今隔蓬山几万重。蜃市楼台随水逝，桃源天地付云封。怜他鳌戴偏无力，待到狼吞又取容。两字亢卑浑不解，边氛后此正汹汹！
>
> 金钱卅兆买辽回，一岛如何付劫灰？强谓弹丸等瓯脱，却教锁钥委尘埃。伤心地竟和戎割，太息门因揖盗开。聚铁可怜真铸错，天时人事两难猜！
>
> 鲸鲵吞噬到鲲身，渔父蹒跚许问津。莫保屏藩空守旧，顿忘唇齿藉维新。河山触目囚同泣，桑梓伤心鬼与邻。寄语赤嵌诸故老，桑田沧海亦前因。
>
> 台阳非复旧衣冠，从此威仪失汉官。壶峤居然成弱水，海天何计挽狂澜？谁云名下无虚士，不信军中有一韩。绝好湖山今已矣，故乡遥望泪阑干。④

这时中日已互换和约，李经方奉旨到台湾办理交割事宜，为此，5 月 21 日李鸿章电告陈季同在台相候。同日，台湾官绅决定建立民主国，推唐景崧为总统。次日，正式立国号，以俞明震为内政衙门督办，李秉瑞、陈季同为会办；陈季同为外务衙门督办，俞、李二人为会办；

---

① 参见黄秀政：《乙未割台与清代朝野的肆应》，载《文史学报》（台湾中兴大学文学院），第 17 期（1987 年 3 月）。

② 沈瑜庆、陈衍主编：《福建通志》卷三十四《列传·清八》，77 页。

③ 中国史学会主编：《中国近代史资料丛刊·中日战争》第 6 册，388 页；思痛子：《台海思痛录》，载《近代史资料》，1983(1)。

④ 阿英编：《甲午中日战争文学集》，96 页，北京，中华书局，1958。

李秉瑞为军务衙门督办，俞、陈为会办。①

　　5月23日，陈季同急电李鸿章，告以"抵台以来，见台民万亿同心，必欲竭力死守土地，屡请地方官主持，时集衙署，日以万计，绅富联谋，喧哗相接。本日有旨，令各官内渡，台民益甚张皇，绅民又蜂集，至今未散。似此情形，地方官恐难越雷池半步。使人到此，不特难于入境，且必血战无休，盖台民誓宁抗旨，死不事仇也。同意此事如可挽回万一，最妥；不然亦须暂缓倭来，另筹完善办法"，让李经方"千万勿来，或请收回成命，或请另派他人，切勿冒险"。与此同时，他通过法国人士寻求各国承认台湾民主国，介绍法国兵舰军官见唐景崧，洽商保护之事，并密电李经方："台将自主，法可保护。"其实这时法国政府已决定拒绝介入，只是先期赴台的海军军官不知形势有变。李鸿章获悉后即告李经方："法保护断不可信。"②

　　在强敌压境和内部分裂之下，本无坚守之志的唐景崧很快奉旨内渡，陈季同率"驾时""斯美"等四艘轮船同时返回厦门，不久再率轮船赴南京呈缴，然后定居上海。台湾民主国之事，虽然事先得到了张之洞和总署的默许，实行时却多少超越了清廷的界限，内渡各员因此受到追究，"有劾唐薇卿者，事连敬如，已派黄公度密查矣"③。此事后虽不了了之，但台湾民主国的官员从此不得任用。文武全才、一身本事的陈季同，只能"侨居上海，以文酒自娱。西人有词狱，领事不能决，咸取质焉。为发一言，或书数语与之，谳无不定，其精于西律之验如此。西人梯航之来吾国者，莫不交口称季同"④，人称上海四庭柱

---

　　①　参见胡传：《台湾日记与启禀》，见沈云龙主编：《近代中国史料丛刊续编》第85辑，263～264页。关于台湾民主国机构官员名称，说法不一。胡传说不设专员，又系当事人，或较可信。

　　②　顾廷龙、叶亚廉主编：《李鸿章全集》第3辑，556～557、563页。光绪二十一年五月初一日(1895年5月24日)唐景崧致总理衙门电谓："法提督昨派兵轮保汤、保佩来台察看，兵官德而尼晋谒，谓台能自主，可保护。告以台民誓不从倭，若台地竟无力争回，必成自主，请速问法弁究允保护否？该轮即日开往长崎，请提督电询法廷矣。窃维朝廷虽允割台，经崧迭奏台民愤不欲生情形，第有一线生机，自必允为设法。"见故宫博物院编印：《清光绪朝中日交涉史料》卷四五，3页，北平，1932。

　　③　中国历史博物馆编，劳祖德整理：《郑孝胥日记》第1册，542页。

　　④　沈瑜庆、陈衍主编：《福建通志》卷三十四《列传·清八》，77页。

之一的"领事馆的庭柱"①。晚清法律人才奇缺，陈季同却英雄无用武之地，反而为来华外人所借重，这实在是社会畸形的表现。而且这种情况颇具典型性，1896 年闽浙总督边宝泉对此有过一段痛心疾首的总结："闻船政学生学成回华后，皆散处无事，饥寒所迫，甘为人役。上焉者或被外国聘往办事，其次亦多在各国领事署及各洋行充当翻译，我才弃为彼用，我用转需彼才，揆诸养才用才之初心，似相刺谬。"②

身处逆境的陈季同终究不甘寂寞，努力有所作为。他与洪煕、林崦等人设立大中公司，招股请办苏宁铁路，事为盛宣怀所阻。③ 1897 年 7 月，他受两江总督刘坤一委派，到上海总办南市外马路工程善后事宜。浦滩新马路告竣，陈季同曾向沪北洋行议订承税、购置马路应用工具以及雇用西捕管理马路等事。④ 这时维新运动兴起，各地趋新人士会聚上海，陈季同转而与之结交。1896 年，麦孟华、梁启超等人每晚到马相伯处学拉丁文，与陈季同等人相识。1897 年年底，陈季同与经元善、梁启超、严信厚、郑观应、汪康年、康幼博等人创设女学堂。⑤ 是年 8 月，陈季同和陈寿彭、洪述祖等人创办《求是报》，自任主笔，月出三册，分内外两编，内编为交涉、时事、附录，外编为西报、西律、格致、泰西稗编诸门，所采多录法文书报，"多译格致实学以及法律规则之书"⑥。后因林旭的推荐，增聘陈衍为主笔，刊发论说，风行一时，成为维新思潮的一部分。同时他又与福建人士力钧等组织戒烟公会，并与康有为、梁启超、谭嗣同、汪康年、康幼博、曾广铨等人结交，经常往来于《时务报》报馆，参与翻译农书、开办蚕务等事。

———————————

① 曾朴：《孽海花》，423 页。

② 光绪二十二年六月十八日（1896 年 7 月 28 日）总理各国事务衙门转奏闽浙总督边宝泉折，见朱有瓛主编：《中国近代学制史料》第 1 辑上册，436 页。

③ 参见顾廷龙、叶亚廉主编：《李鸿章全集》第 3 辑，722～723 页。

④ 参见汤志钧主编：《近代上海大事记》，514、517 页，上海，上海辞书出版社，1989。

⑤ 参见丁文江、赵丰田编：《梁启超年谱长编》，56、72 页，上海，上海人民出版社，1983。

⑥ 陈声暨、王真编：《石遗先生年谱》，见沈云龙主编：《近代中国史料丛刊》第 28 辑，97～98 页。

　　1898 年 5 月 21 日，他在上海郑观应邸参与发起组织亚细亚协会。该会为 1897 年德国占领胶州湾后，中日两国人士谋求民间同盟以救国兴亚的产物，分别在日本成立东亚会，在中国成立亚细亚协会，各有两国人士参加。是日与会者除日本人士外，有郑观应、文廷式、郑孝胥、何梅生、志钧、张謇、江标、严信厚、薛培萃、盛宣怀、汪康年、曾广铨、经元善、唐才常等人①，日本驻上海领事小田切万寿之助为正会长，郑观应为副会长，有议员 24 人，官商界入会捐资者达 100 余人②。据开启此事先机的日本东邦协会福本诚描述，任职于江南制造局翻译馆的陈季同颖悟通达，却是危险人物。③ 戊戌政变后，该会被迫解散。

　　不过，此时陈季同又办了一桩糊涂事。戊戌变法期间，湖南实行新政，兴利革弊，为开发管理日渐兴旺的矿业，于 1897 年成立矿务总局。其中欧阳、朱姓二委员因在汉口推销矿砂不利，擅自到上海与法商戴玛德立约，"不特尽卖水口山之矿，即凡湖南之矿，都要请示于戴玛德"。事情败露后，湘抚陈宝箴欲将二人交长沙府革职讯办，二人自具甘结，愿到沪将合同销毁。此合同原由陈季同说合见证，为使事情进展顺利，又派俞明震赴上海游说陈季同，并由邹代钧函告汪康年，表示万一不能了结，则聘请律师与之理论。陈季同认为废约"不免贻笑外人，且累当日说合者不少也"④，说服汪康年反劝湖南不废合同，以免有碍大局，有伤国体。邹代钧不得已，以长函详细说明原委，指"欧、朱之罪，诚不在崇厚之下"，"若此合同而不可废，则凡湖南之人在外飘荡者，均可卖湖南官局之砂矣"，示以必须据理以争，一争到底

---

　　① 　参见《兴亚大会集议记》，载《湘报》，第 69 号（1898 年 5 月 25 日）；中国历史博物馆编，劳祖德整理：《郑孝胥日记》第 2 册，657 页。

　　② 　参见郑观应：《亚细亚协会创办大旨》，见夏东元编：《郑观应集》下册，220 页，上海，上海人民出版社，1988。另参见［日］藤谷浩悦：《戊戌变法与东亚会》，载《史峰》，第 2 号（1989 年 3 月）。

　　③ 　参见東亜同文会编：《対支回顧録》下卷，877 頁，東京，原書房，1968。

　　④ 　陈季同函之 1、3，见上海图书馆编：《汪康年师友书札（二）》，2010～2011 页，上海，上海古籍出版社，1986。邹代钧函之 49、52，见上海图书馆编：《汪康年师友书札（三）》，2722、2724 页，上海，上海古籍出版社，1987。

的决心，并说："陈季同明白人也，近日颇无赖，似宜防之。"①陈办此类事往往不尽如人意，究其原因，不谙国情与夹杂私心都不免有之。

戊戌政变后，报载党禁消息，陈季同畏遭株连，游历黔蜀齐鲁等地，协助李鸿章在山东治河，著有《治河刍议》，"言改堤束水刷沙之法甚详，并谓治水须从源起"②，因花费过大而不见用。又与比利时商人联系订购挖泥喷泥机船，及借款开发沂矿，均无结果。③陈季同返回上海后，即校阅其弟陈寿彭所译《海道图说》。此书原为他人翻译的《英国测量中国江海水道图说》，共五卷，汪康年托陈寿彭校对，因错误太多，遂重新译过。陈季同审阅新译稿，"初见以为善，继则以为不足。盖南则缺于钦州、琼州至老万山一大段，北则缺于图们江、珲春一小段。欲全图们江，必须绕越高丽而上至于混同江口，以全中国旧界为止。原书止于一千八百九十四年甲午，自是而后，新出礁石以灯塔浮锚改易者不少，非续补之不为功"，遂为搜罗秘籍以及领事署档案，成书多出原著一倍。④

宦海迭遭挫折的陈季同仍然关注时政。1900年年初，经元善因领衔千余名士绅反对废光绪帝立新储，被清政府逮捕。陈季同事先曾为其布置，事后又设法解救。⑤保皇会计划用兵闽粤，康有为欲利用马江船政局，认为："最好能得精通法文之陈敬如以联络之，则法监督等俱为我用。"⑥义和团事起，各国出兵，陈与汪康年等人呼应，通过沈瑜庆上书两江总督刘坤一，提出："为今计，南方数省，建议中立，先免兵祸，隐以余力助北方，庶几有济。"⑦暗中则介入中国国会的武力

---

① 邹代钧函之52，见上海图书馆编：《汪康年师友书札（三）》，2724～2725页。另参吴樵函，见上海图书馆编：《汪康年师友书札（一）》，536～537页，上海，上海古籍出版社，1986。

② 沈瑜庆、陈衍主编：《福建通志》卷三十四《列传·清八》，77页。

③ 参见顾廷龙、叶亚廉主编：《李鸿章全集》第3辑，867页。

④ 陈寿彭函，见上海图书馆编：《汪康年师友书札（二）》，2032～2033页。

⑤ 参见王维泰函，见上海图书馆编：《汪康年师友书札（一）》，184页。函谓："阅报及接经润生兄书，知联老果遭不测。泰为伊事与陈敬翁再三布置妥贴，催其速归，奈伊家属不听。联老平日作事甚不满于妻子，此次不欲其速归，别有深意，言之可伤。"

⑥ 上海市文物保管委员会编：《康有为与保皇会》，94页，上海，上海人民出版社，1982。

⑦ 沈瑜庆、陈衍主编：《福建通志》卷三十四《列传·清八》，77页。

政变密谋。当时湖北有黄小琴"愿办宜、荆一带下交事宜"，其人"极有肝胆，此次尤忠愤填膺，寝食不安，又兼将门之子，其先公旧部颇多，又久于襄鄂"，国会方面认为"实是本店一得力伙计也，不可不重用之"，而陈季同熟悉其人。为此国会不仅向陈了解情况，还托其致函黄小琴。①

不久，上海绅商议仿红十字会例救济京津难民，而中国船不得入战地，"众咸束手。季同曰：我在则行，可无事。为发电告驻京各公使及主兵之酋。西人闻季同名，皆遵约束，于是季同率救济轮船悬龙旗直入大沽，两岸洋兵欢呼雷动，而中国避难士民群集求援。盖南北隔绝音问已数月矣。至是而苏留月余，为部署一切而返"②。

此后，陈季同与蔡元培等人的中国教育会也有联系。1903年爱国学社与中国教育会冲突，蔡元培辞去会长之职，欲赴德国留学。蔡通过徐显民探行程于陈季同，"则谓是时启行，将以夏季抵红海，热不可耐，盍以秋季行，且盍不先赴青岛习德语"③，于是遵嘱改变计划。后陈季同到江宁主持南洋官报、翻译两局，1905年卒于任所，结束了多姿多彩的一生。④

第五节　楚材晋用

陈季同一生虽然经历了各种重大历史事件，但才能未能充分发挥，所以影响最大的不在事功，而在著述：一是翻译介绍中国文化到欧洲，二是输入法国文学来中国，以沟通中外文化。只是这方面的反响在欧洲也远远大于禹域之内。曾朴感叹"中国人看得他一钱不值，法国文坛

①　参见上海图书馆编：《汪康年师友书札（四）》，3685、3687页，上海，上海古籍出版社，1989。详参桑兵：《论庚子中国议会》，载《近代史研究》，1997(2)。

②　沈瑜庆、陈衍主编：《福建通志》卷三十四《列传·清八》，77页。

③　高平叔编：《蔡元培全集》第3卷，323页；《蔡元培全集》第7卷，293页。

④　一说卒于1907年。《郑孝胥日记》"1907年2月1日"条下记："夜，赴张少塘之约。又赴樊时勋、熊石秋之约于东平安王佩香家，座(有)冯伯岩者，与稚辛同年，谈陈敬如身后事，求余为列名醵资以赡其孥。诺之。"见中国历史博物馆编，劳祖德整理：《郑孝胥日记》第2册，1074页。

上却很露惊奇的眼光，料不到中国也有这样的人物"①。法国汉学家考狄在所编《汉学书目》中，称其了解法国较了解中国尤深。

陈季同到欧洲之时，正值汉学方兴未艾之际。各国汉学家得知中国使臣到来，多主动联系接触。而中国使节为了加速对驻在国的了解，扩大交往，也往往积极联络，例如，前来拜见首任公使郭嵩焘的有法国著名汉学家、继儒莲之后任巴黎法兰西学院汉学讲座教授的德理文（Hervey de Saint-Denys）及其华人助手李洪芳，考求东方学问的里昂大学校长吉美，里昂东方学会（总会在意大利的佛罗伦萨）会长寄默特、书记吉素得，参加伦敦亚洲学会会议的谛盘生等；与李凤苞会面多次的则有 76 岁高龄的德国著名汉学家苟兑（Wilhelm Schott，通译晓特），能谈论中国史事的书楼总办波士们，熟悉埃及、中亚语言学的报纸主笔爱字尔等；英国汉学家威妥玛（T. F. Wade）因任外交官，也和中国使臣有所接触。

德理文和苟兑，可谓当时欧洲汉学界的最高代表。前者译有《文献通考·四裔考》《诗经》《楚辞》《离骚》及唐诗，知古今音韵之别，对欧洲汉学家极尽讽刺挖苦之能事的辜鸿铭也承认其"唐诗译作是开始进入中国文学部分的一种突破，这种工作在此前后是不曾有人做过的"②。后者精通满语、蒙古语，研究过中国塞外民族及佛教，曾撰《中国文法解》《中国古语考》等书以及关于蒙古鞑靼的论文，注释《三合便览》《清文汇》及佛经数种，翻译《契丹国志》，并拟译辽、金、元三史。他原来研究神学和东方语文学，靠自学掌握了汉语，于 1833 年在柏林大学首次开讲汉语课程。③ 李凤苞赠以《瀛寰志略》，"开卷数行，即能摘出误处"④。

双方会谈时，陈季同往往在场，耳濡目染，加上好学多思，因而

---

① 　曾朴：《孽海花》，429 页。

② 　辜鸿铭著，黄兴涛、宋小庆译：《中国人的精神》，135～136 页。

③ 　参见［德］巴巴拉·霍斯特著，魏建平译：《德国汉学概述》，见《国际汉学》编委会编：《国际汉学》第 1 期，353 页。

④ 　李凤苞：《使德日记》，见沈云龙主编：《近代中国史料丛刊》第 16 辑，117 页。

对欧洲特别是法国的汉学颇有认识。他后来对曾朴讲述法国汉学，历述雷慕沙、儒莲、波底爱（M. G. Pauthier）等人的著作及其对中国文化的态度，了如指掌。此外，他还结识了到德国留学的日本哲学家井上哲次郎。① 陈季同与汉学家的交往也作用于外交活动。1883 年他到巴黎时，与腰痛卧病在床的德理文交谈半响，后者告以曾因越事与人辩论"安南"二字为中国所安之南方，则中国管属权不可泯，人皆谓其迂。他批评法国"现在执政数月一换，毫无主意，乱听人言，史鉴不熟，地图不观，随声附和，以至于此"。虽然所出守株待兔的方略未免有书生之见，但指责"法人不明理，欲中国不受其欺"的态度却发自内心。②

欧洲汉学与中国关联甚多，但在此之前，能与其代表人物接触较深的，只有曾与英国的理雅各和法国的儒莲交往的王韬。王系文士而非经生，影响限于辅助译事。陈季同所结交者，则为近代欧洲汉学史上的第二代名家。不过，陈毕竟不是学问专家，其主要关心的还在于文学。当时巴黎号称世界文学的渊薮，陈季同又得以出入各文学沙龙，交游广泛，深知法国人对中国文化普遍持有轻蔑甚至厌恶之心，只有少数汉学家的态度还算公允，或者推崇中国的古代艺术，而怪诧于进步的缓慢。尤其是与之有交谊的大文豪佛朗士"老实不客气的谩骂"，公开批评中国的小说道，"不论散文或是韵文，总归是满面礼文满腹凶恶一种可恶民族的思想"；批评中国的神话又道，"大半叫人读了不喜欢，笨重而不像真，描写悲惨，使我们觉到是一种扮鬼脸。总而言之，'支那'的文学是不堪的"。陈分析造成这种状况的原因有二：一是宣传不够，译出去的作品少而不好；二是范围不同，中国以诗词古文为"发抒思想情绪的正鹄"，欧洲则重视戏曲小说，彼此有隔膜和误会。为此，首先应确立"不要局于一国的文学，嚣然自足，该推广而参加世界的文学"的态度，去隔膜，免误会，通过翻译大规模地输出和引进，破

---

① 参见武安隆、刘玉敏点注：《严修东游日记》，206 页，天津，天津人民出版社，1995。

② 陈季同：《巴黎半月密记》，见张振鹍主编：《中法战争》第 1 册，551 页。

除成见，改革习惯，变换方式，以求中外一致。①

他率先身体力行，在原先担任过留学生辅导教师的新闻记者富科·德·蒙迪翁（Foucault de Mondion）的协助下，先后用法文发表了《黄衫客悲剧》（*L'homme de la Robe Jaune*）、《一个中国人笔下的巴黎》（*Les Parisiens Peints par un Chinois*）、《中国戏剧》（*Le Theatre des Chinois*）、《黄种人的罗曼司》（*La Roman de L'homme Jaune*）、《我的祖国》（*Mon Pays*）、《中国娱乐》（*Les Plaisirs en Chine*）等作品。② 这些作品为他在巴黎文学界赢得了声誉，"西国文学之士无不折服"，陈"生平不问家人生产，所得随手辄尽"③，归国后为抵债更有欠账，且常无官职，晚年生活费，多靠作品的版税和剧场的酬金，可见其译著在欧洲畅销且经久不衰的情形。近代中法文化关系尤深，陈季同的活动对此应有积极作用。

在输入法国文学方面，陈季同也有所贡献。据说，"每当译书时，目视西书，手挥汉文，顷刻数纸。客至皆延入坐，各操方言，一一答，不误"④。同时极大地影响了曾朴，使其走上文学创作和翻译之路。后者自1898年在饯别谭嗣同的宴会上与陈季同结识后，天天前往请教，彼此投契。陈对他讲述文艺复兴以来古典、浪漫两大主要流派的发展趋势与区别，指示自然、象征及近代各派自由进展的趋势，引导其阅读法国及欧洲其他各国各种形式的文学和历史名著；告以"在这个时代，不但科学，非奋力前进，不能竞存，就是文学，也不可妄自尊大，自命为独一无二的文学之邦，殊不知人家的进步和别的学问一样的一

---

① 曾朴：《曾先生答书》，见《胡适文存三集》第8卷，1130～1131页，上海，亚东图书馆，1930。

② 参见李培德所著《曾孟朴的文学旅程》及玛丽昂娜·巴斯蒂《清末赴欧的留学生们》一文。后者称这些著作均由蒙迪翁所写，当据蒙氏自传《当我就任清朝官吏时》，此说似在抹杀陈季同的作用。

③ 沈瑜庆、陈衍主编：《福建通志》卷三十四《列传·清八》，76～77页。

④ 沈瑜庆、陈衍主编：《福建通志》卷三十四《列传·清八》，77页。其弟陈寿彭翻译了《八十日环游地球记》，参见中国历史博物馆编，劳祖德整理：《郑孝胥日记》第2册，922页。

日千里，论到文学的统系来，就没有拿我们算在数内，比日本都不如哩"①，鼓励其多读法国书。在这位法国文学导师的指教下，曾朴发奋读书数年，后来的翻译及创作水平在成就不高的清末民初还算出类拔萃。

以今天的眼界看，深知欧洲文化和中外差异的陈季同确有许多先见之明，如中外对文学形式侧重的区别。后来王国维正是由研究戏曲入手，引起国际汉学界的重视。五四新文学更在形式和内容上验证了他的预言。不过，当这种空间差异演变为时间先后之别时，先驱者便不得不忍受孤寂的苦闷。曾朴因陈季同的一席话读了许多书，明了许多事，"竟找不到一个同调的朋友"。那时人们多崇拜西洋的声光化电，船坚炮利，讲到外国诗，"无不瞠目挢舌，以为诗是中国的专有品，蟹行蚓书，如何能扶轮大雅，认为说神话罢了"；讲到小说戏剧，则"以为西洋人的程度低，没有别种文章好推崇，只好推崇小说戏剧"；甚至认为圣西门、伏利爱的社会学扰乱治安，尼采的超人哲理离经叛道，于是"只好学着李太白的赏月喝酒，对影成三，自问自答"。② 学生遭遇尚且如此，导师当年的境况可想而知。1904 年，陈季同出版了他的最后一部法文作品《英雄的爱》。然而，这部通俗喜剧的作者不久后便戛然而止的半世纪多的生平，虽有不少伴随巴黎都市生活而来的浪漫插曲，总体却是悲剧人生，而且反映了一个民族、一个时代的悲剧。

---

① 曾朴：《曾先生答书》，见《胡适文存三集》第 8 卷，1129 页。
② 曾朴：《曾先生答书》，见《胡适文存三集》第 8 卷，1131～1132 页。

第四章　伯希和与中国学术界

晚清以来，中国学术经历一大变局，其要在与世界的交流日益紧密。如果说自然科学和社会科学领域主要是一面倒的西学东渐，那么在中国固有学问方面，尤其是易与国学相对应的文史哲等人文学科，对流的倾向更为明显。20世纪前半期，巴黎被誉为"无可争议的西方汉学之都"①，继导师沙畹之后对建立巴黎学派正统有重要贡献的伯希和，更是举世公认的汉学泰斗。有人说："他不但是法国的第一流汉学家，而且也是所有西方的中国学专家的祖师爷。""没有他，汉学将象是一个失去父母的孤儿一样。"②

伯希和与为数众多的中国几代学者的交往，很大程度上反映甚至代表了20世纪前半叶国际汉学正统与中国国学主流的相互交汇，不仅推动欧美汉学界加深了解和认识中国的学术文化及学者，更重要的是对中国本土的学术发展产生了重大而深远的影响。有人将伯氏列于"七位华风西被的汉学家"的第二位[其余依时序为英国的理雅各，瑞典的高本汉，美国的佛里尔（C. L. Freer）、葛思德（G. M. Gest），英国的李约瑟，荷兰的高罗佩（Robert H. van Gulik）]。③ 而以学术造诣论，伯希和无疑位居首席。

然而，因伯氏风格与时尚暌隔，对此一大要案，以讹传讹之处不

---

① ［法］苏瓦米耶著，耿升译：《五十年来法国的"汉学"研究》，载《中国史研究动态》，1979（7）。

② ［英］彼得·霍普科克著，杨汉章译：《丝绸路上的外国魔鬼》，241页，兰州，甘肃人民出版社，1983。

③ 参见胡光麃：《百年来影响我国的六十洋客》，载《传记文学》，第38卷第3期（1981年3月）。

在少数，如关于伯氏与中国学术大师陈寅恪的关系。早年陈应聘清华，该校报道称其"在巴黎与伯希和 Paul Pelliot、莱维 Sylvain Levi 诸大学者，相从问学，极为熟稔"①；壮岁受聘牛津，则有"欧美任何汉学家，除伯希和、斯文·赫定、沙畹等极少数人外，鲜有能听得懂寅恪先生之讲者"②的传闻；晚年移席岭南，更变成"西洋汉学家伯希和等曾从陈先生学中国史"③。全面了解伯希和与中国学者的关系，可以深入认识近代中国学术承先启后的渊源流别，区分变化发展的轨迹路径，进而把握未来走向的大道与歧途。

第一节　敦煌劫宝

在近代中西文化交流史上，法国人扮演过极为重要的角色。1935年6月，张元济在伯希和亲临的法国捐赠东方图书馆书籍赠受典礼上讲道："在这中西文化沟通的过程中，虽然有各国学者做我们的中介，但我们可以断言，此种工作要以法国耶稣会的学者和现代法国的汉学家为最有功。"④

关于法国汉学，傅斯年曾经介绍："说到中国学在中国以外之情形，当然要以巴黎学派为正统。""而近八十年中，以最大的三个人物的贡献，建设出来中国学上之巴黎学派。这三个人物者，最早一位是茹里安(Stanislas Julien)，此君之翻译《大唐西域记》及其对于汉语等之贡献，在同时及后人是有绝大影响的。其后一位是沙畹，中国学在西洋之演进，到沙畹君始成一种系统的专门学问，其译诸史外国传，今日在中国已生影响。最后一位，同时是更伟大的，便是伯希和先生。我们诚不可以中国学之范围概括伯先生，因为他在中亚各语学无不精

① 《清华研究院筹备处消息》，载《清华周刊》，第 337 期(1925 年 2 月 27 日)。
② 今圣叹《国宝云亡》引陈衡哲语，见蒋天枢：《陈寅恪先生编年事辑》(增订本)，118～119 页。
③ 《为国家作育人才文学院添聘教授多位——名教授陈寅恪等将应聘到校授课》，载《私立岭南大学校报》，第 91 期(1949 年 1 月 20 日)。
④ 商务印书馆编辑：《张元济诗文》，243～244 页，北京，商务印书馆，1986。

绝，然而伯先生固是今日欧美公认之中国学领袖，其影响遍及欧美日本，今且及于中国。"①此言反映了当时学术界的共识。

然而，历史常常捉弄人，伯希和与中国学者交往，开始却并非友谊佳话，而是以让炎黄子孙愤慨痛惜，也令他本人蒙羞的敦煌盗宝为开端。

伯希和与中国结缘，由来已久。他1878年生于巴黎，先入巴黎大学修英语（一说曾入政治学校），后转到国立东方语言学校，专攻东方各国语文历史。导师沙畹是那一时代的汉学巨擘，其弟子除伯希和外，马伯乐、葛兰言和戴密微后来也都成为汉学大家。伯氏1899年被选为印度支那古迹调查会寄宿生，该会创建于1898年，次年改称法兰西远东学校。1900—1903年，伯希和三次受该校派遣前往中国考察，收集了大量古物古籍，并与收藏保存者如左宗棠的后人等有所接触。②1901年，年仅23岁的伯希和受聘为远东学校教授，在集中研究印度支那乃至整个东南亚历史地理的同时，潜心于汉籍目录版本的检讨，开始尝试使用历史语音学的比较考证法来研究用汉语转写的外国人名地名，并关注中国的外来宗教和异教派别，以后又钻研中国佛教的起源及与道教的关系，由此注意到中国与印度、西域的联系。其成果很快为国际汉学界所瞩目。③

19世纪90年代起，世界考古的重心逐渐转移到中亚和远东，而中国的西北地区最先成为国际竞争的主要场所。在众多的重要发现之中，敦煌文书的问世尤为中外学者所重视。但这一无价之宝先后多次遭劫，以至有人叹为"吾国学术之伤心史"④。而伯希和正是这一国际

---

① 傅斯年：《法国汉学家伯希和莅平》，载《北平晨报》，1933年1月15日。

② 参见［法］伯希和：《乾隆西域武功图考证》，见冯承钧译：《西域南海史地考证译丛》第2卷第6编，161页，北京，商务印书馆，1995。

③ 关于伯希和的生平，参见［法］M. 罗克著，耿升译：《伯希和诞生一百周年》，载《中国史研究动态》，1980（8）；［法］苏瓦米耶著，耿升译：《五十年来法国的"汉学"研究》，载《中国史研究动态》，1979（7）；翁独健：《伯希和教授》，载《燕京学报》，第30期（1946年6月）。另据黄振华《法国敦煌学研究述略》［载《中国敦煌吐鲁番学会研究通讯》，1985（2）］可知，1902—1904年，伯希和曾在法国驻华使馆任职。

④ 陈寅恪：《陈垣敦煌劫余录序》，见《陈寅恪史学论文选集》，503页，上海，上海古籍出版社，1992。

大劫掠中的要角。他于 1906 年受法国金石和古文字科学院及亚细亚学会之托，率考察团前往中亚探险，凭借流利的汉语和丰富的中国历史文化知识，1908 年春，在敦煌低价选购了密窟文书中的大量精品，运回法国。此举使之声名大噪，对于奠定其在国际汉学界的地位起到重要作用。1911 年，法国最高学府法兰西学院特设中亚历史考古学讲座，聘伯希和主持。

得到秘宝的伯希和虽然不像斯坦因那样秘不示人，但也未即刻告诉中国学者。他对于自己的意外收获显然不敢掉以轻心，取道兰州、西安、郑州，于 1908 年 10 月 5 日抵达北京，在此将大部分获得品送往巴黎，然后南下上海、无锡，拍摄两江总督端方和裴景福所藏金石书画百余种，12 月中旬返回河内。次年 5 月，伯希和再度来华为巴黎法国国家图书馆购书，经上海、南京、天津，8 月中旬抵达北京。①

本来伯希和此行仍未打算将得宝之事告知中国学者，正当其完成购书使命，准备启程归国之际，"敦煌得宝之风声藉藉传播，端制军闻之扼腕，拟购回一部分。不允，则谆嘱他日以精印本寄与，且曰'此中国考据学上一生死问题也'"②，并影照了伯氏携带的《沙州图经》残卷。③ 端方虽因镇压保路运动而死，却是满族大员中少有的立宪派，政治上不无开明倾向。学术文化方面，他和荣庆、那桐并称北京旗下三才子，善诗文，好金石书画，著有《陶斋吉金录》，幕下延纳了不少文人学士。④日本学者称之为"中国考古学的管理者"未免过当，但似可入得文苑。他得知秘闻，当与裴景福有关。裴为安徽霍邱人，光绪十

---

① 迄今为止，关于此事的中文记载及著述多有舛错。其实早在 1953 年，日本的秋山光和就依据伯希和的日记等文献写成了《ペリオ調査團の中央アジア旅程とその考古學的成果》[载《佛教藝術》，第 19、第 20 期（1953 年）]，在该文中已经做了准确的描述。

② 沈纮译：《伯希和氏演说》，见罗振玉辑：《流沙访古记》，37 页，宣统元年（1909）排印本。端方得知伯氏得宝，梅村坦《敦煌探检·研究史》称他时在南京的两江总督任上，参见榎一雄编：《敦煌の自然と現状》，"講座敦煌 1"，東京，大東出版社，1980。翁独健《伯希和教授》则称他在京师，端已移督直隶。经查，端方任两江总督至宣统元年五月，后调任直隶总督兼北洋大臣，同年十月罢官。

③ 参见王重民：《敦煌古籍叙录》，115 页，北京，商务印书馆，1958。

④ 参见迟云飞：《端方》，见林增平、李文海主编：《清代人物传稿》下编第 3 卷，75 页，沈阳，辽宁人民出版社，1987。

二年进士，历任广东番禺、南海等县的县令，工诗词，精鉴藏，后被岑春煊借故弹劾，谪戍新疆。伯希和敦煌探宝前夕，识之于迪化，知裴氏曾获睹千佛洞所藏画轴。① 这是中国学术界首次得知敦煌秘宝外流的信息，并充分认识其重要价值。

伯希和至北京时，"行箧尚存秘籍数种"，"北京士大夫中学者，于古典具趣味者谈谈造访，见此赍来之珍品，无不惊者"。② 首先知悉者为与端方、缪荃孙等关系甚密的董康，经他介绍，罗振玉携王国维等赶赴伯氏下榻处拜访参观，"与同人醵资影印八种，传抄一种，并拟与商，尽照其已携归巴黎者"③。此事在京师学术界引起小小轰动，"索观者络绎不绝"。王仁俊"赍油素，握铅椠，怀饼就钞者四日，复读其归国报告书一册，乃择要甄录，凡关系历史地理宗教文学者，详加考订……其书卷雕本之已寄法国者，伯君许邮印本"，后辑成《敦煌石室真迹录》七辑。④ 蒋黼亦怀椠就抄者二日，成《沙州文录》一卷。

9月4日，京师学者在六国饭店设宴招待伯希和，出席者有学部侍郎宝熙、京师大学堂总监督刘廷琛、经科监督柯劭忞、侍读学士恽毓鼎、学部参事官江瀚、京师大学堂教习王仁俊、国子丞徐坊以及董康、

---

① 参见沈纮译：《伯希和氏演说》，见罗振玉辑：《流沙访古记》，36 页；[法]伯希和著，陆翔译：《敦煌石室访书记》，载《国立北平图书馆馆刊》，第 9 卷第 5 号(1935 年 9～10 月)；王树枏：《河海昆仑录序》，见河海昆仑客(裴景福)：《河海昆仑录》，宣统元年(1909)排印本；金保权：《裴伯谦先生小传》，陈澹然：《睫暗诗钞序》，均见裴景福：《睫暗诗钞》，上海，商务印书馆，1918。

② 沈纮译：《伯希和氏演说》，见罗振玉辑：《流沙访古记》，37 页。救堂生(田中庆太郎)：《敦煌石室中的典籍》，收入神田喜一郎：《敦煌学五十年》，见《神田喜一郎全集》第 9 卷，256～257 页，京都，同朋舍，1984。译文引自严绍璗：《日本中国学史》，270 页。

③ 1909 年 10 月 2 日罗振玉来函，见上海图书馆编：《汪康年师友书札(三)》，3169 页。据甘孺(罗继祖)辑述《永丰乡人行年录(罗振玉年谱)》(南京，江苏人民出版社，1980)所说，伯氏"过京，赁宅苏州胡同……伯氏托其友为介欲见乡人，乃以中秋晨(9 月 28 日)驱车往"。此说时间、地点、缘由多误。伯氏寓于八宝胡同，9 月 11 日即离开北京，而罗振玉两度自称："吾友董授经京卿康以此事见告，乃与同好往观。"参见罗振玉：《鸣沙山石室秘录序》，见《贞松老人外集补遗·遗稿》乙集之四，版本不详；罗振玉：《莫高窟石室秘录》，载《东方杂志》，第 6 卷第 11 期(1909 年 12 月)。

④ 参见王仁俊：《敦煌石室真迹录》，"自序"，宣统元年(1909)国粹堂石印本。

蒋黻、吴寅臣等。罗振玉因病缺席。席间恽毓鼎举杯致辞，"略云：如许遗文失而复得，凡在学界欣慰同深。已而要求余归后择精要之本照出大小一如原式，寄还中国"①。伯氏再度表示："今卷子虽为法国政府所得有，然学问应为天地公器，其希望摄影誊写者，自可照办。"

　　京师乃人文重地，上述诸人，除学部等有关机构的官僚外，多为经史小学名家，尤其是罗振玉与王国维，可谓中国学术由传统而现代承上启下的担纲者。罗氏不仅在刊刻各种新出史料方面"有功学术最大"，也是清代三百年小学的结束成就之人。② 通过伯氏，他们不仅获悉敦煌秘籍的存佚消息，从而设法收集和保存有关文献，开启了中国的敦煌学研究，预此国际化学术领域之胜流，而且得以直接与西方主流汉学家接触，相互砥砺。据说中国学者还"组织一会，筹集巨资，以供照印之费"。此后两国学术界的交流，竟长期以此被劫宝物为媒介。③

　　伯希和归国后，履行承诺，代为影照石室遗书，开始进展顺利，很快便致函罗振玉，告以"已代照千纸，亦于三月内当可寄到"④。后因"写真师身故，致寄出迟滞"⑤。因此先交涉，中方介入的人主要有罗振玉、董康、端方、缪荃孙等。罗、蒋校录的《敦煌石室遗书》，由董康排印；罗振玉所得伯氏来函，则通过董康转达端方或吴昌绶、缪

<hr>

　　① 　沈纮译：《伯希和氏演说》，见罗振玉辑：《流沙访古记》，37 页。

　　② 　参见王国维：《殷虚书契考释后序》《雪堂校刊群书叙录序》，见《观堂集林》卷二十三，上海，上海书店出版社，1992。《殷虚书契考释》一书，颇有疑为王国维代笔者。1951 年陈梦家觅得罗书原稿，澄清真相；后又辗转为于省吾所见，亦力证传闻之非。

　　③ 　参见神田喜一郎：《敦煌学五十年》，见《神田喜一郎全集》第 9 卷，256～258 页；梅村坦：《敦煌探検・研究史》，见榎一雄编：《敦煌の自然と現状》，"講座敦煌 1"，155～156 页。

　　④ 　罗振玉来函，见顾廷龙校阅：《艺风堂友朋书札》下册，1000 页，上海，上海古籍出版社，1980。

　　⑤ 　罗振玉来函，见《陶斋（端方）存牍》（"'中央研究院'近代史研究所史料丛刊"之 30），164 页，台北，"中央研究院"近代史研究所，1996。编者系是函于宣统元年冬，似以翌年春为妥。

荃孙等。① 后来伯希和与罗振玉、王国维、董康等人长期保持通信联系，彼此切磋学问，交流信息。

伯希和因得敦煌文书而驰名宇内，一些出国考察而有心于固有文化者也慕名顺道拜访参观。1910 年 10 月 26 日，赴欧美游历的张元济在巴黎设法将遗书浏览一遍。其函告汪康年有关详情："彼时本欲录存，无如法国国家十分郑重，不许常人观览，弟由公使馆介绍特别许可，且由伯君伴往，跬步不离，重房密屋，光线甚乏，而伯君又匆匆欲行，故只能略观大概。而弟亦以行期太迫，不能再往。因晤伯君，知英人某先彼至敦煌，所得亦甚富，到英访得，亦入国家图书馆矣。其珍秘一如法人，四部不如伯君多，而佛经及其他古物则远过之。其四部书亦已商妥，将来亦可影照也。"②

同年 12 月，担任在美国举行的万国监狱改良会议中国代表的大理院刑庭推事金绍城，归途考察欧洲各国司法监狱审判制度，在巴黎曾致函伯希和等人，商请往观敦煌秘籍，未得回复，只见到沙畹。③ 法

---

① 《陶斋（端方）存牍》录罗振玉函曰："昨伯希和有信来……其来函已交授经，托陈仁先兄译呈，想日内当奉上也。"《艺风堂友朋书札》下册所录吴昌绶第121 函曰："伯希和照片四百八叶，已来一分，尚有一分可寄阅。叔蕴守定版权，盟约甚苦。"第 124 函曰："授经来函，云法人伯希和又寄影片四百八叶，中多佚籍，拟传印十分，每分百二十元，比在中国价廉一半，绶已允其附股二分。"（911、913 页）吴函所指，当为伯氏所寄首批照片，即 1911 年王国维所说"去岁伯君邮寄敦煌古籍景本数百枚"（王国维：《观堂集林》卷二十一，3 页），其目录存于京师大学堂（上海图书馆编：《汪康年师友书札（三）》，3174 页）。据张树年主编《张元济年谱》可知，罗振玉拟印伯希和所得之敦煌遗书，"伯谓须照印费三千余元"（91 页），经端方介绍，罗托张元济在商务印书馆影印，张允之，并收罗预付影印费二千元。《永丰乡人行年录（罗振玉年谱）》"1913 年秋"条则谓："往与伯氏约写影，端忠敏慨允出资。后忠敏废罢，乡人乃与沪上某估构合，偿忠敏金，由估任剞劂，乡人任考订。数年，估不践约。至是乃由乡人节啬衣食，独力任之。"另参见顾廷龙校阅：《艺风堂友朋书札》下册第 998、1000 页的罗振玉来函第 2、4。

② 上海图书馆编：《汪康年师友书札（二）》，1745～1746 页。1909 年罗振玉见伯希和后，即函告汪康年有关信息，所以后者问张元济是否抄得目录。

③ 参见金绍城：《十八国游历日记》，见沈云龙主编：《近代中国史料丛刊续编》第 21 辑。金氏 1902 年"负笈英格兰，入王家书院"，习政治经济，曾遍游欧洲诸国及美国，考求其人文学术。参见袁荣法：《金北楼先生家传》，见沈云龙主编：《近代中国史料丛刊续编》第 21 辑。

方保管的严密引起一些中国学者的不满，指责伯希和并未真心履行诺言。其实此举并非针对中国学者。据说伯氏将文书藏于巴黎国立图书馆东方部的一个房间里，亲自掌管钥匙，引来不少法国同行的攻击。①

此外，当时已有留学生接触法国的汉学家，如帮助沙畹从事古籍考释的吴勤训、魏怀等。留学巴黎大学攻读法律的冯承钧，毕业后进入法兰西学院，"时彼邦硕学如沙畹、伯希和、鄂庐梭辈，皆与承钧相师友，学问相劘切"②。后冯氏翻译法国汉学家的著述达五百万言，其中伯希和所著占很大比重，成为中国学人了解这位大师的重要中介。

中国学者尽管与伯希和的交谊缘于敦煌文书，对此心情却极为复杂。1909 年罗振玉致汪康年函即称此为"极可喜可恨可悲之事"，所恨者国宝遭劫，"此书为法人伯希和所得，已大半运回法国"；所喜者已影印部分，并可尽照其余；所悲者不知是否尚有劫余。③ 后来陈垣编《敦煌劫余录》，序中直陈："匈人斯坦因、法人伯希和相继至敦煌载遗书遗器而西。"有人劝他不要直接提名，因为二氏来华，在学术界集会上彼此还常见面，而且"劫余"二字太"刺激"，是否改一名称。陈垣答道："用劫余二字尚未足说明我们愤慨之思，怎能更改！"④ 1922 年，胡光麃获中国政府颁发的嘉禾奖章，"而伯希和之名亦赫然为另一受奖者。当时以为我们祖先留传下来的宝贵文化遗物，竟为外人予取予携大包小捆饱载而去，反而政府予以奖励，是为赏罚不明，因而虽获奖而终未领受"⑤。20 世纪 30 年代王重民因伯希和的支持而赴法，又获睹其主动提供的笔记手稿，却感叹："但有关敦煌学史料，竟被伯希和辑录而去，且被封闭在木匣中几三十年。言念及之，感慨万端。"⑥

---

①　参见[英]彼得·霍普科克著，杨汉章译：《丝绸路上的外国魔鬼》，185～186 页。

②　《冯承钧》，载《传记文学》，第 32 卷第 6 期(1978 年 6 月)；王静如：《冯承钧教授传》，载《燕京学报》，第 30 期(1946 年 6 月)。

③　参见上海图书馆编：《汪康年师友书札(三)》，3169～3170 页。

④　刘乃和：《书屋而今号励耘》，见《励耘书屋问学记：史学家陈垣的治学》，153～154 页，北京，生活·读书·新知三联书店，1982。陈垣此说主要当针对伯氏。

⑤　胡光麃：《百年来影响我国的六十洋客》，载《传记文学》，第 38 卷第 3 期(1981 年 3 月)。

⑥　王重民：《英伦所藏敦煌经卷访问记》，见《敦煌遗书论文集》，5 页，北京，中华书局，1984。

同时，中国学者与此重大新发现结缘，又由于伯氏，不仅因此而保存了一批劫余文物，更有了精华副本来归的希望。况且留存文物遭劫更甚，反不如法国保管之善。伯希和又为汉学专家，与斯坦因、华尔纳（L. Warner）等人不同，确能以学者态度对待秘宝，所以一般倾向于将他与斯、华等人区别对待。1935 年，北平的一批学者联名发表公开信，反对政府将故宫博物院等公私方面收藏的古物运往英国伦敦举办中国艺术国际展览会，信中对担任选择委员的伯希和也予以谴责，指其"向与英人斯坦因至甘肃敦煌，行贿当地道士，发掘古室，盗取无数唐代以前之古物，至今犹封存巴黎国家图书馆与英伦博物馆中，不知凡几。前岁斯坦因卷土重来，举国上下监视其行动，一时彼竟无所措其手足。今若欢迎伯希和参加此项挑选工作，不免前后歧视，自贬其尊严。英国之推此人来华，或有用意"①。傅斯年即撰文代为辩解道，"论伯君与敦煌卷子之关系，应详察当时之经过与责任，未便与斯坦因氏混为一谈，此为事实与公道之问题"，要求区别学者与古董商或博物院之典守官。② 而北平学术界似乎接受这一申辩，二度发表反对宣言时，即不再牵涉伯希和。③

---

① 《我国学术界反对古物运英展览》，载《北平晨报》，1935 年 1 月 20 日。签名者为王力、李碧芸、林徽因、侯宗濂、陈之迈、陈岱孙、赵诏雄、朱君之、沈性仁、金岳霖、秦宣夫、沈有鼎、陈铨、熊佛西、朱自清、周培源、金岳荣、浦薛凤、张荫麟、张真如、刘信芳、李健吾、时振纲、姚鸿鬶、梁思成、李濂、张奚若、杨景任。

② 参见傅斯年：《论伯希和教授》，见《傅斯年全集》第 7 册，2350 页，台北，联经出版事业公司，1980。傅斯年的辩词在史实方面亦有舛错。但所指出反对者两年前曾欢迎伯希和，则为事实。1933 年 2 月 11 日，王力宴请伯氏，作陪者有罗常培、王庸、刘子哲、王静如、李方桂、刘半农、黎锦熙、冯友兰、叶石荪、刘盼遂、浦江清、朱自清等人。参见姜建、吴为公编：《朱自清年谱》，118 页，合肥，安徽教育出版社，1996。

③ 参见《平市学术界二次宣言反对古物运英展览》，载《北平晨报》，1935 年 1 月 27 日。此次签名者为司徒乔、朱君之、朱自清、沈性仁、沈从文、吴世昌、李健吾、林徽因、金岳霖、梁思成、黄子通、许地山、秦宣夫、张真如、刘敦桢、熊佛西、闻宥、钱稻孙、顾颉刚。

第二节　礼尚往来

伯希和声名鹊起，虽与敦煌遗书关系密切，却并非依赖垄断材料。作为国际汉学的领军主帅，其过人头脑和深厚功力，一开始便令中国学术界刮目相看。傅斯年总结其学术特色道："伯先生之治中国学，有几点绝不与多数西洋之治中国学者相同：第一，伯先生之目录学知识真可惊人，旧的新的无所不知；第二，伯先生最敏于利用新见材料，如有此样材料，他绝不漠视；第三，他最能了解中国学人之成绩，而接受之，不若其他不少的西洋汉学家，每但以西洋的汉学为全个范域。"①

伯希和是语言天才，精通十四门外语，而且博闻强记。他主张与中国学者交流，得力于汉语能力强和熟悉中国学术。他是传教士以外西方汉学界中罕有的能讲流利北京话的学者。在这方面，其导师沙畹和同辈马伯乐、葛兰言等亦远为逊色。马伯乐虽来华多次，也"喜与中国人士接交"，但只能"强作汉音，殊有风趣"。② 直到 20 世纪 20 年代至 30 年代举办巴黎大学中国学院时，仍是"欧人之能中文者，有如凤毛麟角，欲聘相当人物，殊为难得"③。缺乏语言工具，就没有沟通的桥梁。而且，伯希和并非单纯口语流利，文字功力也相当深厚。1906年他率考察队在喀什拜访当地官员时，人们对这位年轻洋人所说"流利而漂亮的中国话"以及"能熟练地引用中国古书上的词句并能朗读会客厅内对联上所写的句子，无不大吃一惊"。④ 王国维乃近代中国学术史上的旷世奇才，1909 年初次见面时尚不知伯氏于中亚历史语言造诣精深，已肯定"博士优于中学"⑤。深知欧美汉学界底细而曾经被伯希和

---

① 傅斯年：《法国汉学家伯希和莅平》，载《北平晨报》，1933 年 1 月 15 日。

② 高名凯：《马伯乐教授》，载《燕京学报》，第 30 期（1946 年 6 月）。

③ 刘厚：《巴黎大学中国学院概况》，载《中法大学月刊》，第 4 卷第 2 期（1933 年 12 月）。

④ ［英］彼得·霍普科克著，杨汉章译：《丝绸路上的外国魔鬼》，178～179 页。

⑤ ［法］伯希和著，王国维译：《近日东方古言语学及史学上之发明与其结论》，"译后记"，见《王国维遗书》卷四十二《观堂译稿》上，第 9 册，388 页，上海，上海书店出版社，1983。

怠慢的拉铁摩尔（Owen Lattimore）承认道："与许多主要依赖懂外语的中国人替其翻译中文资料的'专家们'不同，伯希和确实自己动手搜集材料，并能较好地理解这些材料。"①

伯希和没有一般汉学家对中国当代学术的轻视态度，充分认识和肯定清初以来的学术发展与成就，认为："中外汉学大师之造就，堪称殊途而同归，尤以清初康熙以来，经雍乾而至道光，名家辈出，观其刈获，良足惊吾欧洲之人。此果何由，亦由理性之运用与批评之精密，足以制抑偏见成说，其达到真理之情形，实与西方学者同一方式，无足怪也。"因此，他对于继承前贤的当代中国学者，也"寄有无限之敬重与希望"②。更为重要的是，伯氏此说并非当面示好，1926 年 10 月 26 日，他在德国法兰克福讲演中国戏剧，提出："治'中国学'须有三方面的预备：①目录学与藏书；②实物的收集；③ 与中国的学者接近。"并批评德国的中国学"殊不如人"。③

在接近中国学者方面，伯希和身体力行。民国建立以后，除保持既有联系外，还不断结交新知。第一次世界大战起，伯希和再度入伍，担任副官，"从军达达尼斯海峡，既而复有事西伯利亚"④，与中国学者的联系一度较疏。1916 年，他调到法国驻华使馆任陆军武官次官，行前曾致函罗振玉，告以调任消息，并为其写影古卷轴十余种。⑤ 7 月，他在上海拜访了张元济，观看涵芬楼所藏旧书。张做东在寓所宴请伯氏，沈曾植、叶昌炽、张石铭、缪荃孙、蒋汝藻等人作陪。叶昌炽《缘督庐日记》记其事道："晨起，案上有书，张鞠生京卿招晚酌，言

① ［日］矶野富士子整理，吴心伯译：《蒋介石的美国顾问——欧文·拉铁摩尔回忆录》，41 页。据说，"在欧洲和美国职业汉学家中流行的姿态是，声称或者有时假装自己的汉字写得如此之好，以致他们亲自做全部的工作。事实上，他们大多数人依靠懂英语或法语的中国人来承担为其搜集材料的主要工作，自己只是将其润色一下"（41～42 页）。

② 傅斯年：《法国汉学家伯希和莅平》，载《北平晨报》，1933 年 1 月 15 日。

③ 《胡适的日记》（手稿本），1926 年 10 月 26 日。

④ ［法］伯希和著，王国维译：《近日东方古言语学及史学上之发明与其结论》，"译后记"，见《王国维遗书》卷四十二《观堂译稿》上，第 9 册，389 页。

⑤ 参见罗振玉：《雪堂校刊群书叙录》卷下，516 页。

有法国友人毕利和，即在敦煌石室得古书携归其国者，今来中土，研究古学，甚愿与吾国通人相见。"是晚由六时饮至三鼓，宾主畅叙甚欢。① 其间伯希和还与缪荃孙等有所交流。《艺风堂友朋书札》存伯希和来函一通，谓："奉手书，承惠赐小丛书及抄本《岛夷志略》，谨领以谢。嘱钞《沙州志》，俟弟到北京后，遵即钞呈。午前十下钟时，当诣前请教，借壮行色。"②

清廷垮台后，不少文人学者散出京师，上海、天津、青岛等地成为遗老的聚居之所，其中不乏政治保守而学术造诣深厚的"通人"。当晚座中除几位藏书刻书及版本目录学家外，沈曾植更是清末民初的一代大儒。王国维许为光宣以后学术之准的，"以为亭林、东原、竹汀者俦也"，并说："夫学问之品类不同，而其方法则一。国初诸老用此以治经世之学，乾嘉诸老用之以治经史之学。先生复广之以治一切诸学，趣博而旨约，识高而议平。其忧世之深，有过于龚、魏，而择术之慎，不后于戴、钱。学者得其片言，具其一体，犹足以名一家立一说。其所以继承前哲者以此，其所以开创来学者亦以此。使后之学术变而不失其正鹄者，其必由先生之道矣。"③尽管王国维内心对其别有褒贬，但如果学术正统确为一线单传，沈曾植无疑是那一时代中国文化的学术所寄之人。

清末民初，适逢学术因时剧变之际，中外交汇，史料出新，固守者不免落伍，开通者与时俱进。罗振玉、王国维等人信奉学不分中西新旧的卓见，承继中国学术正轨而发扬光大。柯劭忞于蒙元史，董康于民间文学，也均有重要贡献。欧战期间，伯希和任职于北京，而罗

① 陪客中原定有刘承幹，因服丧未至。参见缪荃孙：《艺风老人日记》，丙辰六月廿二日(1916 年 7 月 21 日)，2969 页，北京，北京大学出版社，1986 年影印；《张元济日记》，1916 年 7 月 20 日，91 页，北京，商务印书馆，1981；张树年主编：《张元济年谱》，127 页。

② 顾廷龙校阅：《艺风堂友朋书札》下册，1028 页。另据 1916 年 7 月 26 日王国维致罗振玉函，函曰："昨日哈园宴客，晤褚礼堂，知伯希和近日过此赴北京使馆武官之任。今日过乙老，始得其详。此次伯君过沪，张菊笙宴之，请乙老往陪。伯出《舜典释文》照片(并有《周易释文》)。乙老劝菊笙及蒋孟平印之，菊笙许诺，然不知能付印否耳。"见《王国维全集·书信》，95~96 页。

③ 王国维：《沈乙庵先生七十寿序》，见《观堂集林》卷二十三，26、27 页。

振玉避居日本，罗与之"仅通一信，彼邦战事方烈，亦无考古之余兴矣"①。直到欧战结束，伯希和于 1919 年 5 月归国，"将返巴黎，重莅讲席"，途经上海，与东归的罗振玉邂逅，"乱后重逢，相得益欢，畅谈两时许，户外大雨如注，若弗闻也"。② 伯氏还约张元济于礼查饭店用晚餐，并托购《金石录》《择是居丛书》，订购《道藏》《四部丛刊》等书。③ 此后，伯希和又介绍其友人来见张元济，往观涵芬楼旧书。④

新文化运动兴起，中国学术发生重大变化。在一味引进新思潮之后，以科学方法整理国故，促成了中西新旧文化在学术层面的进一步交融。一批新进学人乘此大势，进入新潮学术的主流。这时沙畹已经过世，其巴黎学派的领袖位置，由伯希和接替。1921 年，伯希和当选为法兰西研究院评议员，"此为法国各界学者所得之最高荣誉，汉学家而得此选者唯伯希和与（马伯乐）教授二人"⑤，而后者获此殊荣是在十五年后的 1936 年。作为进入法国最高学术层的第一人，伯希和的成就显然已经超过沙畹，将欧洲汉学推进到与其他学科并驾齐驱的地位。1918 年沙畹逝世后，伯希和参与在国际远东研究中举足轻重的权威刊物《通报》的编辑，从 1925 年起担任主编，1935 年出任法国亚细亚学会主席。"此先生学问发扬光大之时期也"，"每一文出，学者辄奉为权威，各国学术团体多赠以荣誉学位或约为通讯研究员。盖先生已获得世界学者之地位矣"。⑥ 随着地位的变化，伯希和主动与中国学者联系的机会虽然减少，但对于日益增多的登门访客和求教者，仍然予以热情的帮助和关照。

1921 年 3 月 2 日，蔡元培受中国政府派遣，赴欧美考察大学教育及学术机关研究状况，在巴黎拜访了伯希和，"据言在新疆所得之古物，有在鲁佛尔博物院者，有在东方古物馆者，现考订未竟，且印费

---

① 顾廷龙校阅：《艺风堂友朋书札》下册，1005 页。

② 甘孺辑述：《永丰乡人行年录（罗振玉年谱）》，76 页。

③ 参见张树年主编：《张元济年谱》，169 页。

④ 参见《张元济日记》，1920 年 3 月 11 日，720 页。

⑤ 高名凯：《马伯乐教授》，载《燕京学报》，第 30 期（1946 年 6 月）。

⑥ 翁独健：《伯希和教授》，载《燕京学报》，第 30 期（1946 年 6 月）。另参〔法〕M. 罗克著，耿升译：《伯希和诞生一百周年》，载《中国史研究动态》，1980（8）。

极贵，一时未能出版"①。1922年，董康在法国国家图书馆敦煌室抄录有关法制的文卷，又介绍前来考察实业的胡光麃与伯希和见面，获准前往查看有关技艺的敦煌资料。②两年后，日本中国学家内藤虎次郎赴欧阅看敦煌卷子，董康托其带书给伯希和等欧洲汉学家。③ 在此前后，经王国维介绍，陈寅恪在巴黎拜见了伯希和，并在其家看到韩本《元秘史》。④

　　1926年8月，因新文化运动暴得大名、已成为中国新学术权威的胡适，作为中英庚款咨询委员会委员赴欧参加庚款会议，顺便到巴黎法国国家图书馆看敦煌卷子，8月24日下午，专程拜访了伯希和。其当天的日记写道："他（指伯希和）是西洋治中国学者的泰斗，成绩最大，影响最广。我们谈了两点钟，很投机。"在致徐志摩的信中又说："在此见着 Pelliot，我也很爱他。"⑤两天后，由伯希和亲自陪同引荐，胡适得以进入图书馆的写本书室看敦煌卷子。此后的近一个月，胡适集中精力查找禅宗史料，并与伯希和有过几次关于禅宗史和敦煌卷子的详谈，他建议中国学者参与巴黎、伦敦的敦煌写本的整理，分类编目，并指出伯氏所编目录有不少错误。伯希和表示赞成胡适的提议，请其记下编目的错误，以便更正，并托其留意禅宗在中国画派上的影响。胡一一允诺照办。此后的两个月期间，两人在德国法兰克福的中国学院和英国几度重逢，自由交谈之外，胡适还听取了伯希和所作关于中国戏剧以及中亚与中国关系的学术报告。⑥

　　对于前来阅看卷子的中国学者，伯希和不仅予以引荐，还往往负

---

① 高平叔编：《蔡元培全集》第7卷，332页。

② 参见胡光麃：《百年来影响我国的六十洋客》，载《传记文学》，第38卷第3期（1981年3月）。

③ 参见[日]内藤虎次郎：《欧航集》，转引自董康著，傅杰校点：《书舶庸谭》，4页。

④ 参见陈寅恪：《王观堂先生挽词（并序）》，见《寒柳堂集·寅恪先生诗存》，9页，上海，上海古籍出版社，1980；陈智超编注：《陈垣来往书信集》，378页。

⑤ 耿云志、欧阳哲生编：《胡适书信集》上册，383页。

⑥ 参见《胡适的日记》（手稿本），1926年8月24日—9月26日，10月25、26日，11月20日。

责关照影印等事宜。其态度"和蔼可亲，饶有学者风范"①，给造访者留下深刻印象。这与当时一些欧洲汉学家的倨傲形成鲜明对比，如曾是涂尔干弟子的葛兰言，"吴文藻先生游法之日，曾三过其门，不得一见。嗣经莫斯（葛氏的老师）介绍，方获晤谈"②。其实伯氏并非一概平易近人，后来成为蒙古史研究名家的拉铁摩尔1927年在巴黎见到伯希和时，便颇受冷遇。③

1928年10月至1929年2月，太虚法师在巴黎筹划成立世界佛学院，与伯希和几度接触，"互致倾慕"，并允其为发起人。④ 1930年2月，吴宓游学欧洲，在巴黎拜会了伯希和，文人气重的吴宓似对其印象不佳，他形容"彼乃一考据家，又颇有美国人气习。迨宓述王国维先生及陈寅恪君之名，又自陈为《学衡》及《大公报·文学副刊》编辑，对宓始改容为礼"。吴宓好弄诗文，治学之道与欧洲汉学界通行方法相去甚远，"晤汉学家（西人）既有数人，虽佩其记诵考据之精博，心殊失望也"；对于单纯模仿西方汉学的国内学者，吴宓也心存异议，因为伯氏推重李济、顾颉刚等而指其"殊无辨择之能力矣"。⑤

1932年年底，伯希和为调查近年中国文史学的发展情况，并为巴黎大学中国学院采购普通应用书籍，再度来华，经香港、上海到达北平。在北平期间，他研究考察中国古迹及美术，并参观各个著名学术机构，受到学术界的热烈欢迎。中央研究院历史语言研究所、燕京大学、辅仁大学、国立北平图书馆、营造学社、与学术界关系密切的《北平晨报》馆以及当地的学者名流，陆续举行欢迎宴会或约其讲演，例如，他在燕京大学用英文演讲《在中国之西洋画家》。⑥ 公宴以1月10日晚中央研究院历史语言研究所在欧美同学会所举行的最为隆重，"除

---

① 胡光麃：《百年来影响我国的六十洋客》，载《传记文学》，第38卷第3期（1981年3月）。

② 高名凯：《葛兰言教授》，载《燕京学报》，第30期（1946年6月）。

③ 参见［日］矶野富士子整理，吴心伯译：《蒋介石的美国顾问——欧文·拉铁摩尔回忆录》，19页。

④ 释印顺编著：《太虚法师年谱》，145、153页。

⑤ 吴学昭整理：《吴宓日记》第5册，196页。

⑥ 《法国汉学家伯希和氏星期五在燕大讲演》，载《北平晨报》，1933年2月9日；姜建、吴为公编：《朱自清年谱》，118页。

该所研究员、特约研究员等皆到外，并请北平研究院李圣章、李润章，故宫博物院李玄伯，北大陈受颐、罗庸，清华冯友兰、蒋廷黻、黎东方，燕京许地山，辅仁余嘉锡，北平图书馆袁同礼、徐森玉、刘节、谢国桢、孙楷第，营造学社梁思成，西北科学考察团袁复礼、黄仲梁诸氏作陪"。事前中央研究院历史语言研究所所长傅斯年在接受报界采访时，介绍了伯希和的学术成就，称："他在汉学及中亚文史学上之地位，在欧美公认为领袖。"当晚傅斯年首先致欢迎辞，又对伯希和表示了崇高的敬意，认为"伯先生在学术上之伟大，以他在东方学中各方面的贡献，以他在汉学上的功绩，以他在中央亚洲文史的发现与考证，他不仅是以中国学著名的，而他正是巴黎学派中国学之领袖"。伯氏的答词除表示对中央研究院院长蔡元培人格学问的景仰外，还特别谈到导师沙畹的地位与贡献。①

私宴则以陈垣做东邀宴谭家菜最见礼重。此宴由陈寅恪、胡适、柯劭忞、杨雪桥等作陪，假座丰盛胡同谭祖任宅。② 谭家菜是北京最负时名的粤式家庭菜馆，主人出身官宦世家，好书画，能诗词，精鉴赏，与陈垣、杨树达等人皆为思辨社成员，加以环境幽雅，格调清新，其海味名菜胜过各大饭庄，但并不对外营业，主人还须以客人身份入席，因而一般人不易品尝。③ 在此设宴，更显巧思与敬重之意。陈垣与伯希和虽是初次见面，彼此却早有联系。20 世纪 20 年代初，陈垣发表关于火祆、摩尼、基督等外来宗教论文，引起伯希和的注意。伯氏与之通信，并托陈垣代为拓印福州乌石山有关摩尼教《二宗经》《三际经》的宋碑。此乃 1916 年伯希和来华时，从福州藏书家龚易图处听说，但未见原碑或拓本，在地方志中也遍查不得。④ 陈接信后，即托樊守

① 参见傅斯年：《法国汉学家伯希和莅平》，载《北平晨报》，1933 年 1 月 15 日。

② 参见陈智超编注：《陈垣来往书信集》，178 页。

③ 参见袁祥辅：《漫谈谭家菜》，见中国人民政治协商会议北京市委员会文史资料研究委员会编：《文史资料选编》第 24 辑，279～280 页，北京，北京出版社，1985。

④ 参见[法]伯希和：《福建摩尼教遗迹》，见冯承钧译：《西域南海史地考证译丛》第 2 卷第 9 编，126 页。

执代为查访。樊氏寻访多日，仍无下落。① 此次来华，伯希和将俄国所藏《元秘史》摄影并分赠北平图书馆，兼任馆长的陈垣致函感谢之余，表示要合文廷式抄本再校一遍。② 来访期间，他还与北京的几位学者一起整理新发现的额济纳汉简。③ 4 月伯希和离京归国，陈垣、胡适、李圣章等人送他至车站。

随着地位的提高和声望的增长，伯希和除了继续与中国学者交流学术外，还致力于促进中法文化交流。第一次世界大战后，欧洲鉴于战争惨烈，本位文化的自信极大动摇，一些人转向东方寻求解脱。法国总统声言："欲图战后文明之进步，必先使世界史上最古光彩灿然之中国文化与法国文化两者智的关系深厚固结。"④1919 年秋，叶恭绰赴欧考察，提出由交通部出资，设中国学院于巴黎大学，得到法国总理班乐卫(Paul Painlevé)的同意。1920 年该院宣告成立，目的在于推动中法两国互相研究彼此的高深学问；翌年年底，得到法国政府的承认，1929 年年初，正式归属巴黎大学。该院由十人组成的评议会中，伯希和是唯一的纯学者。他还担任该院的研究指导委员会委员。该院图书馆所藏图书，大多系伯希和让售或代为购买。从 1927 年起，伯氏为中国文学、语言学和美术讲座讲授汉学与图画。该院共设七个讲座，所聘教授，除伯氏与担任干事的葛兰言为汉学家外，其余所讲均极肤浅。马伯乐一度兼课，后因与葛兰言不和而退出。所以该讲座"在筹备期中最难之事，即在主讲人之缺乏"⑤。这样，伯希和的加盟可谓至关重要。该院的中国政府代表称："伯希和君为该院一大柱石，得其精神上之帮助不少。彼承沙畹、哥底之后，而为法国汉学界之泰斗，今教授

---

① 陈智超编注：《陈垣来往书信集》，163～167 页。据樊守执说，龚易图在光绪十九年(1893)时已经身故。另据伯希和《说郛考》[冯承钧译，载《国立北平图书馆馆刊》，第 6 卷第 6 号(1932 年 11—12 月)]，他在龚易图处还看到澹生堂抄本《百夷传》和《九夷古事》。

② 参见陈智超编注：《陈垣来往书信集》，417～418 页。

③ 参见[瑞典]斯文·赫定著，徐十周、王安洪、王安江译：《亚洲腹地探险八年：1927—1935》，401 页。

④ 罗增益译：《日本人之中法文化运动观(续)》，见张允侯、殷叙彝、李峻晨：《留法勤工俭学运动(一)》，502 页。

⑤ 太玄：《巴黎通信》，见张允侯、殷叙彝、李峻晨：《留法勤工俭学运动(二)》，89 页，上海，上海人民出版社，1986。

其间，殊增该院之荣威。此巴大中国学院，所以极为欧美汉学家之所属目也。"①当时欧洲研究中国文化者虽日益增多，但像中国学院这样大规模研究和传播的机构，尚属罕见。中国学生来院听课者，大都在巴黎大学预备论文。截至 1933 年，已有十一人考得文科博士学位。先后得到伯希和亲炙的中国学人有方壮猷、王静如、郭麟阁、韩儒林等。

20 世纪 20 年代初，北京大学为加强学术研究，成立了北京大学研究所国学门。1923 年 1 月，由校长兼所长蔡元培具函，敦请伯希和担任北京大学研究所国学门考古学通信员。② 在促进该机构与国际学术界的交流合作方面，伯希和起了重要作用。北京大学"《国学季刊》所登文章，每期均由伯希和君在《通报》中作介绍文，因此欧洲学术团体近中颇有知《国学季刊》者。照此做去，十年后我研究所必为世界学问团体中一重要会员"。1925 年，北京大学"依罗、王诸公之例，月送百金"，聘请伯希和任职该所。此举应为请伯氏担任导师。经代表北京大学的刘复接洽，双方就聘期事宜有所商议。伯希和接受了北京大学研究所国学门主任沈兼士寄去的聘书，并主动提出，次年 4 月，由埃及皇家地理学会组织的万国地理学会将在开罗召开大会，"主要事项仍在考古，故各国考古学者、历史学者、地理学者以及此等诸学之团体代表，无不到会"，"他极愿同时兼做北大研究所国学门的代表"。此行需费甚多，伯氏本来尚在犹豫之中，因"此事对于北大可增不少之声价，愿极力为之"③，北京大学研究所国学门遂正式委托伯希和代表该机构向大会致意。这次大会被伯希和视为学术中心由集中于欧洲一地向世界各地扩展的转折，并且预言："恐怕等不了多少年，加尔谷塔、东京、北京等处，都要请诸位去就地研究他们所研究的和他们所要研究的东西了。"会后伯希和特意致函北京大学研究所国学门，详细通报有关情况，函谓：

---

① 刘厚：《巴黎大学中国学院概况》，载《中法大学月刊》，第 4 卷第 2 期（1933 年 12 月）。

② 参见高平叔编：《蔡元培全集》第 4 卷，309 页，北京，中华书局，1984。

③ 《刘半农致研究所国学门主任函》，载《北京大学日刊》，第 1627 号（1925 年 2 月 20 日）。

亚洲学会今天开会的时候，经我的提议，答应拿《亚洲学报》同北京大学研究所国学门出版的《国学季刊》交换。

我以前曾把《研究所国学门概要》介绍给他们，而且对于研究所的组织和进行的目的，也详细的说过了。这里的同事们对于这些报告都有极同情的赞许，并恭祝研究所的成功。

还有你委托我的事，我已经代表研究所国学门出席于开罗开会的万国地理学会。当大会开幕的时候，我曾代表所有的外国代表在埃及国王面前发言，但是你在我的短的演说中，可以看见我并没有把咱们的研究所忘掉了。①

作为全体外国代表的发言人，伯希和在演说中强调其北京大学研究所国学门的代表身份，给与会各国学者留下深刻印象，有助于扩大中国新兴学术机构的影响。此外，他还允诺将所主持的《通报》近四年各号寄赠北京大学研究所国学门，并代为向荷兰出版人方面交涉减价购买《通报》全份（因后者只愿出售，不肯交换）②，又通过罗振玉向国学门寄赠研究中国古学的法文书籍二十种，由国学门组织翻译出版了其中的八种③。

对于中国学术的新进展，伯希和十分关注，认为"李济、顾颉刚等皆为中国第一流学者"④。1932 年，伯希和因中央研究院历史语言研究所各种出版品之报告书，尤其是李济所著安阳殷墟发掘报告颇有学术价值，特向法国考古与文学研究院提议，将该年度的儒莲奖金赠予该所。此项奖金以法国第一代汉学领袖命名，"赠于在过去一年中关于中国语言、历史等学最完美之著作"。其意义不但显示中国学者在考古学领域十年艰辛努力所取得的成就，得到了国际学术界的公认，更像伯希和给中央研究院院长蔡元培的专函中所说的，"此仅为予等对于中

---

① ［法］伯希和：《在开罗万国地理学会演说》，载《北京大学研究所国学门周刊》，第 1 卷第 3 期（1925 年 10 月 28 日）。

② 参见《刘半农致研究所国学门主任函》，载《北京大学日刊》，第 1627 号（1925 年 2 月 20 日）。

③ 参见《国立北京大学研究所国学门重要纪事》，载《国学季刊》，第 1 卷第 1 号（1923 年 1 月）；《北京大学日刊》，第 979 号（1922 年 3 月 11 日）。

④ 吴学昭整理：《吴宓日记》第 5 册，196 页。

国博学者极微薄的钦佩之表示，同时予等欲在中国极感困难时借此向中国博学者表示同情"。当时中国正遭受水灾和战乱，经济困难，学术活动尤感竭蹶，受此鼓舞，蔡元培复函表示各项研究将积极进行，"本所同人当益益勉力，以副期望"。①

1935 年伯希和来华之际，还与傅斯年一起专程前往殷墟实地考察。② 据说中央研究院历史语言研究所拟聘伯希和为通讯员。③ 1937 年，洪业获得儒莲奖，推荐者也是伯希和。洪业任教于哈佛大学期间，曾旁听过客座教授伯希和的课，并指出后者关于中国历史上最早年代记载之说的错误，两人因此成为好友。④

袁同礼代理北平图书馆馆长期间，积极培育年轻学人，方式之一是以交换形式派人到欧美各国学习进修。其计划得到伯希和等人的响应。1930 年 7 月，北平图书馆礼聘伯希和为通讯员。⑤ 伯氏来华时，曾与袁接触会晤。为此，袁事先向陈垣索还《元秘史》《华夷译语》等书，"拟交伯希和一看，渠日内来平也"⑥。经过协商，中国派王重民赴法，法国则派杜乃扬女士（Marie-Roberte Guignard）来华。⑦ 派往伦敦的向达也曾到巴黎看敦煌卷子。尽管他们是后辈，而伯希和身兼要职，然而他却尽可能给予指教帮助。

王重民在巴黎数年，不仅编制了有关敦煌遗书的详细目录，而且抄录摄制了大量卷子。离法赴英前，王"往谒伯希和，询以敦煌文献及回鹘史事数则，伯希和韪之"。听说王有意重新考订敦煌群书，伯希和主动提示，"'余在敦煌工作时，在千佛洞百余窟中，凡有关于历史之题壁，为影相所不能摄者，均有手录清稿，尤为重要。藏笈篋笥，亦

① 高平叔编：《蔡元培全集》第 6 卷，179～180 页。

② 参见傅乐成编：《傅孟真先生年谱》，37 页，台北，传记文学出版社，1979。

③ 参见王静如：《二十世纪之法国汉学及其对于中国学术之影响》，载《国立华北编译馆馆刊》，第 2 卷第 8 期（1943 年 8 月）。

④ 参见［美］陈毓贤：《洪业传》，103 页。

⑤ 参见《北京图书馆馆史资料汇编(1909—1949)》上册，324 页。

⑥ 陈智超编注：《陈垣来往书信集》，443 页。编者系是函于 1933 年 5 月 1 日，应为 1935 年。

⑦ 参见严文郁：《提携后进的袁守和先生》，载《传记文学》，第 8 卷第 2 期（1966 年 2 月）。

将三十年矣。'言已，返身入书室，取来两个木匣，长尺许，宽六寸许，高寸许，满贮手稿"；其中"有赞，有铭，有叙，有题款，上起北魏大统，下迄元、明，其著明年月者，以晚唐及五代为最多，西夏、蒙古，亦间有之。铭赞序跋，多关史事，可补写本文件所阙。而题款之中，不但有年月可稽，有官衔可考，且阖家老幼，一齐具名，既可明其世系，且可知其行辈。若归义军之张氏、曹氏，世族之阴氏、索氏、慕容氏、邓氏等，所关甚巨，史籍既已放失，写本文件，又复不全，在今日此诚为唯一宝贵史料矣"。王饱观过后，"乃向伯希和曰：'《敦煌壁画集》(*Les Grottes de Touen-Hoang*，1920) 既已印行，此为不可缓。此不但为壁画之题解，亦为研究西北史地者之最重要史料。且在此三十年中，千佛洞经游人之盗窃，风雨之剥蚀，恐原物毁灭已不少，则天壤一线之传，是在汝木匣中矣。盍即整理印行？'伯希和颔之。然恐事忙不果成。余因表示愿为助，彼乐而许之"。近年来这些手稿陆续整理出版，确如王重民所说，"其重要不在敦煌写本书下"。[1]

"九一八"事变后，为争取国际舆论的支持，中国积极展开文化外交，扩大中国在世界特别是欧洲的影响，法国成为重要目标。而大学教授和法兰西学院的院士们，"出于某种原因，他们在法国社会中享有很高声望，被看作是国家的智囊"[2]。伯希和以院士中唯一汉学家的身份协助中方的努力，作用为他人难以替代。1933 年 5 月至 6 月，由中法各美术学术团体发起主持，汇集了徐悲鸿、黄宾虹、齐白石、张大

---

① 王重民：《英伦所藏敦煌经卷访问记》，见《敦煌遗书论文集》，4～5 页。20 世纪 50 年代初期，王重民曾指责英、法等国的中国通们嫉妒中国敦煌学研究一日千里的成就，"实行幽闭敦煌经卷政策，把这个学术研究运动绞死。不但不再寄给我们材料，就是对于我们到巴黎和伦敦去的学者们，有时不肯痛痛快快的让他们阅读和研究，更造出一种空气来，说只有他们才有资格和条件去研究'敦煌学'，中国人是不配的"（王重民：《敦煌文物被盗记》，见《敦煌遗书论文集》，14 页。原文发表于 1951 年 5 月《文物参考资料》第 2 卷第 5 期，后文字有所改动）。此说至少对伯希和不适用。直到 20 世纪 20 年代中后期，伯希和还向王国维、罗振玉、李俨等人寄过敦煌卷子的照片，以后渐少，主因当是能去欧洲看卷子的人日益增多，而北平图书馆已将巴黎所藏大部照回。

② 中国社会科学院近代史研究所译：《顾维钧回忆录》第 2 册，36 页，北京，中华书局，1985。

千、刘海粟等70余位现代名画家的数百幅佳作以及数十幅古代名画精品的大型中国画展，在巴黎堡姆（Paume）美术馆连续展出45天，伯希和与28位中法要人担任名誉委员，并参与古画的挑选。先此，中国艺术家曾三度筹划在世界艺术之都举行画展，均未成功。这次画展在法国乃至整个欧洲引起热烈反响，开幕式各界来宾达两千余人，法、英、德、俄、意等国的报刊发表评论两百余篇，应观众要求，展期两度延续，"轰轰烈烈，恐为华人在法宣传空前之盛"①。

　　1935年5月至6月，年近花甲的伯希和偕夫人最后一次来华，所负使命，一是出席6月在上海举行的法国公益慈善会向东方图书馆赠书典礼，二是以1936年年初将在伦敦举行的国际中国艺术展览会选委员的身份，到上海选定准备运往英国的古物。他先到北京，与当地学者会晤。5月5、18、29日，他先后出席了北京大学外籍教授钢和泰、中央研究院历史语言研究所所长傅斯年、陈寅恪以及陈垣担任校长的辅仁大学的宴请，与陪客的胡适等人"谈甚畅快"。5月28日，他在胡适的陪同下到研究所看汉简及所藏拓本，提出，"今日宜作一个'外国文字碑文拓本总目'，以为整理的第一步"，得到胡适的赞同。②并受顾颉刚之托，带信给在巴黎的王重民，请他搜集欧洲所藏《尚书》敦煌本。③

　　6月6日，他赶赴上海，出席在环龙路11号法租界公董局举行的法国捐赠东方图书馆书籍赠受典礼，并代表法方致辞。该馆以伯希和曾经亲临的涵芬楼为基础扩建，1932年"一·二八"事变中，被日军纵火焚毁。事后，以张元济为主席的复兴委员会设法恢复，并向各国募捐图书。法国方面，由上海法租界公益慈善会出资，由伯希和亲自挑选了一千五百余种法文名著捐赠。在讲话中，伯希和对与会的张元济、王云五、蔡元培、李石曾等人在学术及中法文化合作上的贡献表示敬意，说，"我今天能厕身在这许多学者之间，已深荣幸。尤其引为光荣

----

①　刘厚：《巴黎中国画展之经过》，载《中法大学月刊》，第4期第5期（1934年3月）。刘厚当时为中法大学驻法国事务处主任。

②　参见《胡适的日记》（手稿本），各该日条。

③　参见顾潮编著：《顾颉刚年谱》，233、263页。

者，则此次赠书的选择，鄙人能参与其事，各书科目齐备，都为基本名著，或能于中法学术方面之沟通有所贡献。中国民族有悠久的历史，在世界文化颇占重要位置，近来各方进步甚速，前途光大。法人向为中国的好友，兹代表敬致祝忱"；中方的张元济、洪逵、李石曾、王云五等人讲话时，均对伯希和表示特别谢意，认为此举"不仅是表示文化上努力的沟通"，"还有很深切的感情的表现"。① 直到 1941 年 5 月，张元济、叶景葵等人还恳请伯希和出面说项，向上海法租界当局申请合众图书馆开馆及免税等事宜。②

至于伯希和承担的为伦敦国际中国艺术展选择古物一事，却始终有些波折。学术界反对的声音虽然平息，伯氏的表现仍然招致微词。参与其事的林语堂不无讽意地描述道："外国代表中(有)一位是法国汉学大家伯希和。你说他不通，他倒算通。妙在我们四五人在一室一室巡行观览之时，伯希和滔滔不绝的表示其内行。这张宋画，看绢色不错，那张徽宗的鹅，无疑是真的，墨色如何，印章如何。蔡先生却一声不响，不表示意见，只有口口客气说'是的，是的'。后来伯希和忽然怕了不说，若有所觉，不知在蔡先生面前出丑没有。这是中国人涵养反映外人卖弄的一副(幅)绝妙图画。"③但该展览举办后，在欧洲引起了东方美术热潮，效果相当明显。1936 年 1 月，参与展事的傅振伦赴欧洲考察博物馆事业，拜访了伯希和，经其介绍，得以入库参观卢浮宫所藏古物。④

第三节　文雅的树敌艺术

伯希和对中国文化感情深厚，这是他重视中国学术和学者的基础。而这方面的独到见识，得其导师沙畹的启迪甚多。在 1933 年中央研究

---

① 《法公益慈善会赠书东方图书馆 昨日举行赠受典礼盛况》，载《新闻报》，1935 年 6 月 7 日。
② 参见张树年主编：《张元济年谱》，489 页。
③ 林语堂：《记蔡孑民先生》，见陈平原、郑勇编：《追忆蔡元培》，270 页。
④ 参见傅振伦：《海外博物馆所见中国科技资料》，见《傅振伦文录类选》，800 页，北京，学苑出版社，1994 。

院历史语言研究所的宴会上，伯希和因傅斯年讲话对自己推崇备至，答词中特意突出沙畹的地位与影响。他说："沙畹之在中国学中，确为全欧巨擘。亦惟有沙畹始能认识中国文化之伟大的价值。""中国之文化，不仅与其他古代文化并驾媲美，且能支持发扬，维数千年而不坠，盖同时为一古代文化、中世文化而兼近代现代之文化也。研究中国古代之文化，而能实地接触当今代表中国之人，此种幸运，绝非倾慕埃及或希腊者所可希冀。知有此幸运而能亲来享受者，以沙畹为第一人。昔予之来中国，亦无非师效沙畹之榜样耳。"①这种认识在欧洲汉学界确属凤毛麟角。当时英国汉学家中名气最大的维列"从没有到过东方，而且不愿意去，因为怕一去之后把他对于中国的想象打破了"②。

　　由于热爱中国文化，伯希和虽然被一些法国同行指为目空一切，却能顾及中国学者的感情。1933 年来华时，傅斯年问他"游中国后将至日本否"，"伯君云：'日本固多吾之友，日本近来东方学工作固有可观，吾此次东来，日本固请吾顺道一游。然自沈阳事变之后，日本人之行为为吾甚不满，不欲于此时见之也。'吾继叩以将往大连晤罗振玉否。伯君答云：'吾亦不欲见之。'果然海道来，海道往，未经日本及东北。"就外国人而言，这一态度较那些"长城战血未干，遽然东渡攀交，如董康及其他者，高明多矣"。伯氏一直关注日本东方学的进展，而以巴黎所藏有关日文书籍多有缺失为憾，早在 1931 年就与羽田亨联系，拟赴日本考察交流，因故一再延期。③ 他此行已先期与日本学术界接洽，计划 3 月中旬到东京，举行四次讲演，并且公布讲题，内容关于古代中西交通和中国外来诸宗教等问题。④ 他最终放弃东渡计划，主要原因当是反对日本的侵略行径，尊重中国人的民族感情。直到 1935 年，伯希和才去日本，参观东方文化研究所和帝国大学等学术机构。

　　20 世纪 20 年代以后，中国学术界保存古籍古物的意识渐强，禁

---

　　①　傅斯年：《法国汉学家伯希和莅平》，载《北平晨报》，1933 年 1 月 15 日。

　　②　《胡适来往书信选》下册，506 页。

　　③　参见羽田亨：《我が国の東方学とベリオ教授》，载《東洋史研究》，第 10 卷第 3 号(1947 年)。

　　④　参见《ベリオ氏》，载《史学雑誌》，第 44 编第 3 号(1933 年 3 月)。

止外国人肆意劫掠，参与敦煌盗宝的华尔纳、斯坦因和斯文·赫定等人的进一步企图，相继遭到禁阻或约束。伯希和则比较自律，尽管在1916—1919年任职北京使馆期间，他有过新的遗址发掘计划，因经费困难，曾提议与华尔纳一起再到中亚共同进行①，但他尊重中国人的感情，严守戒律。他来华购书，"来此时即将此事告于中国人，临行时所购普通书及最近刊物之检查及放行事托之于古物保管会主持人马衡先生，以明其未曾携一古籍善本出境"。比较日本人多通过使馆直运，不啻天壤之别。②1935年5月，伯希和对胡适说："今日有人反对掘古墓，此非坏事，实于考古学有益无损。今日中国考古人才尚不够分配，仅够安阳一地，与其胡乱发掘，不如留以有待也。"③

不过，伯希和的感情并不影响其学者的理智。一方面，他结交中国学者不仅仅为获取材料，更重视后者的研究。不像斯坦因之流，夺宝之余，还指责中国无学问。他充分肯定清初以来的学术发展与成就，是建立在对中国古籍尤其是唐宋以来文献的版本目录下了大功夫的基础之上。天性倨傲、有"义和团学者"之称的傅斯年说"其对纯粹中国材料认识之多，在北平学界亦大可惊人"④，绝非谀辞。这从伯氏所写《说郛考》一文引用大量中国文献（尤其是各种丛书）中可以得到印证。同时他十分关注当代中国学者的研究业绩。王国维说，1919年春伯氏与罗振玉在沪相遇剧谈，"凡我辈所著新印之书，无不能举其名及其大略者"，叹服"军旅之中，其笃学如此，呜呼！博士之所以成就其学业者，岂偶然哉"。⑤不仅如此，伯希和还积极向国际汉学界介绍中国文史学者的成果，除了评介罗振玉、王国维的著述，对屠寄、柯劭忞的蒙元史，谢无量的《中国大文学史》，张天泽的《明代中葡贸易考》，陈

---

① 参见彼得·霍普科克著，杨汉章译：《丝绸路上的外国魔鬼》，189、213页。

② 参见傅斯年：《论伯希和教授》，见《傅斯年全集》第7册，2349页。但伯氏所寄之书因此被中国海关扣压数月。

③ 《胡适的日记》（手稿本），1935年5月28日。此前戴季陶等政府官员发表反对发掘古墓的意见，引起学术界的强烈不满。

④ 傅斯年：《法国汉学家伯希和莅平》，载《北平晨报》，1933年1月15日。

⑤ ［法］伯希和著，王国维译：《近日东方古言语学及史学上之发明与其结论》，"译后记"，见《王国维遗书》卷四十二《观堂译稿》上，第9册，389页。

垣的宗教史研究，王静如的西夏研究以及各种考古新发现等，均有所评论。所以傅斯年称："伯君认识及称述中国学人之贡献，尤为其他汉学者所不及。"①

另一方面，伯希和仍以对待本国同行的"文雅的树敌艺术"（即十分严厉的学术批评）来对待中国学者的成果。他称《明代中葡贸易考》虽对澳门发源史做了有益的贡献，但"在他说明以后，此历史仍旧迷离不明"，"以1933年作考据之人，引证及于百年前之废书，未免可异"；认为《蒙兀儿史记》和《新元史》"有关系的材料不少"，但"错误很多"；谢无量则在牟子相关问题上"鉴别力甚微"。②

尽管伯氏在公开场合推崇过一些亦官亦学者的贡献，但他总体上对当时中国学者的研究不甚满意，而最佩服王国维和陈垣。王国维死后，他在《通报》撰文悼念，称之为"现代中国从未产生过走得这般前面又涉猎如此丰富的博学者"③。1933年离京前，他在车站对送行的中国学者说："中国近代之世界学者，惟王国维及陈先生两人。不幸国维死矣，鲁殿灵光，长受士人之爱护者，独吾陈君也。"伯氏"在平四月，遍见故国遗老及当代胜流，而少所许可，乃心悦诚服，矢口不移，必以执事（指陈垣）为首屈一指"④。即使如此，他对王国维的著述在充分肯定的前提下，仍有近乎严苛的评议，坦率指出其欠缺，如认为王的蒙元史研究利用西方及蒙古文史料太不充足等。⑤

伯希和要求留学生也极为严格，据说有一位中国某大学教授，到巴黎大学预备博士论文，"文成而不可印者再，最后人情面子，将这篇

---

① 傅斯年：《论伯希和教授》，见《傅斯年全集》第7册，2350页。

② ［法］伯希和：《澳门之起源》，见冯承钧译：《西域南海史地考证译丛》第1卷第5编，39、45页。［法］伯希和：《库蛮》，见冯承钧译：《西域南海史地考证译丛》第1卷第2编，4页。［法］伯希和著，冯承钧译：《牟子考》，载《国立北平图书馆馆刊》，第6卷第3号（1932年5—6月）。

③ ［法］伯希和著，罗湉译：《王国维》，见陈平原、王枫编：《追忆王国维》，416页。

④ 陈智超编注：《陈垣来往书信集》，96页。

⑤ 参见［法］伯希和：《评王国维遗书》，见冯承钧译：《西域南海史地考证译丛》第1卷第5编，52～68页。

论文通过了"，伯希和因而感叹："近代的中国青年，不知中国。"① 当时赴法留学的青年甚多，水平参差不齐，有人甚至误将伯希和所在的法兰西学院与中学混同，入内听讲而完全不懂。② 由北京大学派赴巴黎留学的刘复，学位论文口试时经历了巴黎学派正统的洗礼。担任评委的六位学者，包括以伯希和为首的三位汉学家，考试进行了六小时，"刘回家时都要人架着走了"③。刘复随即被接纳为巴黎语言学会会员，并获得 1925 年度法国最高文艺学院的伏尔内奖(Prix Volney)。④

伯氏之说看似苛刻，却并非偏见，与中外学者的看法不谋而合。1922 年胡适曾断言："中国今日无一个史学家"，"南方史学勤苦而太信古，北方史学能疑古而学问太简陋。将来中国的新史学须有北方的疑古精神和南方的勤学工夫"。⑤ 能够融南北之长而去其细者，首推王国维与陈垣。日本学者桑原骘藏评介陈垣《元西域人华化考》时说："陈垣氏为现在'支那史'学者中，尤为有价值之学者也。'支那'虽有如柯劭忞之老大家，及许多之史学者，然能如陈垣氏之足惹吾人注意者，殆未之见也。"⑥ 黄侃、朱希祖、尹炎武等"偶谈及当世史学巨子，近百年来横绝一世者，实为门下一人(指陈垣)，闻者无异辞"。孙楷第和余嘉锡、王重民等人议论时贤，"以为今之享大名者名虽偶同，而所以名者则大相径庭"，多为"名浮于实"的"一时之俊"，而鲜"实浮于名"的"百代之英"，后者唯陈垣足以当之。⑦ 陈寅恪则推崇道，"盖先生之精

① 盛成：《海外工读十年纪实》，153、148 页，长沙，湖南人民出版社，1986。此说疑指刘复。但盛自称其 1928 年在巴黎大学中国学院讲授的中国蚕学大受欢迎，而代理该院中国政府代表刘厚则说"听者不甚踊跃"。参见刘厚：《巴黎大学中国学院概况》，载《中法大学月刊》，第 4 卷第 2 期(1933 年 12 月)。

② 李宗桐：《旅法杂忆》，载《传记文学》，第 6 卷第 4 期(1965 年 4 月)。

③ 赵杨步伟：《欧洲游记》，载《传记文学》，第 6 卷第 6 期(1965 年 6 月)。

④ 参见《刘复教授被举为巴黎语言学会会员》，载《北京大学日刊》，第 1607 号(1925 年 1 月 6 日)；《刘复教授得一九二五年伏尔内奖》，载《北京大学日刊》，第 1718 号(1925 年 6 月 12 日)。

⑤ 《胡适的日记》，438 页。

⑥ [日]桑原骘藏撰，陈彬和译：《读陈垣氏之〈元西域人华化考〉》，载《北京大学研究所国学门周刊》，第 1 卷第 6 期(1925 年 11 月 18 日)。

⑦ 陈智超编注：《陈垣来往书信集》，99、410 页。

思博识，吾国学者，自钱晓徵以来，未之有也"，其著作对于学风流弊，"必可示以准绳，匡其趋向"。① 王国维的成就更不限于史学。胡适虽将他列入旧学者，却推他为今日中国十二大人物中的三学者之一。其余二人，章炳麟已过时，学术半僵，罗振玉没有条理，而王国维则是所有旧学者以及包括梁启超和胡适本人在内的半新半旧的过渡学者中"最有希望"者，其研究已渐得世界学者的承认。② 陈寅恪更认为其著作"为吾国近代学术界最重要之产物"，"可以转移一时之风气，而示来者以轨则"。③

正因为伯希和的评论严而不偏，在民族情绪高涨的背景下，中国学者对其苛词竟能表示欢迎。早在伯希和与中国学者会面初始，罗振玉就对这位年仅 31 岁的洋学者的博学与才华感到惊异和敬佩，称其"博通东方学术，尔雅有鉴裁，吾侪之畏友也"④。1933 年伯希和来华，傅斯年一面介绍中国学者的努力和进展，希望他"看到北平的中国学人，在近几年中已大大的扩充了他们的范围，勇敢的尝试些新方法。一时的现象或者不免缺少条理，但如不受外来侵略的破坏，几年中将有极坚实的结果出来"，一面则请其"对吾人有些同情而不客气的批评"⑤，并且认为："西洋之谈中国事或治中国学者，如罗素伯爵、卫礼贤博士一派，欣悦中国文化而号'中国之友'，固当为吾人所亲爱。其将中国文史研究流布，发见已湮没之光荣，明辨将灭之文物，如伯希和君一流，准以吾国之为历代重视文史学之民族，自应加以敬重。"⑥

不仅如此，伯希和的批评还对中国学者产生了深远的影响，在相当程度上左右着近代学术发展的路向。陈垣曾对胡适慨叹："汉学正统此时在西京呢？还在巴黎？"两人"相对叹气，盼望十年之后也许可以

---

① 陈寅恪：《陈垣元西域人华化考序》，见《陈寅恪史学论文选集》，506 页。

② 参见胡适：《谁是中国今日的十二个大人物》，载《努力周报》，第 29 期（1922 年 11 月 19 日）；《胡适的日记》，440 页。

③ 陈寅恪：《王静安先生遗书序》，见《陈寅恪史学论文选集》，501 页。

④ 罗振玉：《莫高窟石室秘录（续前）》，载《东方杂志》，第 6 卷第 12 期（1910 年 1 月）。

⑤ 傅斯年：《法国汉学家伯希和莅平》，载《北平晨报》，1933 年 1 月 15 日。

⑥ 傅斯年：《论伯希和教授》，见《傅斯年全集》第 7 册，2350 页。

在北京了!"①陈垣的这番感慨多次对人道及,在 1923 年北京大学研究所国学门恳亲会上他就说:"现在中外学者谈汉学,不是说巴黎如何,就是说日本如何,没有提中国的,我们应当把汉学中心夺回中国,夺回北京。"②但陈垣所说,绝非简单的位置胜负,而是关系到学术正统的承继。所谓学术正统,一要占据时代的潮流主导,二要延续古往今来的学术大道,方法领域相合,万变不离其宗。法国汉学成为学术正统,与伯希和地位的确立恰好同步。正如当时法国总统所说:"法国研究中国,已自从来之散漫状态中成为一般学术上之正统,而认为一科;是故研究中国者,正所以为法国之学术。"③而中国学术(思想、文学、艺术亦然)自道咸以后,正统崩坏,异军复活,推陈出新之余,不免似脱缰野马。晚清今文经学大盛而"语多妖妄",已为一例。喜欢"截断众流"的胡适,更常常扮演"旁逸斜出"的异军先锋主帅。④ 他对以正统派观点自居的冯友兰颇为不满,连带及于陈寅恪。⑤ 但偏离正宗,恰是其贡献主要不在学术的症结。

学术创新欲求恒久,必须变而不离正鹄,基础在于继承古今中外的学术传统。近代中西交汇,学术路径不同,趋向则一。正如傅斯年所说:"本来中国学在中国在西洋原有不同的凭借,自当有不同的趋势。中国学人,经籍之训练本精,故治纯粹中国之问题易于制胜,而谈及所谓四裔,每以无比较材料而隔漠(膜)。外国学人,能使用西方的比较材料,故善谈中国之四裔,而纯粹的汉学题目,或不易捉住。今伯先生能沟通此风气,而充分利用中国学人之成就,吾人又安可不

---

① 《胡适的日记》(手稿本),1931 年 9 月 14 日。

② 郑天挺:《五十自述》,见中国人民政治协商会议天津市委员会文史资料研究委员会编:《天津文史资料选辑》第 28 辑,8 页,天津,天津人民出版社,1984。

③ 罗益增译:《日本人之中法文化运动观(续)》,见张允侯、殷叙彝、李峻晨:《留法勤工俭学运动(一)》,502 页。

④ 参见罗志田:《再造文明之梦——胡适传》,成都,四川人民出版社,1995。梁启超则是另一非正统论的倡导者。

⑤ 参见《胡适的日记》(手稿本),1955 年 1 月 24 日。学术正统问题为近代中国学术史一大要案,牵涉颇多,饶宗颐教授的《中国史学上之正统论》则不止于学术范围。

仿此典型，以扩充吾人之范围乎。"伯希和不仅"通习极多东方古语今语，而又皆精"①，更为难能可贵的是，其对中国文献的掌握，不仅在欧美汉学界首屈一指，甚至超过许多中国学者，因而能够融汇发扬中外学术之正统。

由本土而域外的陈垣与此殊途同归。桑原骘藏时说："陈垣氏研究之特色有二，其一为研究'支那'与外国关系方面之对象。从来'支那'学者研究关系外国之问题，皆未能得要领，故'支那'学者著作之关于此方面者，殆无足资吾人之参考。惟陈垣氏关于此方面研究之结果，裨益吾人者甚多。""其二，则氏之研究方法，为科学的也，'支那'学者多不解科学的方法，犹清代学者之考证学，实是（事）求是，其表面以精核的旗帜为标榜，然其内容非学术的之点不少，资材之评判，亦不充分，论理亦不彻底，不知比较研究之价值。今日观之，乃知从来'支那'学者之研究方法缺陷甚多……然陈垣氏之研究方法，则超脱'支那'学者之弊窦而为科学的者也。"②陈垣告诫后进治学应去空泛求专精，"方足动国际而垂久远"③，也是为了入大道而远旁支。

目睹刘复口试全过程的赵元任显然对法国学术的纯正产生了敬佩之心，鼓励其高足王了一赴法学习语言学。王国维、陈垣等也提倡后进赴法、德学习东方古国文字。而日本师法巴黎学派令其学术突飞猛进的事实，更使中国学者认识到伯希和式的严词，具有"鞭策一切治汉学而为妄说者以向谨严"的积极作用。傅斯年在介绍伯希和时，多次强调其在巴黎学派的领导地位，并宣称："此日学术之进步，甚赖国际间之合作、影响与竞胜。各学皆然，汉学亦未能除外，国人如愿此后文史学之光大，固应存战胜外国人之心，而努力赴之，亦应借镜于西方汉学之特长，此非自贬实自广也。二十年来日本之东方学进步，大体为师巴黎学派之故，吾国人似不应取抹杀之态度，自添障碍以落人后。"④

① 傅斯年：《法国汉学家伯希和莅平》，载《北平晨报》，1933年1月15日。
② ［日］桑原骘藏撰，陈彬和译：《读陈垣氏之〈元西域人华化考〉》，载《北京大学研究所国学门周刊》，第1卷第6期（1925年11月18日）。
③ 陈智超编注：《陈垣来往书信集》，355页。
④ 傅斯年：《论伯希和教授》，见《傅斯年全集》第7册，2350～2351页。

直接受伯希和影响的还有胡适和陈寅恪。胡适与伯希和的交往持续十余年，二人多次会面，直到1938年7月胡适赴法之际，还与其有所接触。但他对有关禅宗史的道宣《续高僧传》价值评判与伯氏不同，进而疑心后者的中文程度，对伯氏的学生也有些看轻。诚然，作为外国学者，要想在学术层面掌握中文并达到母语的程度，似无可能。加上伯希和为敦煌卷子编目时用力不足，错漏较多，王重民也指出很大部分未能反映正确书名，认为其阅读和认识中国四部的知识与能力仍然有限。① 不过胡适别有原因，其美国留学背景令他对欧洲学术多少有些成见②，而在所结识的欧洲汉学家中，他与英国的维列、德国的福兰克等人更为投缘。只是伯希和的学术至尊地位，令胡适不能不特别在意他的品评。1933年伯希和在北平车站对王国维、陈垣的推崇，送行的胡适当面听来定是别有一番滋味在心头。尽管日记恰好缺载，从他人旁录中仍可窥知一二。

据梁宗岱说，他在一次聚集了旧都名流学者和欧美人士的欢迎伯希和的宴会上担任口译，"席上有人问伯希和，'当今中国的历史学界，你以为谁是最高的权威？'伯希和不假思索地回答：'我以为应推陈垣先生。'我照话直译。频频举杯、满面春风的胡适把脸一沉，不言不笑，与刚才判若两人。一个同席的朋友对我说：'胡适生气了，伯希和的话相当肯定，你也译得够直截了当的，胡适如何受得了，说不定他会迁怒于你呢。'这位朋友确有见地，他的话应验了。我和胡适从此相互间意见越来越多"③。梁胡交恶别有隐情，而所记胡适对伯希和评语的反应则为事实。只是胡适认定的角逐对手并非梁，他后来下大功夫于《水经注》公案，令有关专家们至今不知就里④，这显然与伯希和所言不无

----

① 参见王重民：《〈敦煌遗书总目索引〉后记》，见《敦煌遗书论文集》，71页。

② 1926年胡适访欧时曾庆幸自己"先到美国而不曾到英国与欧洲"，否则"思想决不能有现在这样彻底"。而此感想又是对屡次被英国或其他欧洲人当面讥嘲美国文化的反弹。见《胡适的日记》（手稿本），1926年11月28—29日。

③ 戴镏龄：《梁宗岱与胡适的不和》，见赵白生编：《中国文化名人画名家》，413～414页，北京，中央编译出版社，1995。

④ 参见陈桥驿：《胡适与〈水经注〉》，见《水经注研究二集》，67～91页，太原，山西人民出版社，1987。

关系。从此他对王国维的著述屡有质疑，而治全、赵、戴《水经注》公案，既证明王国维动了气，也能表现自己更会严守科学方法。① 可惜想法不错，取向不佳，仍难以借此预学术之潮流。

与陈垣并称近代史学二陈的陈寅恪，虽然 20 世纪 20 年代就列于清华国学研究院四大导师之席，年龄毕竟小了一旬。他与伯希和相交亦早，而且对伯氏甚为敬重，其学术主张中不时可见伯氏的影子。学术渊源与范围相去甚远的傅斯年大力推崇伯氏，部分或来自他的认识。陈垣欲与伯希和通信，还要向他索取后者在巴黎的地址。陈寅恪即使在学者圈中也是有名的极不耐烦应酬，但每逢伯希和来华，他不仅参与宴会，还往往具名做东。伯希和从吴宓等人处获悉陈寅恪见重于中国学术界，对他也很器重。1938 年剑桥大学的中国学教授慕阿德退休，陈寅恪电告愿为候选，胡适写了推荐信，伯希和则"允为助力"②。据说剑桥允聘其为汉文教授，陈以病目未应聘，后改聘牛津。③

伯希和的推重仅及于王国维和陈垣，一则因陈寅恪的两部力作《隋唐制度渊源略论稿》和《唐代政治史述论稿》，均成书于 20 世纪 40 年代，无由得见；二则陈早年多循欧洲东方学脉络，以外族或域外文书比勘中国旧籍内典，而在这方面，由于传承、环境、资料等条件限制，尽管他已超越前贤同侪，为中国学者中最擅长此技之人，也很难在为数不少的欧洲专家中技压群雄。④ 伯希和本人即通晓多种外语，"于亚洲诸国古今语无不深造"⑤。对此，国人或眩于陈寅恪所知语种之富，他本人却深悉自己在此国际学术领域的位置。所以 1942 年为朱延丰《突厥通考》作序时坦言："寅恪平生治学，不甘逐队随人，而为牛后。年来自审所知，实限于禹域以内，故谨守老氏损之又损之义，捐弃故

---

① 参见桑兵：《胡适与〈水经注〉案探源》，载《近代史研究》，1997(5)。

② 耿云志、欧阳哲生编：《胡适书信集》中册，753 页。

③ 参见陈哲三：《陈寅恪先生轶事及其著作》，载《传记文学》，第 16 卷第 3 期(1970 年 3 月)。

④ 参见贺昌群：《近年西北考古的成绩》，载《燕京学报》，第 12 期(1932 年 12 月)。

⑤ ［法］伯希和著，王国维译：《近日东方古言语学及史学上之发明与其结论》，"译后记"，见《王国维遗书》卷四十二《观堂译稿》上，第 9 册，388 页。

技。凡塞表殊族之史事，不复敢上下议论于其间。"①抗战胜利后他将所藏东方语文书籍尽售与北京大学，也是一证。其转向的原因不止一事，而国际汉学祭酒伯希和的态度，显然不容忽略。更为重要的是，尽管中外学术相互沟通，却仍有各自的正统在。陈垣后来也回到禹域之内，讲传统政治史而得成正果，与陈寅恪殊途同归。后者更进而将本位汉语的工具作用发挥到极致，使中国史学跃上同情式考述的历史新高。

第四节　盖棺论定

"当国家承平之时，学者不得与他人同其荣，艰难时却不得不与他人同其厄，此乱世学者生活之尤不得不受政治支配也。"②这种过来人的伤心语确能反映其中滋味。第二次世界大战期间，中法两国同遭侵占，伯希和在艰难困苦之下虽坚持研究，与中国学者的联系却告中断。战争结束，伯希和刚恢复正常工作，即因癌症于 1945 年 10 月与世长辞。葛兰言、马伯乐也先此一病逝一瘐死。而中国学者经受了更为长久的战乱之苦，牺牲惨重。遭遇相似，更加感同身受。1945 年春得知马伯乐逝世时，方豪还为文悼念，及闻"伯希和之丧，乃以其著述之富，竟有不能执笔志哀之感"，历经劫难、身心交瘁的陈垣"阅报知伯希和先生已作古，更为之怅然"。③

恢复后的《燕京学报》第 30 期刊登了 1941 年至 1945 年死难的中外著名学者的生平简历，以为悼念。编者按道："吾国自七七事变以后，国学名家，或忠贞自持，愁苦以终；或慷慨赴义，身膏敌刃。若张孟劬、冯承钧、张荫麟、吴其昌诸氏之逝世，姚名达先生之殉国，皆我国文化界之重大损失。而法国自沦陷以来，学人艰苦，不下中华，汉学三大师，皆于战争期间，相继逝世。大儒凋落，冀北群空，此尤西方汉学界之大损失已。特辑诸大师事略，用资景仰。"其中翁独健所撰

①　陈寅恪：《朱延丰突厥通考序》，见《寒柳堂集》，144 页。

②　孙楷第：《评〈明季滇黔佛教考〉》，见《沧州后集》，369 页，北京，中华书局，1985。

③　陈智超编注：《陈垣来往书信集》，561、304 页。

伯希和传，对其推崇备至："先生之学精湛渊博，几若无涯岸之可望，辙迹之可寻。举凡我国之目录版本、语言文字、考古艺术、宗教文化、东西交通以及边疆史地等，先生几皆有深刻之研究与精粹之论著。然详绎先生之著作，其所以能超越前人，决疑制胜，盖得力于先生之精通亚洲各种语文，注意版本校勘，与新史料之搜求应用。"

翁独健的盖棺定论与 20 世纪 30 年代傅斯年所言一致，后者总结道："伯君将已泯灭之数个中亚语言恢复之，为中亚史之各面及中国外向关系增加极重要的几章，纠正无数汉学中之错误，鞭策一切之治汉学而为妄说者以向谨严，继茹里安、沙畹以建立巴黎汉学学派之正统。影响所及，德、奥、瑞典、英国、美国以及日本。此君固中国以外，全世界治汉学者奉为祭酒者也。"①

但是，伯希和的学术地位与水平也时常遭到挑战。早在 1910 年前后，法国学术界的一些人就怀疑伯希和在莫高窟所写关于敦煌卷子的按语和评论是否属实，"他们简直不明白，在荒野上和远离图书馆的地方，他怎么还能够详细地回忆起某些论据和原文"②，进而疑心其所得遗书为赝品。晚年又有人不满他无系统著作，指其"惟乏组织与创造力，故无专门巨著。生平述作，多以书评式为之③。前一怀疑容易澄清，后一指责难以解脱。直到当代，伯希和的学术地位仍不时受到质疑，或称之为"杂家"，或说他"主要是位语文学家。他对文献本身的兴趣要比对历史的兴趣大……伯希和从来没有出版过整部的著作，但发表了大量的文章和短文，涉及的题目极为广泛：地理学、文献学、宗教教派等"。④

对于"论者颇有以偏狭琐屑为先生之学病"的指摘，翁独健曾加以申辩："其实先生之治学精神，求精确不求广阔，求专门不求阔通，宁失之狭细，不宁失之广泛，此正先生之长处，奚足为先生病。"⑤然而，

---

①　傅斯年：《论伯希和教授》，见《傅斯年全集》第 7 册，2350 页。

②　［英］彼得·霍普科克著，杨汉章译：《丝绸路上的外国魔鬼》，188 页。

③　梁绳祎：《外国汉学研究概观（未完）》，载《国学丛刊》，第 5 期（1941 年 12 月）。

④　［法］程艾蓝：《法国的古代中国研究》，见《国际汉学》编委会编：《国际汉学》第 1 期，367 页。

⑤　翁独健：《伯希和教授》，载《燕京学报》，第 30 期（1946 年 6 月）。

伯希和的本意，应无精确与广阔、专门与闳通的对立。对此所生争议，固然反映了不同学术流派的观念分歧，更重要的还有见识高低。今人往往误以撰述为博通，其实通与不通，不在作品的形式，而在其达到的境界。就此而论，伯希和所为仍与沙畹关系匪浅。西洋汉学之所以到沙畹始成一种系统的专门学问，在于他对这一领域的艰深博大有着切身的体验，懂得"中国有史三十世纪而迄未间断，其雄伟深奥，确可成一独立学科而有余。盖非久涉猎之士，不经训练所能操觚者矣"。因此"深用逊抑，自限于书本功夫与中外关系，以产生其卓特之贡献"①。不仅以此自律，更用以教学。伯希和对此心领神会，他涉及范围更广，治学更严。在评论赫尔曼（Albert Herrmann）为哈佛燕京研究所编制的《中国历史商业地图》时，他说："就吾人现在知识程度言，标题似乎略有夸张。而一人之工力，绝不能足成此种宇宙间如是广大之问题。既有人创其始，我辈个人应各就学识所及详究而补充之。"②

文史研究，把握博通与专精的关系为一高超艺术，既有赖于各相关分支的进步，又需要个人独创。集体攻坚，无非凑合；单枪匹马，则力有不逮。加以学术重在发明，而非编撰。高明如伯氏，多数所谓专著在他或为常识，而他的短评则往往是著述之上的创见。"知识增时转益疑"，敢于出手的潜台词，大抵是不知深浅。

伯希和所受非难，并非个别偶然。20 世纪前半叶，中国学术进入推陈出新的时代，西风所被之下重新解释的需求，使得一些人在缺乏具体研究的基础上，急于将旧知识拼成新系统，以博取时名，造成社会名气大者学问往往浅、学术高深之人却知名度有限的现象。早在 20 世纪 20 年代，柳诒徵即指出学者分为有学无术与有术无学两种，前者由实验室、图书馆产出，后者由官厅会场、报纸、专电、火车、汽车生成，"潮流所趋，视线所集，则惟后者为归"。但此等学者愈多，则学术愈晦。③ 这也即孙楷第所说："凡夫庸流所震荡者为名浮于实之闻

---

① 傅斯年：《法国汉学家伯希和莅平》，载《北平晨报》，1933 年 1 月 15 日。

② ［法］伯希和：《评中国历史商业地图》，见冯承钧译：《西域南海史地考证译丛》第 1 卷第 5 编，81 页。

③ 柳诒徵：《学者之术》，载《学衡》，第 33 期（1924 年 9 月）。

人，其实浮于名者，或不能尽知。一为社会的，一为真实的。"①

20 世纪 20 年代以后，中国不断邀请国际知名学者文人来华讲学演说，但所讲大都并非本行。伯希和虽然来华多次，却极少做专业以外的公开演讲。其超越理论家的严密研究，绝非一般浅学外行所能领会，而与中国当时的普遍学风不相融洽。以中国上古史为例，存在泥、疑、考、释四派。泥古囿于旧说，不足与谈学术。"疑古失于臆断，释古流于比附。考古本治史大道，但也苦于狭窄，且不是每一学人所能从事。"②以时名论，疑、释两派成名较速，声名较响，但牵强附会处实多，所以时人有专讲史法者史学往往不甚高明之叹。而考古之狭，如乾嘉之学流于琐碎，缘于学人功力识见有限。历此狭境而能贯通，则成正果，否则宜守一得之见。因为不经此境或功力不足，往往非臆断即比附。

中古史亦然。有人评论"当代研究中古史成绩最著之学者"陈寅恪的《唐代政治史述论稿》，指出："近人多诟病考据之学，谓其流于琐碎，无裨世用。惟是史学以探求真实为最高理想，原不必悉以资用，则考据又乌可废？陈氏是（书）所讨论之诸问题为吾国中古史关键所在，不但李唐三百年之盛衰兴亡而已。此本书所以异于时人所讥之琐碎考据，亦异于剪裁陈言纂辑成书之史钞，更大异于具有成见与含有宣传性之史论。"③陈寅恪对乾嘉考据学颇有微词，而推崇宋代学术。④陈垣不赞成"空泛而弘廓"的思想史文化史之类，主张"缩短战线，专精一二类或一二朝代"，否则"虽日书万言，可以得名，可以啖饭，终成为讲义的教科书的，三五年间即归消灭，无当于名山之业也"。⑤二人精神均与伯希和相通，即求精通而不流于博而泛或专而偏。

---

① 陈智超编注：《陈垣来往书信集》，410 页。

② 周予同：《纬谶中的"皇"与"帝"》，见朱维铮编《周予同经学史论著选集》，422 页，上海，上海人民出版社，1983。

③ 王育伊：《书评·唐代政治史论述稿（陈寅恪著）》，载《燕京学报》，第 30 期（1946 年 6 月）。

④ 就史学而言，理解陈寅恪对宋代学术的推崇，关键在于参透他对《资治通鉴》《资治通鉴考异》《建炎以来系年要录》三书要旨的领悟。

⑤ 陈智超编注：《陈垣来往书信集》，355 页。

伯氏在掌握语言、版本校勘与搜求应用新史料三方面用功极深，但仍以其为工具，目的还在研究历史，只是更具谨守阙疑与发明的自觉。其考据注释，不仅较许多通史更富学术价值，其通识与驾驭力也远在他人之上。大儒沈曾植的学问据说当时仅三数人懂得，而他与伯希和"谈契丹、蒙古、畏兀儿国书及末尼、婆罗门诸教源流，滔滔不绝，坐中亦无可搀言"①。1919年，王国维翻译伯氏八年前在法兰西学院的就职演说，仍赞叹其"实举近年东方语学、文学、史学研究之成绩而以一篇括之"②。可惜他的《元朝秘史》研究和《马可波罗游记》注释未能及身而成。

伯氏死后，其靠天才加勤奋的学识只能由多人分别继承。欧洲汉学在路径转换、不断发展的同时，制高点却不免降低。1946年8月，德国汉学家福兰克因营养欠佳逝世，有人认为："其最后目睹老大帝国与其所领导西洋汉学家同归于尽，同时现代西洋汉学与十九世纪前辈大师之联系亦告中断。"③从此，在社会科学与人类学的影响日益增大的背景下，西方汉学进入新的阶段，而中外学术正统彼此主动融合的蜜月也随之过去，一个相对独立发展的时期即将开始。

---

① 王季烈辑：《缘督庐日记钞》，丙辰六月廿二日（1916年7月21日），上海，蟫隐庐，1933。

② ［法］伯希和著，王国维译：《近日东方古言语学及史学上之发明与其结论》，"译后记"，见《王国维遗书》卷四十二《观堂译稿》上，第9册，388页。

③ Walter Fuchs（富克斯）：《德汉学家福兰克教授逝世》，载《燕京学报》，第32期（1947年6月）。

第五章　胡适与国际汉学界

在近代中国学术史上，就与国际汉学界交往的广度、持续的时长而言，无人能出胡适之右。这种交往关系，相当典型地反映出国际汉学界各派学者对于中国学术新潮的态度和看法。其中部分史实已为前人所涉及，如胡适与青木正儿的通信，与钢和泰的交往等。但在众多各种形式的胡适研究的成果中，有关情形往往被忽略，不少史实还有待发掘和清理。这不仅可从胡适的海外"朋友"方面深入地了解其为人和学术，更有助于认识近代中外学术界的呼应程度。因为胡适毕竟是近代中国"输入新知"方面的重要代表，而"整理国故"虽然并非"输入新知"，各方对此又褒贬不一，实际上却"要照着西方'汉学家'与受西方'汉学'影响的日本'支那学家'的研究方法和范围去作研究"①。胡适自称生平抱有三个志愿，即提倡新文学、改革思想和整理国故，虽然都"提倡有心，实行无力"，却对中央研究院历史语言研究所整理国故的成绩较为满意。② 就连曾为其鼓吹白话文学振臂高呼的陈衡哲，也认为胡适真正站得住的成就"还是考据，尤其对几部小说的考据"③。

第一节　留学结缘

胡适在中国学术界崭露头角之际，西方汉学界的概况是："英美不

---

① 牟润孙：《北京大学研究所国学门》，载《大公报》（香港），1977 年 2 月 9 日。

② 参见《胡适的日记》（手稿本），1930 年 12 月 6 日。

③ 程靖宇：《敬怀莎菲女士陈衡哲教授》，载《传记文学》，第 35 卷第 3 期（1979 年 9 月）。

如德，德不如法。"①而胡适与西方汉学界的接触，刚好从较薄弱的英、美开始。1914 年 8 月 2 日，尚在康奈尔大学求学的胡适偶读到英国《皇家亚洲学会会刊》（*Journal of the Royal Asiatic Society*）当年的第 7 期，见有大英博物馆东方图书部的英国汉学家翟林奈所写《敦煌录译释》一文，及附录中的原书影本。《敦煌录》为数年前在敦煌石室发现的古物之一，"所记敦煌地理古迹，颇多附会妄诞之言，钞笔尤俗陋，然字迹固极易辨认也"。而翟氏的译释"乃讹谬无数"，如以中宗神龙年号为渊名，将录手漏笔误为避讳而据以定年代。胡适看后不禁道："彼邦号称汉学名宿者，尚尔尔，真可浩叹。"随即摘其谬误，作一校勘记寄去。半年后，他收到英国皇家亚洲学会书记寄赠的校勘记抽印本，知翟林奈已自认其误，并重新译过。文章刊于该机构杂志 1915 年 1 月的第 5 卷，他又觉得"西人勇于改过，不肯饰非，亦足取也"。②

涉足国际汉学，对于康奈尔时期的胡适而言实为不务正业。但此番试笔，起点不低，翟氏父子相承，在整体水平不算高的英国汉学界可谓出类拔萃，并得到欧陆同行的认可。③ 这对胡适改换门庭不无作用。当年他转学到哥伦比亚大学，师从杜威（John Dewey），选题却是后者完全陌生的《中国古代哲学方法之进化史》（后以《先秦名学史》为题出版）。胡适在哥伦比亚大学很快便结识了德国籍中文教授夏德，他是当时国际汉学界鼎鼎大名的学者。夏德生于德国，在柏林大学学习古典语言学，以研究罗马喜剧获得学位；后进入中国海关，先后在广东、厦门、上海、九龙、淡水、镇江、重庆等地任职；其间业余研究中国问题，曾任英国皇家亚洲学会北华分会委员、主席，获普鲁士政府授予的教授衔，并被推举为南德巴燕邦学士院会员。1895 年退职后，他专心致力于中国研究，因在德国占领胶州事件上与李希霍芬意见不合，在国内难以立足，经英国汉学名宿翟理斯等人推荐，1902 年

---

① 李思纯：《与友论新诗书》，载《学衡》，第 19 期（1923 年 7 月）。

② 《胡适留学日记》，323、549 页。此前胡适曾看过翟林奈所译的《论语》。

③ 参见《ヂャイルズ博士の訃》，载《史学雑誌》，第 46 编第 8 号（1935 年 8 月）；梁绳祎：《外国汉学研究概观（未完）》，载《国学丛刊》，第 5 期（1941 年 12 月）。

应聘成为哥伦比亚大学中国语言文学讲座教授。夏氏论著丰富，水准颇高，尤以广博著称，被视为在美德国籍学者的双璧之一。日本专门研究国际东方学史的石田幹之助认为，如果 20 世纪前半叶被称为"沙畹-伯希和-洛佛尔时代（Chavannes-Pelliot-Laufer Age，后者亦译为劳佛）"，此前则不妨叫作"夏德时代"。①

　　转学后不久，胡适就从夏德处获悉，据端方说，哥伦比亚大学所藏中国政府赠送的《古今图书集成》，并非雍正年间的初版，而是总理衙门仿印的。但"雍正初版并不如后日上海图书集成书局所出活板之精，以原板铜字不完，或有所阙，则假借他字以代之，而上海之板校对极精"②。据说夏德是胡适博士论文的主要指导教授之一，可惜胡适日记后来反而不记专业之事，不知两人交往的具体情形。参加胡适博士论文口试的六位评委中，夏德是唯一懂中文的人，则此番口试未获通过，夏德的意见相当关键。因为胡适的直接导师杜威极口称赞这篇后来引起不小风波的博士论文。③ 胡适对自己论文答辩时的表现与反应从来讳莫如深，唐德刚称胡适博士学位稽延的最直接原因，是"那时哥伦比亚大学根本没有看得懂他的论文的导师"，夏德的中文"亦不足以读原著"④，未必属实。因为读原著与审论文并非同一事，胡适的读

---

　　① 参见中村久四郎：《ヒルト教授の経歴及び学績》，载《史学雑誌》，第 15 编第 7 号（1904 年 7 月）；石田幹之助：《フリドリヒ・ヒルト博士逝く》，载《史学雑誌》，第 38 编第 7 号（1927 年 7 月）。李希霍芬为地质学权威，对于奠定和巩固中国地质学基础贡献甚大，但所著《中国》一书，"与德人之中国研究，反有不良影响。盖李希霍芬不能读汉书，竟克成此巨著，因使人觉中国研究与汉籍无关也。李书之引古证今，既多舛误，而雨后春笋之屏弃汉书之中国研究，益无足观"。见莫东寅：《汉学发达史》，111 页。又参见翁文灏：《李希霍芬与中国之地质工作》，载《国风》，第 3 卷第 12 号（1933 年 12 月）；姚从吾：《欧洲学者对于匈奴的研究》，载《国学季刊》，第 2 卷第 3 号（1930 年 9 月）。

　　② 《胡适留学日记》，795 页。

　　③ 参见《陶履恭教授致胡适之教授函》，载《北京大学日刊》，第 343 号（1919 年 3 月 27 日）。函谓："今早到东京，午后往访 prof. Dewey 于新渡户家，彼询兄之近况。恭告以教授而外，复从事于新文学译剧等事。彼甚喜，彼极赞兄之论文。恭告以现著有《中国哲学史》，已经出版，乃根据于前论文之研究更扩充之。"

　　④ 唐德刚：《胡适杂忆》，71～89 页，北京，华文出版社，1992。

法在金岳霖看来也不免牵强附会。况且夏德号称渊博，代表作之一又是《中国古代史》(*The Ancient History of China*，1908)，此为其在哥伦比亚大学授课的讲义。由盘古至秦统一，夏氏虽然主要依据的是《绎史》，未一一探究基本史料①，但在欧美汉学界，当是够格评审胡适论文的有数人物。

关于夏德在胡适博士论文答辩时的态度，遍查各书，唯一可以找到的记载是金岳霖间接听闻的一段故事。据说夏德懂天文，"他问胡适：'中国历史记载是在什么时候开始准确的？'胡适答不出来。那位考官先生说：'《诗经》上的记载"十月之交，率（朔）日辛卯，日有食之"是正确的记载，从天文学上已经得到了证实'"，估计金岳霖此言不虚。②尽管他对胡适的学问历来不大恭维，这一判断倒并非成见。

值得注意的是 1916 年 4 月 5 日胡适在日记中所发的一段感慨："西人之治汉学者，名 Sinologists or Sinoloques，其用功甚苦，而成效殊微。然其人多不为吾国古代成见陋说所拘束，故其所著书往往有启发吾人思想之处，不可一笔抹煞也。今日吾国人能以中文著书立说者尚不多见，即有之，亦无余力及于国外。然此学 Sinology 终须吾国人为之，以其事半功倍，非如西方汉学家之有种种艰阻不易摧陷，不易入手也。"③这段话似显露其心得与不满。

与此相对地，后来为南高学派要员、主张以人文主义救实用主义之弊的刘经庶（伯明），先胡适三年以《老子哲学》获美国西北大学博士学位，其学位论文为另一美国汉学名家劳佛所激赏。④ 而且据说哥伦比亚大学是当时对中国学生来说最容易过关的两所大学之一，"在那里读博士学位是懒汉之举"⑤。夏德不久即退休，1920 年返回德国，从

---

① 参见齐思和：《评马斯波罗中国上古史》，载《史学年报》，第 2 卷第 2 期（1935 年 9 月）。又参见梁绳祎：《外国汉学研究概观（未完）》，载《国学丛刊》，第 5 期（1941 年 12 月）；《外国汉学研究概观（续前）》，第 6 期（1942 年 1 月）。

② 刘培育主编：《金岳霖的回忆与回忆金岳霖》，30 页，成都，四川教育出版社，1995。

③ 《胡适留学日记》，860～861 页。

④ 参见郭秉文：《刘伯明先生事略》，载《国风》，第 9 号（1932 年 11 月）。

⑤ [日]矶野富士子整理，吴心伯译：《蒋介石的美国顾问——欧文·拉铁摩尔回忆录》，100 页。

此闭门不出，罕与外界交往，通信亦不复，两人之间毫无联系。胡适后来竭力推崇杜威，却几乎不提夏德之名。1926 年他赴欧羁留数月，并曾到德国，虽有经济上的限制，可是从未起顺便参拜师门之意，异乎情理及其"旧道德楷模"的禀性，除非二人不大投缘。①

第二节　贵族与帝师

胡适虽未获得学位，归国后却暴得大名。1922 年哥伦比亚大学校长函邀其讲中国文学史和中国哲学史，为其谢绝。这时的胡适，不仅忙于学术与政治，而且因为已成名流，出入于北京上流社会的社交界，与欧洲汉学家的交往机会也逐渐增多。当时各国来华人士不少，其中喜欢文学者于 1919 年组织了文友会，定期举行演讲等活动，有数十人参加，其成员与各国驻华使馆保持着密切联系。胡适因此与流亡的俄国东方学家钢和泰和时任帝师的英国汉学家庄士敦经常来往。

钢和泰出身沙俄时代爱沙尼亚的贵族之家，大学时就前往柏林研究梵文和印度文学，1900 年用德文发表了博士论文。短期访问波恩大学和牛津大学后，他进入俄国外交部，然后到圣彼得堡大学任梵文和印度文学副教授。这时其研究兴趣转向中亚及中印关系，特别是佛教领域。1916 年，他代表圣彼得堡科学院去日本，之后适逢俄国十月革命，其财产被没收，1917 年来到北京，以便进一步研究中印佛教关系，特别是从中国史料里寻找考迦腻色迦王年代的证据。经香港大学校长爱里鹗（Charles Norton Edgcumbe Eliot，治印度教与佛教）推荐，1918 年胡适请钢氏到北京大学教授梵文、藏文和古印度宗教史等课

---

① 参见姚从吾：《欧洲学者对于匈奴的研究》，载《国学季刊》，第 2 卷第 3 号（1930 年 9 月）。该文称夏氏死于 1926 年。据石田幹之助的《フリドリヒ・ヒルト博士逝く》[载《史学雑誌》，第 38 编第 7 号（1927 年 7 月）]可知，夏德逝世于 1927 年 1 月 13 日。

程。胡适称此事为香港大学对中国学术的最大贡献。① 他在文友会听过钢和泰关于"佛陀传说中的历史的部分"（What is Historical in the Buddha Legend）等学术演讲，又共同参与推动文友会倡办的"东方学图书馆"，并经常一起进行学术交际活动，知道钢氏"是俄国第一流学者"，"他的学业名望是欧洲东方学者都公认的"，了解其从事的汉、梵、藏等文本佛经对勘，对中国大有益处，而国内无人能及，加上港督和美国公使都对钢男爵特别礼重，呼吁"中国应该为世界爱惜此人"，因而对其敬重有加。②

1921 年 10 月起，胡适为钢和泰的古印度宗教史担任口译，每周两课时，这也使他自己"得益不浅"。他由此获得的关于佛教经典各种版本与教派关系，印度、锡兰历史传说与佛教的渊源等知识以及同时向钢氏初学梵文，当是全无佛教知识的胡适后来为续写中国哲学史大胆涉足禅宗史研究的重要契机。1922 年年底，钢和泰在北京大学成立 25 周年纪念会上发表演讲，题为《近年新疆考古学上的发明》，由胡适担任口译，演说稿发表后，引起同校教授叶瀚关于《般若经》的两点质疑。胡适代钢氏作答，指出所疑二点皆是叶的误会，而非钢的错误。答词中对《迦叶品》如数家珍，显然得益于深通《宝积经》的钢和泰。③

----

① 参见《胡适的日记》，547 页；胡适：《南游杂忆》，见杨犁编：《胡适文萃》，630 页，北京，作家出版社，1991；Ernst Schierlitz, "In Memory of Alexander Wilhelm Baron von Stael-Holstein", *Monumenta Serica*, vol. Ⅲ, fasc. Ⅰ (1938)。后文称钢和泰 1922 年到北京大学任教，但胡适 1937 年 3 月 16 日的日记记载，"民国七年，我因 Sir Charles Eliot 的介绍，请他到北京大学来教梵文，并教印度宗教史。他的古宗教史是我替他口译的，我们合作两年，我得益不少"，则他到北京大学任教当在 1918 年。胡适担任古印度宗教史课程的口译，从 1921 年 10 月起。1923 年后黄树因继之。黄不幸夭亡后，由江绍源接替。参见《胡适的日记》（手稿本），1923 年 9 月 20 日。

② 参见《胡适的日记》，44、63、65、66、94、218～220、228～229 页。

③ 参见［俄］钢和泰：《近年新疆考古学上的发明》，载《北京大学日刊》，第 1151—1153 号（1923 年 1 月 10—12 日）；叶瀚：《钢和泰博士演说近年来新疆考古学的发明之质疑》，载《北京大学日刊》，第 1156 号（1923 年 1 月 16 日）；胡适：《代钢和泰先生答叶浩吾先生》，载《北京大学日刊》，第 1159 号（1923 年 1 月 19 日）。

此外，钢和泰在东交民巷台基厂奥国使馆旧兵营俱乐部的寓所是当时北京来华外国人士的一个社交中心，胡适于此结识了不少文化人。而钢和泰的许多研究需求，也往往由胡适出面疏通解决。例如，钢和泰曾提出，要求北京大学给他一个"东方言语学部"的名义（只是印一些写着"国立北京大学印度中亚学部"等字样的信封），以便与欧洲各东方学研究机构接洽，为北京大学"索取各种书报"，并便于在中国找人参与巴黎、伦敦、柏林的东方学者整理《佛藏》的事业；胡适得知此事后，即代他向蔡元培提出申请，并主动建议将"久同虚设"的图书馆"东方室"交由钢氏管理，断言"将来一定有大成绩"。① 胡适还答应设法为北京大学谋藏文的《全藏》，作为其校勘佛经的底本，甚至借钱为钢和泰垫款买书。

由于北洋政府在财政上限制北京大学等现实情况，胡适几经努力，购置藏文《全藏》等事未克成就。② 为此，钢和泰似认为北京大学不能满足其研究条件，1927 年流露出欲赴东京之意。与之经常切磋梵文的陈寅恪函告傅斯年，希望中山大学"寄彼千元，留其在京"。傅感到"此恐非根本解决之策"，欲请其南下广州，带助手带学生，并可任意买书，托胡适代为说项。③ 刚好此时哈佛大学计划在北京设立附属该校的中印关系研究所（Harvard Institute of Sino-lndian Research），钢和泰被任命为所长。此事或与始终和美国在华文化事业联系密切的胡适不无关系。④

在胡适的帮助下，钢和泰的研究顺利进行，并对中国学术界产生积极影响。1922 年 4 月，胡适看了钢和泰所写《陀罗尼与中国古音》一文，知其引法天的梵咒译音证当时的音读，"很多可惊的发现"，于是亲自译出，刊于由他主编、次年 1 月出版的北京大学《国学季刊》第 1

① 《胡适的日记》，228～229 页。

② 参见《胡适的日记》，237～238、351 页。1923 年 12 月 8 日，胡适为购买藏文《全藏》事，致函单不庵；次年 1 月 25 日又与钢和泰引介的一位蒙古人就所带藏文《大藏》之《论藏》议价，因索价过高不成。参见《胡适的日记》，手稿本。

③ 《胡适来往书信选》下册，455 页。

④ 参见 E. Schierlitz, "In Memory of Alexander Wilhelm Baron von Stael-Holstein", *Monumenta Serica*, vol. Ⅲ, fasc. Ⅰ（1938）。燕京大学改革国文系，与哈佛大学合办研究所以及清华学校的改革和筹办国学院等事，均与胡适联系。

号。该文首先在中国提出，应仿照西方学者推求印欧原始语言的方法，用比较语言学推求中国原始语言，并指出从发音学入手重构中国古音，存在中文多用象形会意而不用音标，与汉语最接近的藏、缅、暹语均无古书的两大困难，以及用方言与日本、安南、朝鲜所使用语言中的汉字读音比较，从古韵表考见韵母分类和中外文互译对音的三条研究途径，提示中国学术界注意欧洲学者伯希和、高本汉等人的研究进展，强调古译音对于研究中国音韵沿革史、印度史、中亚史的重要性。受此影响，《国学季刊》第 2 号发表汪荣宝的《歌戈鱼虞模古读考》，就外国古来传述中国语观其切音，就中国古来音译外国语反求原语发音；第 3 号又发表潘尊行的《原始中国语试探》，进一步讨论钢和泰文所指出的中国古音不易推求的两个原因，分析以章炳麟、黄侃为代表的中国传统音韵研究的成就和局限，指出运用比较语言学的必要性，引起了不同意见的辩论。魏建功后来总结道："历来研究古音的人们都注意在死材料，更不注意他种语言的参考，这是新近的方向，用梵音来考订古音，而大辩论从此开始。"①

除知对音为治古音的新材料外，钢文更积极的意义在于使国人知道高本汉的成绩，由此开始大量翻译介绍②，中国音韵学因而进入新的发展时期。而胡适译介钢和泰的论文，实为人称近代中国语言学"高本汉时期"肇始的重要契机。

钢和泰的主要贡献还在佛教研究。"其寓中收藏藏文佛经，及大小各种佛像画卷等甚多，终年闭门研索古籍，澹如也。"他"据藏文及梵文佛经，以校正中国旧译佛经之讹误，多所发明"③。其中最著名的成果，是 1926 年由上海商务印书馆出版的《大宝积经迦叶品梵藏汉六种合刊》以及 1933 年北平图书馆和清华大学出版的藏汉文《大宝积经迦叶品集注》。在他的主持影响下，中印关系研究所收集了大量各种文字和

---

① 魏建功：《古音学上的大辩论——〈歌戈鱼虞模古读考〉引起的问题》，载《北京大学研究所国学门月刊》，第 1 卷第 1 号（1926 年 10 月）。

② 参见齐佩瑢：《中国近三十年之声韵学》，载《中国学报》，第 1 卷第 2 期（1944 年 4 月）。

③ ［俄］钢和泰撰，吴宓译：《一七三四年班禅喇嘛告谕译释》，"译者按语"，载《学衡》，第 43 期（1925 年 7 月）。

版本的佛教喇嘛教经典及有关文献文物，培养了一批从事此项研究的中外学者，很快成为国际知名的东方学研究中心，吸引了来自世界各地的学者和访问者。有人指出："钢和泰最早将印度和中亚学引入中国，其在中印关系领域的研究，有不少在中文书刊发表，极大地刺激了该国有特殊能力从事这种文献和语言研究的学者的类似兴趣。"[①]可以说，钢和泰的存在，是近代中国学术界沟通国际东方学及汉学的重要媒介，对于整体上促成中国学术进入近代世界起到重要作用。

1923 年，钢和泰被聘为北京大学研究所国学门导师，1927 年又被聘为清华国学研究院名誉通信指导员，1930 年担任《燕京学报》编委，表明中国学术界对其学术贡献与地位的公认和礼重。而胡适在中国为世界学术界爱惜此人方面，当居首功。[②] 除 1928 年至 1929 年前往美国担任哈佛大学中亚研究讲座教授外，钢和泰一直在中国从事研究。虽然后因研究兴趣不尽相同，胡适又太忙，两人来往较疏，但仍互有探访，保持良好交谊。1937 年钢和泰病重，入住北平德国医院，他要求不向外透露病情，以免惊扰朋友，而胡适是少数前往探视的知情者。数日后钢氏不幸逝世，胡适闻讯，大为感伤，称赞他"是一个纯粹学人，终身寻求知识，老而不倦"，并在参加钢和泰的葬礼时"不觉堕泪"[③]。

胡适与溥仪的老师庄士敦也早有交往，两人经常共同参与一些中外学术文化教育界的交流应酬活动，还先后担任过为期一年的文友会会长。[④]胡适看了庄士敦关于董鄂妃非董小宛的考证文章，觉得引征甚博，又曾参观其在当时京城也号称丰富的私人藏书，知其遍游中国，

---

① Ernst Schierlitz, "In Memory of Alexander Wilhelm Baron von Stael-Holstein", *Monumenta Serica*, vol. Ⅲ, fasc. Ⅰ (1938).

② 参见《国立北京大学研究所国学门重要纪事》，载《国学季刊》，第 1 卷第 2 号(1923 年 4 月)；孙敦恒：《清华国学研究院纪事》，见葛兆光主编：《清华汉学研究》第 1 辑，327 页。

③ 《胡适的日记》，547～548 页。

④ 参见[英]庄士敦著，众城、时伟、思泊译：《紫禁城的黄昏》，230 页，珠海，珠海出版社，1995。

很有学问。不过胡适与其共鸣最多的是对传教士的看法。胡适不信教，对教徒虽无偏见，对反教会者却不乏好感。而庄士敦"最恨传教士，他著的书之中，有两种是批评在中国的传教运动的"。英美考察教育团来华考察教会教育时，庄士敦与胡适等人一起，激烈地表达反对意见。

1922 年 5 月胡适入宫见溥仪，引起普遍不满。此事与庄士敦多少有关，他挑选过一些胡适的文章和胡适与其友人经常为之投稿的一些定期刊物给溥仪阅读，入宫前胡适还专门向其打听宫中情形。特别是1924 年冯玉祥的国民军驱逐溥仪出宫，胡适公开表态反对，激犯众怒，博得庄士敦的好感。而且胡适不相信人们对溥仪密谋复辟的指责，却深信庄士敦等"并没有什么复辟谬论"①。1926 年胡适赴欧，两人还有所接触。

不过，庄、胡之间的关系不像胡与钢的那样纯粹。1925 年，中英庚款咨询委员会成立，胡适是中方委员之一。次年该委员会派代表团来华考察，庄士敦为秘书。在中英双方利益尖锐抵触的情况下，庄士敦向主张完全相反的港督兼香港大学校监金文泰（Cecil Clementi）描述胡适道："一个名过其实的人，他有时表现出具有过人的才智，实际上绝非如此。……当他喜欢的时候，他可以在某些社交场合表现得很有魅力。不过，他对美国的支持远远高于他对英国的支持。"②庄士敦在北京听了胡适所做《中国哲学与柏拉图主义》的演说，认为其"对柏拉图之哲学毫无了解，似未尝读其书者"，并函告英国人类学家布克敦教授（L. H. Dudley Buxton）。后者因而认为美国之教育错误，主张牛津注意人文教育之旨义。③

第三节　来华同好

这一时期各国驻华使馆多让汉学家担任相关职务，胡适认识了德

---

① 《胡适的日记》，45、218、359 页；《胡适来往书信选》上册，272、275 页。

② 牛津大学藏金文泰档案，转引自程美宝：《庚子赔款与香港大学的中文教育——二三十年代香港与中英关系的一个侧面》，载《中山大学学报（社会科学版）》，1998(6)。

③ 参见吴学昭整理：《吴宓日记》第 5 册，149 页。

国使馆的文学顾问(胡适称为头等参赞)尉礼贤和苏俄外交代表团的伊凤阁,两人均为欧洲汉学名家。

尉礼贤 1899 年作为牧师来华,因仰慕"孔教",取今名,字希圣。他在华二十余年,对中国传统文化深慕不已,自称山东人。义和团运动时,他为中国辩护。后在青岛创办礼贤书院,凡入校学习德文者,须精通中文。民初他与流寓青岛的遗老们组织尊孔文社,聘劳乃宣主持,日与讲论经义,并在其辅佐下翻译儒学经典。① 本来他来华想传播西方教义,但据说从未吸收一人入教,反而不遗余力地向欧洲宣传中国文化,以至于有人批评其"比中国人还要中国化"②。

1921 年,尉礼贤趁第一次世界大战后欧洲本位文化自信动摇之机,回国到各地游历演讲,宣扬中国文化,受到热烈欢迎。当时中国留德学生描述:"德国思想界,有两大潮流,一为新派,一为旧派。所谓新派,大都出自言哲学美术与诗学者,彼辈自欧战后,大感欧洲文化之不足,而思采纳东方文化,以济其穷,于是言孔子、释迦哲学者,皆大为社会所尊重,如凯热儿林,如尉礼贤,如史奔格列儿,皆其例也。所谓旧派者,仍尊崇自然科学万能,不为时潮所动摇……此两大潮流中,新派极占势力,所谓旧派者,几无声息。此种现象,与吾国适反。我国言新者大都以驳斥孔子为能,而在德国,则深以能知孔子哲学为幸,甚至以辜鸿铭为欧洲之救星。可见天下学问,其价值极为相对,合乎当时之人心,则价值便高,反乎当时之人心,其价值便低。今日国内盛称之杜威、罗素,安知几年后,其学问不为人所吐弃,而奉之者俨如上帝,此亦未免太过矣。"③这不仅道出中德两国思想倾向的差异,也揭示了胡、尉二人认识分歧甚至对立的根源。

胡适不赞成儒教,对崇儒尊孔的中国人乃至日本人无甚好感,但对由西方文化背景而来的笃信儒学者如辜鸿铭、尉礼贤等,却能几分

---

① 参见劳乃宣:《韧叟自订年谱》,见王民信:《中国历代名人年谱汇编》第 1 辑,49~54 页,台北,广文书局,1971;[德]卫礼贤著,王宇洁、罗敏、朱晋平译:《中国心灵》,145 页,北京,国际文化出版公司,1998。

② 郑寿麟:《尉礼贤的生平和著作》,载《国立北平图书馆读书月刊》,第 1 卷第 6 号(1932 年 3 月)。

③ 魏时珍:《旅德日记》,载《少年中国》,第 3 卷第 4 期(1921 年 11 月)。

容忍。这大半因为他以为后者出自真心，且不失君子之风。1922年，尉礼贤回到中国，任职于德国驻华使馆。是年5月，胡适识之于德使馆，知其精通汉文，已将十几部中国古书译成可读的德文，并曾试译胡适所著《中国哲学史大纲》。① 后来他又在文友会听尉礼贤演讲《易经》的哲学，虽认为"大旨用我的解释，没有什么发明"，但觉得尉氏能赏识其对"太极"的一点新义，"亦是难得"。在学术上，胡适与尉礼贤异趣，而自认为是钢和泰的同道。他曾与钢和泰等人谈及："尉礼贤对于中国学术，有一种心悦诚服的热忱，故能十分奋勇，译出十几部古书，风行德国。"他们自己则"太多批评的态度与历史的眼光，故不能有这种盲目的热诚"，但也自有奋勇处。②

1923年，尉礼贤受聘到北京大学任教，并参与北京大学研究国学门的活动。归国后在法兰克福创办中国学院，"专宣传中国文化，其意在于使德国感觉他们自己的文化的缺点"，成为德国独立研究中国学及沟通中德文化机关的起点。1926年10月，正在欧洲的胡适应邀前往法兰克福出席该院的第一次秋季大会并发表演讲，尉礼贤亲自到车站迎接。虽然胡适在剧院观看尉礼贤所译中国戏《蝴蝶梦》和《大劈棺》，觉得不坏，仍认为"其方法则一意盲目地说中国文化怎样好，殊不足为训"③。其实在旁观者看来，胡适的拼命学西方与尉礼贤的拼命学中国，均属反常，"各个民族，总要能保持他的特性才好"④。

胡适与伊凤阁相识，是在1922年8月李大钊宴请苏俄外交代表团之时。伊氏从沙俄时代起，已是有名的汉学家，任教于圣彼得堡大学时指导过留学俄国的高本汉，尤其在号称绝学的西夏研究史上占有重要席位。⑤ 十月革命后，苏俄的中国研究分成新旧两派，旧派沿袭欧

---

① 时任柏林东方语言学校教授的汉学家佛尔克也有意翻译胡适的《中国哲学史大纲》，后此书由尉礼贤之子译成出版。参见《胡适的日记》(手稿本)，1933年12月31日。佛尔克专治中国哲学，曾任美国加州大学教授，与夏德、劳佛齐名。

② 参见《胡适的日记》，389、441页。

③ 《胡适的日记》(手稿本)，1926年10月24日。

④ 魏时珍《旅德日记》所引德国数学教授野蒲斯坦银语。

⑤ 参见[苏]聂斯克：《西夏语研究小史》，载《国立北平图书馆馆刊》，第4卷第3号(西夏文专号，1932年1月)。

洲汉学传统。20 世纪 30 年代以前，在全苏东方学术协会会长、新东方学奠基人帕甫洛维奇、巴托尔德和科学院常任书记鄂登堡的主持下，旧派学者得到善用，成为主导，各种学术活动乃至与国际学术界的交流，尚能正常进行。正是在此背景下，已是圣彼得堡大学正教授的伊凤阁随越飞（Adolf A. Joffe）前来北京。1923 年，他被北京大学研究所国学门聘为导师，指导研究西夏国文字与西夏文化，同时开设西夏语课程，并担任歌谣研究会的特别指导①，与同是国学门成员的胡适时有接触。1923 年 12 月，胡适任编委会主任的北京大学《国学季刊》刊载伊凤阁的论文《西夏国书说》，认为西夏文是由《说文》篆字推演而成。

不过，苏联汉学界的旧派学者对胡适等人倡导文学革命和整理国故的欧化偏向不以为然，伊凤阁似也有所保留。1926 年 6 月，北京大学研究所国学门在龙头井公教大学召开第四次恳亲会，并欢送即将赴欧的胡适。席间胡适发表对于整理国故之最近意见的演讲，针对许多青年争相研究国学的状况以及回应陈源等人对此的批评，宣称"我们所提倡的'整理国故'，重在'整理'两个字。……是用无成见的态度，精密的科学方法，去寻求那已往的文化变迁沿革的条理线索，去组成局部的或全部的中国文化史。不论国粹国渣，都是'国故'。我们不存什么'卫道'的态度，也不想从'国故'里求得什么天经地义来供我们安身立命"，以免被误解为"保存国精""发扬国光"。他断言国学是条死路，其中经学、文学、哲学都没有什么宝贵东西，青年应尽量少走，而未经科学方法训练的人也不能走和不配走，进而呼吁"少年朋友大家要走生路"，得到在座的马幼渔、徐炳昶等人的附和赞同，叶瀚、伊凤阁却有异议。伊氏婉转表示，"胡先生主张用新方法甚对，但其悲观不敢同意。中国学问材料太多，外人要研究非常困难。中国人用自家方法整理令人明白，亦甚要紧"，并对徐炳昶批评中国传统历史文学观念的说法予以指正："文学是美，历史是教科书，乃是十八世纪外国人犯的

① 参见《国立北京大学研究所国学门重要纪事》，载《国学季刊》，第 1 卷第 3 号（1923 年 7 月）；《国学门通告》，载《北京大学日刊》，第 1389 号（1924 年 1 月 18 日）；《歌谣研究会常会并欢迎新会员会纪事》，载《北京大学日刊》，第 1406 号（1924 年 2 月 28 日）。

病，这不是中国人的病。"①外国汉学家与中国新学家从中国传统文化中常常读出不同的东西，如沙畹认为《史记》的客观叙述，在西方史学中罕见，这实在值得从各自的方法本身深思反省。

除了和长期侨居者的深交，胡适还与一些来访的匆匆过客建立联系。1921 年 10 月，胡适在法国《政闻报》主笔孟烈士特（Alphonse Monestier）的宴席上与瑞士汉学者戴密微（后入法国籍）相遇。戴是沙畹的弟子，少年时即得到沙畹、马伯乐等汉学名家的指教，1920 年考进河内法兰西远东学院。② 来北京时他已能读中文书，看过胡适的《中国哲学史大纲》，有意译成法文，但尚未能自信。两天后，胡适在原康奈尔同学王彦祖的宴席上与之再会，这次戴是主宾，陪客还有辜鸿铭、孟烈士特、徐墀等人。席间辜鸿铭对两位法国人大加调侃，痛斥法国政府授博士学位给徐世昌，令主宾十分尴尬。③ 但这一机缘却促成戴密微于 1923 年至 1924 年先后在《河内远东法兰西学校校刊》（Bulletin de L'Ecole Francaise d'Extreme-Orient）载文介绍胡适关于井田制的反传统见解及其章学诚研究，并探讨胡适的新诗。④

戴密微后在厦门大学任教两年，1926 年赴日本，曾任日佛会馆学监。⑤ 1927 年 5 月，胡适因国内政局不稳固而羁留日本，在奈良旅馆中与之重逢共餐，同席的还有英国的爱里鄂和法国的印度教及佛教学家列维等人。⑥ 后者曾到北京大学讲学。第一次世界大战后巴黎学派诸大师凋零殆尽，戴密微成为重要人物，胡适曾通过王重民与之

---

① 《研究所国学门第四次恳亲会纪事》，载《北京大学研究所国学门月刊》，第 1 卷第 1 号（1926 年 10 月）。

② 参见耿昇整理：《戴密微》，载《中国史研究动态》，1979（6）。

③ 参见《胡适的日记》，237、239 页；胡适：《记辜鸿铭》，见杨犁编：《胡适文萃》，656～659 页。

④ 参见アンリ・マスペロ著，内藤耕次郎、内藤戊辰共訳：《最近五十年しな学界の回顧》，载《東洋史研究》，第 1 卷第 1 号（1935 年 10 月）、第 6 号（1936 年 8 月）。

⑤ 参见耿昇：《戴密微和〈吐蕃僧净记〉》，载《中国敦煌吐鲁番学会研究通讯》，1985（1）。

⑥ 参见胡适：《南游杂忆》，见杨犁编：《胡适文萃》，630 页。

联系。①

　　研究中国美术史的瑞典斯托洪（Stockholm）大学教授西伦（O. Siren，又作喜龙士）是西方研究中国建筑史的先驱者之一，著有多种关于中国古代建筑、雕刻、绘画的书籍，他于 1922 年 3 月认识胡适后，曾就中国美术长于表现精神意境等观念与后者交换意见，胡适还为其在北京大学演讲《东西洋绘画的要点》时担任翻译。② 西伦所说的在蚌埠和几位外国人士计划组织古物学会，引起胡适对近年中国古物出土甚多一事的注意。几天后，胡适便与中国新兴考古事业发生联系。1926 年胡适访英，与之重逢，西伦听了胡适的讲演，又陪同其参观博物馆的玛雅文化藏品，认为其中有与中国相似处，但胡适不大相信。③ 后来专攻中国建筑史的梁思成对其著作有相当严厉的批评，指其不懂中国建筑的规律，任意瞎写。④

　　胡适与瑞典汉学家高本汉的交往，堪称"中国学史上的一桩很巧的因缘"。后者在国际汉学界声望仅次于伯希和，而对中国语言学的影响最大，尤其在音韵学方面，几乎独霸了半个世纪。1920 年，高本汉在法国《亚洲学报》（Journal Asiatique）上发表《论原始的中国文》（Le Proto-chinois-langue Flexionnelle）一文，讨论中国古代代名词的变化，其方法、材料和得出的结论，与胡适留学时代发表的《尔汝篇》《吾我篇》几乎一样。当时在莱比锡的林语堂看过高本汉寄赠的抽印本，诧为奇事，即复函相告。高虽然因生性骄傲而颇感惊诧失望，却由此产生与胡适结交之意。1922 年 11 月，他从美国回欧洲，路过上海，本想到北京拜访胡适以及通过安特森（J. G. Anderson）博士了解其他中国学者，不幸因病不能北上，遂致函胡适，询问有关中国学者的古文字学近著、学术机构的汉学期刊以及白话运动的主要口号等问题，并寄赠

① 参见《胡适来往书信选》下册，90 页。

② 参见《校长启事》，载《北京大学日刊》，第 999 号（1922 年 4 月 13 日）。

③ 参见《胡适的日记》，289、292、297、306、313 页；《胡适的日记》（手稿本），1926 年 10 月 17 日；莫东寅：《汉学发达史》，153 页。

④ 参见［美］费慰梅著，曲莹璞、关超等译：《梁思成与林徽因——一对探索中国建筑史的伴侣》，36 页，北京，中国文联出版公司，1997。

前年论文的单行本。胡适知其"为欧洲今日中国学的大师",写长信回复。① 两人从此订交。

胡适此前译载钢和泰论文,在向国内学术界介绍以高本汉为代表的欧洲汉语研究方面已起到积极作用。此后,高本汉陆续将自己的著述寄赠胡适,而胡适则设法将其中重要部分转介国内学者。不过,胡适的小学功夫甚浅,仅凭聪明和无师自通的科学方法治此清代学者成就最大的专门,多半是参"野狐禅"。② 而高本汉治古汉语,语法乃是最弱的一面,主要贡献还在语音。这方面他与钱玄同、林语堂、赵元任等专家也保持联系。从 1922 年起,钱即在北京大学讲课时引用高著的材料,而系统仍旧。③ 胡适之功,主要在于推动,实际输入则由语言专家完成。例如,国内最早刊登的高本汉著述译文,为 1923 年 7 月《国学季刊》第 1 卷第 3 号的《答马斯贝啰论切韵之音》。此文原发表于《通报》,回应了马伯乐《论唐代长安的方音》(*Le Dialecte de Tch'ang-ngan sous les T'ang*)中对其《中国音韵学研究》一书的论难,并对自著做出重要修正。后寄赠胡适,胡因病嘱林语堂代译。由此开端,高本汉的重要著作陆续被译成中文,得到新学者的一致赞誉。而国内学界围绕高氏著述展开的讨论及修订,进一步确立了其总原则对中国音韵学研究的支配地位。

高本汉在汉语音韵学上的贡献,最能支持即使在整理国故方面科学方法也较传统方式为优的主张,因此胡适屡屡予以鼓吹。1928 年 9月,胡适撰《治学的方法与材料》称:"近年一位瑞典学者珂罗倔伦(即

---

① 参见《胡适的日记》,514~515 页。

② 胡适曾坦白道:"考据之学,其能卓然有成者,皆其能用归纳之法,以小学为之根据者也。王氏父子之《经传释词》《读书杂记》,今人如章太炎,皆得力于此。吾治古籍,盲行十年,去国以后,始悟前此不得途径。辛亥年作《诗经言字解》,已倡'以经解经'之说,以为当广求同例,观其会通,然后定其古义。吾名之曰'归纳的读书法',其时尚未见《经传释词》也。后稍稍读王氏父子及段(玉裁)、孙(仲容)、章诸人之书,始知'以经说经'之法,虽已得途径,而不得小学之助,犹为无用也。两年以来,始力屏臆测之见,每立一说,必求其例证。"见《胡适留学日记》,1064~1065 页。陈寅恪曾对胡适的《尔汝篇》《吾我篇》隐加讽喻。

③ 参见魏建功:《〈中国音韵学研究〉——一部影响现代中国语文学的著作的译本读后记》,载《图书月刊》,第 1 卷第 6 期(1941 年 9 月 30 日)。

高本汉）费了几年的工夫研究《切韵》，把二百六部的古音弄的清清楚楚。林语堂先生说：'珂先生是《切韵》专家，对中国音韵学的贡献发明，比中外过去的任何音韵学家还重要。'（《语丝》第4卷第20期）珂先生的成绩何以能这样大呢？他有西洋的音韵学原理作工具，又很充分地运用方言的材料，用广东方言作底子，用日本的汉音吴音作参证，所以他几年的成绩便可以推倒顾炎武以来三百年的中国学者的纸上工夫。"用这一"三百年的古韵学抵不得一个外国学者运用活方言的实验"为例，胡适呼吁乱钻故纸堆的青年及早回头，先在自然科学的活路上有了好成绩，再以余力整理国故，"那时候，一拳打倒顾亭林，两脚踢翻钱竹汀，有何难哉！"①

对于高氏的其他著作，胡适也予以提倡。1926年他收到高本汉寄来的《〈左传〉真伪考》，在太平洋舟中读完并节译大要，欲请顾颉刚、钱玄同看后发表，后因故耽搁。而陆侃如和卫聚贤则全文译出，胡适阅后写《〈左传真伪考〉的提要与批评》的长序，对高氏以文法学研究考证古书的创举表示钦佩（胡适自己曾有此主张而未及实行），并进而与作者及为中文版作跋的卫聚贤讨论得失。②

1928年，胡适因夏剑丞送来两本关于古音通假的新著请其作序批评，用一个月时间"消遣"地阅读清儒音韵书及高本汉著作，并主要参照引申高著写了篇《入声考》，欲补其不注意汉以前古音的不足。初稿写定后，忽而收到高发表于《皇家亚洲学会杂志》当年10月号的近作《中国古音问题》（*Problems in Archaic Chinese*），所用材料、方法和得到的结论，又几乎完全与之相同，不禁惊为奇事。③ 后来重审《水经注》公案时，他引此事为例，说明学术史上此类巧合并非罕见，"凡用

---

① 胡适：《治学的方法与材料》，见《胡适文存三集》第2卷，203～205页。

② 据《北京大学研究所国学门月刊》第1卷第7/8号合刊上的《论〈左传〉之真伪及其性质》一文可知，高本汉另寄一单行本给赵元任，赵转赠李济。卫聚贤见后欲读，因外语不好，请教同学陆侃如，遂合译之。由陆口译，卫笔受，并经赵元任校正。

③ 参见胡适：《入声考》，见《胡适文存三集》第3卷，311～352页；《胡适的日记》（手稿本），1928年12月1日。

同样方法研究同样材料，当然可得大致相同的结果"①。高本汉晚年称"只有爱护本国文物历史而从事研究的中国学者是真正的知音"②，胡适无疑当在其列。

此外，一些来华的欧洲汉学家虽与胡适仅有一面之识，却也透露出有价值的学术信息，如专治中国哲学的柏烈伟和专治蒙古文、藏文的潘克拉托夫（B. Pankratov）。前者曾任北京俄文专修馆教授和北京大学俄文讲师，希望将胡著《中国哲学史大纲》译成俄文，得到允准；后者则告以正将《元秘史》译成俄文。③

还有一些人士，严格说来并非汉学专家，但与中国研究的近代学术发展颇有关系，如瑞典探险家斯文·赫定，有欧洲第一汉籍收藏家之称的法国汉文学者罗道尔，多次赴中国西南探险、熟悉当地民族风俗习尚的美国人类学者洛克（J. F. Rock）博士，留华逾十五年、收藏大批古物并著有《中国艺术综览》《历代著录吉金目》《历代著录画目》等书、曾任北京历史学会会长的美国人福开森，治中国哲学的燕京大学文理科科长博晨光（Lucius Chapin Porter），研究基督教史的耶鲁大学神学教授赖德烈（后任美国学会理事会促进中国研究委员会委员），在燕京大学任教多年、研究基督教在华历史的瑞士学者王克私（Philipe de Vargas）等。④

斯文·赫定曾多次来华探险调查，后更与中国学术界联合组织西北科学考察团，所写报告，风行世界。他还是瑞典国家学会十八会员之一，可以推举诺贝尔文学奖的候选人，20 世纪 20 年代末，曾运动提名中国作家，以沟通感情，便于考察活动。据丁文江函告，他的意中人之一便是胡适。后来斯氏在火车上与胡适邂逅，当面又旧话重提，但希望胡自己将著作译成英文。胡适对其来意似有误解，态度是："如果他们因为我提倡文学革命有功而选举我，我不推辞；如果他们希望我因希冀

---

① 耿云志、欧阳哲生编：《胡适书信集》中册，964 页。
② 《高本汉诗经注释》，作者赠言。
③ 参见《胡适的日记》，125～126 页。
④ 参见《胡适的日记》，292、297、305、355、359 页；《胡适的日记》（手稿本），1929 年 12 月 15 日，1936 年 1 月 3 日。

奖金而翻译我的著作，我可没有那厚脸皮。我是不配称文学家的。"①

　　王克私也是文友会会员，1921 年 6 月拜访胡适，后又来函及登门采访有关新文化运动之事。1922 年 2 月 15 日，他在文友会讲演"中国文艺复兴的几个问题"（"Some Aspects of the Chinese Renaissance"），这应是欧洲人首次以学术眼光评论中国的新文学运动，引起与会者的热烈讨论。丁文江持梁启超之见，认为中国文艺复兴只限于清代汉学，不当包括近年的文学革命运动。胡适则反对此说，"颇助原著者"。后来王克私再就文学革命运动采访胡适，他在胡的帮助下，修改成同题长文，刊登于 1922 年 4 月至 6 月英国皇家亚洲学会北华分会名誉书记顾令（Samuel Couling）创办的《新华学报》（*The New China Review*）上。两人因此交往多年，成为很熟的朋友。② 以后王克私曾任燕京大学史学系主任、《燕京学报》编委，抗战期间燕京大学教职员遭受日军迫害，外籍教员或亡走或被囚，王克私尽力照管校产和同人，起了很好的作用。③

　　尤其值得一提的，是胡适与对中国地质学和古生物学、考古学影响甚大的加拿大解剖学者步达生（Davidson Black）、瑞典地质学者安特森、美国古生物学者葛利普（Amadeus William Grabau）、法国地质学者德日进（Pere Teilhard de Chardin）等人的交往。他曾经以这些外国学者的成就，说明西洋科学方法对于整理国故的重要性："一个瑞典学者安特森发见了几处新石器，便可以把中国史前文化拉长几千年。一个法国教士桑德华（Père E. Licent）发见了一些旧石器，便又可以把中国史前文化拉长几千年。北京地质调查所的学者在北京附近的周口店发见了一个人齿，经了一个解剖学专家步达生的考定，认为远古的原

────────────────

① 《胡适来往书信选》上册，444 页；《胡适的日记》（手稿本），1929 年 2 月 26 日。同时斯文·赫定还拟提名梁启超和鲁迅。

② 参见《胡适的日记》，96、255、263、267～268、280 页；《胡适的日记》（手稿本），1923 年 4 月 3 日，1953 年 3 月 23 日。胡适虽参与意见，但认为王克私文"实不甚佳"，次年 4 月，复用英文自撰《中国的文艺复兴时代》（*The Chinese Renaissance*），分为宋学、王学、清学、新文化四期。

③ 参见梅贻宝：《燕京大学成都复校始末记》，载《传记文学》，第 44 卷第 2 期（1984 年 2 月）。

人，这又可以把中国史前文化拉长几万年。向来学者所认为纸上的学问，如今都要跳在故纸堆外去研究了。"①

1921 年，任职中国农商部地质调查所的安特森在辽宁锦西沙锅屯和河南渑池仰韶发掘出新石器遗址，一举改变中国无石器时代的陈说。次年 3 月，胡适在协和医院听其讲演石器时代的中国文化，几天后，又与陶孟和同往安特森处观其采集的石器、陶器，赞其方法精密，断案慎重。安氏批评旧日考古学者发掘古物，往往重文字而遗其器物，或重美术而遗其环境，他的方法则是重视每一物的环境，将发掘区画出层次，分别记载各层出品，有问题则皆可复按。这实与 20 世纪考古学的最新发展相合，而为中国学术界所未曾有。胡适虽不免"不温故而欲知新"之讥，但对货真价实的新方法的确敏感，即请安氏为《国学季刊》作文记此事原委，并极赞其想为北京大学开设比较古物学课程的提议。后安特森推荐参与其事的袁复礼撰文《记新发现的石器时代的文化》，载于《国学季刊》创刊号，胡适所加按语称这一发现为"中国古史学上一件极重要事"。他虽不赞同安、袁两人关于彩陶花样受西方影响的推测，主张平行发展说，但对安的立论谨慎仍表示佩服，不时读其新著。②

胡适和这些人长期保持友谊，几度出席葛利普的生日宴会，称赞"此公半生残废，而努力作学问，至死方休，真是我们的模范！"1934年步达生猝死，胡适为其英年早逝而伤感不已，直叹"甚可惜"。葛利普逝世后，胡适还购买其手稿赠予中国地质学会，以为纪念。③

---

① 胡适：《治学的方法与材料》，见《胡适文存三集》第 2 卷，204 页。

② 参见《胡适的日记》，302、344 页；《胡适的日记》（手稿本），1923 年 4 月 1 日、9 月 19 日。

③ 参见《胡适的日记》（手稿本），1931 年 3 月 21 日，1934 年 1 月 9 日、3 月 17 日，1936 年 1 月 8 日，1957 年 1 月 15 日；《胡适的日记》，523 页。葛利普、步达生、德日进分别为中国地质学会葛氏奖章第一、第三、第五届得主。参见关国煊：《中国地质学会葛氏奖章及其历届得奖人》，载《传记文学》，第 48 卷第 2 期（1986 年 2 月）。

第四节　欧游识名家

民国时期的教授走向世界，形式上并非难事，但像胡适有那样多而且好的机会，却不容易。这给胡适提供了走出国门深入国际汉学中心的良好机缘，而他也能够善加利用。

就拿与欧洲汉学界的交往而言，胡适主要有两次。第一次是 1926 年，原计划 7 月 20 日出发，经希腊到英、法和意大利，少则一学期，多则一年，目的是看材料，因为"中国学术材料颇有流散于海外者，从来留学界虽不乏学者，而能对于此项材料加以搜讨，则非胡先生莫能胜任！此行深望其能帮助国内学术界，对于此项材料常常通信报告"①。后来路线改经苏联，这使胡适得到在苏联本土接触其学者的机会。他在致徐志摩的信中谈到与苏联科学院常任书记（胡适称其为永久秘书）鄂登堡会面的情况，后者告诉他，苏联政府"每年津贴科学院四百万卢布，今在科学上努力的有六百人之多"，"一切科学上的设施，考古学家的大规模的探险与发掘，政府总是竭力赞助的"，因而相信"苏俄并不是轻视纯粹科学与文学"。② 鄂氏为俄国东方学元老，主治印度学，同时又是组织和指导东方研究的祭酒董事，1920 年曾领导新疆和中亚的考古探险，甚得联共（布）领袖的信赖。③ 20 世纪 30 年代以前，该国东方学研究能够正常发展，他的作用至关重要。此行胡适对苏联各方面的成就颇有好感，乃至可以容忍牺牲一点自由以图专政治国的主张④，与其政府重视学术不无关系。

①　《研究所国学门第四次恳亲会纪事》，载《北京大学研究所国学门月刊》，第 1 卷第 1 号（1926 年 10 月）。

②　胡适：《欧游道中寄书》，见《胡适文存三集》第 1 卷，89 页。

③　参见石濱純太郎：《オルデンブルグ記念論文集》，载《東洋史研究》，第 1 卷第 2 号（1935 年 12 月）。

④　参见《胡适的日记》（手稿本），1926 年 10 月 17 日。

胡适的欧洲之行，还与人称苏联汉学泰斗的阿理克发生了联系。[①]
阿氏为沙畹入室弟子，主治中国语文、思想和宗教，他既是沟通苏联
与欧洲汉学界的桥梁，又是苏联第一代汉学家的培育者。他虽然主要
使用巴黎学派正统的方法，却对以胡适为代表的中国新文学运动予以
关注，从 1925 年起，即在列宁格勒的《东方》杂志载文介绍上海亚东图
书馆出版的康白情、俞平伯、汪静之等人的新诗集，并提及胡适的序
言。次年他应邀赴法国讲授中国文学，最后介绍分析胡适的《尝试集》
[1929 年发表于《巴黎评论》(*Revue de Paris*，15. Avr.，1929)的全部
演讲，于 1937 年在法国出版]，并在《法国东方爱好者协会通讯》(*Bul-
letin de L'Association Francaise des Amis de L'Orient*)等杂志上发表
文章，如《现代中国的一些问题》《当代中国文学之问题》，评述中国的
教育、国语、新文学，详细介绍胡适的《文学改良刍议》。

同时，阿氏还注意胡适的中国思想史研究，1925 年在《东方》第 5
辑发表关于 1922 年版《先秦名学史》的长篇书评。此书由一位法国汉学
家从北京带到巴黎，转交阿理克，阿氏曾于 1923 年在苏联考古学会做
初步介绍，并写成长评。他大体赞成胡适对传统观念的批判，但对其
研究创作方法及成就则颇多保留和批评，有的意见还很尖锐(如论白话
诗)，认为胡适著作只是历史新篇章的序言。

近年来加拿大和俄罗斯学者据此提出"第一个在欧洲介绍及评介中
国现代文学的是俄国著名汉学家阿理克塞耶夫院士"，他"是欧洲第一
个介绍胡适新诗的汉学家"[②]，此论则失之于蔽。如前所述，1923 年
戴密微已在著名的汉学杂志《河内远东法兰西学校校刊》撰文介绍胡适
的新诗，而荷兰汉学家戴闻达则在出版于莱顿的荷兰、丹麦、挪威东
方学会联合会机关杂志《东方学报》(*Act. Orient*)第 1 期上发表了《文艺
复兴在中国》("A Literary Renaissance")，论述以胡适为中心的白话文

---

① 1934 年蒋廷黻到苏联看沙俄史料，函告胡适："你的旧朋友 Ivanov and
Alexiev 都要我代问好。"(《胡适来往书信选》中册，257 页)则此行胡适当与阿氏见
过面。

② [俄]李福清(B. Riftin)：《中国现代文学在俄国(翻译及研究)》，见阎纯德
主编：《汉学研究》第 1 集，341~345 页。

运动。① 更早者为瑞士学者王克私，尽管其文发表于中国，但用英文，对象是国际汉学界。

20 世纪 30 年代，阿理克因所谓只承认中国的旧学术和文学传统，强烈诽谤现代中国文学，玷污苏联学者的体面而遭到严厉批判，则不免厚诬时贤。② 深究史实，无论在东方或西方，最早注意到新文化运动的，正是各国的汉学专家。由此可见，国际汉学界在致力于古代中国研究的同时，对于当代中国社会的发展变化同样关注，并予以研究，没有后来主观上的畛域自囿。

胡适西欧之行的重大收获，是在欧洲汉学正统所在地巴黎结识了伯希和。赴欧目的之一，本是阅读法、英两国掠去的敦煌文书，所以胡适一到巴黎，即拜访伯希和，和这位"成绩最大，影响最广"的"西洋治中国学者的泰斗"谈了两小时，据称很投机。由于伯希和的介绍，胡适得以顺利进入连法国人也不易进去的法国国家图书馆写本书室调阅敦煌卷子，短短一个月时间，抄录了不少有关禅宗的史料。其间与伯希和也有几次深谈，离去时还请伯氏代为关照影印事宜。后者则托其留意禅宗在中国画派上的影响。不久，在法兰克福和伦敦，两人又几度一起出席会议，胡适还听了伯希和关于中国戏剧以及中亚与中国关系的学术演讲。

不过，尽管胡适函告徐志摩说他很爱伯希和与英国的维列③，气质上毕竟与纯粹学院派的伯希和有些疏离。而且遇强逞强之心使其时有交浅言深的唐突。他治禅宗史，关于达摩，认为道宣的《续高僧传》最可信，而伯希和则仅称引杨衒之的《洛阳伽蓝记》，不很赏识道宣，因而被怀疑看不懂《续高僧传》达摩的全文。对于伯希和所编巴黎藏敦

① 参见アンリ・マスペロ著，内藤耕次郎、内藤戊辰共訳：《最近五十年しな學界の回顧》，载《東洋史研究》，第 1 卷第 6 号（1936 年 8 月）。另参见梁绳祎：《外国汉学研究概观（续前）》，载《国学丛刊》，第 6 期（1942 年 1 月）。梁文称其专任莱顿大学汉学教授在 1930 年，误。

② 参见藤枝晃：《アレクセーエフ教授の業績》，载《東方学報》，第 10 冊（1939 年 5 月）；Gilbert Rozman ed., *Soviet Studies of Premodern China: Assessments of Recent Scholarship*, p. 166。

③ 参见胡适：《欧游道中寄书》，见《胡适文存三集》第 1 卷，79 页。

煌文书目录，胡适只读了五十卷，为全部的三十分之一，便发现不少错误，当面直言之外，更建议由中国学者整理分类编目。伯希和赞成此议，并请其记出错误，以便改正。后来胡适果然用英文将笔记写出寄去。此目录伯希和迟迟未能完成，事多固然是主因，胡适的挑剔或许也令其不免踯躅犹豫。一个月后，伯希和在法兰克福发表演讲，即将与中国学者的接近，作为治中国学必备的三项条件之一。此外，胡适对于伯希和的学生翻译几篇文章便可拿甚不易得的国家博士学位，觉得未免太容易了；认为伯希和关于中国与中亚关系的演讲很好，有许多新发现的材料，而讲中国戏剧则多用王国维的材料，似有看穿西洋镜的意思。①

　　1933 年和 1935 年，伯希和两次来华，胡适均参与中国各方面的接待。前一次如新年除夕前和五十余位中国学者出席法国公使馆举行的盛大欢宴，1 月 14 日中午赴由谭祖任做东，陈垣、陈寅恪、柯劭忞、杨钟羲陪客的私宴，1 月 22 日和傅增湘、刘复等参与辅仁大学的欢迎宴会，4 月 15 日和陈垣、李圣章等到车站为伯希和送行。其间伯希和屡次在公开场合推崇已故的王国维和在世的陈垣，声称："中国近代之世界学者，惟王国维及陈先生两人。不幸国维死矣，鲁殿灵光，长受士人之爱护者，独吾陈君也。"其"在平四月，遍见故国遗老及当代胜流，而少所许可，乃心悦诚服，矢口不移，必以执事（指陈垣）为首屈一指"，令胡适颇感难堪。② 他在自己有意留作史料的日记中对此不着丝毫痕迹（未记或记而复删），或许恰好表明他耿耿于怀。后一次伯

---

　　① 参见《胡适的日记》（手稿本），1926 年 8 月 24、26 日，9 月 4、18－22、26 日，10 月 18、25－26 日，11 月 20 日。

　　② 参见《东方学家伯希和抵华 北平中法学者联欢》，载《国立中山大学文史学研究所月刊》，第 1 卷第 1 期（1933 年 1 月）；陈智超编注：《陈垣来往书信集》，96 页；《辅大欢宴伯希和》，载《北平晨报》，1933 年 1 月 22 日。此次伯希和原计划再赴日本，已函告京都大学总长羽田亨确切日期。后因中日关系紧张而作罢。尹炎武、陈垣、谭祖任等，均为思误社（后改名为思辨社）成员。胡适日记于伯希和来华之事刚好缺载，疑与伯氏评点不无关系，胡适记日记，本有学李慈铭《越缦堂日记》之意，很早就出示于人，曾为鲁迅讥讽，后来又加以整理删抹，非与其他资料互相参证，不得以默证为据，更难以语境心境。

希和在北京只待了一个月，其间，胡适先后赴钢和泰、中央研究院历史语言研究所和辅仁大学的宴请，并陪同伯希和观看历史语言研究所收藏的汉简及拓本，其日记均有记载。① 1938 年 7 月，胡适再次赴欧洲，又与伯希和几度聚会，并请其联袂推荐陈寅恪为剑桥大学中文教授。②

胡适首次访法，反应极为平静，就像任何一位前来看书的普通学者，除了伯希和，他未与法国其他汉学家接触。巴黎学派的另一位大家马伯乐稍后为《最近五十年的史学与史学家》一书撰写中国及中亚部分的述评，其中若干处提到胡适的研究以及他人对胡适的研究，也未与之来往。这不仅赶不上两年后太虚法国之行的热闹非凡（胡适曾劝其不要夸大狂式地宣传东方文化），甚至不及同年来巴黎介绍和批评他的苏联学者阿理克风光。胡适的留美背景也许是他不被法语世界重视的因素之一。几年后，法国汉学家如伯希和还认为美国的哈佛大学是穷乡僻壤，没有法国人愿意离开巴黎优越的文化环境去那种地方。③ 胡适既无资格像在国人面前那样肆意论道西方文化，对本国固有文化的态度又与欧洲汉学界有些格格不入，因而内心也静如止水。此外，与当时中国学术界其他领袖崇奉法国不同，胡适不大买"世界文明之导师"和"科学文艺之渊薮"④的账，对北京大学里的法国文化派历来嗤之以鼻，其无感想或许正是有思想的表现。

但在英国，胡适则颇受优待。他此行的使命之一，是参加中英庚款咨询委员会会议，待遇自然较全无因缘的法国隆重，抵埠即有同为中英庚款咨询委员会成员的牛津大学汉学教授苏慧廉等人迎接。苏氏早年曾来华从事推动新式教育的工作，担任过山西大学西斋总教习。1926 年他随中英庚款咨询委员会代表团到中国进行考察，应邀出席北京大学学术研究会闭会式，并与胡适同场发表演讲，介绍中英关系以及牛

---

① 参见《胡适的日记》(手稿本)，1935 年 5 月 5、18、28、29 日。

② 参见《胡适的日记》(手稿本)，1938 年 7 月 21、23、29 日；耿云志、欧阳哲生编：《胡适书信集》中册，753 页。

③ 参见[美]费正清著，黎鸣、贾玉文等译：《费正清自传》，117 页。

④ 《通信》，载《新青年》，第 2 卷第 3 号(1916 年 11 月)。

津大学的状况。① 大学中国委员会(Universities China Committee)还想请胡适在三岛各大学演讲若干次。

胡适与从中国赶来的庄士敦重逢,由此结识了医生颜慈。后者来华四年,归国后继续研究中国文字文物,所写多为杂文。胡适从中受益的是谈论八仙的文章,他还写信将此事告诉对民俗研究兴致正高的顾颉刚;另外在颜家的茶会饭局上,认识了不少名流。而胡适给予的帮助则是口译《营造法式》陶湘的长序及代为修改英译文。颜慈正对中国古代建筑和美术感兴趣,但毕竟半路出家,中文功夫不足。后来他能出任伦敦大学中国美术及考古学教授,在这一领域有所建树,胡适的关照多少起了作用。②

由法国回到英国后,胡适再显风采。他在影印写本较巴黎贵一倍、天气又不好的伦敦反而待了三个月(其间赴法兰克福一周),先后在中国协会、剑桥大学、东方学院、Wordbrooke 等处发表演讲,听众中不乏知名人士,因此与水准较低的英国汉学界的交往远比与法国的普遍。他在大英博物馆见到留美时已结文字之缘的翟林奈,赴法前胡适曾几度登门不值,此公正主持该馆东方部汉籍科写本股,得近水楼台之便,获准看敦煌卷子。翟氏对其帮助甚大,后来胡适因演讲活动多,便请翟先将要看的卷子取出,待演讲完毕,有空就每天去看。所以他在《〈神会和尚遗集〉序》中,将翟林奈列于最感激者的首位。③ 此外,胡适结交的旧雨新知还有翟林奈的父亲、八十多岁高龄的汉学大家翟理斯,研究中日绘画、多所撰著的宾阳,计划重游马可·波罗之旅以研究其游记的伦敦大学经济史教授艾琳·鲍尔以及一些研究语言宗教的东方学名家。

不过,最令胡适感到投缘的,莫过于维列。后者任职于大英博物

---

① 参见《北大学术研究会举行"闭会式"启事》,载《北京大学日刊》,第 1936号(1926 年 6 月 18 日);[英]苏慧廉:《牛津与中国》,载《北京大学日刊》,第 1941 号(1926 年 6 月 24 日)。

② 参见《胡适的日记(1926.7.17—8.20)》,见耿云志:《胡适研究丛刊》第 2辑,349～350 页,北京,中国青年出版社,1996;《胡适的日记》(手稿本),1926年 10 月 2 日,12 月 3、19 日。

③ 参见《胡适的日记》(手稿本),1926 年 9 月 24、28 日,10 月 30、31 日,11月 3 日,12 月 3、29 日。

馆，是罕见的语言奇才和文学家，他自称仅从路经伦敦的丁文江处学了十几天中文，靠自学便翻译中国古典文学名著①，又从事日本古典文学翻译，成为国际著名的东方文学翻译大家，译著风行欧美；同时研究中国古典文学与思想，著述极丰。但他"从没有到过东方，而且不愿意去，因为怕一去之后把他对于中国的想象打破了"②，希望"在心目中保持唐代中国的形象"③。尽管如此，他却是翟理斯之后英国最杰出的汉学家，其成就迄今无人超越。

维列之名显于时，当在 20 世纪 30 年代至 40 年代尤其是第二次世界大战后，20 世纪 20 年代，他还只是崭露头角。胡适赴法之前就与之结识，谈过两次，觉得其"甚可爱"。回到英国后，两人多次共餐畅谈，互赠书籍。在致函徐志摩谈及访欧感想时，胡适仅举出维列与伯希和的名字，后者多半由于名，前者则显然发乎情。胡适对其关于佛教与艺术关系的书评价不高，但对维列称《胡适文存》的文字易懂则如遇知音，因为将"说就要人了解"奉为金科玉律的胡适文风，正以此见长。两人还就古代短篇小说的体裁及其来源有所论难。以后双方通信往来，维列"论《白话文学史》颇有见地"，引发胡适作关于《参同契》的考证。胡适称赞其"是绝顶聪明人，他的中国文字和日本古文的知识都很好"④，可谓识人。1938 年胡适再度访欧，与之重逢。战争期间维列见到来英伦的中国人，第一句话几乎总是打听胡适的近状，并相信其任驻美大使"是今日中美邦交最好的保障"⑤。

胡适访英，受款待使其有发言资格，而一些小刺激又激发其抗争心。一次，几位英、德学者当面讥嘲美国，尤不赞成美国的哲学，却

---

① 参见萧乾：《欧战杂忆》，见《负笈剑桥》，194 页，香港，三联书店香港分店，1986。石田幹之助称维列是在伦敦大学第一次世界大战后创立的东方学院学习中日文。参见《海外東方學界消息》，载《東方学》，第 33 辑（1967 年 1 月）。

② 《胡适来往书信选》下册，507 页。

③ 《萧乾选集》第 2 卷，351 页。研究中国文学史的中外学人，不乏因向往过去的辉煌而愿活在古代者。

④ 《胡适的日记（1926.7.17—8.20）》，见耿云志：《胡适研究丛刊》第 2 辑，350～351 页。

⑤ 《胡适来往书信选》中册，469～470 页。

并未读过美国的哲学著作。胡适由此而生的感想是："我感谢我的好运气，第一不曾进过教会学校；第二我先到美国而不曾到英国与欧洲。如果不是这两件好运气，我的思想决不能有现在这样彻底。"①后来维列指出其所见英国人都是老辈，所以对于英国思想界的感想不佳。胡适部分接受，但不承认抱有成见。

其实，历史较长的欧洲在精神文化上轻视后起的美国，其源有自。胡适与"学衡派"的争议，某种意义上也有欧美文化异趣的味道。至于彻底与否，见于思想或许不过激进，见于学术则难免偏蔽。胡适参观牛津大学图书馆时认为其目录学不高明，中国部的错误"大可骇人听闻"，并骂所谓中国学大家巴克斯（E. T. Backhouse）"是一个大浑人"②，让人觉得像是出了口恶气。现在的研究显示，胡适的评语确有先见之明。不过，该校的中国哲学宗教讲师修中诚喜用胡适的书。其人原为来华牧师，1922 年 5 月与胡适相识于北京。1934 年 2 月，在中央研究院历史语言研究所的宴会上二人再度见面。③ 陈寅恪到任前，他有相当长的一段时期主持牛津大学的汉学事务，并有所改革振兴。

1938 年 7 月至 9 月，胡适再度访欧，先后到了英、法、瑞士，除会见伯希和、维列、翟林奈等老朋友外，还在剑桥大学汉学教授慕阿德的陪同下参观了该校图书馆所藏中国书④，这是上次到英国时未曾看过的。其时慕氏已退休，陈寅恪愿为后继，两个月前胡适曾为此写信推荐。而最令胡适高兴的是出席国际史学会会议时结识了已 75 岁高龄的德国汉学大家福兰克。因为在此之前，两人曾结下不解之缘，而且其事在胡适与国际汉学界的交往史上，值得大书特书一笔。

1932 年 6 月 2 日，德国普鲁士国家学院（Prussian Academy of Science）函聘胡适为该院哲学史学部通讯会员。当时中国报纸称："德国普鲁士国家学院，为世界最著学会之一，与英国皇家学会齐名。该

---

① 《胡适的日记》（手稿本），1926 年 11 月 29 日。

② 《胡适的日记》（手稿本），1926 年 11 月 22 日。巴氏伪造《景善日记》，是显著一例。

③ 参见《胡适的日记》，357、507 页；《胡适的日记》（手稿本），1934 年 2 月 25 日；莫东寅：《汉学发达史》，120 页。

④ 参见《胡适的日记》（手稿本），1938 年 8 月 10 日。

学院会员，能为世界著名之权威学者。柏林大学教授福兰克近在该学院提议，通过选举胡适博士为会员，实为东亚第一人。"一时甚为轰动，教育部长朱家骅代表中国学术界致电申谢。① 胡适复函也说："这是在世界学术界的最大的荣誉之一种。我这个浅学的人很少贡献，这回接受贵会这样奖掖，真使我十分感激又十分惶恐。"并以羊公鹤的典故，表示将努力在学术上多做贡献。② 为此，胡适对福兰克心存感激。开会期间，两人多次聚餐、游玩和交谈，临别"彼此都很恋恋"，预感后会不易。③

不过，胡适获此殊荣，来历却颇为曲折。据深知内情的蒋复璁说，1930 年他在柏林见到福兰克时，后者称："法兰西学院已经举了罗振玉先生做通讯员，我们——普鲁士学术院本想举王国维先生做通讯员，可惜死了。"问有什么人可举，蒋提出章太炎，但福兰克毫无所知，"他要这个人的学问是贯通中西的，要外国人知道"，于是蒋举胡适，得到赞成。后来蒋向胡适取得全部著作并经过提议审查通过，足足费了一年多时间。④ 1933 年伯希和在北平屡屡推崇王国维和陈垣，而绝口不

---

①　参见中国革命博物馆整理，荣孟源审校：《吴虞日记》下册，629 页，成都，四川人民出版社，1986。该院正式成员限德国人，外国人只能做通讯会员。福兰克1923—1931 年任柏林大学汉学教授，这时已退休。

②　参见耿云志：《胡适年谱》，200 页，成都，四川人民出版社，1989。

③　参见《胡适的日记》（手稿本），1938 年 8 月 27—31 日，9 月 3、4 日。

④　蒋复璁：《追念逝世五十年的王静安先生》，见陈平原、王枫编：《追忆王国维》，156 页。蒋复璁在《追忆胡适之先生》中的描述与此有所不同，他说是福兰克主动提名胡适，"因为福氏读了他的许多著作，非常敬服。他认为中国人中最了解西洋文化者，现世纪的中国学者应当是认识现世纪的历史文化进步的学者。并不是抱残守缺，泥古不化的学究，也不是妄称沟通中西文化的先生。在事成之后，福氏写信与我，说明此事的经过，其动机则在'九一八'之后，表示'中国虽无武力，而有文化'，胡先生在西洋学者目光中，是代表着中国文化"。见《文星》，第9 卷第 5 期（1962 年 3 月）。虽然时间早，但为纪念胡适而作，又在哀悼期间，似不及后说客观。徐中舒《王静安先生传》称："当先生自沉之前，汉堡中国文学教授德人颜复礼（F. Jaeger）奉其政府之命，拟聘先生为东方学术研究会名誉会员，介上虞罗振常氏为之先容；书未发而先生死，惜哉。"见《东方杂志》，第 24 卷 13 号（1927 年 7 月）。戴家祥《海宁王国维先生》亦有此说。后戴氏《哭观堂师》附注称，德国汉堡大学中国文学教授颜复礼博士代表政府聘王国维为"东方学术研究会"名誉会员，聘书尚在途中，而讣告至，乃改致函唁。参见陈鸿祥：《王国维年谱》，321 页，济南，齐鲁书社，1991。此即蒋复璁所说《北平图书馆月刊》记载之事。

提胡适，或是有所为而发。他于 1926 年在法兰克福曾公开批评德国的中国学殊不如人，这次大概是隐指所举非人吧。而胡适后半生治《水经注》公案，多少有力图表演、长袖善舞之意，以免连补王国维缺的资格都不具备。只是那种过于专门的研究，并非四面出击者力所能及。曾经以考据为拿绣花针作玩意儿的胡适，不得不下磨铁杵的功夫，结果还是事倍功半。史料愈近愈繁，近世与近代史真相之难求，决不下于古史，与胡适原来以为"初看去似甚难，其实较易整理"①之说迥异，这倒是胡适此举留下的宝贵经验，足以令一味偏重古史的学术界有所觉悟。

战争中福兰克在家乡附近的小镇艰苦度日，并继续撰写长篇巨著《中国通史》，虽侥幸挨过战祸，却于 1946 年出席学术院会议时因营养欠佳而暴卒。福兰克实为德国首任正式汉学教授，在他之前，汉学在德国仅为个人业余研究而无学院化，德国本土汉学家也受排挤。由于福兰克的不懈努力，1909 年汉堡殖民学院设远东语言历史讲座，次年福兰克就任。他还促成 1919 年兴建汉堡大学，并将殖民学院并入其中。荷兰人哥罗特（J. J. Maria de Groot）去职后，他又成为柏林大学首位德人汉学教授。因此有人认为，福兰克之死，可象征早期德国甚至西洋汉学的结束，"同时现代西洋汉学与十九世纪前辈大师之联系亦告中断"。②

第五节 关怀东亚

日本是国际汉学研究的另一中心，陈垣在 20 世纪 20 年代多次提出汉学正统在西京还是巴黎的问题，希望努力将中心地位争回北京。傅斯年在《历史语言研究所工作之旨趣》中，也明确表达过此意向。③

---

① 耿云志：《胡适年谱》，193 页。

② 参见 Walter Fuchs（富克斯）：《德汉学家福兰克教授逝世》，载《燕京学报》，第 32 期（1947 年 6 月）；Ursula Richter, "Portrait of a German Sinologist: Otto Franke"，载《近代中国史研究通讯》，第 3 期（1987 年 3 月）。

③ 参见《胡适的日记》（手稿本），1931 年 9 月 14 日。

不过，日本原有传统汉学，受近代欧洲学术影响而兴起的中国研究，则标名为"支那学"或东洋学(范围稍宽)。后因"支那"演变为具有侮辱性质的词，今人主张直呼中国学。① 而京都的中国学与东京的东洋学在方法、取向等方面，都有明显分别。在王国维、陈垣、陈寅恪乃至胡适等人看来，就中国研究而言，西京显然要略胜一筹。

胡适与日本中国学者的因缘，亦可追溯到留学时代。他转学到哥伦比亚大学半年后，在该校研究化学的东京商业学校教员泽田吾一登门请教白居易诗，知道胡适治哲学，即告以"过日本时当访其友狩野亨吉博士，博士尝为京都大学文学院长，其人乃'真哲学家'，藏汉籍尤富，今以病居东京"。胡适归国行色匆匆，虽途经日本的横滨、神户，却未前往东西两京，只是在停船时买了《新青年》第3卷第3号，对所刊桑原骘藏《中国学研究者之任务》一文颇有共鸣，认为所说"治中国学宜采用科学的方法"之言极是，并赞同其将中国古籍重新整理以适于今用的主张。② 这至少是胡适整理国故的思想来源之一。

1920年，胡适曾有赴日计划，亦未实现。倒是日本方面，因为注意新文化运动而主动与胡适联系。发端者便是后来以研究中国近世戏剧史而闻名的青木正儿。1920年，他在京都和小岛祐马等人创刊《"支那学"》杂志，并于第1号至第3号发表长篇论文《胡适を中心に涡いてある文学革命》，这是迄今所知国际学术界最早正面报道研究中国文学革命的论文。③ 青木正儿随即致函胡适，并寄上《"支那学"》第1号。以后两人多次通信，互赠书刊。胡适在欣赏明清艺术及新诗创作等方

① 关于"支那"一词含义的变化，参见周作人：《老人的胡闹》《怀东京》，见钟叔河编：《周作人文选》第2卷，528～529、541页，广州，广州出版社，1995。关于日本汉学与中国学的区别，详见严绍璗的《日本中国学史》。

② 参见《胡适留学日记》，857、1166页。

③ 青木正儿于1919年大阪《大正日日新闻》发刊时即受友人怂恿想撰文介绍中国现代文学，因该报不久停刊，未能如愿。当时在日本无人对中国现代文学感兴趣，青木正儿描述自己好像"孤影孑然旷野独行"。参见青木正儿：《文苑腐谈》，见《江南春》，63页，東京，平凡社，1972。或谓日本最早介绍中国新文化运动动向的为《朝日新闻》的大西齐。参见《学問の思い出——橋川時雄先生を囲んで》，载《東方学》，第35輯(1968年1月)。美国传媒到1921年注意中国的文学革新。据称5月的《世纪》(Century)杂志就此发表专论。参见《胡适的日记》，99页。

面引青木正儿为同调，并介绍周氏兄弟（鲁迅、周作人）、吴虞、沈尹默等与之结识，同时托请青木正儿代访章学诚遗书及各种版本的《水浒传》，由此与京都学派的领袖内藤虎次郎和狩野直喜沟通联系。胡适后来写成《章实斋年谱》及《〈水浒传〉后考》，除表示因内藤虎次郎是外国学者却率先作章学诚年谱而自觉惭愧以及与狩野直喜关于《水浒传》的见解不谋而合而高兴外，还特别感激"我的朋友"青木正儿热心搜求《水浒传》材料，如同自己的事。① 1925 年青木正儿作为文部省在外研究员来华留学，曾在北京与胡适会面。②

不过，胡适似乎有些误解《"支那学"》杂志代表京都学派的意见。其实这并非京都大学"支那学会"的机关刊物，也不代表京都学派。其中起主要作用的小岛祐马、青木正儿、本田成之甚至武内义雄，都有超越内藤虎次郎、狩野直喜藩篱的意向，而引起后者的批评。如武内义雄在该刊撰文认为清代考据方法已达穷极，内藤虎次郎则称应注意好的方面。青木正儿听取胡适的意见，发表《本邦"支那学"革新第一步》，要求日本中国学者改用中国音读法，也遭内藤虎次郎指责。③

明治以后，日本一度倡行欧化，后来国粹主义抬头，中国研究随之复苏。因此，日本的中国学者，大都主张保持和发扬东方固有文化，与胡适的倾向很不一致。青木正儿反儒学，实属罕见。鲁迅从在京都研究文学的沈尹默处听说"青木派亦似有点谬"④，当反映京都学派主将们的意见。即使这样的新派，也自称有"乾隆文化的讴歌癖"⑤，其

---

① 参见《〈水浒传〉后考》，见《胡适文存》第 3 卷，147～184 页，上海，亚东图书馆，1922。

② 青木正儿在日记中记载了此事，参见唐振常：《吴虞与青木正儿》，见朱东润、李俊民、罗竹风主编：《中华文史论丛》总第 19 辑。

③ 参见《学問の思い出——青木正児博士を囲んで》，载《東方学》，第 31 辑（1965 年 11 月）；《学問の思い出——倉石武四郎博士を囲んで》，载《東方学》，第 40 辑（1970 年 9 月）；《先学を語る——内藤湖南博士》，载《東方学》，第 47 辑（1974 年 1 月）。青木正儿与王国维不大投缘，某种程度上也反映了前者与京都学派不一致的地方。尽管京都学者一再解释，至今仍有误解《"支那学"》杂志代表京都学派者。

④ 《鲁迅全集》第 11 卷，391 页。

⑤ 青木正儿：《杭州花信》，见《江南春》，4 頁。

论文不仅指出文学革命重形式而忽视内容的不足，来函还声称"很爱中国旧世纪的艺术，而且遗憾的事情不鲜少"，希望倡导新文艺者发扬中国之长，而以西洋文艺的优点翼补所短，以"做一大新新的真文艺"①。

来华登门拜访者，更直接表达了对胡适主张的怀疑。1920 年至1921 年留学中国的诸桥辙次来访，笔谈中除了称赞胡适赠阅的《中国哲学史大纲》及请教关于中国家族制度研究的参考书，还提出两大问题。其一，宋代自由思想郁兴、学术发达的主因为何。其二，"近年敝国人之研究经学者，多以欧米哲学研究法为基，条分缕析，虽极巧致，遂莫补于穿凿。弟私以为东洋经术、西洋哲学既不一，其起原体系研究之方法 Method，亦宜有殊途。然而弟至今未得其方法，又未闻有讲其方法者。请问高见如何？"

对于前者，胡适的回答是印度思想的输入融化。精于宋学的诸桥辙次怀疑单纯外因的力量，强调内部思想发展及相互影响作用。对后者胡适可以说答非所问，他说，"鄙意清代经学大师治经方法最精密。若能以清代汉学家的精密方法，加以近代哲学与科学的眼光与识力，定可有所成就"，并举所著《中国哲学史大纲》的导言和《清代汉学家的科学方法》以供参考。② 其实，胡适的中国哲学史著作，同样有诸桥辙次所指之弊病。而诸桥辙次的问题，至今仍然困扰着东方学术界，实在是 20 世纪国际学术发展的根本难题。以胡适的世界主义观念及其对西洋科学方法的崇拜，很难虑及于此。在他看来，治世上一切学问皆可以一种科学方法。

此外，诸桥辙次还来函提问："一、中国领土广大，南北各异，语言以白话代文言，宁不招国语紊乱而致人心乖离吗？二、文言有固定性质，白话有进化性质，若以白话代文言，则朝变暮改，还可期系统的发达吗？三、学童所修专是白话，则彼成人之后，不训读文言，则旧库载籍岂不空束高阁了吗？则禹域三千年文化将荡然扫地。请问有

① 耿云志：《胡适年谱》，89 页。

② 《胡适和诸桥辙次的笔谈》，见王元化主编：《学术集林》第 10 卷，上海，上海远东出版社，1997。

何办法可救此弊?"①诸桥辙次后任文理科大学教授和静嘉堂文库长，多次来华，1930 年 3 月到上海访书时，与胡适再会。② 所言足以代表一般来华日本学者"往往替'东方的遗产'抱着过分的忧虑"③的态度。他后来回忆与中国学者的交往，还是以遗老派旧人为首为主的，对胡适不过附带提及。④ 1921 年来华留学的东京帝国大学研究生竹田复，也曾到北京大学向胡适请教关于五四运动的问题。⑤

此后，胡适相继认识了久住中国的日本著名汉学家小柳司气太，主持三井公司下设中国研究室的今关寿麿以及先入《顺天时报》社、后来在东方文化事业总委员会供职的桥川时雄。前者已是苍然老人，崇信儒教，认为："儒教为中国文化一大宗，其中有几多真理，一旦弃去，甚为痛惜。"他邀请胡适加入日本学者服部宇之吉、宇野哲人、狩野直喜、井上哲次郎等组织的提倡儒道的斯文会。胡则"只认儒教为一大宗，但不认他为唯一大宗"，遂以不赞成儒教而婉拒其请。但双方仍有来往，胡适在其宴席上还认识了刚从欧洲归来的京都大学羽田亨教授，对这位通数国文字，著有《西夏纪年考》等书的东洋史专家印象颇佳，知其携有敦煌文书影本四千余卷，将次第印行，认为"此极好事，我们都应该感谢"。羽田亨后任京都大学校长，是首位中国学家出任这一职务。小柳司气太回国时，胡适还为之饯行。⑥ 今关寿麿送给胡适自作的《宋元明清儒学年表》，两人就中日两国学术发展交换看法。今关寿麿称日本近代史学受崔述和汪中的影响最大，胡适则认为主要是西洋学术的影响，并谓："日本史学的成绩最佳。从前中国学生到日本去拿文凭，将来定有中国学生到日本去求学问。"⑦此言后来应验，但

————————

① 耿云志：《胡适年谱》，93 页。此为编者归纳的大意。

② 参见张树年主编：《张元济年谱》，336 页。

③ 耿云志、欧阳哲生编：《胡适书信集》中册，662 页。

④ 参见诸橋轍次：《しな學者の思ひ出》，见《しなの文化と現代》，85～94 页，东京，皇国青年教育協会，1942。

⑤ 参见《学問の思い出——竹田復博士を囲んで》，载《東方学》，第 37 辑（1969 年 3 月）。

⑥ 参见《胡适的日记》，133～134、235、265、273 页。

⑦ 《胡适的日记》，437～438 页。

陈寅恪予以讥讽。①

　　小柳司气太、今关寿麿均长期在华，与中国学者广泛交往，对胡适的看法似不佳。小柳承认中国学问还是中国学者高明，确为洞见，但所说"即使架上梯子也不能望其项背的伟大的学者"，却是"深居简出"的人，显然不包括胡适。② 今关寿麿曾于 1922 年出版关于中国现代学术界的小册子，后来又写成《近代しなの学芸》，全面检讨当时中国学术界的状况，他认为，概言之，现代为学界衰敝时代。虽然北大派用西洋科学方法整理旧学术为新的开端，但前景未可乐观。③ 所列举中国诗文界各派代表，也没有白话文学的地位。

　　不过，今关寿麿后来有兴趣于佛教史，1935 年在北平读了胡适的有关论著，虽认为多蹈袭日本学者的新说，但加入中国材料，利用敦煌文书，且善于整理安排，令人一目了然，遂将五篇关于禅宗史的论文译出，辑为《しな禅学の变迁》一书。事前他曾函告胡适，以征得其同意。1936 年 6 月 23 日胡适复函称："先生如要译拙著，但请自由翻译，不必征求我的同意。印出后，乞赐一份，为惠多矣。铃木大拙先生已往英国，想今年可归。我本年七月十四日从上海赴美洲，在东京有一日勾留，或可与先生相见也。"④

　　桥川时雄是现代日本与中国学者交往最广之人，他见胡适时，后者正在筹办《国学季刊》，告以非刊登王国维的论文，不足以为刊物增色，而王则反对横排版。在胡适的交涉之下，王国维愿意妥协，杂志得以出版。王国维称，他让步是因胡适为当今学界最好的人。而当时

---

　　① 　陈寅恪《北大学院己巳级史学系毕业生赠言》(1929 年 5 月)记："群趋东邻受国史，神州士夫羞欲死。田巴鲁仲两无成，要待诸君洗斯耻。天赋迂儒'自圣狂'，读书不肯为人忙。平生所学宁堪赠，独此区区是秘方。"见浦江清：《清华园日记·西行日记》，42 页。此前内藤虎次郎也曾说会有中国学生来日本学中国学问，人多以为戏言，不料很快成真。

　　② 　参见[日]长与善郎：《回想鲁迅(上)》，载《华文大阪每日》，第 4 卷第 8 期(1940 年 4 月)。

　　③ 　参见今関天彭：《近代しなの学芸》，21～25 页，東京，民友社，1931。

　　④ 　胡適著，今関天彭訳：《しな禅学の变迁》，1～2、138 页，東京，東方学芸書院，1936。此次胡适过日，日本各界反应冷淡，似未与今关寿麿见面。

胡适在北大派对王国维的一致推许中尤为佩服后者的学问。① 其间桥川时雄将胡适的《五十年来中国之文学》译成了日文。

1927年4月，胡适自美洲返回中国，因国内政局不稳而羁留日本二十余日，会见了东西两京的中国学者。其间胡适无日记，只是在给董康《书舶庸谭》所作序言中含糊提及，这时同样避祸于日本的董康所交往的东西两京学者，与其大体相同，有关情形多语焉不详。其实此行颇为典型地反映出胡适与日本学者的关系。他结交的主要是研究佛教的名家，如高楠顺次郎、常盘大定、佐伯方丈、矢吹庆辉等人，在其中一人的家中见到从伦敦影印的敦煌写本《坛经》，因未编新目，所以被胡适漏过。高楠顺次郎等劝胡适早日把神会的遗著整理出来，矢吹庆辉还寄赠敦煌本《坛经》影本。两年多后，胡适终于编定《神会和尚遗集》四卷，并寄一份给高楠顺次郎，供其续刊《大藏经》之用。②

1933年10月，胡适由加拿大归国，路过横滨，会见另一著名佛教研究者铃木大拙，又听说日本新发现北宋本《六祖坛经》，并在回国后得到铃木大拙寄赠的京都堀川兴圣寺所藏该书影本，胡适据此写了《〈坛经〉考之二》。日本的佛教研究在国际学术界享有盛名，而铃木大拙等人对胡适所治禅宗史颇不以为意。

至于东京帝国大学东洋史和中国史的学者，与胡适的精神距离较远，服部宇之吉访问北京大学时，曾指责其不尊孔和废讲经。③ 此前胡适又拒绝加入斯文会，因而较少往来。先此，他在伦敦看敦煌卷子时，东京帝国大学的宇野哲人刚好也在，之后两人又同时出席法兰克福中国学院大会，但似未接谈。关于他此行与东京帝国大学的关系，唯一找到的记载是5月5日该校辩论部邀请他在34号教室演讲《中国的文艺复兴》。这在胡适已是老生常谈，却又因时而异。此次演讲他重

① 参见《学問の思い出——橋川時雄先生を囲んで》，载《東方学》，第35辑（1968年1月）；［日］神田喜一郎等述，［日］滨田麻矢译：《追想王静安先生》，见陈平原、王枫编：《追忆王国维》，384～397页。

② 参见《胡适的日记》（手稿本），1927年5月5日。

③ 参见吴虞：《对于祀孔问题之我见》，见赵清、郑城编：《吴虞集》，239～240页。这种分歧可见于1935年11月30日胡适答室伏高信函，参见《胡适来往书信选》中册，662页。

点强调非政治性的文艺革命是要在辛亥革命之后教育国民，使之进入新的国民运动。斯文会的机关刊物《斯文》报道了这一消息，所加附记称，因胡适来去仓促，无暇相与论学谈文，感到遗憾，并以该刊附录《西游杂剧》，表示愿为其海外新知己。①

胡适意外滞留日本，本无要事，与其说客观上忙，不如说是主观上想避。他后来曾对东京帝国大学出身的一户务明白表示，东京帝国大学只对汉学(指日本传统汉学)感兴趣，不懂真的中国文化学术。世界上研究中国文化之地，只有巴黎、京都和北京。在他看来，东京帝国大学"支那哲文科"出身者不过是汉学塾生而已。② 这一令一户务在心底久久难忘的评语，将胡适对东京帝国大学中国学研究者的态度和盘托出，也是双方难以接近的要因。

在京都，胡适和吴学义拜访了狩野直喜，后者即将退休，遂临时在乐友会馆召开"支那学会"，请胡适演讲，狩野直喜、铃木虎雄、仓石武四郎以及京大学生数十人出席。胡适顺应京都学派尤其是狩野直喜的主张，说不能只研究"虏学"，即周边民族，必须研究中国本部，幸而京都有这方面的优秀学者，自己十分佩服，希望在场的学生多向狩野直喜、铃木虎雄请教。因听众中文程度不够，胡适的演说中英文参半，仓石武四郎致闭会词时称这显示了日本学界的落后。一年后，仓石武四郎赴中国留学，努力学做中国人，并拜访胡适，归国后还保持中国式的生活习惯，或与此不无关系。③

此行似得狩野直喜好感，半年后去京都的陈源见到仓石武四郎等人，函告胡适："狩野据说非常的佩服你。"④但这或是狩野直喜的客

---

① 《胡适氏の帝大に於ける講演》，载《斯文》，第 9 编第 6 号(1927 年 6 月)。

② 参见一户务：《しなと漢學者》，见《しなの発見》，124 页，東京，光風館，1942。胡适对东西两京中国文史哲研究者的看法，既有亲身接触的印象，也可能受青木正儿的影响。青木正儿曾函告吴虞："东京的学者，于其研究态度，多有未纯的地方。他们对孔教犹尊崇偶像，是好生可笑。我们京都的学徒，这等迷信很少。"见中国革命博物馆整理，荣孟源审校：《吴虞日记》下册，14 页。

③ 参见吉川幸次郎：《胡適》，见《吉川幸次郎全集》第 16 卷，431～433 页；《胡适来往书信选》下册，284 页。

④ 《胡适来往书信选》上册，461～462 页。

套，或是陈源的恭维，因为恰在此时，王国维自杀身亡，狩野直喜撰文悼念时说："当今中国，因受西洋学问的影响而在中国学中提出新见解的学者决非少数，可是这种新涌现的学者往往在中国学基础的经学方面根柢不坚，学殖不厚，而传统的学者虽说知识渊博，因为不通最新的学术方法，在精巧的表达方面往往无法让世界学者接受。"①他认为用索引方式重新条理中国文明的整理国故，大有筑坝令峡谷风景沉没之感，而主张保持和爱惜其自然风光。② 这无疑与胡适的见解大相径庭，而且是针对胡适的主张。在此前后，九州大学有人动议请胡适为外人讲师，遭到校长的反对而作罢。③

尽管胡适的学术成果多为日本学者注意而其主张引起的共鸣不多，但他对日本中国研究的态度影响却不小。从留学时代起，胡适就是近代中国主张理性对日的少数人之一，一面呼吁国人不要感情用事，一面警告日本必须改变侵略政策。他知道"中国之大患在于日本……中国存亡系于其手"，而主张从日本开始推行其人道主义。为此，他表示"不可不深知日本之文明风俗国力人心"，"不可不知日本之文字语言"，决心到日本住两三年，"以能以日本文著书演说为期"，并批评中国学生"往往藐视日本，不屑深求其国之文明，尤不屑讲求沟通两国诚意之道"，认为是"大误"，誓为东瀛三岛的传教士兼朝圣者（Missionary and Pilgrim）。可是当他托人代购日本文法书准备学习日语时，朋友告以由阅历得来的真相是："日本文化一无足道，以综而言，则天皇至尊；以分而言，则男盗女娼。"对此胡适不禁叹道："嗟乎！此言而果代表留日学界也，则中日之交恶，与夫吾国外交之昏暗也，不亦宜乎？"④

在对日问题上，胡适的"理智"态度和"稳健"主张几度引起激烈的批评和抨击，但始终坚持应学习日本的长处，认为"最要紧的是不要存轻视日本文化之心理。日本人是我们最应该研究的"⑤，并将中日互相

---

① ［日］狩野直喜著，［日］滨田麻矢译：《回忆王静安君》，见陈平原、王枫编：《追忆王国维》，345 页。

② 参见吉川幸次郎：《胡适》，见《吉川幸次郎全集》第 16 卷，432 页。

③ 参见《先学を語る——楠本正継博士》，载《東方学》，第 62 辑（1981 年 7 月）。

④ 《胡适留学日记》，532～533、613、621～622、673～675 页。

⑤ 《胡适来往书信选》中册，273 页。另参见《胡适的日记》（手稿本），1929年 12 月 15 日。

懂得赏识彼此的文化视为两国和平共处的保障①。为此，他曾为日华学会题词："中国文化的特别长处在于侧重人生，忽视宗教，正德、利用、厚生，这是中国原有文化的三大目标。"②

从 1922 年起，胡适介入了日本以退还庚款举办的东方文化事业，曾与蒋梦麟拟订计划，主张在中国国立大学和日本帝国大学互设中、日讲座，提倡东方文化研究。胡适虽然抗议日本垄断此项事业的企图，主张却较为缓和。③ 任东方文化事业总委员会委员的日本议员大内畅三说，胡适不懂日语"是一件大憾事"④。

1935 年以后，胡适的对日态度改变，和北平知识界一起反对华北特殊化，因而被日本视为反日派领袖。⑤ 但第二次世界大战后在处理有关的文化事业上，他仍保持一贯的理智。当时学术界主张对日索赔、搬回古书古物的呼声甚高，胡适认为私人购去的如莫礼逊文库，不必讨回，用庚款建的学术机关，在中国的可没收，在日本的应鼓励其继续维持。⑥ 1946 年，他接到阔别二十年的神田喜一郎的来函，并得知铃木大拙的消息。1927 年胡适访问京都时，就与时任大谷大学副教授的神田喜一郎见过面，1930 年 8 月，转任台北大学的神田喜一郎来上海访书，与之再度会晤。⑦ 第二次世界大战后胡适与吉川幸次郎在赴美途中邂逅，胡适毫无芥蒂的态度，令曾是京都乐友会馆听众一员、尚背负战败国民十字架的后者感慨万千。吉川幸次郎对胡适的学术主

---

① 参见《胡适的日记》，39～40 页。

② 《日华学报》，第 3 号（1928 年 2 月）。此题词显然有针对日本学者尊崇儒教之意。

③ 参见《胡适的日记》，395 页；《胡适来往书信选》上册，257～258 页。

④ 《胡适的日记》（手稿本），1930 年 8 月 29 日。1926 年胡适还曾致函大内畅三，议论中日文化事业。参见《胡适的日记（1926.7.17—8.20）》，见耿云志：《胡适研究丛刊》第 2 辑，338 页。

⑤ 参见耿云志、欧阳哲生编：《胡适书信集》中册，721 页；耿云志：《胡适年谱》，249～250、323～324 页。

⑥ 参见耿云志、欧阳哲生编：《胡适书信集》中册，1053 页；《胡适来往书信选》下册，284～285 页。

⑦ 参见耿云志：《胡适年谱》，338 页；《胡适的日记》（手稿本），1930 年 8 月 3 日。

张异议不少，却认为在其后不大有像他那样对日本学者的业绩敏感的中国学者了。① 第二次世界大战前中日两国学术界联系密切，经历战争创伤，仍得以逐渐修复，其中胡适多少有所作用。

胡适与日本学者的交往，成为他和朝鲜学者联系的契机。中国新文化运动兴起前后，日本统治下的朝鲜民族解放运动高涨，也出现了建设本国新文化的呼声。1920 年 6 月创刊的《开辟》杂志，以开新纪元、创新时代、养新人物为宗旨，于当年 10 月出版的第 4 号发表主编李敦化的署名文章《朝鲜新文化建设方案》，提出分鼓吹知识、普及教育、改良农村、都市中心、科学专家、思想统一六个阶段，实现新文化建设。而中国方兴未艾的新文化运动，势必为其所关注。该刊第 5 号至第 8 号连续译载青木正儿的《以胡适为中心的中国文学革命》，译者梁白华，名建植，宁菊如，号杏村洞人，是当时朝鲜十分活跃的汉文学研究者。早在 1917 年 11 月，他就在《每日申报》撰文《关于"支那"的小说及戏曲》，指出："研究外国文学的目的在于有利于发达本国文学，'支那'文学输入朝鲜三千余年以来，给予极大影响，深深扎根，故不解'支那'文学，不能于我国文学有一知半解。况且'支那'文学具有一种特性，于世界文坛大放异彩。'支那'为东洋文化源泉，思想郁然磅礴，词华灿然焕发，合北方沉郁朴茂与南方横逸幽艳成一雄浑壮大的'支那'文学，浸及于朝鲜、日本。"该文在概述元明清小说戏曲发展简史及其对朝鲜的影响后，指出小说戏曲具有平民文学性质，希望与正在输入的西洋文学融贯调和。② 他翻译青木正儿的论文，正是想借鉴中国的文学革命，以创建朝鲜的新文学。

1920 年 12 月，《开辟》社致函胡适，寄赠已出版各卷外，还请胡适为新年号题词。胡适从留学时代起就关注亡国的朝鲜同学，与金铉九结为友人，对其境遇充满同情，常以无力支持帮助为憾，自责道："韩人对于吾国期望甚切，今我自顾且不暇，负韩人矣。"③接信后，即于 12 月 19 日题写"祝《开辟》的发展"，并复函："适批阅贵志，方知贵

① 参见吉川幸次郎：《胡適》，见《吉川幸次郎全集》第 16 卷，436～438 頁。

② 参见《每日申报》，1917 年 11 月 4—8 日。

③ 《胡适留学日记》，582 页。

志为东方文学界之明星，兹将数字奉呈，以为贵志之祝笔，代登为感。专此敬请贵社日益发展。同呈敝同事北京大学教授高一涵君祝词，并乞收纳。"①祝词和复函一并影印刊登于《开辟》1921 年新年号上。胡适致函青木正儿时，对《"支那学"》将变成一个"打破国境"的杂志表示"极欢迎"，并称《开辟》译登青木正儿的文章，"也是打破国境的一种现象"②。

1921 年 1 月，梁建植又致函胡适，表示仰慕，希望其赐稿和照片以刊载于《开辟》。③ 由于日本殖民当局压制朝鲜民族主义者与中国进步人士的联系，《开辟》屡遭处罚，此事没有结果。两年后，梁建植参与的《东明》周刊于第 2 卷第 16 号（1923 年 4 月 15 日）刊登了李允宰译胡适的《建设的革命文学论》，并附有胡适的站立照片。译者解题道："中国文明精华雄浑，经史书集绚烂，诗赋词章灿然极备，旧文学足当世界。胡适的文学革命论一出世，全国一时风靡，破二千年迷梦，精锐步武高扬革命旗，对崇尚陈旧腐败死文学的朝鲜人以深刻刺激，特抄译供诸君参考。"

此后，胡适的思想主张陆续为朝鲜的报刊介绍，如整理国故、新诗创作、哲学思想、中国哲学史和白话文学史等。④ 1925 年 1 月，他应邀为《朝鲜日报》撰写《当代中国的思想界》一文，该报按语称胡适为"思想界之泰斗，青年界之头领"⑤。1931 年，柳根昌在《新生》杂志 10 月号载文《扭转新中国命运的人物》，其中称胡适具有"英国人的沉着，美国人的创意，德国人的探究心"，是中国学界的代表。而梁建植除继续翻译有关中国新文化和新文学的论文作品，介绍"文学革命首倡者中

---

① 《开辟》，第 7 号（1921 年 1 月 1 日），此函《胡适书信集》未收。

② 耿云志、欧阳哲生编：《胡适书信集》上册，257 页。

③ 参见耿云志：《胡适年谱》，91 页。

④ 参见胡适著，李像隐译：《实验主义》，载《现代评论》，1927 年 5 月号；丁来东：《中国文学的特征》，载《学灯》，第 22 号（1937 年）；胡适著，吴南基译：《孙文学说之科学的批判》，载《新朝鲜》，1935 年 12 月号；李季著，金刚秀译：《胡适著哲学史孔子论批评》，载《新兴》，第 8 号（1936 年），该文选译自《胡适中国哲学史大纲批判》第六章"对于哲学史所描写的孔子、孟子、荀子的批评"。

⑤ 耿云志：《胡适研究丛刊》第 2 辑，352 页。

国的胡适不仅是哲学者,还是诗人"外①,还致力于中国古典文学和思想的研究介绍。他先后翻译了戏曲《西厢记》《琵琶记》《东厢记》《四弦秋》《桃花扇传奇》《马嵬驿》和小说《水浒传》,发表了《水浒传》《五字嫖经》《〈红楼梦〉是非:中国的问题小说》《元曲概论》《从艺术上看〈西厢记〉及其作者》等论文,介绍评论中国、日本有关研究和翻译的得失,其中关于《水浒传》《红楼梦》的各文重点评介了胡适的版本考订与观点论据。此外,他还撰写了《现代思想的源泉:老子学说大意》,叙述老子的生平学说,评介欧洲、日本的研究进展和趋势;翻译了章炳麟的《中国文化的根源和近代学问的发达》,主张借他山之石看中国固有学问。②

当时朝鲜的思想状况,据 1918 年到汉城的蒋梦麟描述:"如果说朝鲜青年对日本的态度是仇恨,那么对中国的态度就是鄙夷。年老的一代怅叹充满中国文化的黄金时代已成过去。"③梁建植的翻译介绍和研究评论,既批评旧礼教的过度压抑阻碍人性正常发展,又发掘中国传统文化中的积极因素,称赞《西厢记》等作品是人性从礼教下解放的凯旋曲、纪念碑,与胡适主张的中国新文化及整理国故运动较为合拍。20 世纪 30 年代初,梁是非海外文学派的主要成员④,但后来事迹竟不显于韩国,只有闵斗基教授关于胡适的近著有所论及。

胡适与朝鲜学者的联系一直持续到第二次世界大战后,20 世纪 50 年代他曾有意访问韩国,因故未成行。1953 年台北远东图书公司翻版

---

① 梁建植在这方面的贡献有:《吴虞氏的儒教破坏论》(翻译青木正儿文),《王昭君》,《棠棣花》(译郭沫若剧作),《反新文学出版物流行》(载《开辟》,第 23、第 39、第 44、第 58 号);《学问·艺术》,《画家与模特》(译熊佛西剧作),分别载《新生》,1929 年第 1 号,1932 年第 1、第 9 号;《中国的新诗·望月》(译智珠女史作品),《忏悔》(译巴金作品),《新诗谈》(译胡适《尝试集》"序"),《草儿》(康白情诗),分别载《东明》,第 2 卷第 6 号(1922 年 12 月 10 日)、第 14 号(1923 年 4 月 1日)、第 20 号(1923 年 5 月 13 日)、第 21—23 号(1923 年 5、6 月)。

② 以上文章载《东光》《新民》《新生》《文艺时代》《如是》《文艺公论》《东明》《东亚日报》等报刊。

③ 蒋梦麟:《西潮》,181~182 页,沈阳,辽宁教育出版社,1997。

④ 参见金允植:《韩国近代文艺批评史研究》,156 页,汉城,一志社,1976。

了《胡适文存》及《胡适留学日记》，他各赠送了一套给延世大学图书馆，并亲笔题写了赠词。

第六节　彼岸炎凉

美国是胡适与国际汉学界联系的起点。胡适得到当时在国际上声誉不高的美国文化的熏陶，这又是其引以为豪的，但他与美国汉学界的关系却最为尴尬。所撰博士论文，至少是得不到美国汉学权威的赏识的。而一旦在中国暴得大名，母校又屡屡对他投以青睐，包括 1922 年哥伦比亚大学校长出面请他讲中国文学史和中国哲学史，1924 年中国部的傅路德教授请他讲学半年，胡适几番不领情。1928 年哈佛燕京合办中国学院邀其加入，亦被婉拒。但 1933 年他却答应到芝加哥大学讲学一个月并且成行，借以躲避国内政务的烦扰。

20 世纪 30 年代，哈佛燕京学社研究生陆续来华进修，研究中国问题的美国学者也前来调查资料，如魏特夫、毕格（Cyrus Henderson Peake）、宾板桥（Woodbridge Bingham，曾任长沙雅礼学校教员）、费正清、顾立雅、卜德、毕乃德（K. Biggerstaff）等，多与胡适相识，胡对其中如宾板桥等印象颇佳。[1] 而几度赴美，并担任大使，获得过中国历史上最多名誉博士头衔的胡适，在各种场合也不免与同行专家接触交往，不过均属泛泛之交。他在纽约时因无人可与其讨论考证文字，只好和王重民通信交换意见，因而特别留恋 1944 年至 1945 年在哈佛大学讲中国哲学史时结识的一批研究中国文史之学的后辈。对有志研究中国科学史而努力学习中文，一度来访的剑桥大学李约瑟博士也印象深刻。[2] 胡适的学问路子与美国新旧两班学者均有些距离，于是反而对大学圈子外的恒慕义大加赞誉。

恒慕义原是来华传教士，早在 20 世纪 20 年代就进入胡适"我的朋友"之列。顾颉刚的《古史辨》第 1 册"自序"发表后，恒慕义读过，写信

---

[1]　参见《胡适的日记》（手稿本），1936 年 1 月 3 日。胡称："此君少年老成，好学而深思，很可敬爱。"

[2]　参见《胡适的日记》（手稿本），1940 年 9 月 14 日。

给顾，希望译成英文，"因为这虽是一个人三十年中的历史，却又是中国近三十年中思潮变迁的最好的记载"。胡适得知，表示"很赞同这个意思"，并在 1926 年旅欧途中所写书评里特地引以为证，说明《古史辨》的重要性。而恒慕义在 1926 年和 1928 年写的书评与论文中，又引胡适的书评，并将胡适作为重点介绍对象，称："现在中国所谓'新文化运动'的一种重要趋向，就是坚决地要求用科学方法把本国文化的遗产从新估价一次。""现代中国的'文艺复兴'的生机，就是对于过去所持的新的怀疑态度和最近学者之醉心于新的假设。"疑古辨伪虽然自清代始，但"最近十年里面，胡适博士和曾经留学西方的其他学者，在研究史学的方法方面发表了许多著作，顿使这种运动骤添一种新的力量"；他进而希望中国将这块"新大陆"公开，"使各国学者带他的文化背景所供给的特有知识来到此地通力合作"。[①] 这番话似乎为他和胡适的关系定下基调。恒慕义后任美国国会图书馆东方部主任，1934 年 5 月还在北京与胡适会面交谈。[②]

1936 年，恒氏得到洛克菲勒基金会十几万美元的资助，邀集众多水准参差的学人编撰《清代名人传略》，并借以培训人才，费时八九年成书，通过王重民请胡适看清样并作序。不知是有意回报还是无心巧合，胡适的评价令人感到像是二十年前恒慕义关于新文化运动之言的翻版。王重民批评此书不曾做到第一流传记，胡适则认为王悬得过高，称此书"可算是'国际学者合作的研究'的第一次大成功"。为了不使将来作书评者吹毛求疵而令八九年的苦功埋没，胡适称赞它有选题公道、兼收中西记载、用新材料新成果、立论客观等六大好处，"看作三百年的中国名人辞典，在今日全世界无一书可比此书的完备而有用"；同时特别指出这种学术合作事业，最重要的"在领袖者能与人合作，使人人能尽其所长，使人人各自负责"，并将恒慕义与魏特夫比较，推崇其"必有大过人的领袖风度，始能有此成绩也"。

该书的价值水平如何，自有定评，胡适或有个人偏爱。至于组织

---

① 胡适、恒慕义各文及王师韫中译文，均见顾颉刚编著：《古史辨》第 2 册，335、445~453 页，北平，朴社，1930。

② 参见《胡适的日记》(手稿本)，1934 年 5 月 3、24 日。

领导，照参与其事的费正清看，"事实证明，我们这些外来者以及那些得到洛克菲勒基金会资助的受训的特别研究生共约五十人所作的贡献，尚远远逊于恒慕义博士请来的两位高级助理"，即中国学者房兆楹、杜联喆夫妇。① 胡适这篇序言不仅使参与者"人人喜悦"，主编恒慕义还破例允许他将一篇关于《水经注》公案的札记作为该书的附录。②

胡适流落美国作寓公时，便颇受冷落了。夏志清和唐德刚都解释过胡适未得善待的原因。前者称中日文系的主管人没有度量，胡适（及林语堂）来了，"那些美国汉学教授岂不相形见绌？所以美国著名学府乐于聘用赵元任、李方桂这等专门人才（语言学比较冷门，吸引的学生较少），而不敢聘用胡适、林语堂这样的通才"。后者说他曾向一位正罗致人才充实汉学教研的当轴新进建议请胡适，"他微笑一下说：'胡适能教些什么呢？'事实上，我也完全了解他这句话是反映了当时美国文教界对华人学者在美国学府插足的整个态度。那就是只许狗摇尾巴，决不许尾巴摇狗。但是'我的朋友胡适之'怎能作摇尾之才呢？所以对

① 参见［美］费正清著，黎鸣、贾玉文等译：《费正清自传》，119～120 页。

② 参见 1943—1944 年胡适致王重民各函，见耿云志、欧阳哲生编：《胡适书信集》中册，877、898～903、993、1003～1004 页；《胡适的日记》，590 页。陈桥驿指此文为胡适重审《水经注》案的第一文，其实这是长篇中文论文《全校〈水经注〉辨伪》的缩写。陈误解胡适所说 "During the past year I have spent fully six months in a special investigation of this famous controversy" 为"去年我花了整整六个月时间，专门研究这场有名的论战"，以为既在 1943 年之中，则重审工作最迟开始于是年 6 月，比通常所说始于 11 月要早。参见陈桥驿：《论胡适研究〈水经注〉的贡献》，见耿云志：《胡适研究丛刊》第 2 辑，74 页。又参见［美］恒慕义：《清代名人传略》，970 页，台北，成文出版社，1970。胡适实际上意为过去的一年中而非去年，其日记记载确凿，"(1944 年)5 月 31 日，赶成 'A Note on 全祖望、赵一清 and 戴震：A study of Independent，Convergence in Research as illustrated in their Works on the《水经注》'。此是这六个月的'《水经注》大疑案的重审'的英文报告，作为 'Eminent Chinese'（《名人传记》）第二册的附录"。从 1943 年 11 月到 1944 年 5 月，刚好六个月。胡适 3 月 13 日开始写《全校〈水经注〉辨伪》，自称"作为我的'重审全、赵、戴三家《水经注》判决书'的第一部分"，即重审此案的第一文，到 3 月 20 日完稿，次日改定，3 月 22 日托人带往华盛顿交给王重民，并加写后记。参见《胡适的日记》，596～598 页。因文章太长（34000 字），5 月胡适又将结论写成英文杂记，以便在 6 月《清代名人传略》下册上面出版。参见耿云志、欧阳哲生编：《胡适书信集》中册，993、1003～1004、1006～1007 页。

他只好敬而远之了"①。

夏、唐是过来人，自然深知个中滋味。因战争和政局变化，许多华人学者滞留美国，令本土同行顿生排外之心。早在抗日战争期间，陈受颐就感到"近来美国的所谓汉学家，似乎有点'排华'的趋势"②。抗战胜利之初，托胡适疏通关系的罗常培也说："以最近所闻，我很知道所谓'东方学者'对于中国人不大欢迎的情形，先生对于我前几封信未置一词的苦衷，我十分谅解。"③1955年胡适致函赵元任，表示自己故意不教书，不热心向人要教书讲演的机会以避嫌，"一面是许多所谓'汉学''支那学'家总有点怕我们打入他们的圈子里去；一面是这种人在政治上又往往是'前进'分子，气味也不合。所以我总有点神经过敏的感觉，觉得还是'敬而远之'为上策，切不可同他们抢饭吃"④。其实那时美国汉学界除魏特夫外，真正的"左派"不见得多，主要是对国民党的表现失望，而倾向于接受既成事实。

胡适不能见纳于美国汉学界，其自身原因或许刚好是所谓通才。他还在康奈尔大学时就有"博士"的诨名，尽管此尊号前有学位疑案，后有讽刺挖苦，胡博士之博，还是有口皆碑的。但近代学术进入专家时代，学者须既博且精，博为治学之基，精为成就之道，不在具体领域出类拔萃，所谓"通"不过是半桶水的别称。公开主张学术方法不能强同的陈垣偶露真言道："什么思想史、文化史等，颇空泛而弘廓，不成一专门学问。……欲成一专门学者，似尚须缩短战线，专精一二类或一二朝代，方足动国际而垂久远。不然，虽日书万言，可以得名，可以啖饭，终成为讲义的教科书的，三五年间即归消灭，无当于名山之业也。"⑤当代日本学者丸山真男也认为学术上无所不通的"君子"时代已经过去。近人多误解顾炎武为通儒说，其实作为清学开山，他在若干方面都不仅为创始者，而且居首。所主张的"博学于文"，乃指每

---

① 唐德刚：《胡适杂忆》，10、35～36页。
② 《胡适来往书信选》中册，457页。
③ 《胡适来往书信选》下册，42页。
④ 耿云志：《胡适年谱》，399页。
⑤ 陈智超编注：《陈垣来往书信集》，354～355页。

论一事必详其始末且能贯通，引据浩繁而抵牾者少。① 而被林语堂封为"最好的上卷书作者"的胡适，后来连"最好"二字的桂冠也不得不摘下。他为《美国历史评论》(*The American Historical Review*)撰文评冯友兰所著的《中国哲学史》，看了两遍，"想说几句好话，实在看不出有什么好处"，所以着重指出其根本弱点，即冯自以为得意的"正统派"观点。② 但早在 20 世纪 30 年代，美国学哲学者已"皆读冯友兰所著书，不复及胡适矣"③。据说冯著现仍为美国大学里中国哲学史课程的必备参考书，胡著上卷却不在其选。

梁启超逝世时，胡适于日记中写道："任公才高而不得有统系的训练，好学而不得良师益友，入世太早，成名太速，自任太多，故他的影响甚大而自身的成就甚微。近几日我追想他一生著作最可传世不朽者何在，颇难指名一篇一书。"④用于胡适自己，颇有一语成谶之感。他自留学时代起对于博与精就感到临歧之难，知道"学问之道两面而已，一曰广大(博)，一曰高深(精)，两者须相辅而行。务精者每失之隘，务博者每失之浅，其失一也。余失之浅者也，不可不以高深矫正之"⑤，但始终未能根本解决。不少朋友劝胡适不要重蹈梁启超的覆辙，胡自己也不无觉悟。他曾公开声称"博乃是无用的，惟出言每句有根据，乃始成佳作耳"⑥，可惜后来并未改观。他用心写的政论文章，时过境迁，失去效用；而别人认为站得住的考据文章，胡适则感到最

---

①　顾炎武《广师》自称有十不如[参见《亭林文集》(《四部丛刊》本)卷六，上海，商务印书馆，1919]，后人颇有误会通儒为博而不专者。通专之争，可谓近代学术史上一大要案，在一定意义上可视为汉宋之争的延续。双方立意本都不错，问题在于人力很难达到各方面都专精，因而实行起来不免随性之所近而分流，又彼此攻诘辩难，形成对立。依照章炳麟之见，中国古来文人分通人、学者、文士三类，顾炎武只能入学者之列，而通人仅有东汉的王充、仲长统，隋的王通，宋的司马光等。参见任鸿隽：《记章太炎先生》，见陈平原、杜玲玲编：《追忆章太炎》，269 页，北京，中国广播电视出版社，1997。
②　《胡适的日记》(手稿本)，1955 年 1 月 24 日。
③　杨树达：《积微翁回忆录 积微居诗文钞》，103 页。
④　《胡适的日记》(手稿本)，1929 年 2 月 2 日。
⑤　《胡适留学日记》，538 页。
⑥　中国革命博物馆整理，荣孟源审校：《吴虞日记》下册，317 页。

容易写，视为"玩意儿"拿来"消遣"。待到他试图认真研究《水经注》公案时，又误入歧途，力不从心，所投入的人力物力与所获结果悬殊太大，以至于后来任北京大学校长时，引起向达等人的当面质问。哥伦比亚大学那位当轴新进怀疑他能教什么，正是胡适悬空"无根"（章炳麟语）的写照。

反对胡适的黄侃曾讥讽其"品核古今，裁量人物，殆非所任"①。其实胡适纵论古今或许力有不逮，可裁量同时代人物却往往独具慧眼，即所谓虽做不出却看得出，尽管有时也不免为成见所蔽。其识人之长，不仅见于他对本国学者的评点，也反映于他和国际汉学界的交往中。这对中外学术交流毕竟起到积极作用，为他人难以替代。而见多识广又弥补了胡适学术上的先天不足与后劲不够，使之即使在论政从政之际，也能保持相应的学术评判力。这对胡适本人乃至近代中国学术界而言，又是不幸中的万幸。因为在相当长的时期内，作为占据主流的要角，他所担负的使命正是裁量人物及其著述。

---

① 黄侃：《量守文钞》，见王元化主编：《学术集林》第 1 卷，14 页，上海，上海远东出版社，1994。

第六章　东亚各国的学术交流
——以中国研究为中心

东亚各国的文化联系自来十分密切。进入 20 世纪，这一地区的政治形势发生重大变化，文化格局随之改观。自朝鲜半岛沦为日本的殖民地后，中朝知识人的往来受到限制。除一部分亡命中国的传统士人和独立运动者外，两国的文化交流基本中断。之后外蒙古宣告"独立"，政治上附从苏俄，与外界一度隔绝。而中国与日本之间的敌对态势不断强化，给文化交流带来严重阻碍。不过，东亚各国毕竟属于相关的文化体系，20 世纪 20 年代至 30 年代，在政治局势没有根本改变的情况下，由于东亚研究成为国际学术界关注的重心，占据主动地位的日本出于称雄东亚和稳定内部的政治目的以及东西文化差异逐渐显现等情况的考虑，又转而鼓吹东方主义。随着研究阵容的强化与扩大，以及相关各方政治关系之间空隙的产生，东亚各国的学术交流一度呈现繁密景象。在重建史实的基础上，可进而探讨其意义。

第一节　游历与新兴东洋学

近代在东亚起支配作用的是积极扩张的日本和与之抗衡的中国，促成交流的动力也主要来自两国，尤其是占据主动地位的日本。德川幕府时期，实行锁国政策，历来深受中国文化影响的日本很少感受到清朝精致的考证学风，其汉学多承明代学术，粗疏扭曲。明治维新以后，不仅对欧美列强敞开大门，中日学者也恢复了联系。清政府派驻日本的使领馆官员何如璋、黄遵宪、黎庶昌、杨守敬、郑孝胥等人，与日本汉学家往还唱和。短期东游的王韬等人，也与日本汉学家有所交往。之后赴日游历者日渐增多，联系日趋频繁广泛。

清末施行新政，全面模仿日本，东渡考察者不绝于途，其中不乏好学之士。严修于 1902、1904 年两次东渡，相继拜访过尚为《朝日新闻》主笔的内藤虎次郎和东京帝国大学教授井上哲次郎。① 1903 年大阪举行博览会，中国官绅前往观瞻者甚多，不少人曾拜访内藤虎次郎。② 而日本汉学家如竹添光鸿、冈千仞等先后游华，和俞樾、张濂卿、李慈铭、沈曾植等人结识。不过，日本的传统汉学与近代的中国研究不同，中国的新旧学者也各异，彼此交往前后有别。过渡沟通的媒介人物，中国方面主要是杨守敬、陈毅、文廷式、罗振玉等。

1899 年 9 月至 1900 年 3 月，任教于武昌两湖书院的陈毅奉湖广总督张之洞之命赴日考察教育及行政状况。陈受教于李文田、梁鼎芬、沈曾植、邹代钧等名宿，"于东洋诸国史传地理盛衰关系，性爱探究。曩致力东胡漠北西域诸史地理，近兼从事西藏滇缅南洋诸岛沿革，间有拙著"。考察期间，他关注日本的东洋史研究，购阅东京帝国大学史学会编辑的《史学杂志》，对白鸟库吉所著《突厥阙特勤碑铭考》《契丹女真西夏文字考》《弱水考》等篇，"深服精博"，并拜访了日本史学会评议员、东京高等师范学校教授、东京帝国大学文科大学讲师那珂通世，与之会谈数次，推许那珂通世"识达古今，学贯东西，穷乙部之阃奥，启后学之颛蒙，洵推当代泰斗"。

陈毅归国谒见梁鼎芬、沈曾植时，备述那珂通世学行，"俱不胜钦仰，以不获识面为憾"③。那珂通世告以日本缺少元代史料，托其访求李文田、沈曾植校注的《元圣武亲征录》、李文田笺注的《双溪醉隐集》和其所作《元秘史注》等书。陈毅转请梁鼎芬代觅寄呈，梁"快诺之"，即出所藏《元圣武亲征录》红印本及墨印本各一部。其中红印本梁仅藏一部，因其喜供异国同好之览，故予割爱。此外还将《春秋释例》《元儒考略》《汉儒通义》《劝学篇》等各样刊本，命陈毅分寄那珂通世及东京帝

---

① 参见武安隆、刘玉敏点注：《严修东游日记》，23、206 页。
② 参见《先学を語る——内藤湖南博士》，载《東方学》，第 47 輯(1974 年 1 月)。
③ 王蘧常编的《沈寐叟先生年谱》称，1889 年那珂通世来华时曾问学于沈，疑误。

国大学图书馆。梁氏所藏《双溪醉隐集》和《元秘史注》已尽赠戚友生徒，允诺分别致函刊刻二书的龙凤镳和袁昶，代为索书，"龙、袁二氏所刊书，只赠同好，不肯出售，故各书坊无由获购也"。

此前白鸟库吉著《突厥阙特勤碑铭考》时以未见《双溪醉隐集》为憾，陈毅表示届时当多寄一部给白鸟库吉；并告以"此碑沈师及盛祭酒昱（史学甚精）皆有考，如索得，当亦寄呈。李侍郎及沈师所著书未刊者甚多，当陆续刊行，以资互证"，"沈师尝拟注元汪大渊《岛夷志略》，诚以此书所载南西洋各地，较《诸蕃志》《岭外代答》《星槎胜览》《皇明四夷考》《西洋朝贡典录》诸书加详，且书成元代，握唐宋明之中枢，苟疏此书，则唐宋明诸家史志所载，自不繁言而解"。沈曾植嘱陈毅注释，陈以近时南洋详细图志无多，一时难以完成，托那珂通世访求日本出版的《寰瀛水路志》中自己所缺各卷；又因"白鸟学士著述，闻罗马东洋学会深加赞美，故亟思一读"，请那珂通世代觅其未见或见而不全的白鸟库吉所撰《朝鲜古代地名考》《朝鲜古代诸国名称考》《匈奴及东胡诸族语言考》等论文。此外，陈毅从《史学杂志》获悉，东京帝国大学坪井九马三教授 1900 年代表日本出席在罗马举行的世界东方学会第十二次大会时曾演说《岭外代答》，推测其中当涉及"木兰皮国"一条，请那珂通世于坪井九马三归国后，"转述所闻，赐教以拓眼界"。①

《史学杂志》全文刊登这一私人函件，正是因为它反映了中日两国学术界的状况及相互看法。此函传达的信息相当丰富，从中可见：第一，该杂志在中国学者中的身价；第二，中国学者对于坪井九马三、那珂通世、白鸟库吉的赞誉和期望；第三，中国士人的笃学；第四，中国学界的东洋史研究概况。更重要的是表明日本东洋学在开始阶段也得到中国同好的帮助。1902 年 2 月，陈毅再度奉张之洞之命赴日考察教育，滞留三个月，与那珂通世、内藤虎次郎等人多有往还，临别时那珂通世还到新桥车站送行。

陈毅归国后，除了向张之洞鼓吹应当重视国民教育以及模仿日本先例，聘请日籍教员推广师范学校，以谋教育之普及，还继续就史地

---

① 以上所引，见《清人陈毅氏より那珂通世氏にあてたる書状》，载《史学雑誌》，第 11 编第 8 号（1900 年 8 月）。

研究与日本学者进行交流。这时他得到张之洞的嘉许，赞襄两湖总师范学堂，遂托赴日留学的师范生卢弼将九十四幅西北地图送呈那珂通世。这些地图由当时中国最精通地理学的邹代钧据俄国本译刻，详于西伯利亚、中亚及中俄交界之地。陈毅表示"目下亚东时局日棘，先生夙究心东洋之学，当乐观也"，并告以尚有中国各省及世界各国地图共七百余幅，正在刊刻之中。"宋徐霆《黑鞑事略》已在江宁觅得，明嘉靖抄本，约二十页。霆于元太宗时亲使蒙古，所记蒙古风俗等事，得诸亲见。其亲见成吉思汗墓在胪句河侧，尤可珍贵者也。顷已托人抄写，稍缓即寄呈也。"他曾将此行所获日本史学界近况函告沈曾植，亦关心那珂通世刊刻《元圣武亲征录》之事的进展，并托那珂通世代觅东京帝国大学文法科的中国法制史讲义，以供专心此学的两湖书院分教陈庆年（善余）参考；又请那珂通世详告东京帝国大学汉学科、史学科等各科目讲义的目录次序。①

1899 年，文廷式为躲避戊戌党祸，桴海东渡，先与内藤虎次郎等人诗酒唱和②，偶谈及元史，内藤虎次郎知文氏藏有蒙古文《元朝秘史》，即托其影抄一部。文廷式告以"余平生莫逆二人，一李文田，一盛昱。今皆已归道山矣"；所藏蒙古文《元朝秘史》，即借盛昱藏本，与李文田各影写一部。③ 文廷式与沈曾植等人交善，亦喜乙部之学，他听说那珂通世精通东洋历史，托内藤虎次郎引介。那珂通世得知文廷式为中国有数的史家，名声颇高，又藏有珍本文籍，爽快答应。1900年 3 月 17 日，那珂通世和白鸟库吉、桑原骘藏一起，与文廷式会晤，笔谈半日，就和林访古图及大秦景教流行中国碑彼此交换意见，表示

① 《陳毅氏より那珂博士への来信》，载《史学雑誌》，第 13 编第 7 号（1902年 7 月）。

② 参见钱萼孙辑：《文芸阁先生年谱》，见王民信：《中国历代名人年谱汇编》第 1 辑，48 页。文廷式赠诗内藤虎次郎曰："七国三边正纠纷，惊猿挂木雁呼群。逍遥旷野期遗世，缥缈仙山独见君。奇字每询刘贡父，兵谋还忆杜司勋。灵芝邛草今犹昔，重理瀛洲百代文。"见钱仲联编著：《近代诗钞》第 2 册，1010 页，南京，江苏古籍出版社，1993。

③ 吉川幸次郎：《意園懐旧録——内藤虎次郎氏盛伯羲祭酒盛伯羲遺事訳文》，见《吉川幸次郎全集》第 16 卷，623～628 页。

希望看到蒙古文《元朝秘史》，恳嘱文廷式寄送抄本，并与文氏相约待其归国后亦同心呼应，以图斯学发达。①

文廷式归国后，适逢义和团运动，又卷入中国国会和兴中会的密谋，直到风波过后，才于1901年年底将一部抄本寄送内藤虎次郎。其于书首记述此书流传及此事缘起道："此书为钱辛楣先生藏本，后归张石洲，辗转归宗室伯羲祭酒。余于乙酉冬借得，与顺德李侍郎各录写一部，于是海内始有三部。其中部落之名，同功之将帅，汉文刊落者太多，得此可补其阙。又元时蒙文，今无解者，故元碑多不可读。若用此书合陈元靓《事林广记》、陶南村《书史会要》各书，互证音译，或犹可得十之三四乎。日本内藤炳卿熟读我邦经史，却特一代，尤所留意，余故特抄此册奉寄，愿与那珂通世君详稽发明，转以益我，不胜幸甚。"②

中国学者的协助，给尚在草创中的日本东洋学以积极推动。近代日本的中国研究，以东京的东洋学和京都的中国学为代表，与传统汉学明显有别。而那珂通世是东洋学的重要创始人。1894年，他在关于中等学校学科设置的研讨会上首先提出，历史科的外国历史应分为西洋、东洋两大部，得到与会者的赞成，是为东洋史成为一科目的发端。1897年，文部省召开的夏期讲习会分为日本、东洋、西洋三科，正式认可三分法，由那珂通世担任东洋历史讲师。该科目的重要内容之一，是以中国历代兴亡为主，说明东亚诸国以及汉、突厥、女真、蒙古等民族的盛衰消长，蒙元史自然成为研究的重点。

日本的传统汉学，受朱舜水的影响极深，多宗明代王学末流，罕知清代朴学新风。明治以后，日本发展教育，引进洋才，史学一科学习德国，东洋研究也受欧洲汉学影响。此前那珂通世著《"支那"通史》时，即仔细阅读参考留学欧美的三宅米吉带回的欧洲诸家关于东洋的著述数十种。不过，当时欧洲汉学尚未进入正轨，成就远不能与20世

---

① 参见《文廷式と会員との会談》，载《史学雑誌》，第11编第4号（1900年4月）。

② 三宅米吉述：《文学博士那珂通世君伝》，见《那珂通世遺書》，39頁，東京，大日本図書株式会社，1915。

纪相比。而中国方面，自海通以来，边疆史地之学兴起，其间虽经太平天国的震荡，乾嘉朴学几乎中绝，但在所谓同光中兴后，考据正统复活。"光绪初元，京师士夫以文史书画金石古器相尚，竞扬椎翁大兴、阮仪征之余绪"；其中史地金石一脉，特重西北史地，尤其有京师士林之"厨"之称的国子监祭酒盛昱等人为之提倡，盛著《阙特勤碑跋》，"门下之士多留意于蒙古史地之学"。① 虽然鲜有博通域外语文及掌握各种新出史料者，但毕竟于中文文献发掘甚多，且能运用蒙古文、俄文资料。

那珂通世收到陈毅寄来的《元圣武亲征录》，即遵所嘱，欲刊刻发表。陈建议刊于《史学杂志》，那珂通世与白鸟库吉等人商议后，决定作为"史学会丛书"的一种出版。② 后来那珂通世以为何秋涛、张穆、李文田、沈曾植等人的注释尚有未尽之处，着手增补，又据蒙古文《元朝秘史》修改，用功数年，成《校正增注元亲征录》。对于文廷式寄赠的蒙古文《元朝秘史》，那珂通世也将其与东京高等师范学校及早稻田大学的藏本相互参证，译著为《成吉思汗实录》。③ 那珂通世号称日本蒙元史研究的一代大家，很大程度上是凝聚了中日两国学术前锋的精华而成就的。

至于京都中国学的形成发展，与中国学者的关系更为密切。其主帅内藤虎次郎和狩野直喜均多次来华，与中国学者广泛交往。内藤虎次郎原来是记者，进入京都大学文科前，于 1899 年、1902 年、1905 年几度来华，遍游大江南北，而赴日游历的中国人士也往往前去拜访。因此内藤虎次郎与文廷式、罗振玉、曹廷杰、刘鹗、夏曾佑、陈毅、张元济、严修等人结识，尤其推崇沈曾植，认为是对整个中国学问通达有识的伟人。④ 狩野直喜从 1901 年留学上海时起，即与罗振玉结识，并与沈曾植、郑孝胥、陈毅等人往来。1910 年，内藤虎次郎、狩野直

① 吉川幸次郎：《意園懷旧録——内藤虎次郎氏盛伯羲祭酒盛伯羲遺事訳文》，见《吉川幸次郎全集》第 16 卷，623～630 页。

② 参见《皇元聖武親征服録の翻刻》，载《史学雑誌》，第 11 編第 8 号（1900年 8 月）。

③ 参见三宅米吉述：《文学博士那珂通世君伝》，见《那珂通世遺書》，36～40 页。

④ 参见《先学を語る——内藤湖南博士》，载《東方学》，第 47 辑（1974 年 1 月）。

喜、小川琢治、滨田耕作、富冈谦藏等人来华考察学术，除了调查敦煌文献，还与王国维等人就戏曲研究交换了看法，与端方、徐枋、宝熙等人订交。①

辛亥革命以后，罗振玉、王国维等人避祸东瀛，与京都的学者长期交往，彼此影响。其时京都的戏曲小说研究盛极一时，发端虽然是由于欧洲汉学的影响，但王国维此时出版的相关著作也不无推动作用。

此外，罗振玉、王国维等人全力研究甲骨文，对日本学术界亦有所刺激。甲骨文发现之初，伪物甚多，日本学者中虽有人较早从事此项研究，如林泰辅，但东京方面的怀疑论者占上风，研究者逐渐减少。② 呼应罗、王的努力，内藤虎次郎撰写了《王亥考》，成为日本学界以甲骨文证中国上古史的重要著述。

中日两国相互影响深远的还有古籍收藏和版本目录学。明治以前，日本收藏汉籍，仅知唐卷子本宝贵，而四部之中，唯注意于经子。自杨守敬到日本访求翻刻中土佚籍，日本人士始重宋元版。20世纪后，随着日本国力增强，教育发展以及注重东亚文化，遂注意收求汉籍。尤其是1906年日本岩崎氏收购了陆氏皕宋楼、十万卷楼、守先阁之书，存于静嘉堂文库，刺激学界及书商重视史部和集部，"频年日本书估，辇重金来都下，踵项相望"③。文求堂主人田中庆太郎甚至在北京设立分店，专门收购汉籍，运回日本出售。经过义和团运动的震荡，中国社会剧烈变化，加上清政府推行新政，旧籍为世人蔑视，著名藏书楼如铁琴铜剑楼、海源阁、八千卷楼、艺风楼等，均有朝不保夕之虑，而为日本书商觊觎染指。

日本骤然获得大量汉籍，原有知识显然不足，因而多借重中国的版本目录学者。1902年董康客居京都，与汉学名宿神田香岩结交。④

---

① 参见吉川幸次郎：《狩野君山先生としなの学人》，见《吉川幸次郎全集》第17卷，243～245页。

② 参见徐嘉瑞：《日本甲骨之收藏与研究》，载《国学月报》，第2卷第1号（1927年1月）。

③ ［日］岛田彦桢撰：《皕宋楼藏书源流考并购获本末》，"董康跋语"，载《国粹学报》，第44期（1908年7月）。

④ 参见董康著，傅杰校点：《书舶庸谭》，2页。

1906年夏董康再游日本，延聘商法教师，与管理静嘉堂文库的岛田翰结识，岛田翰为日本汉学名家之后，亦为耆儒竹添光鸿的门人，"少年校书中秘，以故精校勘之学"；皕宋楼藏书捆载东去，即因其1906年年初游历江南时，破例数登此楼，尽读所藏，遂极力撮合而成。董康侨寓东京小石川的松叶旅馆月余，"彦桢频来寓所，析疑质难，无虚日"①，相互交换稀见古籍。当时岛田翰被同人倾轧，欲辞职来华。董康遂将其推荐给负责筹办江南图书馆的缪荃孙。董康认为："如得此君襄助其间，一则可杜旧书之外溢，一则可将唐宋轶出之秘册稍稍收辑，于国粹前途获益良多，且所需甚廉，实优于延聘寻常科学教授万万。又安知东西两京名刹故家之旧藏，不尽为我所奄有，以为皕宋楼之报复也。"②

湖南名宿叶德辉也与竹添光鸿通问订交，并为岛田翰所推重。岛田翰精于目录之学，于中土人士多致讥讽，独于叶氏"诚服无间"③。而叶认为："岛田少年勔学，可敬可畏。闻日本友人言，其求书行境兼有伯羲祭酒、杨惺翁之长；屡言渠若来湘，凡秘书珍物切勿令其假借。想其在彼国，人皆畏之，不独中人箸书皆办海防也。"④

日本的古籍抢购之风，引起中国士林的极大关注。董康译载岛田翰《皕宋楼藏书源流考并购获本末》时特加跋语，一刻成名。沈曾植读了董康寄来的"东人得皕宋书纪事一篇，阅之数日作恶。闻铁琴铜剑行且继往，江左有人，得不豫为作计乎？"⑤但当时公私两面或实力不足，或重视不够。皕宋楼藏书，商务印书馆曾开价八万谋购，不成；张元济劝学部尚书荣庆拨款购入，作为京师图书馆基础，亦无下文。之后，张元济等人积极设法保护丁氏八千卷楼和海源阁的藏书，"不可拍卖，

---

① ［日］岛田彦桢撰：《皕宋楼藏书源流考并购获本末》，载《国粹学报》，第44期（1908年7月）。后一条引文为董康跋语。苏精《近代藏书三十家》谓董康先后七赴日本，清末仅在1902年东渡，应误。

② 顾廷龙校阅：《艺风堂友朋书札》上册，440页。后岛田翰任关东厅博物馆的主事。

③ 楊樹達：《郋園學行記》，载《斯文》，第9编第9、第10号（1927年9、10月）。

④ 顾廷龙校阅：《艺风堂友朋书札》下册，537页。

⑤ 顾廷龙校阅：《艺风堂友朋书札》上册，176页。

恐日本人来出重价","切勿任意流入东瀛"。①

不过，张元济与日本汉学家也多有交往。商务印书馆为了编辑教科书而聘用的日本专家中，长尾甲即为京都中国学的同道。他年轻时曾拜访清朝驻日公使黎庶昌，以"寒士惯寒，那怕衣单"应对黎氏的问候，令后者刮目相看；之后又与近代诗坛骁将郑孝胥交游。任职商务印书馆期间，他结识了不少学者文士。归国后虽然未在大学任教，但作为在野的处士，他与内藤虎次郎、狩野直喜同样主张改变日本传统汉学的粗疏和歪曲风气，按照同时代中国人的观念与基础治中国学问，尤其擅长中国书画和清诗。②

第二节　中日学术交往

明治维新以后，日本的教育及学术仿从欧洲，一度欧化盛行。从 19 世纪 80 年代起，在国粹主义兴起的背景下，新兴的东洋研究逐渐形成，而且从一开始就与旧式汉学有明显区别。据《东亚学会杂志》创刊号所论，当时汉学研究的新气象有三：第一，赴现地直接观察研究；第二，不以崇奉心而以批评精神研究汉籍；第三，提倡结合法律、音乐等专门知识和方法论来研究汉籍。③ 受此影响，大学以外的爱好者如内藤虎次郎、古城贞吉、藤田丰八、稻叶岩吉等相继来华。

1892 年 7 月，由东京帝国大学中国古典讲习科（汉书课）毕业，时任学习院大学教授的市村瓒次郎来华调查史迹。④ 1902 年，日本史学会会员长井行利用暑假到中国山东调查研究金石遗物。⑤ 东京帝国大学的鸟居龙藏以研究苗族与台湾土著关系为目的，只身深入湖南、云

---

① 张树年主编：《张元济年谱》，60、84、86 页。

② 参见吉川幸次郎：《長尾雨山氏中国書画話解説》，见《吉川幸次郎全集》第 17 卷，216～228 页。

③ 参见须川照一：《"上海時代"の藤田剣峯・王国維雑記》，载《東方学》，第 66 辑（1983 年 7 月）。

④ 参见《市村瓚次郎博略歴》，载《東方学》，第 53 辑（1977 年 1 月）。

⑤ 参见《長井行君のしな行》，载《史学雑誌》，第 13 編第 7 号（1902 年 7 月）。

南、贵州、四川的偏远地区进行调查，历时七个半月。① 1903 年 2 月，已改任东京帝国大学文科大学助教授的市村瓒次郎为研究中国历史，到上海、汉口、信阳、洛阳、潼关、西安、蓝田、襄阳、荆州等地游历三个月。② 专攻中国文学史的东京帝国大学研究生盐谷温也利用暑假来华，考察社会风俗人情。③ 他们虽然未与中国学者交往，但对日本的中国研究却刺激不小。市村瓒次郎助教授归国后，在法文科大学举行公开演讲会，讲演长安、洛阳的地势及其古迹遗物，预计听众有数十人，不料入场者达 500 名之众，宽敞的教室内座无虚席，许多人只好站立，而续来者络绎不绝，主持者不得不谢绝入场，为东京帝国大学史学会前所未有的盛况。④

随着东京东洋学和京都中国学的形成发展，在各帝国大学扩建、东方主义兴盛以及日本政府推行大陆政策的交相作用下，日本的东亚研究阵容迅速扩大，来华考察游历的学者日益增多，与中国的学术联系和交流得到加强。蔡元培接掌北京大学后，提倡学术研究，引起东瀛学者的注意。1918 年 5 月，东京高等师范学校教授林泰辅及该校教谕诸桥辙次到北京大学参观，旁听了崔适、马叙伦、朱宗莱、吴梅、黄节等人的"史记探源""庄子""学术文""近世文学史""中国史学通义"等课程，并与校长蔡元培，文科学长陈独秀，教授陈汉章、黄节、马叙伦等就哲学、文学颇有所讨论；接着又参观了北京高等师范学校。⑤ 1921 年 10 月，日本学习院大学的教授小柳司气太及中川兵三郎也到北京大学参观。⑥

---

① 参见《しなに於ける鳥居龍蔵氏の近状》，载《史学雑誌》，第 14 编第 3 号 (1903 年 3 月)；《学術講談会に於ける鳥居龍蔵氏の講演》，载《史学雑誌》，第 14 编第 4 号(1903 年 4 月)。

② 参见《市村助教授清国旅行》，载《史学雑誌》，第 14 编第 3 号(1903 年 3 月)。

③ 参见《塩谷温学士の渡清》，载《史学雑誌》，第 14 编第 7 号(1903 年 7 月)。

④ 参见《本会の公開講演》，载《史学雑誌》，第 15 编第 1 号(1904 年 1 月)。

⑤ 参见《日本学者来校参观》，载《北京大学日刊》，第 127 号(1918 年 5 月 3 日)。

⑥ 参见《本校纪事》，载《北京大学日刊》，第 860 号(1921 年 10 月 7 日)。

　　此后，日本东方学者来华考察几乎成为定制，不仅有各帝国大学的中国文、史、哲及政治、经济、社会等科的教师，连各专门学校甚至高等学校教师也陆续来华，相关研究人员绝足中土者几无其人，不少人还多次来游。常盘大定为考察佛教文化遗迹八次来华。后藤朝太郎到1926年即来华二十余次，足迹遍及大江南北，接触社会各个阶层。[①] 考察的主要目标为出土器物、珍稀图书、宗教建筑及艺术、地理环境、风俗民情等。

　　随着研究的发展和来往的增多，日本学者来华不仅考察游历，还积极与中国学者接触，以便观赏公私所藏古物图籍。例如，后藤朝太郎1918年来华目的有三：一是拜访江南及徽州的金石音韵学家，二是调查殷墟甲骨出土之地，三是了解各地风俗民情以研究当时的中国。他在上海先后会见了吴昌硕、王一亭、胡光炜、曾熙等旧学者，就古铜器、甲骨文等事有所请益。他对中国唯有前清老儒硕学的状况感到担忧，希望在保护旧学者的同时，涌现出新兴学者，以活跃学界及社会空气。[②] 1920年他第四次到中国游历，相继考察了东北、北京、大同等地的名胜古迹和风俗民情，拜访了北京的林万里、陈忠恕，天津的罗振玉、方若，观赏所藏的历代印章印谱、龟甲兽骨、古泉瓦当、端砚书画及瓷器等，还曾设法与端方家族联系，欲观看其严密收藏的国宝彝器毛公鼎。[③]

　　不仅教授专家如此，从20世纪20年代后半段起，连研究生甚至本科生在求学期间也组织参观团，前来中国进行实地考察。1929年8月，东京帝国大学旅行团一行十五人由团长长泽规矩也率领，到中国进行为期一个月的考察活动，团员多为东京帝国大学哲学、文学两系

---

　　① 参见後藤朝太郎：《しなの社会相・序》，6頁，東京，雄山閣，1926。1933年10月27日鲁迅致函陶亢德时曾评价道："后藤朝太郎有'支那通'之名，实则肤浅，现在在日本似已失去读者。要之，日本方在发生新的'支那通'，而尚无真'通'者。"见《鲁迅全集》第12卷，246页。

　　② 参见《"支那"安徽土俗通信》，载《史学雑誌》，第29编第10号（1918年10月）。

　　③ 参见後藤朝太郎：《山西省大同府雲崗石佛古寺往復風物》，载《史学雑誌》，第32编第1号（1921年1月）。

的高年级学生，其间曾参观北京大学和北平图书馆。① 1931 年东京帝国大学以助教授高田真治为团长的见学团，除了游览北京的风景名胜，还参观了各大学、研究机构及图书馆，其间得到燕京大学容庚，清华大学杨树达，北京大学钱稻孙、沈兼士、刘复、程衡、魏建功，中央研究院历史语言研究所董作宾，孔德学校马廉等人的热情接待，并拜访了胡玉缙、柯劭忞等老儒。在中国学者的帮助下，他们得以观看各校所藏图书以及殷墟出土的甲骨器物。与之同时来访的还有九州帝国大学从事中国学研究的同人。②

1933 年秋，东方文化学院京都研究所的冢本善隆、能田忠亮、小川茂树、长广敏雄、森鹿三这五名研究员组团游历华北，风景名胜之外，还参观了故宫博物院、北平图书馆、古物陈列所、北平研究院博物馆、地质调查所、国立历史博物馆、国剧陈列馆、清华大学图书馆、燕京大学图书馆及北京大学的明清史料整理室和考古学研究室，拜访了傅增湘、傅惜华，观看所藏的北宋大字本《史记集解》、南宋初刊《水经注》、王国维手校《水经注》、俗曲曲谱等。与之同时来游的有东京文化研究所的仁井田陞、阿部、青山定雄，京都大学文学部的小川环树、桂太郎、滨一卫，以及东北帝国大学的曾我部静雄等。③

1936 年春，京都文化研究所研究员水野清一、长广敏雄以及羽馆易三人赴华北调查史迹，同所的梅原末治、内藤乾吉则到上海、天津、河南等地调查文物古籍，得到北平研究院考古组主任徐炳昶（旭生），中央研究院历史语言研究所的傅斯年、李济、梁思永、董作宾等人的帮助款待。④

日本由于推行大陆政策，中国对其战略意义大为加重，政府和民间组织相继在华设立长期研究机构，其中与学术关系较密切者如三井

---

① 参见《日本东京帝大生来校参观记》，载《北大日刊》，第 2222 号（1929 年 8 月 10 日）。

② 参见《北支旅行记》，载《斯文》，第 13 编第 6、第 8、第 9 号（1931 年 6、8、9 月）。

③ 参见《遊支日记》，载《東方学報》，第 5 册副刊（1935 年 3 月）。

④ 参见梅原末治：《河南安陽發見の遺物》《北支史蹟調查旅行日記》《“支那”旅行》，均载《東方學報》，第 7 册（1936 年 12 月）。

会社中国研究室、东方文化事业总委员会及其北平人文研究所。主持
三井会社中国研究室的今关寿麿自 1918 年来华，到 1931 年归国，在
北京十余年；每年巡游大江南北，与新旧各派学者如熊希龄、陈宝琛、
金绍城、董康、陈三立、蔡元培、胡适、陈衡恪、康有为、黄侃、章
炳麟、沈曾植、郑孝胥、李宣龚、吴昌硕、鲁迅、完颜景贤、梁启超、
戴季陶、于右任、邹鲁等相识。① 1922 年他曾撰写关于中国现代学术
界状况的小册子，分别概述中国南、北、中各地的新旧学派；1931 年
又据此扩展为《近代しなの学芸》(東京，民友社，1931)的专书。

　　东方文化事业总委员会及其北平人文研究所，虽是中日双方合办，
驻所办事的实际是桥川时雄和图书馆主任杉村勇造。桥川时雄与今关
寿麿同年来华，此后一直住在中国，直到日本战败才归国。今关寿麿
好诗，与诗人文士周旋较多，桥川时雄的结交面更为广泛。他在北京
先后任职于共同通信社、大和俱乐部及《顺天时报》社；经有贺长雄介
绍以及蔡元培和陈独秀的引荐，到北京大学听课，认识了吴虞、黄节、
胡适、李大钊、鲁迅、周作人、梁启超、伦明、林损等人，并与旧学
者如辜鸿铭、江瀚、樊增祥、陈宝琛、柯劭忞、杨钟羲等结识，又认
识了马幼渔、马衡、马廉、杨树达、王国维、陈寅恪、吴宓、吴承仕、
孙人和等人。后来他创办《文字同盟》杂志，为爱好古代文化的中日同
人开辟园地，用两种文字刊登两国文化人的消息，颇受推重。② 其"与
中国学者交游之广，堪称现代第一人"③。"凡故都耆宿，新学英流，
靡不倾身延接，气谊殷拳，而吾国人士亦多乐与订交。"他根据资料及
亲身接触编写成《中国文化界人物总鉴》，"取近代人士凡学问文章才艺

　　① 参见《学問の思い出——今関天彭先生を囲んで》，载《東方学》，第 33 輯
(1967 年 1 月)。

　　② 参见《学問の思い出——橋川時雄先生を囲んで》，载《東方学》，第 35 輯
(1968 年 1 月)；《橋川文字同盟主筆歡迎會》，载《斯文》，第 11 編第 1 号(1929 年
1 月)。

　　③ [日]长濑诚：《日本之现代中国学界展望(下)》，载《华文大阪每日》，第
2 卷第 8 期(1939 年 4 月)。

技能有名于时者都四千六百人，人为之传"①，"所录诸人，颇多亲接"②。因此，后来日本学者和学生想访问中国学者时，总是由桥川时雄等人引荐介绍。③

研究中国道教的小柳司气太、研究中国封建制度及政治思想史的中江丑吉、研究日本和中国法制史的泷川政次郎等人，也长期在华从事研究调查活动，与中国各界人士广泛交游。仅北京白云观小柳司气太就访问了 17 次。

据杨树达、吴虞、周作人、鲁迅、张元济、郑孝胥、太虚等人的日记、年谱等资料，20 世纪 20 年代至 30 年代，中国接待的来访日本学者（留学生除外）有小柳司气太、今西龙、市村瓒次郎、滨田耕作、高桥亨、原田淑人、桥川时雄、诸桥辙次、狩野直喜、服部宇之吉、盐谷温、儿岛献吉郎、小平总治、长泽规矩也、原富男、吉川幸次郎、林盛遒、真武直、目加田诚、本多龙城、高田真治、冈崎文夫、神田喜一郎、青木正儿、大村西崖、那波利贞、今关寿麿、藤冢邻、竹田复、田边尚雄、泽村专太郎、辛岛晓、水野胜邦、铃木大拙、铃木吉武、细田谦藏、平野彦次郎、木村泰贤、稻田圆成等。而中方参与接待的学者包括张凤举、徐耀辰、沈士远、马幼渔、马衡、马廉、单丕、刘复、钱稻孙、徐炳昶、沈尹默、沈兼士、陈百年、朱希祖、陈垣、顾孟余、蒋梦麟、吴虞、张贻惠、陈寅恪、林砺儒、陈映广、容庚、伦明、江瀚、曾仲鲁等。

由于日本学人熟悉中国学术界的状况，不仅聚集于北京和江南等人文渊薮的中国学者受到他们的关注，一些较偏远地方的耆宿也有前来问学者。闲居闽南故里的陈衍，先后接待过台北大学教授久保得二、饭沼龙远和助教授神田喜一郎。④ 其门人叶长青先后任教于厦门大学、

---

① 傅增湘：《〈中国文化界人物总鉴〉序》，见［日］桥川时雄编：《中国文化界人物总鉴》，长春，"满州行政学会株式会社"，1940。

② 《图书介绍·〈中国文化界人物总鉴〉》，载《中法汉学研究所图书馆馆刊》，第 2 号（1946 年 10 月）。

③ 参见平冈武夫：《中国文化界人物総鑑について》，東京，名著普及会，1982。

④ 参见陈声暨编，王真续编，叶长青补订：《侯官陈石遗先生年谱》，349、356～357 页。

金陵大学，曾与铃木虎雄以书信论学。① 隐居青岛的劳乃宣，则见过林泰辅。② 湖南的叶德辉先后接待过来访的宇野哲人、高濑武次郎、铃木虎雄、诸桥辙次、后藤朝太郎等人。③ 就连曾将日本汉学贬得一钱不值的章炳麟，也几度与桥川时雄及一些专程来华调查学术状况的日本人士会晤。

　　20 世纪 20 年代，日本借退还庚款之名举办东方文化事业，引起中国各地各界人士的极大关注，在长期交涉竞争中，纷纷加强对日本的关注和与日本的交流。以此为契机，在政治与学术关怀的交相作用下，中日两国学者积极发展合作组织，如东方学会、中日学术协会、东方考古学协会等。东方学会成立于 1923 年，发起者为王秉恩、柯劭忞、陈三立、辜鸿铭、叶尔恺、郑孝胥、朱祖谋、陶葆廉、李孺、章钰、宝熙、王季烈、张美翊、徐乃昌、陈曾矩、陈毅、金梁、刘承幹、王国维、罗振玉等。筹议该学会之际，曾公宴中外名人，如铎尔孟、钢和泰、尉礼贤、福开森等，徐森玉、沈兼士也出席了宴会。④ 该会声称发起动机之一，是鉴于近来学术团体"或偏于学，或偏于艺，或重纯粹的研究，或重实际的运动，不是标准太高，就是限制过严"，欲救此弊，应当"一面注重纯粹的探讨，一面又努力实际的进行，不但要砥砺彼此的人格，而且要改造四周的环境"；而其目的，是要改变"中国兴学以来，数十年的光阴，大半花掉在'保存国粹'和'贩卖洋货'两种工作上面"的状况，"努力脱离过渡的时期，赶上创造的领域去"。⑤

　　关于东方学会，或认为发端于尉礼贤。他原想联合中德双方共同创办，宗旨为沟通东西方，特别注重将中国传统文化和西方现代科学

---

① 参见《铃木虎雄博士与叶长青社长书》，载《国学专刊》，第 1 卷第 3 期（1926 年 9 月）。

② 参见劳乃宣：《韧叟自订年谱》，见王民信：《中国历代名人年谱汇编》第 1 辑，53 页。

③ 参见塩谷温：《先師葉郋園先生追悼記》，载《斯文》，第 9 编第 8 号（1927 年 8 月）。

④ 参见金梁：《瓜圃述异·辜博士》，见沈云龙主编：《近代中国史料丛刊续编》第 24 辑，34 页。席间辜鸿铭"既自占首座，左右顾，滔滔不绝，众不得参一语，皆相视而笑"。

⑤ 《东方学会缘起及草章》，载《学生杂志》，第 10 卷第 9 期（1923 年 9 月）。

联系起来，因此计划设伦理宗教部和科学部。他是参与其事的唯一一位外国人，也是负责具体工作的联络人。① 但该会与日本不无渊源关系。1923 年 6 月，日本中东协会会长宫川一贯来华，与郑孝胥等人说中国排日甚烈，势必发生战争，希望"与中国学者、商人暗中联络，使战后易于修好"，并劝郑赴日一游。郑为其谋划平息排日风潮的办法，其亲信大七随即访日。不久，日本对华文化事业部的冈部长景又来晤谈中日文化联合事宜，郑主张"先设报馆，集中日学者，揭孔孟之道，因以阐扬旧学，始热"，所以郑孝胥接到东方学会的简章，即推测"必西京之狩野、内藤以大七游日事告知罗叔蕴，故有此响应之举"。②

　　中日学术协会的发起与日本东方文化事业的关系更为直接，简直就是后者的派生物。该会成立于 1923 年 10 月 14 日，起因为北京大学校方召集任教于文科的留日出身的教授，如陈百年、张凤举、马幼渔、周作人、沈兼士、朱希祖，以及在京都大学进修过的沈尹默等人，商议日本对华文化事业。是年 3 月 13 日，周作人、张凤举前往日本公使馆找吉田参事官晤谈。刚好这时日本音乐史专家田边尚雄、京都大学教授今西龙、东京帝国大学教授泽村专太郎等人相继来北京大学讲学或研究，与该校教授常有交流应酬，显示了北京大学在中日学术交流中作为国立首席大学的重要地位。

　　1923 年 9 月，北京大学诸人与担任北洋政府军事顾问的坂西利八郎中将及土肥原少佐相识，双方议组中日学术协会。中方以张凤举为干事，日方以坂西利八郎为干事，规定每月开常会一次。其实日方成员均非学者，其目的也不在于学术，而是鉴于北洋政府无望，想争取与国民党有渊源者搭桥过渡，以便与新政权接洽，将来谈判时保留日俄战争所取得的权利。所以坂西利八郎在成立会上说："我们怎么配说学术二字，但是招牌却不得不这样挂。"③在此名义下，北京大学与日

　　① 参见张国刚：《德国的汉学研究》，41～42 页。该书称这一组织为"东方学社"。

　　② 中国历史博物馆编，劳祖德整理：《郑孝胥日记》第 4 册，1951～1959 页。

　　③ 《苦茶——周作人回想录》，333～336 页，兰州，敦煌文艺出版社，1995。

本教育视察团团长汤原、服部宇之吉及对支文化部的朝冈健等人多次会谈文化事业。可惜日方醉翁之意不在酒，后来因形势发生变化，对北京大学失去兴趣，该会活动维持了约一年时间，无形停顿，硕果仅存的只有由日方出资、北京大学出人合办的天津中日学院。①

　　20 世纪 20 年代起，中国学术研究机构随教育发展而增多，与日本学术界的交往由原来以学者个人名义进行，逐渐变为有组织地进行，如互赠书刊，互相邀请讲学。与北京大学研究所国学门交换刊物的有东亚协会、日本考古协会、京都文学会、日本东洋协会学术调查部等。② 1922 年年底，京都大学文学部史学科教授今西龙由文部省派来中国研究史学一年，北京大学趁机请其担任朝鲜史特别讲演，并聘其为北京大学研究所国学门考古学通信员。③ 在华期间，除讲授朝鲜史外，今西龙还分别为北京大学研究所国学门和史学会演讲《关于中国考古学之我见》及《中国历史里边的古文书学》。④

　　1923 年，东京帝国大学教授泽村专太郎、日本音乐史专家田边尚雄来华，二人分别在北京大学等处讲演《东洋美术的精神》及《中国古代音乐之世界的价值》，北京大学研究所国学门也聘请泽村专太郎为通信员。⑤ 今西龙和泽村专太郎还参加过北京大学研究所国学门的活动。⑥而日本音乐史专家田边尚雄据说是"在中国学术讲演中，与人铭感最深

---

　　① 　参见《周作人日记》(影印本)中册，300～406 页。

　　② 　参见《北京大学日刊》，第 1504(1924 年 6 月 25 日)、1517 号(1924 年 8 月 30 日)。

　　③ 　参见高平叔编：《蔡元培全集》第 4 卷，287～288、309 页。

　　④ 　参见《研究所国学门通告》，载《北京大学日刊》，第 1165 号(1923 年 1 月 26 日)；《史学会通告》，载《北京大学日刊》，第 1208 号(1923 年 4 月 9 日)。

　　⑤ 　参见《国立北京大学研究所国学门重要纪事》，载《国学季刊》，第 1 卷第 4 号(1923 年 12 月)；《周作人日记》(影印本)中册，304、307～338 页；《鲁迅全集》第 14 卷，454、455 页。

　　⑥ 　参见《国立北京大学研究所国学门重要纪事》，载《国学季刊》，第 1 卷第 4 号(1923 年 12 月)；魏建功：《北京大学研究所国学门恳亲会记事》，载《晨报副刊》，1923 年 11 月 16 日。

的日本学者"①之一。他在北京大学演讲时，还播放了自己携带的中国古乐唱片，其中有《兰陵王破阵曲》《武德太平乐》《春莺啭》《边城乐》《越殿乐》《胡饮酒》等曲，很受听众欢迎。② 1925 年 1 月，来华考察的东京美术学校教授大村西崖应邀在北京大学研究所国学门讲演《风俗史的研究与古美术品的关系》。③ 此后，市村瓒次郎、滨田耕作、原田淑人相继到北京各校以及广东的大学讲演，颇受欢迎。原田淑人是另一位给中国学人留下深刻印象的讲演者，1930 年他举行系列讲演《从考古学上看古代中日文化关系》时，因前来听讲的学生人数太多，不得不换到大教室。④

　　新文化运动和 20 世纪 20 年代高等教育的加速发展，为归国留学生提供了任教的机会，而留日出身者在其中占有重要位置。这一方面强化了中国学术界对日本相关学科的关注和了解，另一方面有助于日本学人的来华考察和求学活动。北京大学文史学科中留日出身者人多势众，与日本学术界联系的繁密程度也十分突出。早在 1916 年铃木虎雄留学北京时，北京大学文科学长夏锡祺就是京都文科大学毕业生，他留学时京都大学的文科学长刚好是京都学派的创始人之一狩野直喜。在夏的关照下，铃木虎雄的活动得到很大的便利。⑤ 清华大学的杨树达留学京都第三高等学校，而北京师范大学的王桐龄在东京帝国大学留学十余年，与该校的中国研究者十分熟悉。这种渊源关系在中日学术交往中发挥作用，来访者辗转相托，接待者则涌泉相报。20 世纪 20年代与 30 年代之交，中国甚至出现了日本研究热，大学图书馆内的日

---

　　① ［日］长濑诚：《日本之现代中国学界展望（下）》，载《华文大阪每日》，第 2 卷第 8 期（1939 年 4 月）。

　　② 参见《国文系教授会启事》，载《北京大学日刊》，第 1238 号（1923 年 5 月 14 日）。

　　③ 参见《研究所国学门通告》，载《北京大学日刊》，第 1610 号（1925 年 1 月 9 日）。

　　④ 参见《学問の思い出——原田淑人博士を囲んで》，载《東方学》，第 25 輯（1963 年 3 月）。

　　⑤ 参见铃木虎雄：《北京より》，载《芸文》，第 7 年第 6 号（1916 年 6 月）。

文图书杂志极多。① 正是在这样的背景下，1925 年北京大学筹备成立东方文学系。

清末赴日本与汉学家交往的中国士人，多是借游历考察之便的业余爱好者，间有专程访书者，而问学者则几无其人。入民国后，日本的东亚研究国际声誉日隆，风气逐渐改变。1908 年和 1917 年，陈垣两度赴日本访求中国医学及中外宗教关系史书籍，遍游东西两京及大阪、奈良；其间与日本学者有所交往，并开始关注日本的中国研究。第一次访日时，他在医史学家富士川游博士家见到多纪元胤（号柳沂，卒于 1827 年）所著的《医籍考》，认为"精审无比。道光以前中国医籍搜罗殆遍，为医史学一巨著，中国人未之先也"，推许其人为"日本医史学界之钱竹汀"；对于富士川游所撰《日本医学史》巨著，也赞为"考据精详，条理缜密，为东方医史界空前杰作"。第二次访日时，陈垣则得知其所著的《元也里可温考》颇为日本学者欢迎。②

从 20 世纪 20 年代起，中国前往日本访书、考察和交流的学者不绝于途，一些人还多次东渡，例如，董康至少先后八次到日本。北京大学的沈尹默、高一涵、陈源，北平图书馆的孙楷第，清华的刘文典以及傅增湘、伦明等人相继赴日本访书、游历或进修，与东西两京学者交往。1925 年，太虚率团参加在日本召开的东亚佛教大会，先后访问东京、立正、大谷、龙谷、临济等大学，与研究佛教的知名教授南条文雄、井上圆了、村上专精、大内青峦、高楠顺次郎、铃木大拙、渡边海旭、常盘大定、木村泰贤、金山穆韶等晤谈。③ 1928 年郑孝胥访日，主要目的虽不在于学术，但也与东西两京学者如内藤虎次郎、狩野直喜、长尾甲、高濑武次郎、安井小太郎、古城贞吉、盐谷温、小柳司气太、今关寿麿等有所交往。④

日本东方文化事业总委员会北平人文研究所成立后，决定向日本派

---

① 参见《北支旅行记（四）》，载《斯文》，第 13 编第 6 号（1931 年 6 月）。

② 陈智超编注：《陈垣来往书信集》，3、9～10、144～145 页。

③ 参见释印顺编著：《太虚法师年谱》，112～114 页。

④ 参见中国历史博物馆编，劳祖德整理：《郑孝胥日记》第 4 册，2198～2206 页。

遣研究员，1929 年定额为七名①，同时还补助中国学者前往日本的旅行。1930 年 6 月，杨树达等一行五人即以此名义赴日，参观了八幡、别府、大阪、奈良、京都、名古屋、东京的名胜古迹，与京都大学、同志社大学、大冢文理科大学、东京帝国大学、东京文理科大学、二松学舍大学、学习院大学、庆应义塾大学、东京女子高等师范学校、第一高等学校、陆军学校、东洋文库、内阁文库以及斯文会的学者，如狩野直喜、长泽规矩也、石田幹之助、盐谷温、诸桥辙次、古城贞吉、服部宇之吉、宇野哲人、中山久四郎、小柳司气太、阪岛忠夫、山田准庆、前川三郎、高田真治、平野彦次郎、寺田范三、细田谦藏、佐久节、竹田复、山本邦彦等交往。② 同年伦明应斯文会邀请，到东京帮助日方鉴定古籍。1934 年 7 月，周作人、徐耀辰访日，主要与东京文化研究所的日本学者交往。

中国的学术机构或团体也鼓励和组织学者赴日游历。例如，中华学艺社到 1930 年已组织了七次学术视察团赴日考察，其中社会人文科学三次。1928 年 10 月，张元济等人作为中华学艺社第五次学术视察团代表，东渡出席日本学术协会第四届大会，与东西两京学者如内藤虎次郎、狩野直喜、长泽规矩也、诸桥辙次、服部宇之吉、宇野哲人、盐谷温等往还。③ 1930 年 6 月，陈中凡等一行五人作为该社第七次学术视察团成员赴日考察教育，其间曾与狩野直喜、盐谷温等人晤面。④

辛亥革命以后，中国政局动荡，一些学者以日本为流亡之地。民初罗振玉、王国维、董康等人侨寓京都，结识京都学派的长老新进。1927 年董康因政坛失足，再度避祸东瀛，与内藤虎次郎、狩野直喜、神田喜次郎、铃木虎雄、吉川幸次郎、仓石武四郎、石田幹之助、盐谷温、稻叶岩吉以及书商田中庆太郎交游。⑤ 郭沫若在大革命失败后

① 参见《东方文化事业总分委员会近闻》，载《图书馆学季刊》，第 2 卷第 2 期（1928 年 3 月）。

② 参见杨树达：《积微翁回忆录 积微居诗文钞》，46～52 页。

③ 参见张树年主编：《张元济年谱》，311～313 页。

④ 参见姚柯夫编著：《陈中凡年谱》，28 页，北京，书目文献出版社，1989。

⑤ 参见董康著，傅杰校点：《书舶庸谭》。

流亡日本，用唯物史观及甲骨金石研究上古史，得到田中庆太郎、石田幹之助、梅原末治、原田淑人、市村瓚次郎、古城贞吉、诸桥辙次、国分青崖、小室翠云、藤原楚水、河井荃庐、涩泽青花、土屋久泰、内藤虎次郎、林泰辅、中村不折、仁贺保香城、平井四郎等人的帮助。①

以京都研究所为例，20 世纪 30 年代在中日关系已经进一步恶化的情况下，该所相继接待的中国来访学者有：东方文化事业总委员会北平人文研究所研究员江瀚（1931 年）、胡玉缙（1931 年）、杨钟羲（1934 年），由东京中国法制研究会招聘到日本的董康（1933 年秋），北平图书馆金石研究室刘节（1935 年），中央研究院经济研究所梁方仲（1937 年）等。访问东京的中国学者为数更多。日方成立的日华学会作用之一，便是招待来往的中国学人。所以吉川幸次郎称此为两国学术界联系最密切的时期。

第三节　朝鲜与蒙古

朝鲜是受中国儒教文化浸染最深的东亚国家，其宿儒甚至视同属汉字文化圈的日本为蛮夷。近代以来，这种影响一直持续。1883 年，统理衙门博文局编印的《汉城旬报》报道了英国几所大学设立汉学科的消息，该刊不知这是欧洲列强对华利益的驱动所致，反而以为："由此观之，可谓汉学之西行，而夫将以斯文启全球之奎运也。"②此后在列强的压力下，朝鲜朝野的态度逐渐改变。甲午战争中国战败，形势根本逆转。据 1918 年到汉城的蒋梦麟描述，当时朝鲜民间人士对于中日两国的态度是，年老的一代惋叹沉浸在中国文化中的黄金时代已成过去，青年则仇恨日本，鄙夷中国。但在民族独立与变革求新方面，朝

---

① 参见龚继民、方仁念：《郭沫若年谱》(增订版)，258～276 页，天津，天津人民出版社，1992；黄淳浩编：《郭沫若书信集》上册，352～371 页，北京，中国社会科学出版社，1992；《学问の思い出——藤原楚水先生を囲んで》，载《東方学》，第 68 辑(1984 年 7 月)。

② 《汉学西行》，载《汉城旬报》，第 1 号(1883 年)。

鲜又和中国有共同利害关系。引导其参观王宫的精通汉学的老学者，经过闵妃被刺处时心情沉重地说："我国现在要振作也太晚了。我们的国王已经因沉湎声色歌舞而贻误国事。但是中国是有光明的前途的。中国是你的国家，也可以看作我的祖国。"希望年轻的蒋梦麟"好好地为中国努力"。①

此外，20世纪初期以后朝鲜留华学生为数不少，并开始谋求结合团体。起初因人数不多，又分散在南北两京，相距太远，未能遂其志。后来留学生人数增加，先以地域为基础结合，成立了上海留沪学生会、南京学友会、苏州留吴同学会、北京高丽留学生会。在五四运动风潮的鼓舞下，继而于1921年夏由留沪学生会和南京学友会发起，筹划组织全中国高丽留学生会；7月，首先成立了高丽华东留学生联合会，就读于江苏、安徽、湖北、浙江、江西等省的朝鲜留学生加入者达130人，以郑光好为会长，卓明淑为副会长，金善良为议事长，职员及议事员有姜斌、金柱、朴赞永、朱耀翰、李康熙、崔志化、安原生等。他们积极参与各种国际性的学生组织活动，先后派代表参加在莫斯科举行的远东弱小国家大会和在北京举行的国际基督教学生同盟会，并注意中国思想文化界的动向，将这些情况报告回国。② 一些成员归国后，成为民族主义的重要鼓动者，例如，议事员朱耀翰于1926年5月创刊《东光》杂志，任编辑兼发行人，提倡个人主义、精神启蒙，其精神背景为以安昌浩为中心的兴士团。据说这是当时朝鲜国内唯一强有力的政治团体，也是民族主义的大本营。朱氏原来留学日本，1919年2月曾于东京创办《创造》文艺杂志。

以此为背景，东亚各国学术界之间的共鸣增强。20世纪头十年，以王国维、狩野直喜等人为发端，中日学者关于中国小说戏曲的研究兴起。受此影响，朝鲜汉文学者梁白华（名建植，字菊如，号杏村洞人）于1917年11月在《每日申报》上发表《关于"支那"的小说及戏曲》一文，指出："研究外国文学的目的在于有利于发达本国文学，'支那'文

---

① 蒋梦麟：《西潮》，180～182页。

② 参见姜斌：《高丽华东留学生联合会诞生与由来》，载《开辟》，第24号（1922年6月）。

学输入朝鲜三千余年以来，给予极大影响，深深扎根，故不解'支那'文学，不能于我国文学有一知半解。况且'支那'文学具有一种特性，于世界文坛大放异彩。'支那'为东洋文化源泉，思想郁然磅礴，词华灿然焕发，合北方沉郁朴茂与南方横逸幽艳成一雄浑壮大的'支那'文学，浸及于朝鲜、日本。《诗》三百篇，秦汉高古，六朝丰臆，唐诗宋文，元以后小说戏曲，上下四千载，兴亡八十余朝，富赡文学，滚滚然不绝，文星之多，无与伦比之盛。"①面对丰富浩瀚的中国文学，梁氏自觉无力窥见全豹，有意专治具有研究价值又鲜有人着手的小说戏曲。该文在概述元明清小说戏曲发展简史及其对朝鲜的影响后，指出小说戏曲具有平民文学性质，希望与正在输入的西洋文学融贯调和。这与京都中国学的观念极为近似。

　　中国的新文化运动兴起，世界上最早有所反应的地区就是东亚。朝鲜 1920 年 6 月创刊的《开辟》杂志，以开新纪元、创新时代、养新人物为宗旨。当年 10 月第 4 号刊载了主编李敦化的《朝鲜新文化建设方案》，该文提出分六个阶段实现新文化建设，分别为：鼓吹知识、普及教育、改良农村、都市中心、科学专家、思想统一。同年京都《"支那学"》第 1—3 号刊载的青木正儿《以胡适为中心的中国文学革命》，为国际汉学界首次正面报道评论新文化运动的文章；后又刊载了青木正儿所撰的《吴虞的儒教破坏论》。但反儒和注意新文化的青木正儿在日本实为例外，该杂志也不是京都学派的机关刊物。朝鲜则不同，在文网甚密的情况下，长期大量报道中国的新文化运动状况，并译介有关文章，一些杂志也与中国的同名，如《现代评论》《学灯》《创造》等。《开辟》第 5—8 号及 23 号刊载了梁白华翻译的上述青木正儿的两文，欲借鉴中国文学革命，创建朝鲜的新文学。青木正儿后来以研究中国近世戏剧知名，与有志于研究中国小说戏曲的梁白华堪称同调，两人或许另有联系。

　　1920 年 12 月，《开辟》社致函胡适，请其为新年专号题词。胡适从留学时代起就关注亡国的朝鲜同学，对其境遇充满同情，常以无力

---

①　《关于"支那"的小说及戏曲》，载《每日申报》，1917 年 11 月 4—8 日。

相助为憾；接信后，于 12 月 19 日题写了"祝《开辟》的发展"，并复函称该杂志"为东方文学界之明星"。北京大学教授高一涵也题词说："《开辟》：威权之敌。"另有上海《兴华报》社的祝笺。① 后来胡适致函青木正儿，对《"支那学"》将变成一个"打破国境"的杂志表示"极欢迎"，赞扬《开辟》译载青木正儿的文章，"也是打破国境的一种现象"。②

此后，胡适、陈独秀、李大钊、梁启超、孙中山等人的思想主张及新文化运动的发展情况陆续为朝鲜的报刊介绍评论，如整理国故、新诗创作、白话文、大众语、国语统一及汉字改革、东西文化论战、非宗教运动、国民文学与普罗文学等。关于胡适的著述，有李像隐译《实验主义》(载《现代评论》)，吴南基译《孙文学说之科学的批判》(载《新朝鲜》)，金刚秀译《胡适著哲学史孔子论批评》(选译自《胡适中国哲学史大纲批判》第六章"对于哲学史所描写的孔子、孟子、荀子的批评"，载《新兴》)以及胡适的几首白话诗。关于梁启超的著述有《新民之新理想》、《民族解放的基调与自我解放原理》(载《新民》)、《知识教育政治教育》(载《开辟》)。以"北旅东谷"为笔名发表的文章《树立新东洋文化》，论述从洋务运动以来中国的社会变革，尤其是重点评述了陈独秀的文学革命，梁启超的新学会宣言，以蔡元培为中心的北京大学新教育，胡适的文学改良刍议，周作人的人的文学，王世栋的新文学革命等，全面介绍中国改革旧思想旧文艺，建设新文学的运动，其目的在于对朝鲜社会有所裨益。③ 同一作者还发表文章论述中国关于东西文化的论战，作为朝鲜文化运动的借鉴。另外《新民》杂志译载了中国范丽海的文章《新中国及其国学主张》，介绍中国正在将传统的五经改造为哲学、史学、政治、经济等新式学科。④

梁建植除了继续翻译撰写有关中国新文化和新文学的论文作品，还致力于中国古典文学和思想的研究介绍，在《东光》《新民》《新生》《文艺时代》《如是》《文艺公论》《东明》《东亚日报》等报刊先后翻译中国的传

---

① 参见《开辟》，第 7 号(1921 年 1 月)。
② 耿云志、欧阳哲生编：《胡适书信集》上册，257 页。
③ 参见《开辟》，第 30 号(1922 年 12 月)。
④ 参见《新民》，第 42 号(1928 年 10 月)。

统及新编戏曲《西厢记》《琵琶记》《东厢记》《四弦秋》《桃花扇传奇》《马嵬驿》和小说《水浒传》，发表了《〈红楼梦〉是非：中国的问题小说》《元曲概论》《从艺术上看〈西厢记〉及其作者》等论文，介绍评论中国、日本有关研究和翻译的得失。例如，关于《红楼梦》的长篇论文，从分析作品的情节寓意、人物塑造入手，阐明其与《水浒传》《金瓶梅》相比的特色之处，并重点评述了红学各派的观点，涉及蔡元培、胡适、俞平伯、钱静方等人的代表性诸说。① 此外，他还撰写了《现代思想的源泉：老子学说大意》，叙述老子的生平学说，评介欧洲、日本学者如武内义雄等人的研究进展和趋势②；翻译了章炳麟的《中国文化的根源和近代学问的发达》，主张借他山之石看待中国固有学问③。

梁建植的翻译介绍和研究评论，既批评旧礼教压抑人性的正常发展，又发掘中国传统文化中的积极因素。他认为文学的反抗精神象征着现实生活的穷蹙，因此沙俄时代和最近中国的文坛生机勃勃。礼教本来是为了帮助人性的适当发展，但以礼教过度钳制人性，则起到相反效果；缠足即为变态的证明。《西厢记》等作品显示对旧礼教的反抗和对人性的正当追求，是人性从礼教下解放的凯旋曲、纪念碑。④ 这与中国的新文化及整理国故运动较为合拍。和梁氏同为非海外文学派重要成员的丁来东也撰文称，中国新文学勃发之际，一度盛行全盘否认古代文学的思潮，后来的整理国故热，意在重新发现古文学的价值。胡适等人依据文学的用语评定优劣，周作人和郭沫若等人则主张根据作品的内容。中国文学与西洋诸国比较，各有长短。中国文字为文学的表现器具，重象形表意，意味深长，因而诗歌发达，但叙事诗较西洋为少。近来重视民间文学，则出现弹词这类长篇叙事诗。⑤

---

① 参见《东亚日报》，1926 年 7 月 20 日—9 月 28 日。

② 参见《新民》，第 34 号(1928 年 2 月)。作者原对老子有兴趣，曾在中央青年会馆听过关于老庄学说的演讲。

③ 参见《东亚日报》，1929 年 1 月 19 日—29 日。

④ 参见梁建植：《从艺术上看〈西厢记〉及其作者》，载《东亚日报》，1927 年 11 月 17 日。

⑤ 参见丁来东：《中国文学的特征》，载《学灯》，第 22 号(1936 年 1 月)。

　　当时朝鲜思想界的一般倾向是着重讲反儒教以求精神解放。1920
年 7 月创刊的《废墟》杂志，即从泰西、儒教和朝鲜古文化的关系立论，
认为现在地球上仅泰西一隅文化灿烂，一旦封闭的格局被打破，新思
潮起而改造社会，泰西文化将弥漫全世界。努力改造各方面贫弱精神
的运动，将作为各种新事业建设的一部分。欲使其国文化于世界有所
贡献，令祖先的思想事业影响人类的幸福，就必须解放思想。所谓解
放，是从守旧的儒教思想和顽固的礼节下解脱出来，从非科学的教育
的班阀主义走向自由发挥才能。朝鲜青年复活过去固有文化的暗光，
对于第二代青年的生活、他们自身的生存价值以及迈向新时代的路程
计划，都十分必要。① 这显然是希望摆脱儒教的束缚，使朝鲜的古文
化与西方近代文化接榫的观点。1922 年金昶济以《儒教与现代》为题，
评论当年中国和日本的一些地方举行纪念孔子逝世 2400 周年的祭典，
作者对中国言论界倾向于反孔颇有同感，认为"孔教"过去为东洋道德
基础，但现在对社会的支配力已经降低，应当追求新的道德观念。②
后有人对此表示异议，予以驳论。

　　对于新文化运动的局限及其调整变化，朝鲜人士也予以密切关注。
1928 年丁来东从北平报道，认为五四以来提倡文学革命，以白话代文
言，但接受西洋文学，多由日本间接转手，所介绍的古典、浪漫、表
现、未来等各种主义，全是"抄书著作家"以耳代目，所谓创作多为模
仿，批评也杂乱无章，成功者只有鲁迅、周作人兄弟等少数人，《小说
月报》则主张自然主义。他还说，在此之前的一两年，自然、唯美、趣
味、未来等派别均趋于没落，1928 年春，受苏联和日本的影响，无产
阶级文学抬头。但是，仅仅一个阶级的文学有所局限，因而将向大众
文学转换。③ 同年梁柱东在《东亚日报》发表文章，评论中国文坛关于

---

　　① 　参见李丙焘：《朝鲜的古艺术和我们的文化使命》，载《废墟》，第 1 号
（1920 年 7 月）。

　　② 　参见《东明》，1922 年 11 月 12 日。

　　③ 　参见丁来东：《现代中国文学的新方向》，载《新民》，第 42 号（1928 年
10 月）。

国民文学与无产文学的论争。① 梁白华则注意到 20 世纪 20 年代后半段中国文坛反新文学出版物流行的怪现象。②

　　20 世纪 20 年代外蒙古"独立"后，政治上追随苏俄，学术也受其影响制约。俄国从沙皇时代即注意东亚研究，并在中国东北设立研究机关。十月革命后，20 世纪 30 年代前，在全苏东方学术协会正会长帕甫洛维奇，副会长巴托尔德和鄂登堡的主持下，旧学者受到善用，与海外的学术交流基本能够正常进行。俄国原有在华研究机关继续保留，许多学者到中国、日本研究及考察，而不少中国、日本学者也前往苏联。十月革命前后，京都大学的狩野直喜、矢野仁一、羽田亨、梅原末治等人曾赴俄国调查，与该国学者建立学术联系。③ 三国学者间交流最典型的是关于蒙元史、西夏研究与东亚考古的讨论。因此，蒙古学者如 Cyben Žamcaranovič Žamcarano（蒙古名为 Ceweng）曾于1926 年访问北京。他毕业于圣彼得堡大学，很早便在鄂登堡的支持下调查收集蒙古的文字与口传史料，后来参与蒙古人民革命党的创建活动，又应鄂登堡的建议发起组织蒙古科学委员会，从事有关蒙古历史、文学、社会、民族的研究。④

　　1926 年于右任等人访苏时途经蒙古，因故滞留乌兰巴托，此即原来的库学伦。1925 年春，当地曾发现古墓，于右任听说后，欲约北京大学考古研究室友人入蒙古实地调查，因事不果。这时他努力探询有关事宜，经蒙古图书馆人员相告，古物已运回列宁格勒，经协商，苏方同意归还部分文物给蒙古，尚未运到。蒙古国民党中央执行委员会委员长丹巴道尔济闻知此事，作函将于右任介绍给图书馆馆长札木萨赖诺甫。此人原为布里亚特蒙古人，博学多闻，沙俄时代，不愿受其

―――――――

　　① 参见梁柱东：《丁卯评论坛总观（一）：国民文学与无产文学诸问题的检讨批判》，载《东亚日报》，1928 年 1 月 1 日。

　　② 参见《开辟》，第 44 号。

　　③ 参见石濱純太郎：《ロシアの東洋學》，载《東洋史研究》，第 1 卷第 6 号（1936 年 8 月）。

　　④ 参见 Robert A. Rupen, "Cyben Žamcaranovič Žamcarano（1880—？ 1940）", *Harvard Journal of Asiatic Studies*, vol. 19, no. 1/2（Jun., 1956）。赞氏后被"驱逐"到位于列宁格勒的苏联科学院，1937 年被逮捕，大约 1940 年死去。

压迫，乃入外蒙籍。他对于右任说，"君之来虽不能见古物，但与发现之学者可遇，亦不幸中之幸"，遂介绍其与柯兹洛夫相会，由后者导观古墓现场。①

第四节　由媒介而通道

20世纪国际汉学大盛，外国学者多由域外而沟通本部，但路径各异，欧美集中于西域南海，日本学者为求领先，重视朝鲜和蒙古。朝鲜半岛的日本殖民当局在统治局势相对稳定后，出于政治目的，有意扩大与加深东亚各国的联系；从1917年起，每年组织官立、公立学校的教职员成立学事视察团，分别前往日本（以朝鲜人为主）和中国的华北、东北游历（以日本人为主）。② 同时注重东亚的考古和历史文化研究。

1924年，京城帝国大学预科开办，1926年设法文学部，师生多为日本人，例如，首届法文学部学生共有70人，其中日本人51名，朝鲜人19名。③ 1929年该部首届毕业生中，法律、哲学、史学、文学各科的日本人、朝鲜人分别有30、1、3、9人和10、6、2、7人。④ 相继任教于该部的东亚研究者如服部宇之吉（兼任总长）、儿岛献吉郎、藤冢邻、今西龙、高桥亨、加藤常贤、辛岛晓、玉井是博、市村瓒次郎、田中丰藏、宇野哲人等，多曾来华留学、讲学或游历，与中国学者联系广泛。今西龙还被聘为北京大学研究所国学门考古学通信员，据说曾拜柯劭忞为师。该校法文学部分设法律、政治、哲学、史学、文学等科，讲座种类旨在发挥特长，强调重点研究中国、日本、朝鲜三者的文化关系，认为朝鲜文化由中国发源甚多，在古代不仅介绍中国文化，也向日本输出自己的一技之长。当时朝鲜与日本关系加深，

---

① 参见石田幹之助：《三松盦読書記（二）》，载《史学雑誌》，第45编第1号（1934年1月）。

② 参见《学事视察团》，载《朝鲜》，第82号（1921年12月）。

③ 参见《京城帝国大学の開校式》，载《朝鲜》，第133号（1926年6月）。

④ 参见《式辞》，载《京城帝国大学学报》，第25号（1929年4月5日）。

而日本与中国的联系正在持续，研究三方关系，在阐明日本文化方面占有重要地位，也是认识世界研究焦点的东洋文化至关重要之事。①

另外，长期驻华的今关寿麿曾由德富苏峰推荐，参与编写《日韩合并史》，到过汉城。当时在朝鲜的日本人对中国文学艺术兴趣极高，为此今关寿麿曾在京城俱乐部演讲多次。他对殖民政策虽无异议，但对总督府只凭武力镇压也表示不满，主张尊重朝鲜的传统学者。他认为朝鲜以儒学治国，儒生的势力强，各地书院多，著名学者的社会影响大，而总督府对此缺乏认识，一味使用军队和警察。他与朝鲜经学院大提学金允植相识，并由其介绍，结识了朝鲜青年学者第一人的崔甫善。之后崔因政见不同而被流放到济州岛。②

自1909年起，日本即开始关注对中国的考古发掘。辛亥革命以后罗振玉、王国维等人避难京都，所带去的甲骨及殷墟出土的古器物引起内藤虎次郎、富冈谦藏等人的关心。1916年，从欧洲归国的滨田耕作提出殷代金石过渡期一说，并计划发掘遗迹。东京的林泰辅、鸟居龙藏、大山柏等人认为中国局势复杂，如朝着中日合作的方向发展，较易着手。③ 而中国方面与此不谋而合，也在筹划建立新型考古学。1922年年初，北京大学研究所国学门主任沈兼士为筹设考古学研究室，嘱托正在日本京都留学的张凤举、沈尹默拜访滨田耕作，请求指教。滨田耕作听说中国设置专门的考古学研究室，十分高兴，详细介绍了日本东西两京考古学的状况，并根据其学养和经验，对中国同行提出了全面意见和建议。他主张考古学应与美学相联系，不要仅仅作为史学的辅助；应预定计划，以便将来成立独立的考古学研究所；应视考古研究为自然科学，与理科的生物学相同；同时收集中国和西洋的材料，进行比较研究，以免偏蔽，为此，要积极培养年轻而通外文的人才；设立教授、学生研究室和陈列、实验、图书室；多收集中国

① 参见平井三男：《京城帝国大学の規模組織と其の特色》，载《朝鮮》，第131号（1926年4月）。

② 参见《学問の思い出——今関天彭先生を囲んで》，载《東方学》，第33辑（1967年1月）。

③ 参见《学問の思い出——梅原末治博士を囲んで》，载《東方学》，第38辑（1969年8月）。

文物，与外国博物馆和大学进行交换；推荐于东方考古素有研究的美国芝加哥大学教授劳佛来华任教，并开列了总价值千余元的考古学应备书目，还赠送了京都大学出版的两册考古学报告。① 后来该研究室的规划设施显然依照了这些提议。

1925 年，滨田耕作和东京帝国大学的原田淑人以及朝鲜总督府的小泉显夫、原来"满铁"的岛村孝三郎等人鉴于日本当时考古学研究机构基础不好（例如，东京帝国大学的考古标本室很乱，也没有什么书），欲图振兴，希望与中国学者合作，以便参与殷墟等遗址的实地发掘，遂筹划组织东亚考古学会。当年 9 月下旬，滨田耕作、原田淑人乘再度发掘朝鲜乐浪郡汉墓之机相继来华。这时中国的考古学正在起步，各地的国学研究机构均十分重视，也希望与国际学术界合作，得到其支持。滨田耕作、原田淑人等人与北京学术界广泛交流意见，"以为东方考古学之研究，非中日两国学术机关互相联络不易为功"，并举行学术报告会，得到北京大学考古学研究室的马衡、沈兼士以及陈垣、朱希祖等人的积极响应，双方决定合组东方考古学协会。为此，他们首先邀请马衡访问朝鲜，参观当时引起国际学术界瞩目的乐浪郡汉墓发掘。朝鲜总督府于 1921 年设学务局古迹调查课，从事调查和保存古迹的工作，在此之前即发掘过乐浪郡汉墓，所得丰富宝藏令世界震惊。1925 年 10 月中旬，马衡如约前往朝鲜，先后参观了乐浪郡汉墓、江西郡高句丽时代的古墓壁画和朝鲜总督府的博物馆，与京都大学教授天沼俊一，东京帝国大学教授村川坚固、田泽金吾，朝鲜总督府博物馆馆长藤田亮策、小泉显夫，京城大学预科校长小田省吾、教授高田真治、黑田干一，东京美术学校讲师小场恒吉，新潟高等学校教授鸟山喜一等畅谈，并于汉城书肆为北京大学研究所国学门的歌谣研究会购买朝鲜文小说歌谣数种。马衡归国后，在北京大学研究所国学门举行演讲会，报告此行收获。②

---

① 参见《张凤举先生与沈兼士先生书》，载《北京大学日刊》，第 974 号（1922 年 3 月 6 日）。

② 参见马衡：《参观朝鲜古物报告》，载《北京大学研究所国学门周刊》，第 1 卷第 4 期（1925 年 11 月 4 日）。

　　在中日两国考古学组织彼此沟通意向之下，1926 年秋，滨田耕作和东亚考古学会干事岛村孝三郎来北京，双方正式结成东方考古学协会①，并联合举行公开讲演会。次年 3 月下旬，在东京召开东方考古学协会成立大会，同时举行中日学者的公开讲演会，中方讲演者为北京历史博物馆编辑部主任罗庸、北京大学教授马衡、北京大学研究所国学门主任沈兼士，讲题分别为《模制〈考工记〉车制述略》《中国之铜器时代》《从古器款识上推寻六书以前之文字画》；日方代表滨田耕作、原田淑人的讲题分别为《"支那"之古玉器与日本之勾玉》《汉人之缯绢》，池内宏原定讲乐浪郡出土之封泥与朝鲜古史的重大史实，后因病未写成文。②

　　1928 年 4 月下旬，东亚考古学会在京都召开第二次总会，并举行公开讲演会，中方出席者为北京大学国学馆导师马衡和刘复以及该馆馆长叶恭绰的代表阚铎；日方演讲者为高桥健和小川琢治（代读）。③1929 年 10 月 19 日，东方考古学协会在中国再度举行讲演会，由滨田耕作、梅原末治、徐炳昶、张星烺分别演讲《世界各国研究东亚考古学的现势》《Seythai 文化在欧亚考古学的意义》《中国西北科学考查团考古工作之概略》《中国人种中之印度日耳曼种分子》。④1930 年 3 月，原田淑人还由东方文化事业部出资，到北京大学和清华大学讲学两个月，与北京大学、清华大学、燕京大学及中央研究院历史语言研究所的学者广泛交流。⑤

　　在东方考古学协会的名义下，中日象征性地共同进行了几次考古

---

　　①　参见《学问の思い出——原田淑人博士を囲んで》，载《東方学》，第 25 辑（1963 年 3 月）。据《顾颉刚年谱》，东方考古学协会成立于 1926 年 6 月 30 日（127页，该书误为东亚考古学会）。

　　②　参见《東方考古学協会公開講演会》，载《史学雑誌》，第 38 编第 6 号（1927 年 6 月）。

　　③　参见《東亜考古学会第二回総会》，载《史学雑誌》，第 38 编第 6 号（1927年 6 月）。

　　④　参见《东方考古学协会讲演会》，载《北大日刊》，第 2259 号（1929 年 10月 19 日）。

　　⑤　参见《史学系通告》《史学系教授会通告》，载《北大日刊》，第 2341、2367号（1930 年 2 月 18 日、3 月 21 日）。

发掘与调查。1927 年 4 月下旬至 5 月中旬进行的貔子窝发掘，日方参加者为东京帝国大学的原田淑人、田泽金吾、驹井和爱、宫坂光次、京都大学的滨田耕作、小牧实繁、岛田贞彦，关东厅博物馆的内藤宽、森修，朝鲜总督府博物馆的小泉显夫以及该协会干事岛村孝三郎、小林胖生等，中方的马衡、陈垣、罗庸、董光忠中途来参观，并在其中一处亲自发掘。1928 年 10 月发掘牧羊城，北京大学考古学会派助教庄尚严前去参加发掘，为期一周。作为还礼，1930 年北京大学发掘河北易县燕下都、老姥台时，也请日方学者参加。双方还协议互派留学生。从 1928 年起，日方每年一人，先后派到中国留学的有驹井和爱、水野清一、江上波夫、田村实造、三上次男。中方因经费困难等情况，派往日本的仅有 1928 年度的庄尚严。

日方动议合组考古学机构，表面看来是"为促进东亚诸地的考古学研究，与各国特别是邻邦中华民国考古学界增进友谊，交换知识"，实际主要目的有二：一是利用合作名义，便于在中国境内进行调查发掘活动，尤其想参与举世瞩目的殷墟发掘；二是派遣留学生来华学习和考察。此举与日本的大陆政策相吻合，因而得到日本政府的支持，其发掘考察及派留学生，均得到外务省、关东厅和朝鲜总督府的资助。而在历次活动所使用的名义上，中日双方并不统一。1927 年在东京举行的大会，中方认为是东方考古学协会第二次年会①，日方则同时使用东亚考古学会第一届总会的名义，而将次年在京都举行的会议称为东亚考古学会第二次总会。从中方立场看，北京、东京、京都及北京的第二次会议，应分别为东方考古学协会第一、第二、第三、第四届大会，但在京都会议时却未使用东方考古学协会的名义。②

另外，关于第一次貔子窝发掘的主持者，1927 年 8 月《史学杂志》第 38 编第 8 号刊登的消息《貔子窝的发掘》声称，系以东方考古学协会名义进行的，后来日方撰写报告书时，则以东亚考古学会和关东厅博

---

① 参见《新书介绍：〈考古学论丛〉》，载《北平北海图书馆月刊》，第 1 卷第 5 号(1928 年 9—10 月)。

② 参见刘复：《新嘉量之校量及推算》，载《辅仁学志》，第 1 卷第 1 期(1928 年 12 月)。此为刘复当年 4 月 29 日在京都东亚考古学会的讲演。

物馆的名义，得到外务省东方文化事业部和关东厅的援助。报告书出版时也标名为东亚考古学会的"东方考古学丛刊甲种第一册"。亲历其事的庄尚严后来回忆，组织东方考古学协会除互相观摩、交换学生外，还"互相参加两国自己举办的考古发掘工作"①。

这种不协调反映了双方态度的差异，表明日方主要是利用合作名义所提供的便利。所以，虽然 1929 年北京的讲演会又恢复使用东方考古学协会之名，但预定发表演讲的东方考古学协会委员朱希祖不仅未做报告，还于前一天分别致函北京大学考古学会和东方考古学协会，提出辞职，理由是："本会自成立以来，进行重大事务，如发掘貔子窝、牧羊城古物事件，均未经本会公开讨论，正式通过，致有种种遗憾。委员仅属空名，协会等于虚设。希祖忝为委员之一，对于上列重要事件，其原委皆不预闻，谨辞去委员，以明责任。"②可见裂痕已经公开化。

不过，在学术范围内，日方参与者还是抱着真诚态度，没有凭借武力进行掠夺性发掘。其活动以合同方式进行，必须有中国学者到场，且事后返还发掘品，日方仅保留照片。但合作仅仅是名义，实际活动则由日方独立进行。在合作名义下，日本考古学界不仅将独立举办的考古发掘顺利进行下去，还趁机广交中国学者，密切彼此关系，同时获见《宋会要》稿本、《皇明实录》等珍稀秘籍，参观中国学术机构在各地的发掘现场，并深入蒙古等地考察。只有殷墟发掘属中央研究院历史语言研究所负责，而该所负责人傅斯年素有"义和团学者"之称，李济等人先前又与美国的毕士博合作，日方虽多次派人参观，实际却未能参与。

东方考古学协会的组成，对中国的现代考古学事业产生了影响。厦门大学国学研究院闻讯，要求学校推举代表参加该协会，并组建发

---

① 庄尚严：《妙峰山·跋》，转引自郑良树编著：《顾颉刚学术年谱简编》，65 页，北京，中国友谊出版公司，1987。

② 《东方考古学协会委员朱希祖先生辞职书》，载《北大日刊》，第 2260 号（1929 年 10 月 21 日）。

掘团，声称："非实行探检（险）发掘，不足以言考古学的研究。"①滨田耕作、原田淑人等日本学者，均曾在欧洲接受正规的考古学训练，使用的方法十分精密，在乐浪郡汉墓发掘中实际运用，令中国学术界颇受启发，"此种考古途径，在我国尚未有人著手提倡也"②。

不过，中日双方在东方考古学协会内部的分歧，最终还是削弱了日本对中国考古学的影响力，与之关系最为密切的北京大学考古学会，成就反不及成立较晚的中央研究院历史语言研究所。本来中国近代考古学的发展所受外部影响来自欧洲、美国和日本，主要受力的机构分别为农商部地质调查所、清华学校研究院和北京大学考古学研究室。农商部地质调查所重在史前考古；清华与美国的合作一直持续到中央研究院历史语言研究所时期，以殷墟发掘闻名于世；北京大学考古学研究室号称东亚最早成立的专门机构。三者的地位和影响均不免旁落，作为主要合作对象的日本难脱干系。

此外，在文物保护方面，中国学者有时也借重日本学术界之力。例如，顾颉刚等人呼吁保护江苏吴县保圣寺的杨惠之塑像，即得到大村西崖的响应。后者于1926年春专程前来考察，回国后写成《塑壁残影》一书，引起叶恭绰等人的关注，经过努力，终于修成保圣寺古物馆，移像于其中。

1927年4月上旬，沈兼士、马衡叔侄及罗庸等人借参加东方考古学协会归国之便，顺道到汉城参观，同校教授张凤举也前来游历。③他们在儿岛献吉郎、高桥亨以及小林胖生、高田真治、森修等日本学者的介绍陪同下，参观了京城帝国大学、朝鲜总督府的博物馆、李王职雅乐部，并到清云洞观看韩巫舞。其中李王职雅乐令中国学者们感慨万千。他们先参观了陈列室，了解了高丽雅乐形成的历史及其与中国乐器的关系，并听取了乐师对乐器功能的介绍，接着乐师们为中国

---

① 《厦门大学国学研究院发掘之计划书》，载《厦大周刊》，第158期（1926年10月9日）。

② 《新书介绍：〈考古学论丛〉》，载《北平北海图书馆月刊》，第1卷第5号（1928年9—10月）。

③ 参见《汇报：参观》，载《京城帝国大学学报》，第2号（1927年5月5日）。

学者演奏了七首具有代表性的雅乐作品，所表现的民族性特色，"大概属于悲壮的沉重的方面。虽然曲是宴乐用的，而使人感情却丝毫不得快乐，也实在使人不得不如此的不快乐"。听完乐曲，中国学者一面谈论"礼失而求诸野"，一面却以"座中泣下谁最多？江州司马青衫湿！"作为"闻雅"的报告。①

　　在此期间，中国学者赴日本游历时，往返多选择水、陆的不同途径，陆路经朝鲜，可顺便参观交流。1930 年杨树达等人途经汉城，即参观总督府的博物馆、朝鲜王宫、科学馆、京城帝国大学，并与京城帝国大学教授藤冢邻、辛岛晓等交流学术。② 如果说古代朝鲜在传播中国文化方面起到重要的媒介作用，那么随着近代东亚政治格局的改变，其作用更多地表现为扮演着学术交流通道的角色。

第五节　魏建功与金九经

　　1927 年 4 月，京城帝国大学法文学部聘请魏建功为讲师，教授中国语上下级。③ 魏先后就读于北京大学预科俄文班和国文系，毕业后进入北京大学研究所国学门读研究生，治语言学。他早期在整理国故运动中相当活跃，尚在本科期间，就参与了整理清代内阁档案和《一切经音义》的工作，之后又在北京大学研究所国学门编辑专门书目时负责方言书目部分，参加整理档案会、方言调查会、歌谣研究会、风俗调查会等学术组织的活动，在歌谣、古音、古史研究等领域发表了不少著述，如《古阴阳入三声考》、《戴东原年谱》（载《国学季刊》，第 2 卷第 2、第 3 号）、《吴歌声韵类》、《到底怎么样》、《新史料与旧心理》（载《北京大学研究所国学门周刊》，第 1、第 3、第 15、第 16 期），同时又是新文学运动的积极参与者。之后他长期任教于北京大学，一度担任

---

　　① 天行（魏建功）：《侨韩琐谈·清云巫舞》《侨韩琐谈·雅乐》，载《语丝》，第 134、第 137 期（1927 年 6 月 4 日、26 日）。

　　② 参见杨树达：《积微翁回忆录 积微居诗文钞》，46～47 页。

　　③ 参见《叙任及辞令》，载《京城帝国大学学报》，第 2、第 14 号（1927 年 5 月 5 日、1928 年 5 月 5 日）。

《国学季刊》的编辑主任，20 世纪 50 年代担任过该校副校长。他在京城帝国大学任教一年余，其间以《侨韩琐谈》为题，撰写了大量观感杂记，寄回中国发表，从这些重要信息中，可见这一时期中国知识人对韩日中关系的观念态度。

魏建功关注的问题主要在两方面：其一，朝鲜亡国的原因和中国应当吸取的教训；其二，中韩关系的状况与未来。

作为新文化运动的鼓动者和参与者，魏建功对朝鲜亡国原因的探讨，很自然地与中朝文化交流史相联系。在朝鲜期间，他阅读史籍，考察遗物，认识逐渐深入。到汉城之初，他便阅读了朴趾源的《热河日记》，从其中第一种《渡江录·小序》中获得两种印象："1. 朝鲜人的竺(笃)旧安素；2. 无抵抗者的悲歌当哭。""从第一点看来，我很替我们自家担忧；这种自取灭亡之道实在可怕，并非朝鲜人单独如此，黄帝之子孙皆禀赋几分被压迫的根性也！第二点，可怜以外，总该还有几分可敬，至少可以算是在'撒种'，不过往往像小孩子们'打你不过，唾你或骂你两下'的'撒娇'似的意味；虽是无抵抗者的无可奈何，终觉是一件怯懦无勇的衰弱病，阿 Q 的'总算被儿子打了'的精神亦复在神明华胄的生命里存著呢！"[1]

此后他进一步观察体验，觉得"朝鲜人的思想与生活几于是整个的儒教化"[2]，不像中国掺杂佛道，"这些'东国'道学先生的令人气闷实在不是国内的'道学先生'可比得上的"。影响朝鲜近代史最大的两个中国人，"思想方面是'朱夫子(熹)'，生活方面是'朱天子(元璋)'"。他从朝鲜知识人所著《朝鲜佛教通史》附录的宗教小说《放牛歌》中读到作者假托发挥的感叹："头外则朱天子之网巾束缚之，脑中则朱夫子之网巾束缚之；有此内外之束缚，人无以为活也！""在这两个重要关系下，朝鲜思想史上的大反动，他们积极要离开中国而独立自主，那实在是有很大的需要和价值。所以明白两朱子与朝鲜的影响，就自然了悟朝鲜之所以有二十多年前的独立自主的事实，乃是一件当然的必然的结

---

[1] 天行：《侨韩琐谈·崇祯后三庚子》，载《语丝》，第 131 期(1927 年 5 月 14 日)。

[2] 天行：《侨韩琐谈·杭——蒿》，载《语丝》，第 139 期(1927 年 7 月 9 日)。

果。我们更可以明白，今日之朝鲜的所由来，岂偶然哉！"①

与旧士人的天朝意识不同，魏建功声称虽然"总想看一点'大国'化育群小的'恩泽'究竟是什么"，但"所觉到的都不是些'嘉惠'于别人家的，而反以为处处只见得人家受了我们的累！"这种反躬自责最后还是落到对本民族地位前途的思考，"我常以为一个民族或一个国家的衰落，都不是凭空的。那过于古老的文明虽然足以夸炫于人，却也就是直趋衰落的根由。凡事死守著'故旧'，大都在全个的大生命将委败而无力支持，和已经僵死而竭力挣扎的意味中。这其中往往有些不关痛痒的，或是心怀叵测的'异类'来'越俎代庖'的提倡。用时行国中的名词说，那就是'文化侵略'——我以为'思想麻痹'尤为切当"②。

由于个人身份和所处环境的限制，魏建功不能公开指责批评日本的殖民侵略行径，但朝鲜的境遇与中国前途的危难令其感同身受，行文中不时流露出谴责意向。因职业关系，他常与日本人一起交游谈话，每当后者谈及妓生或朝鲜的任何事情，"总觉他们有一种特别玩忽的态度。我心下却一般呕气，凡是不能自己挣气的方面所遭的刺激，我总替这一方面呕气。我更替一切玩忽的人，和一切迷恋的人可怕。迷恋的可怕还没玩忽的可怕可怕"。他认为："大约人与人间的感情是在互相尊重的原则上来的，最好说是相互平等的观念发生出来的。"友人告以凡是日本到各国去的人，都喜欢他们各自到过的国家的人，而到过日本的各国人，却并不很欢迎日本人。魏认为这至少是一部分玩忽别人的日本人的影响。他既痛恨玩忽别人的日本人，更痛恨无时无地不被玩忽，同时又无事无物不加迷恋的感情迟钝的中国人和载厚负重的朝鲜人。③

甲午战争中国战败以后，朝鲜的中朝人关系趋于恶化，彼此利益冲突，成见甚深，纠纷不断。当时每天到朝鲜的中国人约有千余，在朝鲜人的心目中，生活较苦的是可以任由搓捏的劳动者，生活较优的是金玉其表败絮其中的浪荡男女，其余则是"钱锥子"的奸商。而在魏

① 天行：《侨韩琐谈·两朱子》，载《语丝》，第 141 期（1927 年 7 月 23 日）。
② 天行：《侨韩琐谈·考试官梁启超》，载《语丝》，第 156 期（1927 年 11 月 26 日）。
③ 参见天行：《侨韩琐谈·"麻将"与"妓生"》，载《语丝》，第 139 期（1927 年 7 月 9 日）。

建功看来，"朝鲜人除了那些'不逞'的，其余的都算'太逞'了。他们有悠久的附庸的历史地位，再加上新近的厚重的负载，所以大部分变成好贪小惠的习气。奴隶得到一丝一毫的好处便比什么都要高兴，感激涕零的颂念他主人的恩惠；他因此也很喜欢做别人的主人，大概是想着他的奴隶可以如他对主人一般的恭顺驯伏于他"。中国侨民在朝鲜受欺负，朝鲜侨民同样在中国受欺压，消极的中韩人民感情上的爱恶，是人类畛域的不幸，经济利益的冲突并非精神上爱恶的全部根据，"目前事实中华韩人民感情上的相恶，以及理想中华韩人民精神上的相爱，恰是'共荣共存'的'东亚主义'之表面及里面"①。这实际上包含着对日本殖民政策及其欺骗性的谴责和揭露。

魏建功在中国学术界交友极多，滞韩期间，他与鲁迅、顾颉刚等人通信，向中国学者报告朝鲜的学风，"拟唤起国人注意朝鲜文化"。魏受科学主义影响，重汉学而轻宋学，又为新文化之风所鼓动，厌读儒教言论，对于朝鲜六百年思想唯朱熹之学独霸的局面不以为然，对于史学材料则十分重视。他认为"朝鲜半岛文化本为模仿中国者，往在国中以为荒僻无足观者，及来此间乃知其为东洋史学极重要之地，国人对此素来隔膜，弟颇有感慨。初到此间，起意研究朝鲜史"，尤其注意朝鲜党争问题，认为"此当是朝鲜最重要之历史也"。虽因一部分已为日本学者整理有绪，但其他部分则简直遍地都是材料，收集不易，无从下手，仍然提醒国内同行注意："朝鲜著作，在思想方面无所可取，在历史方面必有极重要之价值，可以参证国中汉（今日已发掘之古物）唐宋元明史实之不足也。"

为此，他在教书研究之余，主要做了三件事。第一，受北平图书馆袁同礼之托，以该馆调查员名义收购朝鲜史学书籍，并着手编辑《朝鲜书籍志》，"取其《艺文考》（《文献备考》中）及所得旧抄本、《东国艺文略》与大学图书馆所藏各重要图书馆（总督府李王职、京城府）实在书目较录，并略述鲜书版本种类"。第二，注意到"朝鲜之语言如日本与中国之关系，而其发音较日本尤为明白可考"，欲下决心研究"年来盘旋于胸中之古声韵问题"，并"拟就日鲜两国人发音特别情形编写一书，

---

① 天行：《侨韩琐谈·华韩之间的爱恶》，载《语丝》，第 142 期（1927 年 7 月 30 日）。

自发音以至文艺读物，一反他人之为到中国吸收利益而只学说话的积弊"。第三，代为收集梁山伯故事等源自中国的朝鲜民俗传说，并进行翻译，以推动国内方兴未艾的民俗研究。①

魏建功在京城帝国大学交往的主要是日本学者，但与朝鲜知识人也有联系，他曾经提到和日本朋友去朝鲜店铺买苔纸，价高而质次，和朝鲜朋友去买，则比较获得优待，遂全权委托朝鲜朋友办理，所买纸张更是价廉物美。② 所结交者中的一位当是金九经。魏到京城帝国大学时，金任职于该校图书馆，半年后自动辞职③，来到中国，据说是因为不满日本的殖民统治。开始住在未名社，而魏建功与未名社同人如台静农、李霁野及鲁迅等交谊甚深，疑金九经来华后得到魏的帮助或引介。魏建功回国后，继续与金来往联系，曾共同参与一些学术界的交际应酬。

金九经后来在北京大学教日文、朝鲜文。他与鲁迅有所交往，与周作人、钱稻孙关系尤深。1929 年 7 月至 1932 年 2 月，金九经多次拜访周作人，并几度招宴。④ 这期间北京大学恢复日文预科，后升为本科，由周作人负责⑤，疑双方接洽与此不无关系。周作人的日记过于简略，由所留蛛丝马迹看，二人关系先密后疏，似有隔阂。

值得注意的是，当时日本学者来华，多与金九经联系。1928 年 5 月，他带领京都大学派来留学的冢本善隆、水野清一、仓石武四郎拜访短期来北京的鲁迅，参观其所藏造像拓本。几天后，再与水野清一同访鲁迅。6 月 3 日，鲁迅启程归沪，金九经和魏建功、张目寒、常维钧、李霁野、台静农等人到车站相送，并赠给鲁迅《改造》一本。⑥

---

① 参见《学术通讯：魏建功——顾颉刚》，载《国立中山大学语言历史学研究所周刊》，第 2 集第 21 期(1928 年 3 月 20 日)。

② 天行：参见《侨韩琐谈·油纸扇青苔纸》，载《语丝》，第 148 期(1927 年 9 月 10 日)。

③ 据 1927 年发布的《叙任及辞令》[载《京城帝国大学学报》，第 7 号(1927 年 10 月 5 日)]记载，"图书馆雇员金九经依愿免职"。

④ 参见《周作人日记》(影印本)中册，665、705、737 页；下册，66、69、145、190、197 页。

⑤ 参见《苦茶——周作人回想录》，357～361 页。

⑥ 参见《鲁迅全集》第 14 卷，765～767 页。

1930 年，原田淑人、矢野仁一等人来华，日本驻平人士设宴招待，金九经和周作人、贺嗣章也出席作陪。① 1931 年，东京帝国大学师生来华游历参观，金九经和钱稻孙、桥川时雄等人为其导游，参观北京大学第一、第二院及北平图书馆。② 同年 1 月，胡适致函金九经，谈后者送来的铃木大拙关于楞伽宗研究的著作的意见。③ 以后他任满洲农业大学教授，曾与奥野信太郎一起前往西城受壁胡同拜访钱稻孙。金九经告诉奥野信太郎，他离开北京后总是想起钱先生。④ 后情况不详。遍查日本殖民当局所编流亡中国的朝鲜人状况名册，找不到关于金的记载。

第六节 还期相敬莫相轻

20 世纪 20 年代至 30 年代，在政治形势总体对抗的情况下，由于局势的暂时平衡与相对缓和，东亚各国学术界之间进行了积极交流。其中日本主动性较强，朝鲜起到中介通道作用，中国则为联系的机缘。原来东亚文化以中国为中心，朝鲜的传统儒学者主要吸收中国文化并辐射于日本。而新的联系与此不同，梁白华、金九经等人应有受日本教育或留学日本的经历，他们对中国的关注，受到日本的中国研究复兴与变化的影响，同时又有朝鲜民族独立运动的作用。所以他们一方面反抗日本的殖民政策，批判中国传统的儒教伦理，一方面又与日本学者接触交往，从中国新文化运动中吸取民族复兴的养料。即使如此，东亚各国以中国文化为联系纽带的格局并不因为政治关系的变化而根本改变，政治上占据主动的日本，不能由此决定东亚的文化联系也转而以日本为中心。其鼓吹以日本为轴心的皇民文化主义，不得不完全凭借武力，随着

① 参见《周作人日记》(影印本)下册，148 页。

② 参见小笠原、渡邊、黑木、稻葉生：《北支旅行記(五)》，载《斯文》，第 13 编第 8 号(1931 年 8 月)。

③ 参见胡颂平编著：《胡适之先生年谱长编初稿》(校订版)第 3 册，959～960 页，台北，联经出版事业公司，1990。

④ 参见奥野信太郎：《燕京食譜》，见《随筆北京》，40～42 页，東京，第一书房，1940。

日本的武装侵略步伐和殖民体系的扩展而逐步推进。因此，在日本全面侵华之前，东亚的学术关系仍然以中国研究为主体和主导，日本、朝鲜、蒙古研究处于从属的位置，这与国际汉学的架构基本吻合。

日本的中国研究，与政府军方的殖民侵略政策关系密切，虽然成绩突出，最终不免为基本国策服务。即使是严肃的学术成果，也往往被利用作政治军事决策的依据参考。但是，学者中毕竟有人抱着良好愿望与纯粹态度，出于热爱东方文化的真心。今西龙以为北京大学担任讲义为非常光荣的事，表示要尽力帮助，"以期有以贡献于北大"，并当众誓约："以后只要我能力可以做得到，无论在日本或在别处，我决永远为北大尽力！"①来华学者所写的游记，触景生情，从欣赏自然景物中体验中国文化的精华，其真情流露，至今读来仍令人怦然心动。例如，青木正儿的《杭州花信》，将西湖景致作为现代中国的缩影，认为吸收调和外来文化以张大自我，正是中华文化的伟大所在与长生秘诀。② 桥川时雄对杨树达谈及国事时说："日本无固有之文明与学问，故其民轻。中国人虽近于麻木，然以柔克刚，实以老子之道制胜。"杨叹为难得。泷泽俊亮也不赞成1935年日本军人侵逼华北之举。③ 日本占领北平后，欲指派三名教授到燕京大学。为了抵制日方的干涉，燕京大学主动聘请鸟居龙藏任教。④ 后来鸟居龙藏对中国教授遭受日本当局的迫害深表同情。

中国学者面临的形势相当复杂。对于日本，旧学者共鸣于保存东方文化的主张，新学者也有合作交流的需求，他们主张政治外交上对抗，文化交流上欢迎。1931年"九一八"事变前夕，桥川时雄于长沙拜访旧友席鲁思。当天大学召开排日大会，怒号可闻。但在同一校园内席宅的欢迎桥川时雄宴会，却有三四桌之盛，出席者多为开完排日会回来的人，这令桥川时雄感到不可思议。他致辞时对出席者前门排日、后门欢迎之举表示感谢，有人应道："文化而言是欢迎会，政治外交而

① 《朝鲜史（第一讲）》，载《北京大学日刊》，第1143号（1922年12月29日）。

② 参见青木正儿：《杭州花信》，见《江南春》，7页。

③ 参见杨树达：《积微翁回忆录 积微居诗文钞》，27、99页。

④ 参见梅贻宝：《燕京大学成都复校始末记》，载《传记文学》，第44卷第2期（1984年2月）。

言为排日大会。"①杨树达与日本学者关系密切，并参与东方文化事业
总委员会北平人文研究所的《四库提要续编》工作，为日本人讲课，但
在与其交往中，或直接批评"日本军人横恣过甚，遭世界之嫉视，决非
日本之福"，痛责日本人侵略之无理；或借讲湖南文化史名义，剖明
"湖南人笃信民族主义，因欲保持自己民族，故感觉外患最敏，吸收外
来文化最力，且在全国为最先"，希望"听者会余微意，有所警觉耳"；
或题写"国与国交，能以忠恕为主，乃可免战祸；否则必生民涂炭"以
为警戒。② 刘文典赴日访书，受到静安学会同人的款待，赋诗表达了
复杂的感情："读骚作赋二毛生，又访奇书万里行。舟过马关魂欲断，
客从神户自来迎。既知文物原同轨，何事波涛总未平。记取今宵无限
意，还期相敬莫相轻。"③连后来附逆的周作人也曾指责日本对华行动
不见文化，只有武化。④

　　毋庸讳言，日本提倡东亚研究和中日合作，背后确有政治目的和
欺骗意图。所举办的东方文化事业，始终与中国存在分歧和冲突。
1924 年，东京帝国大学授予柯劭忞文学博士学位，也有外交与政治考
虑。据闻东京帝国大学初无授其博士学位之意，此系驻华公使小幡酉
吉的提议。所提出的著作《新元史》，负责审查的箭内亘认为"其价值可
在博士之上，亦可在博士之下"⑤。日本文学博士为学术界之学位而非
学校之学位，本来极其严格，东洋史领域获此殊荣者不过数人。⑥ 因
此京都方面对此事颇不以为然，或谓从未听说过柯氏其人，并对柯氏
从此礼敬日本所有具博士头衔者微露讽意。⑦

① 《学問の思い出——橋川時雄先生を囲んで》，载《東方学》，第 35 輯
（1968 年 1 月）。
② 杨树达：《积微翁回忆录 积微居诗文钞》，58、99～101、116 页。
③ 刘文典：《静安学会诸儒英招宴席上感赋（用山谷韵）》，载《国风》，第 8
卷第 12 号（1936 年 12 月）。
④ 参见蒋梦麟：《谈中国新文艺运动》，见《新潮》，125 页。蒋称他曾托周
作人留守照管校产，但第二次世界大战后审判时未予确认。
⑤ 徐一士：《一士类稿》，见荣孟源、章伯锋主编：《近代稗海》第 2 辑，134 页。
⑥ 参见王桐龄：《介绍柯凤孙先生新元史》，载《北京大学日刊》，第 1454 号
（1924 年 4 月 25 日）。
⑦ 参见青木正儿：《文苑腐谈》，见《江南春》，63 页。

　　日本侵华战争爆发后，组织所谓东亚文化协议会，派遣以酒井正忠为团长的代表团来华，在北平召开第一次大会，成员包括宇野哲人、羽田亨、盐谷温、常盘大定、松本文三郎、原田淑人、小柳司气太等中国研究者。① 而部分中国学者在与其交往中迷失了本性，在抗日战争期间继续与侵略者合作，参与伪组织和学术机构，如郑孝胥、罗振玉、汤尔和、董康、傅增湘、周作人、孙人和、钱稻孙、钱桐、赵荫堂、温寿链等，令人慨叹"廿载读书，所学何事耶"②。在东亚文化协议会成立的晚宴上，汤尔和与盐谷温各用汉语和日语朗诵《赤壁赋》③，这种变质的合作只是在掩饰和美化日军的暴行。抗日战争胜利后，尚在世者分别受到惩治和追究。只有陈垣因为任德国系的辅仁大学校长，奉南京国民政府教育部密令留平与日方周旋。

　　不过，更多的人则坚持民族气节，"自七七事变后，国学名家，或忠贞自持，愁苦以终；或慷慨赴义，身膏敌刃"④。大批学者经长途艰苦跋涉，转移至大后方，历尽艰辛，苦撑待变；身陷敌后者不顾敌伪的威胁利诱，宁死不屈。1928年张元济访日时写长诗赞颂中日文化合作，由盐谷温用日语朗诵末段："呜呼！世界学说趋鼎新，天意宁忍丧斯文。遗经在抱匹夫责，焚坑奚畏无道秦。当世同文仅兄弟，区区阋墙只细事。安得尔我比户陈诗书，销尽大地干戈不祥气。"⑤战争期间张元济坚决拒见登门拜访的日本军官。⑥ 陈寅恪在香港沦陷后，不为"广州伪组织之诱迫、陈璧君之凶妄"以及伪北京大学的诱招所动，并拒绝日伪当局以军票20万（合港币40万）要其出面组织东亚文化协议

　　① 参见法本義弘：《東亜文化協議会設立意義》，见《しな文化雜攷》，229頁，東京，国民社，1943。

　　② 《胡适来往书信选》中册，445页。

　　③ 参见小林澄兄：《東亜文化協議会》，载《三田評論》，第494号（1938年10月）。

　　④ 《学术消息》，载《燕京学报》，第30期（1946年6月）。

　　⑤ 《張元濟氏の歓迎會》，载《斯文》，第11編第1号（1929年1月）。

　　⑥ 参见张树年主编：《张元济年谱》，496页。

会及审订中小教科书的要求。① 马幼渔对周作人以米盐蔬笋诸事为借口宣称准备出山最为愤激，沈兼士则保全多人不失名节，功不可没。②

中国学者虽然同情支持朝鲜人士的独立复兴运动，却很难公开指责日本，只能曲折地表达自己的感情和观念。这不仅因为外交和政治的客观限制，同时也有卸下天朝上国精神包袱的赎罪感以及两国民众感情恶化的现实逼迫。蒙古政治上附属于苏俄，所谓"独立"也未得到中国政府的承认，意识形态本来对立。但蒙元史为近代边疆史地之学研究的重心，当时的中国学者，又大都对苏俄抱有希望，认为其实践可能为东方弱小民族的振兴开辟新路，加上一些受欧洲东方学训练的学者重视蒙古文资料的发掘利用，交往反而成为自然。

学术交往，作为异常情况下的正常因素，取得了一定的成就。东亚各国的学术交流，最先作用于学术研究领域。由于古代中日韩三国的文化联系紧密，而史料的保存又各有缺漏，研究各自的历史文化，很有必要互相补充参证。1923 年梁启超所著的《中国历史研究法》，强调研究中国史也须参考外国史料，但只提及欧洲和中亚的记录，而不顾朝鲜、日本的资料，令桑原骘藏大为不满，"以为当作唐、宋、元、明、清时代的研究资料，也一定要介绍朝鲜、日本的记录的"③。

这种互补关系在考古、古籍校勘、明清史研究等方面最为明显。马衡首次参观乐浪郡汉墓及出土古物时所得印象深刻者，"一为发掘之经验，一为空前发现之漆器，时间虽短，而获益良多"。当时中国豫陕等省出土古器甚多，而漆器尚无所闻。"意漆质松脆，盗发者不知护持耳。是则公开发掘之事愈不容缓矣。"④高丽版慧琳《一切经音义》，"称引宏富，凡唐以前音释古训，莫不网罗"，所引各书，多已失传，足资补辑，或与通行诸本不同，可以互雠。该书在中国自五代后即佚，明

---

① 参见 1942 年 6 月 19 日陈寅恪致傅斯年函，见王汎森、杜正胜编：《傅斯年文物资料选辑》，192～193 页，台北，傅斯年先生百龄纪念筹备会，1995。

② 参见《胡适来往书信选》中册，390 页；下册，103 页。

③ ［日］桑原骘藏著，天行译：《读梁启超的〈中国历史研究法〉（续）》，载《现代评论》，第 2 卷第 50 期（1925 年 11 月 21 日）。

④ 马衡：《参观朝鲜古物报告》，载《北京大学研究所国学门周刊》，第 1 卷第 4 期（1925 年 11 月 4 日）。

天顺中高丽国得之于塞北，并获释希麟《续一切经音义》十卷，由海印寺刻印。清初日本僧人翻刻，因海禁甚严，无缘流布，清代考据家多未见及，清末始由日本流入中国，光绪以后才有学者略为涉及，未尝理董全书。北京大学研究所国学门将整理此书作为重要项目，依据日本狮谷白莲社刻本从事大规模的编辑。私家整理者则有江苏无锡丁福保和湖北江陵田潜。①

　　清朝开国以前祖先之事实，因明清两朝的政治纠纷，"既为明史所削而不存，又为清史所讳而不著"，而各种传说神话，难以征信。1932年，北平图书馆自日本获得朝鲜《李朝实录》。任教于北京大学的明清史大宗师孟森检阅此书之余，认为李朝之起，与清朝先世属同一时间和地区，双方往还密切，记载详细，因此，《李朝实录》为记载清朝先世事迹的唯一信史；遂不分寒暑，日往北平图书馆逐卷披览，对比考证，至1934年冬，写成《明元清系通纪》。是书"正为明清两史补其共同缺陷。纵不敢言无遗漏，抑于清室之神秘，业尽发之，而与举世认识此一朝之真相矣"。本来最为扑朔迷离的清朝先世史迹，因此一跃而为历代先世史中最翔实者，"前史无论何朝，其开国以前祖先之事实，未有如清之先世，彰彰可考，既详且久者也"。甚至孟森此前所著《满洲开国史》也自觉可废。②

　　此外，关于中外关系尤其是宗教关系的史籍，中国往往多有失传，不得不求诸异域。陈垣在京都访得《贞元释教目录》，"此书言景教与佛教关系有确证，惜中国无传本，唯日本与高丽有之"。"《破邪集》为明季攻击天主教之书，在中国久成禁本，其中颇多关于教争历史，为考古者所万不可缺之书，不得以其狂吠而弃之也。日本有翻印本，然亦

---

① 参见《国立北京大学研究所国学门重要纪事》，载《国学季刊》，第1卷第2号（1923年4月）；《田潜一切经音义引说文笺》，载《北京大学研究所国学门周刊》，第2卷第15/16期合刊（1926年1月27）；《北京大学研究所国学门最近之工作》，载《燕京学报》，第9期（1931年6月）；陆宗达：《慧琳〈一切经音义〉引用书索引跋》，载《国学季刊》，第6卷第1号（1936年）；陆宗达：《编辑慧琳〈一切经音义〉引用书索引之经过》，载《国学季刊》，第6卷第1号（1936年）。

② 参见吴相湘：《孟森》，见"中华学术院"印行：《中国文化综合研究——近六十年来中国学人研究中国文化之贡献》，262～263页。

在禁书之列。"陈垣在东西两京遍寻不获,后在大阪觅得,叹为奇遇。①

　　从学术交往中获益最大的还是日本。1910 年章炳麟曾致函罗振玉,一一点名骂倒日本汉学界的长老新进:"然今东方人治汉学,又愈不如曩昔,长老腐朽充博士者(如重野安绎、三岛毅、星野恒辈),其文辞稍中程,闻见固陋,殊不知康成、子慎。诸少年学士,号为疏通,稍知宁人以来朴学。然大率随时钞疏,不能明大分,得伦类。"②服部宇之吉、儿岛献吉郎、林泰辅、白鸟库吉等人无一幸免,这令内藤虎次郎大为惊讶。但到 20 世纪 30 年代,已变成"日本多学人,今中国学人,止有冯友兰之哲学,陈垣之史学,杨某(树达)之训诂学,足以抗衡日本"③。

　　日本发达的中国研究,得益于三方面因素,即"以清朝三百年之考据学为基础,而参用欧美式之科学的研究法,加以前人未睹之新资料相继发见"。后者主要有八大类:1. 殷墟甲骨;2. 西陲文献器物;3. 内阁大库文书;4. 蒙古北部古城碑冢;5. 秦汉墓石崖寺;6. 华北新旧石器遗迹;7. 孟津新郑铜器;8. 朝鲜古坟殉葬物。④ 日本考古学的发展,很大程度上依赖于在中国和朝鲜境内进行的发掘工作。战争期间,日本公开标榜重视古迹保护,实际上到处破坏掠夺,中国的大批珍贵文献毁于战火,学者辗转迁徙,学术发展遭受重创。而日本受到国际学术界的抵制,也进入近代学术史的黑暗时代。然而,战前彼此交往建立起来的情感友谊,虽然不足以防止和抵制战争的局面,"销尽大地干戈不祥气",但毕竟集聚了积极因素,成为第二次世界大战后东亚各国恢复了解与联系的背景与前提。

---

①　陈智超编注:《陈垣来往书信集》,9～10 页。

②　章绛(章炳麟):《与农科大学教习罗振玉书》,载《学林》,第 1 期(1911 年)。

③　杨树达:《积微翁回忆录 积微居诗文钞》,57 页。

④　参见黄孝可:《一九二九年日本史学界对于中国研究之论文一瞥》,载《燕京学报》,第 8 期(1930 年 12 月)。

第七章　近代日本留华学生

中日两国的文化交流，要言之，为古代日本学中国，近代中国学日本。其明显表征，即隋唐时期日本的留学生、学问僧陆续来华，而戊戌、庚子后中国的留学生和游历官绅大批东渡。其间的差别是，日本毕竟属于汉字文化圈，虽然近代中日关系的政治格局乾坤颠倒，但在文化联系上却保持一定惯性，因而古代中国罕有赴日求学之士，近代日本却不乏来华问学之人。尤其是庚子以后，日本留华学生人数渐有增加之势。他们身份复杂，流品不一，在近代中日关系史上扮演多重角色，作用难以定位。但在两国文化交流方面，仍有延续古代的积极意义，惜有关史实极少为研究者论及。在相关领域中，研究中国留日学生的著述最为丰富。近年来关于日本来华顾问、教习以及中国赴日游历官绅的研究也陆续展开，取得了引人注目的成果，而对日本留华学生却仍无论述。追究此一历史现象的来龙去脉，不仅可以丰富近代中日文化交流史，还有助于理解近代中日关系的重要变数。在此期间，日本东亚同文会等团体先后在中国开办东洋学馆、日清贸易研究所、东亚同文书院等教育机构，所招收的日本学生有的也称为留学生。但上述机构的行政、教育均由日本人负责，实与其国内学校无异，日本学者对此研究较深，因而不在讨论之列。

第一节　留学乎？间谍乎？

从德川幕府末期开始，受西洋文明的影响，日本陆续向欧美各国派遣留学生，分为官费、藩费、私费三种，主要由各藩派出。到 1873 年，留学生累计总数达到 373 名，其中官费生 250 名。明治初年，海外留学生先由外务省负责管理，1870 年 12 月太政官颁布《海外留学规则》，除海、陆军留学生外，均转归大学统管，分为官选、私愿两类。官选中的华族、大学生及士庶人分别由太政官、大学和府藩县厅考试选拔。当年 8 月和 11 月，大学南校、东校分别进行甄选和派遣留学生的事宜。1871 年，明治政府设立文部省，接管留学生事务。次年颁布《学制》，第 58—88 章为《海外留学生规则事宜》，详细规定了选派的具体办法和待遇。其中官费一项，又分为初等、上等，分别由中学和大学毕业生中选拔。每年定额为：前者 150 名，后者 30 名。

这时已在海外的留学生多为原来各藩派遣，存在诸多不合理因素。其一，全部留学生中百分之八十二三为萨、长、土、肥四藩所派，其余才由各藩分摊。本来各藩学生由藩费供给，废藩置县后统由国费供给，出资与使用不相吻合。其二，留学生中军人居多，未经认真考选，不能用功学习，恶评甚多，有招国耻。其三，文部省初创时，连大学及其他经费每年预算不过 80 万圆，而留学生的学费高达 25 万圆。

有鉴于此，时任大学东校副长的九鬼隆一（当年即升文部少丞、大丞）建议废止各藩留学生，从大学法、理、文、医各科正式学生中选拔优秀者派遣留学。1873 年年底，日本政府下令召回全体海外留学生，原计划举行统一考试甄别优劣，后干脆放弃，从大学中重新考选 50 余人派往欧美。1874 年，文部省设立海外留学生监督，统一管理官费生，第二年又制定贷费生规则。这一连串的有力措施迅速改变了混乱不利的状况。明治政府派遣海外留学生的主要目的之一是培养师资，以取代高等教育机构中高薪聘用的外籍教师。到 1876 年，文部省共聘用美、英、法、德、俄、瑞士和中国籍教师 78 人，月薪支出达 17217 圆，年薪支出总数超过 20 万圆。这虽然显示了明治政府重视教育的决心，毕竟负担过重。等到留学生次第学成归国并任教，外籍教师人数随之逐渐减少。①

————————

① 参见教育史编纂会编：《明治以降教育制度発達史》第 1 卷，816～848 頁，東京，竜吟社，1938。此书实为资料长编。另据日本梅溪昇《お雇い外国人——概説》可知，文部省所雇用的外国人（不仅有教师）数量，1873 年为 127 名，1874 年为 151 名，1877 年为 109 名，1882 年为 53 名，1888 年为 105 名，1889 年为 109 名，以后逐渐减少。

明治初期日本欧化风行，文部省管辖范围内的留学生，纯粹是赴欧美学习新知的，并不包括来华学生。直到 1899 年，"清国"的字样才出现在文部省有关留学事务的文件之中，中国成为其派遣留学生的对象国。但近代日本留华学生的历史，远远早于上述。1871 年 5 月，来自佐贺、萨摩两藩的成富清风、福岛九成、黑冈季备、水野遵、小牧昌业、田中纲常等人由内务卿大久保利通派遣，以留学生名义来华。两个月后，吉田清贯、儿玉利国、池田道辉等人也相继来华。这些人便是号称"维新后'支那'留学先驱"的明治初年第一期"清国留学生"。①

这些人到中国后，分别前往北京和上海，其目的有二，一是学习汉语中文，二是调查中国国情。他们本来已有相当程度的汉学功底，其中福岛九成、小牧昌业、田中纲常等人还出身于汉学名家，或受过专门训练，素养较深，能与中国人士进行充分笔谈，所以学习方面主要是练习口语和时文。他们名义上虽是留学，却未进任何学校。这种情况，在近代日本留华学生史上不仅一直持续，而且相当普遍。

关于早期日本来华学者和学生，外务省第一期清国留学生出身的濑川浅之进曾经概括道："其时中国研究大凡有以下四种系统：其一，学习汉学及与中国人研究诗文。其二，调查地理兵制。其三，真实地从欲保亚洲未来，便须日中提携的立场出发，研究政治经济，以保持两国亲和。其四，如历来学会汉学以为长崎的通事那样，学习新的语学并研究时文。"②其所讲虽然是 1877 年以后的情况，但也适用于此前。明治维新后首批来华留学者，大体是第二、第四两种类型的混合。

就在 1871 年，发生了琉球漂民为台湾住民所杀的琉球事件，日本朝野乘机大肆鼓动，征台呼声甚嚣尘上。三年后，日本政府以讨伐为借口，出兵侵台。此役留华学生扮演了重要角色，为了替征台行动做准备，1873 年 3 月，福岛九成、黑冈季备奉日本公使转达的命令，伪装成画家安田老山的弟子，从上海出发，于 4 月在淡水登陆，勘察台北、彰化、嘉义、台南及南部各地，实测山川地理，了解风俗人情，

---

① 参见東亜同文会编：《対支回顧録》下卷，78～92 頁。

② 参见東亜同文会编：《統対支回顧録》下卷，248 頁，東京，原書房，1973。

然后向 1873 年 3 月来北京的特派全权大使副岛种臣报告。是为关于此次事件报告之嚆矢，很为当局者所赏识，福岛九成因此转任驻厦门领事的文职。此行所绘制的台湾地图，在后来的侵台军事行动中起了非常重要的作用。先期归国担任军职的陆军中尉田中纲常、海军大尉儿玉利国相继随征台论急先锋桦山资纪少佐和副岛种臣来华，双方会合后，6 月下旬桦山资纪、田中纲常、儿玉利国等人带领在京待命的成富清风、水野遵等人南下，经上海、福州于 8 月下旬抵达台湾，到淡水、打狗等地进行侦察。这时日本政府围绕征韩论争议激烈，阁议竟至破裂，引起政变，征台之事被搁置。儿玉利国、成富清风携带桦山资纪密函于 12 月回到东京，敦促政府决意对台动武。战争期间，上述各人及吉田清贯、池田道辉，以中国通身份随军行动，或担任翻译，整理文件机要，或为参谋，协助指挥调度。唯一未介入军事行动的小牧昌业，也和福岛九成、黑冈季备、吉田清贯、儿玉利国等人参与了谈判善后。

此后，日本陆海军、外务省、大藏省、农商务省、公司银行、对华团体均陆续派人来华留学。陆海军方面，1873 年 11 月，陆军少尉向郁和中尉美代清元为军事侦察及学习汉语留学北京，1877 年山口五郎太留学厦门，19 世纪 80 年代铃木恭坚、河野主一郎、柴五郎相继以海军留学生名义留学福州。规模较大的则为 1879 年参谋本部一次派遣 14 人留学北京。① 和首批留学生一样，他们有的一面学习汉语口语和时文，一面在使领馆武官以及驻在将校的辖制下，从事情报收集等间谍活动，有的甚至只是以留学生的名义为掩护，进行纯粹的谍报工作。例如，河野主一郎在华仅一年时间，奉军令部之命，到宁波、厦门、香港、广东、上海、芝罘、天津、北京、大沽、山海关、牛庄、旅顺等要地调查军队炮台等设施及风俗民情，将见闻详细记录后报告军令部，即完成使命。山口五郎太还化名苏亮明，着中国服装，到处刺探军情，积极参与所谓福州组的搅乱中国策，并鼓动开办东洋学馆，培育

---

① 这 14 人分别为川上彦六、杉山昌矢、柴田晃、御幡雅文、关口长之、大泽茂、谷信敬、平岩道知、濑户晋、原田政德、沼田正宣、末吉保马、草场谨三郎、富地近思。

"经营"中国的人才。所以人们提起日本留华学生，往往联想到间谍的形象。

不过，1879 年参谋本部所派的 14 名学生，却不是军人身份，而是从东京外国语学校汉语专业中选拔出来的"清国语学生"。此事与时任参谋本部管西局长的桂太郎关系极大。他很早就建议向中国派遣武官，加强军事情报的收集，以备不时之需。之后又撰写了《邻邦兵备论》，起草并提出对清作战策。1878 年参谋本部设立，桂太郎出任管西局长后，立即着手实施，他召回此前所派将校，同时向北京、天津、上海、汉口、广州、厦门、牛庄派遣 13 名军官，专门调查地理政情，作为将来对华作战时决策用兵的依据。此举使情报活动更加专业化，提高了效率。而派遣文职的汉语学生，则是鉴于中日两国交涉摩擦增多，大规模武装冲突势必爆发，须为军队培训大批汉语人才准备师资。这批人回国后，即在各地镇台及士官学校教授汉语，虽系文职，目的仍然在于军事行动。

中日两国互设使领馆后，外交事务增多，培养语言人才之事十分迫切。本来外务省属下的汉语学所，有官费生 10 名，后划归文部省，并入东京外国语学校。1883 年 8 月，外务省公信局长浅田德则接受中田敬义所提的应向中国派遣语言学专业留学生的建议，制订《清国留学生规则》。中田敬义原为汉语学所学生，鉴于汉语语法、发音因地而异，在校期间即要求到中国留学，未能实现，时任外务省秘书官。由他和浅田德则、田边太一、郑永宁 4 人担任考试委员，经考选和推荐，第一期派出濑川浅之进、西源四郎、田边雄三郎、小田切万寿之助、吴大五郎、铃木行雄等 6 人，第二期派出丰岛舍松、大河平隆则、山崎桂、横田三郎等人，以后每年考试一次（个别年份因故中止），陆续派遣。

在此之前，外务省已有利用原来各藩所派留学生的举措，例如，1874 年由水户藩公派前往北京学习语言文学的河西肃四、小松崎吉郎，经过两年的学习，即任公使馆二等见习书记生，后又担任留学生监督。此后还屡有将私费留学生等转为外务省留学生的个案。而且外务省本身也曾不定期地零星派遣过留学生，如 1880 年所派吴永寿，只是从 1883 年起更加制度化。与军事留学生不同，他们一般在使领馆内学习，同时见习初级外交官事务。期限多为 2 到 3 年，个别人长达 8 年；学成即在现地或归国担任外交官。为了培养广东话人才，外务省还曾派人到香港皇仁书院留学，先后在此就读者有安广伴一郎、杉村浚、高须太助、大河平则隆、山崎桂、丰岛舍松、田边雄三郎、小田切万寿之助等。该书院因而被称为"日本外交舞台人物辈出的渊薮"①。

由大藏省派出者仅有井上陈政（后复姓楢原）一人，他任职于印刷局制版部，因 1877 年赴日的清朝驻日公使何如璋，副使张斯桂，参赞黄遵宪、杨守敬等人学问颇精，多与日本汉学家往还唱和，次年，大藏省命井上陈政到清公使馆专门研习汉学。1882 年，何如璋任满归国，井上陈政又由大藏省派遣随其来华继续学习，先后在北京、福州从何如璋学习制度掌故，在杭州从俞樾学习诗文。俞樾《曲园自述诗》记其事道："甲申岁，日本东京大藏省留学生井上陈政字子德，奉其国命，游学中华，愿受业于余门下，辞之不可，遂留之。其人颇好学，能为古文。"在华期间，井上陈政还游历了直隶、山东、陕西、山西、河南、湖北、江苏、浙江、福建、广东、江西、安徽等省，历时六年，归国后写成《禹域通纂》上下册，分政体、财政、内治、外交、刑法、学制、兵备、通商、水路、运输、物产、风俗十二部，共 2033 页，另有附录 353 页，为清朝当政各员之传略。此书 1888 年由大藏省出版。来华前印刷局局长得能通昌嘱咐井上陈政道："日清联交，势在必行，然而非熟知彼邦风土事情，通观始末，则联交安可得？所谓事在人为，人由事显。汝此行善体余意，切勿虚劳。"②井上陈政可谓不负所望。然而在中日关系日趋恶化的大背景之下，熟知通观也无益于邦交，后在日本驻华公使馆任职的井上陈政，本人还死于义和团笼城之战。

农商务省留学生又称为练习生，1899 年派遣安永东之助留华。同年三井公司也决定实施派遣留华学生计划。当时该公司在上海设有分店，经营业务主要通过买办中介，利润损失过大，因而想培养熟悉当地特殊业务行情和能说汉语的人员，以便逐步废除买办制。首期招收

---

① 東亜同文会编：《続対支回顧録》下卷，240 页。

② 東亜同文会编：《続対支回顧録》下卷，244 页。

了高木陆郎、内田茂太郎、横山直行等人，翌年再招收森恪、绫野矶太郎、儿玉贞雄、上仲尚明、江藤丰三等人，聘请首批陆军语言留学生出身的御幡雅文专门教授北京话和上海话，由此开启上海市场直接贸易的先机。此前一年，横滨正金银行将新入社的3名法学士大隈行一、藤平纯一和小贯庆治分别派往上海、广东和北京留学，一面学习汉语，一面调查金融商业状况，以便兴办或推广业务。

对华团体派遣留华学生动议甚早，在1877年12月振亚社创立之初，日本就有意与中国交换留学生，但后来主要是由日本人自己办学进行培训的。1899年，应东亚同文会上海支部长井手三郎之请，该会先后向广东派出6人，向上海派出4人。到广东的桥本金次、内田长二郎、熊泽纯之助、山下稻三郎、松冈好一、远藤隆夫等人在练习粤语的同时，协助该会广东支部进行活动。松冈好一还参与了《知新报》的编撰，并介入保皇会的勤王密谋。另外，日本的一些佛教宗派欲在中国发展势力，也有以留学名义派遣来华者，例如，1900年来华的川上季三为西本愿寺所派，1901年由真宗大学毕业后来华的松本义成，也由属于净土真宗西本愿寺的爱知县法通寺所派。

自费留学生占有一定比重，如1882年来华的山崎桂，1883年来华的田岛藏之助、横田三郎、吉泽善次郎，1888年来华的奈良崎八郎、尾本寿太郎、福原伴十郎，1890年来华的森井国雄，1897年来华的小村俊三郎，1900年来华的安藤辰五郎、栉引武四郎等，其中有的后来转为官费，有的本来就是军人。

早期留华学生，无论官费私费，大体可以分为三类。

一是以留学为名的浪人和间谍，除通过日常生活学习会话外，他们实际上并不学习任何书本知识，而是四处游历，调查地理地形、风俗人情、军事设施及军队编制。例如，1883年来华的田岛藏之助，十余年间携带少量药品杂货，各处漫游，据称十八省中只有广西、云南两省足迹未到。1884年来华的外务省官费生中西正树，在学期间即擅自离开北京，用一年时间游历华北、华中、西北、西南七省。后来干脆加入荒尾精的汉口乐善堂（日本在华情报机构）。同年转为外务省留学生的横田三郎于1889年还前往蒙古旅行，据称为日本人首次踏足该地。他们无视中国政府的法律以及中日之间的条约规定，常常身着中国服装①，利用各地的各种反清势力，千方百计挑起事端。一旦中日之间发生冲突，则立即投身军旅，或任向导，或为参谋，或干谍报。

二是学习汉语、时文以及有关专业知识，以便于就业工作，外务省及公司银行留学生多属之。参谋本部所派御幡雅文，留学期间外务省命其赴欧洲留学，因认为有必要研究中国而不奉命，继续在北京学习汉语。后长期任教，培养汉语人才甚多。②

三是对中国文化的经史文学抱有热忱，语言学习之外，喜欢结交当地的经生文士，甚至专程拜访名师。此类人为数不多，除了井上陈政，还有山崎桂、吉泽善次郎、野口多内、丰岛舍松、森井国雄、宫岛大八等人。他们或进入当地的义塾书院，或投入名师门下，例如，山崎桂在北京先从多位满汉人士学习，又进入梁家园义塾研修文学，丰岛舍松入上海正蒙书院，宫岛大八、野口多内入保定莲池书院。吉泽善次郎拜俞樾为师学汉文，野口多内师事吴汝纶，丰岛舍松师事院长张焕纶，森井国雄则先后在沪京津等地向宋恕、叶瀚、汪康年、张锡銮、贾景仁等人问学，研究经史诸子百家、历代制度及晚近文学。宫岛大八师事张廉卿，七年间张先后执掌保定莲池书院、武昌江汉书院、襄阳鹿门书院，又转赴西安，宫岛一直紧随不舍。③丰岛舍松之父为金泽藩硕儒，经由与中国士林交往甚广的冈千仞介绍，丰岛舍松从学于张焕纶。张不仅在生活上予以优待照顾，还时与其口笔交谈，以慰孤寂。当时丰岛舍松年轻气盛，每每毫无顾忌地指摘中国不振的原因，攻击孔孟之道，张则谆谆教诲，不厌其烦。例如，丰岛舍松以中国少年文弱为儒教经典之过，张答以非孔圣经书之罪，乃奉行之中国人之罪。两人笔谈关于清朝缘起、中日关系、东西异同等事，颇可见当时中日两国人士的态度差异：

---

① 因中国各地方言多歧，而中日人士外形相同，难以区别，1871 年中日订立的《修好条约》第 11 条，应李鸿章要求，禁止日本人在华着中装。

② 参见葛生能久：《東亜先覚志士記伝》下卷，134～135 頁，東京，黒竜会出版部，1936。

③ 参见東亜同文会编：《対支回顧録》下卷，705 頁。

生曰：敝邦相传，贵国朝廷，出于我源义经之裔。义经系于清和源氏，贵朝国号基于此。

师曰：此说为奇异。然敝邦始祖说亦窈渺，有谓自天女降生者，此盖附会。古来符瑞之说，与贵国说上世者同然。鄙意本朝起于和林，当是金裔耳。其始甚微，不过一匹夫耳。因有雄略，为众所推，渐为部落之长，辟地日广，遂成雄图。

生曰：敝邦与贵国，交通最久，彼此往来，不必论何裔谁系也。我两国人种既同，书亦同文。总之，敝邦与贵国为兄弟国矣。

师曰：左氏云：非我族类，其心必异。今日欧洲之人，真非我族类也。然以情理浹之，亦正无异。故孔说得最好云：四海之内皆兄弟也。真圣人之言也。左氏之说，反觉不大。

生曰：真然。但西人其心不易测，是以难辄亲。

师曰：西人虽恶之，而不能不服之。何也？他实有足以胜我之道也。特我东方，人心散漫，须有一大学识而兼有大权力者，登高一呼，万山皆应，使天下聋者瞽者，精神一振。此愿不知何日可慰。

生曰：听高论，佩服曷胜。愚意若贵国有其人挽回国政而远驾西人，则我东方诸国何必愧服西人，必将遂于近。敝邦朝廷亦锐意谋治，他日果驾西人，则贵国之于敝邦亦当如此矣。我两国素唇齿之辅也。

师曰：敝邦与贵国为唇齿，此就今日言之耳。今日外侮甚多，不得不辑和家庭以御之。然两国朝廷举动，尚未坦白冰心，鄙人深切忧之。今幸交冈先生及诸兄所说皆与鄙意相同，莫大幸事。他日我辈或有尺寸之柄，愿各勿忘今日之言。

生曰：我朝廷素有善邻之意，特派生等留学于贵国者，亦欲使交贵国大家名士，以通两国之意，固两国之好也。①

可惜后来事态并未如此发展。每当中日之间发生冲突，特别是像

① 東亜同文会编：《続对支回顧録》下卷，259～260页。

甲午战争那样的大规模军事行动，因所谓中国通的人数不足，各类留华学生多被征召担任翻译，所起作用绝非有利于巩固和平。培育过日本留学生的保定莲池书院，先在八国联军侵华时遭受严重破坏，经修复，再毁于日本侵华战争。不过，也不能因此就把这一时期的所有留华学生都认作间谍，尤其是后一种类型，成为 20 世纪"学问的留学生"的雏形。

第二节　学问的留学生

作为管理海外留学生的专职行政机构，日本文部省在 19 世纪几乎没有这方面的中国事务。在此期间，有关海外留学生的规则几度变化，1882 年，将贷费生改为官费，由文部卿从东京大学毕业生中选拔。1885 年又将选拔范围扩大到文部省直辖学校的专门科如师范科，所派人数甚少，每年 5 到 10 名。此前还规定东京大学教员任满五年，可以所得薪水自费到海外留学，以学术研究为目的。[①] 1892 年颁布的《文部省外国留学生规程》规定，由该省所派留学生总数同时不得超过 22 名。[②] 以后逐渐有所增加，1896 年定为 35 名，次年扩大到 60 名，接着又取消了定额限制。其原因是甲午战争前，日本政府财政极为窘促，通过战争获得大笔赔款后，得以缓解。另外早期留学生待遇较高，贷费生时期除旅费外，每人每年 1000 圆。改为官费之初，每年为 180 英镑或 1800 圆，到 1898 年，减至每年 150 镑或 1500 圆。[③]

范围扩大和定额增加，为主要以培养师资为目的的派遣留学生的文部省派人前往中国提供了可能。1877 年东京大学成立时，共设法、理、文、医四个学部，其中文学部第一科为史学、哲学、政治，第二科为和汉文学。史学科因教授不得其人，于 1879 年废止。而和汉文学科应考学生也寥寥无几。校方担心国学、汉学中绝，作为权宜之计，于 1882 年设古典讲习科（国书课），次年设中国古典讲习科（汉书课），

---

① 参见教育史编纂会编：《明治以降教育制度発達史》第 2 卷，463 頁。
② 参见教育史编纂会编：《明治以降教育制度発達史》第 3 卷，666 頁。
③ 参见教育史编纂会编：《明治以降教育制度発達史》第 4 卷，460～463 頁。

附属于文学部。中国古典讲习科继承日本汉学传统，教授史学、法制、考证等，历时两年即停止。

这时日本国粹主义逐渐抬头，汉学随之有复兴之势。1886 年东京大学改称东京帝国大学，按照明治天皇的旨意，文科大学内单独设立汉文学科，以后哲学、史学科也增加有关中国的分支。① 1896 年，又动议创设京都大学。日本《东华》杂志刊载《汉学再兴论》一文，分析汉学、国学、西学的变迁大势："明治以前，汉学最盛，士人所谓学问者，皆汉学耳。除汉学则无有学问也。及政法一变，求智识于西洋，学问之道亦一变，贬汉学为固陋之学，如论孟子史之书，一委诸废纸之中，无复顾问者。然其衰既极，意将复变也。比年以来，国学勃然大兴，其势殆欲压倒西学，而汉学亦于是乎将复兴也。""试观近十年来东京学业情形，前则政治、法律之学，盛行于时，此等生徒，满于四方。其后学风一变，生徒修习文学者日众，而论其种类，虽分为日本文学、西洋文学，今将见有修习汉学者出焉。"预言"汉学再兴之机运将渐开"。②

1899 年，东京帝国大学文科助教授服部宇之吉以研究汉学为目的，由文部省选派到中国和德国共留学四年，当年 9 月，服部宇之吉赴北京。③ 1900 年 4 月，京都大学以法学部讲师名义派狩野直喜作为文部省留学生来华留学，以便归国筹办该校文科大学。④ 然而，这时义和团运动已经发展到京津地区，北京城内对外国人的态度渐趋激烈。服部宇之吉和狩野直喜本来住在东四牌楼北六条胡同旧公使馆的陆军武官官舍，后因形势严重，移到使馆区内，经历了两个月的"北京笼城"。义和团运动与国际汉学界似乎有某种机缘，服部宇之吉、狩野直喜后来分别为东西两京汉学界的领袖人物，同时被困的东京日日新闻社特派员古城贞吉，也是日本近代中国学的元老之一。而在法国公使

---

① 参见五井直弘：《近代日本と東洋史学》，15～21 頁，東京，青木書店，1976。

② 引自《时务报》第 22 册(1897 年 4 月)古城贞吉译文。

③ 参见《本会员の海外留学》，载《史学雑誌》，第 10 编第 7 号(1899 年 7 月)。

④ 参见《狩野直喜博士年譜》，载《東方学》，第 42 辑(1971 年 8 月)

馆，则有后来成为西方汉学泰斗、巴黎学派领袖的伯希和。除了两位
文部省留学生，还有外务省留学生野口多内，正金银行留学生小贯庆
治，西本愿寺留学生川上季三以及留学生大和久义郎、竹内菊五郎等
人。他们编成义勇队，由以自费留学名义来华的陆军大尉安藤辰五郎
担任队长，参与作战以及辅助行动。8 月中旬，八国联军攻入北京，
使馆之围解除。9 月中旬，服部宇之吉、狩野直喜奉文部省之命
归国。①

　　文部省派服部宇之吉来华，本来目的不是留学，而是鉴于中国的
维新改革。原文部大臣外山正一和东京女子高等师范学校校长矢田部
良吉等主张派人到中国，帮助其养成教育人才，推荐服部宇之吉为候
选人。他们认为此举既能培养中国的亲日倾向，缓和甲午战争以来的
紧张关系，又可进而争夺控制中国的教育权。文部省接纳了这一主张，
但中日两国政府尚未就此正式交涉，因而以留学生名义派遣，目的却
是指导中国的教育界。不过服部宇之吉来华时正值戊戌政变后清政府
趋于守旧排外之际，想通过结识达官名流以影响中国教育的尝试大都
遭到回避逊拒，允诺见面的只有袁昶一人，他只好转而专门研究中国
的民族性和一般国情。他后来转赴德国留学，1901 年 9 月，因清政府
重开新政，日本政府急电召其回国，接着应清政府招聘，赴北京出任
京师大学堂师范馆正教习。②

　　狩野直喜则于 1901 年再度来华，留学上海三年，住在日本人所开
的旅馆，到在华外国人士有志于中国研究者组织的英国皇家亚洲协会
北华分会图书馆读书，并周游江南，与张之洞、罗振玉、沈曾植、郑
孝胥、陈毅等人交往。③ 1902 年 11 月 26—28 日，狩野直喜与冈幸七

---

　　①　参见服部宇之吉：《北京籠城日記》，见大山梓編：《北京籠城記他》，
113、135 頁，東京，平凡社，1965。
　　②　参见東亜同文会編：《続対支回顧録》下卷，744～746 頁；《服部先生自
叙》，见服部先生古稀祝賀記念論文集刊行会編：《服部先生古稀祝賀記念論文
集》，13～16 頁，東京，富山房，1936。
　　③　参见吉川幸次郎：《狩野君山先生としなの学人》《狩野先生と中国文学》，
见《吉川幸次郎全集》第 17 卷，243、257 頁。

郎到沪见郑孝胥、陈毅、陈庆年、陈衍。^① 首次留学给他们印象最深的是中国民众激烈的排外情绪，甚至有人当面向他们显示不怕死的精神。但在使馆被围之前，服部宇之吉、狩野直喜等人还曾去琉璃厂的书肆访书。^② 这一后来被吉川幸次郎称为"学问的留学生"通例的举动，表明他们毕竟不同于此前的同类。

经过庚子事变的惨痛教训，中国朝野清楚地认识到普及新式教育的重要性。而日本则乘此机会，扩大对华交往和影响。1901 年 4 月颁行的《文部省外国留学生规程细则》规定，留学生学资分为三等，到欧美各国、中国、朝鲜分别为每年 1800 圆、1200 圆和 1000 圆，另有支度费 200 圆、150 圆和 100 圆。两年后又补充规定来华单程旅费为 140 圆。^③ 尽管一般倾向仍是留学欧美，毕竟为有志于中国研究者提供了正式的机会。

1906 年，筹办已久的京都大学文科大学终因日俄战争的胜利解决了经费来源而成立，师资虽多来自东京帝国大学，风格主张却不相同。由此形成的京都学派，与东京的东洋学相并立。以后随着日本政府的鼓励和教育的发展，大学增多，专门和高等学校水准提高，研究中国的专业人员日益增加，赴华留学出现专业化趋势。开始还是零星个别现象，学习语言则自请教师，钻研经史文学则投拜名师，有的四处周游，拜会学者，查访书刊，游览名胜，凭吊古迹。1907 年至 1909 年，京都大学的桑原骘藏为研究东洋史，作为文部省留学生来华留学，东京帝国大学的宇野哲人也以文部省留学生名义来华。1910 年初松崎鹤雄到长沙拜叶德辉、王闿运为师，学习《说文解字》《尚书》等典籍。同年年底又有三位日本人前来拜王为师，其中毕业于日本善邻书院的小平总治欲治元史，王因自己完全不通蒙古语，告以宜访沈曾植和曾广钧。是年由文部省派遣的盐谷温从欧洲留学归来，按预订计划还须到中国留学，也前往长沙投入叶德辉门下，学习词曲，目睹了辛亥革命，

---

① 　参见中国历史博物馆编，劳祖德整理：《郑孝胥日记》第 2 册，852 页。
② 　参见狩野直喜：《清国谈》，见《しな学文薮》，308 页；服部宇之吉：《北京籠城回顧録》，见大山梓编：《北京籠城記他》，201 页。
③ 　参见教育史编纂会编：《明治以降教育制度発達史》第 4 卷，465、469 页。

1912 年 8 月才归国。①

进入民国时期即日本的大正时代，以文化取向转为东亚中心和对华利益扩张为背景，日本朝野日益重视中国问题，各教育机构的中国研究显著增加。为了提高水准，推动研究，除文部省继续提供资助外，一些民间财团也出资设立奖学金，鼓励留学中国，例如，东京有岩崎奖学金，京都有怀德堂奖学金、上野育英会奖学金等。怀德堂的钱本来是给内藤虎次郎私人，仅 5000 圆，岩崎、上野则资金雄厚。上野为大阪的实业家，出资 10 万圆在京都大学设立基金，规定由研究中国文史哲的教授协商，选派研究生赴华留学，原则上每次一人，为期两年。此举起对京都大学的中国研究影响甚大。② 这一时期先后由文部省派遣来华留学的有 1916 年的铃木虎雄，1921 年的藤冢邻，1922 年的羽田亨，1925 年的和田清、青木正儿；岩崎奖学金所派有 1920 年的诸桥辙次，1921 年的竹田复（后转为文部省研究员）；由上野育英会所派的有 1919 年的冈崎文夫等。

20 世纪 20 年代后期到 30 年代，日本资助留华学生的机构又有所扩大。例如，帝国学士院的松方基金向留华学生开放，东亚考古学会也争得了专门基金。该会成立于 1925 年，由东西两京的考古学者合作组成，目的是与中国学者合作，进行考古发掘，同时在北京大学和东京帝国大学、京都大学之间交换留学生。据说资金系由外务省提供。③

此外，日本用退还庚款举办的东方文化事业，从 1930 年 11 月起补助在华日本留学生，分为三种，其中第三种为日本大学或专科学校

---

① 参见王闿运：《湘绮楼日记》（"中国史学丛书"之四），938、954、971 页，台北，台湾学生书局，1964；盐谷温：《先师叶郋园先生追悼记》，载《斯文》，第 9 编第 8 号（1927 年 8 月）；《先学を語る——盐谷温博士》，载《東方学》，第 72 辑（1986 年 7 月）。

② 参见《先学を語る——岡崎文夫博士》，载《東方学》，第 70 辑（1985 年 7 月）。

③ 参见《学問の思い出——原田淑人博士を囲んで》，载《東方学》，第 25 辑（1963 年 3 月）；《先学を語る——浜田耕作博士》，载《東方学》，第 67 辑（1984 年 1 月）；《先学を語る——水野清一博士》，载《東方学》，第 75 辑（1988 年 1 月）。

毕业以及具有同等学力在中国大学研究所或专门学校进修研究者。[①]
由帝国学士院松方基金资助者有 1927 年的加藤常贤。由文部省派遣来
华者有 1928 年的仓石武四郎、冢本善隆、楠本正继，1929 年的大渊
慧真、玉井是博、奥村伊九良、原富男、鸟山喜一。东亚考古学会从
1928 年开始，每年派遣一人，依次为驹井和爱、水野清一、江上波
夫、三上次男、田村实造。由上野育英会资助的有佐藤广治、吉川幸
次郎（先为自费）、木村英一、小川环树、今西春秋等。由东方文化事
业总委员会资助者人数较多，如 1936 年的平冈武夫，1937 年的奥野
信太郎。此外还有目加田诚、桂太郎等人。

不过，总体看来，文部省派遣留华学生比例很小。据文部省年报，
从 1918 年到 1935 年，派遣留学生最多的年份为 1922 年，达 217 人，
1919 年至 1928 年以及 1931 年，均超过 100 人。若以累计在外留学人
员计算，1922 年至 1928 年每年 350～450 人，其中留学中国者最多有
6 人，一般仅三四人，后来更减少到 1 人，甚至出现空缺的年份。[②]

与此同时，其他类型的留学生也继续派遣。1907 年宇野哲人留学
时，即与三井的留学生都筑、铃木、母袋等合宿。1923、1924 年，日
本大谷大学教授稻田圆成、东京帝国大学教授木村泰贤、法相宗管长
佐伯定胤等相继来华，与太虚商议交换佛教留学生事宜。[③]

1927 年以前，北京是政治文化中心，各类留华学生汇聚于此。仅
在东城东四牌楼演乐胡同 39 号延英舍住宿的就达 20 人之多。北伐以
后，国民政府定都南京，与政治军事关系密切的外务省和陆军留学生
纷纷转移，延英舍住宿者下降到不足 10 人。但为学问而来的留学生人
数反而有所增长，当时在北京东有延英舍的吉川幸次郎、水野清一、
江上波夫、三上次男；北有六条胡同本愿寺的冢本善隆、大渊慧真；
南有船板胡同日本旅馆一二三馆的加藤常贤、玉井是博、楠本正继，
麻线胡同盛昱故宅的奥村伊九良；西有寄居孙人和家的仓石武四郎，

---

① 参见黄福庆：《近代日本在华文化及社会事业之研究》（"'中央研究院'近
代史研究所专刊"之 45），台北，"中央研究院"近代史研究所，1982。

② 参见《日本帝国文部省年报》，第 50—62 号（1922—1935）。

③ 参见释印顺编著：《太虚法师年谱》，86～87、96～97 页。

所以吉川幸次郎戏称这是留中史的鼎盛时期。① 其实此后来华者更多，1930 年至 1933 年留华的法本义弘，即记述了原、森口、铃木、杉村、熊田、山野、福本、吉田、仓井等十几位留学生在北京的生活情形。这时东单牌楼附近有所谓"日本人村"，留学生还组织了大兴学会。②

七七事变后，从 7 月 27 日至 8 月 9 日，庆应义塾大学的奥野信太郎、东京帝国大学的钓田正哉等留学生再次经历了"笼城"。③ 日本侵华期间，仍有以留学生名义来华者，但性质已不同，无论主观意愿如何，都只能视为文化侵略的组成部分。

第三节　学习与生活

日本来华留学生品类不一，其生活、学习和活动也各自不同。其中为求学问而来者多数为各大学的教师，不少人已是副教授甚至教授，还有的虽为刚毕业或在校的研究生，但已确定将来任教的大学和专业，因而目的性强。留学地点主要集中于北京，个别因专业研究的需要而改到其他地方，例如，羽田亨在奉天随喇嘛学习蒙古语，青木正儿为了解昆曲到上海。

生活方面，依各人的经济来源而定。19 世纪末，外务省留学生每月 35 圆，公使馆附属语学生每月 60 圆。20 世纪 20 年代，文部省第三种留学生为每月 120 圆，上野育英会每月 200 圆，帝国学士院松方基金每月 300 圆，文部省以在外研究员名义派遣来华留学者，因为多为副教授以上职称，待遇更高，达到 360 圆。1922 年，文部省统一外务、陆军以外所有在外研究员的待遇（包括递信省、水产讲习所、关东厅等），分为三类地方、两种等级，其中包括中国、西伯利亚的丙等地

---

① 参见吉川幸次郎：《水野清一君挽詞》，见《吉川幸次郎全集》第 23 卷，635～636 页。

② 参见法本義弘：《在支外交官とし な》《北京留學生覺え書》，见《し な覚え書》，9～10、257～272 頁，東京，蛍雪書院，1943。

③ 参见奥野信太郎：《北京籠城二週日》，载《三田評論》，第 481 号（1937 年 9 月）。

方的高等官每年 3000 圆，判任官每年 2400 圆①，而当时外务省低级
职员每月仅 80 圆。

　　20 世纪 20 年代初期，北京物价较低，包车一个月 19 元，雇用人
9 元。后来由于国际金融市场银价急落，银本位的中国货币与金本位
的日本华币之比大幅度下跌，日本的 200 圆可兑换中国的 500 元。北
京物价虽有所上涨，以较高标准，连同衣食住行，总计不到每人每月
100 元（房钱饭费共 30 元）。② 早期北京租房甚难，服部宇之吉来华时只
能住在旧公使馆宿舍，到铃木虎雄时仍然颇费周折。③ 以后逐渐改善，
经济优裕的住在日本旅馆，其他则或寄宿于中国人家，或租用民宅，或
共居宿舍。进入 20 世纪 30 年代，北京各大学周围出现不少学生公寓，
也有个别留学生入住，与中国同学一起生活。饮食虽多面食，与日本习
惯不同，但或由房东包伙，或于饭馆用餐。外出则多乘人力车。

　　当时中日两国虽然国力强弱不同，但在日常生活尤其是饮食方面，
都市人的一般水平比日本还要略胜一筹。1903 年来华短期游历的盐谷
温，将衣食住的发达视为中国同化力强大的表现④，以后也很少有人
抱怨饮食不佳，反而对北京的大菜小吃印象深刻⑤，这与中国留日学
生的反映明显有别。⑥ 只有沐浴之事远不及素爱洁净的日本，中国都
市里澡堂的脏与乱，常常成为日本留学生取笑抨击的对象。这时穿着
西装在城市已经逐渐流行，禁止日本人在华穿中装的禁令无形中取消，
一般日本留学生多着西装，而京都大学的仓石武四郎和吉川幸次郎受
狩野直喜研究中国应当沾染上中国文化之说的影响，也模仿当时北京

---

　　①　参见教育史编纂会编：《明治以降教育制度発達史》第 7 卷，774、783 頁。
　　②　参见《学問の思い出——竹田復博士を囲んで》，载《東方学》，第 37 輯
（1969 年 3 月）；《学問の思い出——加藤常賢博士を囲んで》，载《東方学》，第 39
輯（1970 年 3 月）；吉川幸次郎：《留学時代》，见《吉川幸次郎全集》第 22 卷，371～
372 頁。
　　③　参见鈴木虎雄：《北京より》，载《芸文》，第 7 年第 6 号（1916 年 6 月）。
　　④　参见《燕京見聞録》，载《史学雑誌》，第 15 編第 10 号（1904 年 10 月）。
　　⑤　参见奥野信太郎：《燕京食譜》《小吃の記》，见《随筆北京》，31～49、
254～262 頁。
　　⑥　中国留日学生对日本的饮食抱怨最多。参见周作人：《日本的衣食住》，
见钟叔河编：《周作人文选》第 2 卷，309～314 頁。

流行的服饰穿着中装。

学习方面，首先是学习语言，尤其是口语。这是令日本留学生大为头痛之事。中国各地方言杂出，甚至同一北京城内，据说也有八种口音。单纯通过日常生活学习，很难通行无碍，必须学习官话。20 世纪初北京尚无专门的语言学校，聘请个人教师，又因全城有资格者不过十人，要价过高，每日一小时，一个月即需 5 元至 10 元，两小时则加倍。为此，早期留学生曾以同文会名义在霞公府创办清语学堂，共同请人教授。① 后又在霞公府组织同学会，数十名日本年轻人每天上午集中学习汉语，留学生也加入其中。②

进入民国以后，旗人失去特权地位和生活保障，又缺少专门技艺，不得不另谋生计，不识字者做人力车夫，而通文墨者维生的途径之一，便是登门教授来华外国人学习北京话（日本留学生称之为出张教授）。因旗人所操直隶腔，为当时上流社会比较标准的官话，不似一般汉人南腔北调，同时旗人过去生活闲适，对于清朝的礼节制度乃至各种民俗风情均略知一二，尤为想了解清代学问与社会的日本留学生所欢迎。出身清朝贵族的奚待园即前后教过不少日本留学生。在北京先后担任过日本留学生汉语教师的还有金国璞、骆亮甫、马杏昌，在上海则有延年等人。由于教师增多，二十余年间学费竟有所降低。到 20 世纪 20 年代末，单教口语每天两小时每人每月 5 元，教授文学等则每人每月 10 元。留学第一年一般学习语言，因为没有专门课本，多以《红楼梦》、"四书"为教材。除书本知识外，有时留学生还提出有关制度、民俗、戏剧等方面的问题请求解答。③

其次为专业学习。多数日本留学生实际上是来华进行研究，因而一般并不进入具体的学校。例如，加藤常贤以中国家族制度为研究课题，而中国的大学当时尚无有关课程或专家，所以主要是在市井坊间

---

① 参见《燕京见闻录》，载《史学雑誌》，第 15 编第 8、第 12 号（1904 年 8、12 月）；宇野哲人：《〈考史遊記〉序》，见桑原隲藏：《考史遊記》，7 页。

② 参见武内義雄：《学究の生活思い出》，见《武内義雄全集》第 10 卷，419 頁，東京，角川書店，1980。

③ 参见吉川幸次郎：《留学時代》，见《吉川幸次郎全集》第 22 卷，381～382 頁；奧野信太郎：《北平通信（一）——間崎万里氏宛通信》，载《三田評論》，第 474 号（1937 年 2 月）。

实际考察婚礼葬礼等现实生活。竹田复也只是在北京大学和北京师范大学的研究室请沈尹默、黎锦熙等人解答问题，其余时间则为自己读书。至于拜师学习者，则得到谆谆教诲。盐谷温从叶德辉习元曲，叶在《元曲研究序》中记其事道："余家藏曲本甚多，出其重者以授君，君析疑问难，不惮勤求，每当雨雪载途，时时挟册怀铅，来寓楼，检校群籍。君之笃嗜经典，过于及门诸人。"当盐谷温请益时，叶"执笔作答，解字析句，举典辨事，源泉滚滚，一泻千里，毫无窒碍。由朝至午，由午至晚，谆谆善诱。至会心之处，鼓舌三叹，笔下生风，如发小楷，直下一二十行，乐而不知时移。……夏日酷暑，不顾汗流滴纸，冬日严寒，不顾指僵难以握管，开秘籍、倾底蕴以授余"。①

20 世纪 20 年代以后，逐渐有日本留学生进入北京大学等校为旁听生，如仓石武四郎、吉川幸次郎、水野清一、目加田诚等。1928 年吉川幸次郎在北京大学的旁听证为第 9 号，选听了马幼渔的"中国文字音韵概要""经学史"和朱希祖的"中国文学史""中国史学史"课程，以后又先后听过钱玄同的"古今声韵沿革"、沈兼士的"文字学"、陈垣的"正史概要"、伦明的"版本源流"、余嘉锡的"目录学"、吴承仕的"三礼名物"等课程。考古留学生则选修马衡的"金石学"。按照规定，课程一经选定，不得更改，并须注册，但不必考试。② 同时他们还在中国的大学选修课程。另外每周一次到西城的汉军旗人杨钟羲宅学习诗文和清朝学术史。杨氏曾与王国维同为废帝宣统的南书房行走，熟于清朝的掌故制度及学术源流，多所著述，与日本学者及留学生交往甚广，曾开办雪桥讲舍，并于日本人士办的《文字同盟》杂志刊登广告，后因报名人数太少，未能开课。③ 学习文学的奥野信太郎不满北京大学里以整理自然账簿式的态度研究文学，认为缺少精致的学风，不足以谈诗文，为体验中国文化的精髓，反而从奚待园的教授《红楼梦》中获益

---

①　盐谷温：《先師葉郎園先生追悼記》，载《斯文》，第 9 编第 8 号（1927 年 8 月）。

②　参见《吉川幸次郎全集》第 16 卷，原件照片。旁听生开学时须测验程度。

③　参见《学問の思い出——倉石武四郎博士を囲んで》，载《東方学》，第 40 辑（1970 年 9 月）。杨氏于清朝史实掌故极熟，但讷于言，见客常与人默默相对。

良多。①

学习书本知识只是日本留学生来华的目的之一，而且可以说不是主要目的，更重要的是实地了解中国社会，或者说通过各种活动认识中国的历史文化与风俗人情制度。与此相应，日本留学生的在华活动主要有以下几项：一、拜访学者；二、访书买书；三、考察名胜古迹；四、看戏采风。

以学问为目的的留学生，在当地向本国学者请教，对于全面了解中国的历史文化而言可谓事半功倍。中日两国间学者的交往由来已久，尤其是近代以来，学者的互访日益增多，增进了彼此的了解。这为日本留学生访求名师提供了便利。尤其是 20 世纪 20 年代以后，小柳司气太、今关寿麿、桥川时雄、杉村勇造等人长期在华，广交文化界人士，注意掌握当代学术动向，其中供职于东方文化事业总委员会的桥川时雄侨居中国二十余年，"与中国学者交游之广，堪称现代第一人"②，并对在华日本留学生负一定责任。七七事变后日本组织所谓"东亚文化协议会"，1938 年在北京举行首次会议时，即由他介绍在华留学生的情况。③ 留学生拜访中国学者，往往由他们提供指示，或予以引荐。因而日本留学生对于中国学者的情况，有时较本国人还要熟悉，知道所研究的专题应向哪位学者请教。早在 1919 年冈崎文夫欲治宋学，即知须见深居简出的马一浮。他和同时留学的武内义雄、诸桥辙次、佐藤宏治以及今关寿麿等，在读书和纵谈古今之外，"时时相携拜访名儒硕学"④。

这时在日本咄咄逼人的侵略扩张气势下，中国人的反日情绪普遍高涨，学者对于真诚求学的日本青年却能区别对待，热情相助。竹田复来华，沈尹默不顾当时排日气盛，说"我们是同学"，给予很多研究

<hr>

① 参见奥野信太郎：《北平通信(一)》，载《三田評論》，第 474 号(1937 年 2 月)。

② [日]长濑诚：《日本之现代中国学界展望(下)》，载《华文大阪每日》，第 2 卷第 8 期(1939 年 4 月)。

③ 参见小林澄兄：《東亜文化協議会》，载《三田評論》，第 494 号(1938 年 10 月)。

④ 武内義雄：《はしがき》，见《武内義雄全集》第 10 卷，8 頁。

上的便利。诸桥辙次留学期间会见过沈曾植、郑孝胥、陈宝琛、姚永朴、姚永概、马通伯、柯劭忞、樊增湘、王树枏、叶德辉、王国维、康有为、章炳麟、蔡元培、杨钟羲、胡玉缙、张元济、傅增湘、周作人、钱稻孙、胡适、伦明、杨树达、马幼渔、陈垣、黄节、马叙伦、朱希祖、孙人和、孙德谦、沈尹默、沈兼士、马衡、马鉴等人。① 吉川幸次郎等人留学时，中日关系相对缓和，先后结识的中国南北学者文士有杨钟羲、王树枏、江瀚、傅增湘、汪荣宝、徐乃昌、金松岑、袁励准、梁鸿志、李宣龚、李宣倜、吴士鉴、李详、张元济、徐鸿宝、陈寅恪、杨树达、黄侃、孙人和、胡光炜、马幼渔、马廉、马衡、吴承仕、吴梅、朱希祖、沈兼士、钱玄同、钱稻孙、赵万里、李根源、王君九、潘博山、潘景郑、王佩诤、王大隆、吴湖帆、陶冷月等。1929 年 7 月杨树达接待了来访的仓石武四郎，认为"此君头脑明晰，又极好学，可畏也"②。

1936 年 5 月平冈武夫来华时，已是两国之间剑拔弩张之际，他不仅由桥川时雄介绍，认识了参与东方文化事业总委员会北平人文研究所编纂《续修四库全书总目提要》的学者，还得到据说有意避开日本人的顾颉刚的款待，并见到被视为反日派的陶希圣。留学日本出身的学者更是日本留学生首先拜访的对象。鲁迅、周作人兄弟即先后接待过竹田复、青木正儿、木村英一、冢本善隆、水野清一、仓石武四郎、目加田诚、桂太郎等人。③ 如果说在北京还受到格外优待的话，访问江南的吉川幸次郎则受到和中国青年同样的待遇，令他感到自己已是半个中国人。

日本留学生来华的目的之一，是收集研究资料，因而访书买书成为在华活动的重要内容。武内义雄在北京的京师图书馆看到浩瀚的《四库全书》和在上海商务印书馆看到印行中的《四部丛刊》各种珍稀典籍时，心情激动不已。后来商务印书馆的图书不幸毁于日军的战火，江南书商的抗议之词，一直传到东瀛的友人处。吉川幸次郎几乎花三分之一的时间用于购书。日本留学生在北京的主要去处有二，一为琉璃

---

① 参见諸橋轍次：《しなの文化と現代》，85～94 页。

② 杨树达：《积微翁回忆录 积微居诗文钞》，43 页。

③ 参见《鲁迅全集》第 14 卷。

厂，二为隆福寺，它们是当时两大著名古书店街。前者的来薰阁、通学斋，后者的文奎堂，为留学生光顾最多的书店。

这一时期，因政局动荡频繁，许多古书流入市面，中国学者的注意力多集中于古史，重视年代早的珍版。日本留学生却注意清代学术，主要收购这方面书籍。有的隔日一往，每去必有所获。虽然经费充裕，但将大半以上用于买书，因买得太多，有人甚至将归国的旅费也用掉，还要向书店借款。这几家书店的掌柜陈杭、孙殿起、赵殿成等，和不少日本留学生成为知交。北洋政府时期，学界受到压迫；20 世纪 20 年代中期，"北京书行买卖，现在亦靠几个日本人支持"，令中国学者感到"可哀"。①

日本留学生除了在北京购书，游览各地之时，尤其在江南各城镇，也往往拜访当地的知名书商，选购古籍，如苏州的邹百耐、扬州的邱绍周等。吉川幸次郎归国时，邮寄的书籍小包达 300 包之多。第二次世界大战前日本教授的待遇远不及中国，不少学者后来藏书的主要部分，即为留学期间所购书籍。至于一些研究必需的珍版秘籍，则设法阅览抄录或影印。中国的收藏家对于求知好学的外国后进反而予以优待，连秘不示人的珍本古物也从金库中取出予观。

游览名胜古迹，是留学生的重要活动项目。各种奖学金除日常生活费外，往往还提供一定数额的旅费，作为调查旅行之用。中国各地的佛教建筑和雕塑艺术以及古代碑刻，尤为日本学术界所重视。除了考察北京市内及附近的宫殿寺观，山西大同，陕西西安，河南洛阳、开封，河北易县、房山等地，为留学生足迹所到较多之处。桑原骘藏留华两年，先后四次到西安、山东及河南、蒙古东部、江南等地旅游考察。宇野哲人也到过山东、西安。② 青木正儿留学期间，先后以北京、上海为中心，遍游河南、山西、北京及长江中下游各地，到过郑州、开封、洛阳、大同、云冈、八达岭、居庸关、上海、宁波、镇海、舟山、沈家门、普陀山、曹娥、绍兴、钱塘、嘉兴、湖州、苏州、常

---

① 陈智超编注：《陈垣来往书信集》，176～177 页。

② 参见桑原隲藏：《考史游记》，7～10 页。

熟、庐山、镇江、南京、芜湖、安庆、九江、汉口、洞庭湖、长沙等地。① 东亚考古学会所派留学生，更集体深入蒙古、绥远、察哈尔，考察古长城和细石器文化遗迹，收集匈奴时代的青铜器。1930 年 4 月来华留学的江上波夫，一年时间里先后到察哈尔、山东、旅顺、绥远、内蒙古考察，活动完成，留学生活也告结束。② 游览名胜，则多到中原、山东和江南一带，去南京、苏州、杭州、扬州的最多。不少人还撰写了游记，记事抒情，如桑原骘藏的《考史游记》、宇野哲人的《长安纪行》、武内义雄的《江南汲古》、冈崎文夫的《兖豫纪行》等，均为名篇。

　　戏曲为中国文化的结晶，近代京剧取代昆曲而兴，名家辈出，争奇斗艳，被誉为国剧。而戏曲研究，又为晚近学术尤其是域外学人所重视。因而看戏便成为日本留学生沐浴中国文化的重要一环，短期游学者也要千方百计听几出名角的戏，虽然不能完全了解唱词内容，却大体可知剧情，更重要的是亲身感受那种氛围。清末民初留学生常去的北京剧场为广和楼、燕喜堂、天乐园、庆乐园，此后则为东安市场的吉祥戏院和前门外的开明戏院。不过从研究的角度出发，昆曲更为学者所偏爱。铃木虎雄在北京留学时与当地名剧评家交往③，学习过《桃花扇》，加藤常贤则学过胡琴。了解较深者还试图比较皮黄与昆曲。关注现代中国的留学生除了注意当红的富连成科班以及中国戏曲音乐院附属中国高级戏曲职业学校，还留心正受好评的新式话剧《日出》的上演情况。④ 青木正儿留学时北京昆曲几乎绝迹，为此他特意改赴上海，到徐园听硕果仅存的苏州昆剧传习所的童伶演唱。⑤ 此外，北京

---

　　① 参见《青木正儿年谱》，转引自唐振常：《吴虞与青木正儿》，见朱东润、李俊民、罗竹风主编：《中华文史论丛》总第 19 辑；中国革命博物馆整理，荣孟源审校：《吴虞日记》下册，261 页。

　　② 参见《学问の思い出——江上波夫先生を囲んで》，载《東方学》，第 82 辑（1991 年 7 月）。

　　③ 参见铃木虎雄：《北京より》，载《芸文》，第 7 年第 6 号（1916 年 6 月）。

　　④ 参见奥野信太郎致庆应学塾塾监局函，载《三田評論》，第 480 号（1937 年 8 月）；奥野信太郎：《演劇の二道場》，见《随筆北京》，120～122 页。

　　⑤ 参见［日］青木正儿著，王古鲁译：《中国近世戏曲史》，"序"，2 页，上海，商务印书馆，1936。

的风俗人情、节令礼仪，也是留学生注意了解体味的事情。①

近代中日关系，在反侵略与侵略的总体对抗中，的确存在不同发展趋向的变数。在日本逐步推行大陆政策的大背景下，留华学生无论类型如何，甚至包括求学问者，也不能不受此制约。其考察研究活动成就不俗，使日本的中国研究很快发展为当时国际汉学界的重心之一，同时又往往成为日本政府甚至军方了解和认识中国的依据，服务于所谓"日支提携""东亚共荣"的国策。但是，其中一些人通过留学亲身感受到中国文化与民性的优长，或由热爱历史与自然风光而对中国滋生由衷的感情。狩野直喜声称恨不能生在中国，对一般人认为不好之处也流露出眷恋之情，是一种极端的体现。② 中国学者访问京都，必然前往狩野直喜住宅，这时狩野直喜往往更换中装出来见客，以示郑重和礼敬。③ 仓石武四郎和吉川幸次郎等人以成为中国人为留学目的，不仅在华期间"全盘华化"，归国后也继续着中装，讲汉语。更重要的是在学问与生活两方面领悟了中国人的价值观。

中日两国虽有"同文同种"之称，学术见解却相去甚远。而且中国学者一般不将对人物著述的评议诉诸笔墨，只有在口耳相传中才能了解和领悟彼此的区别。这对欲按照中国当代学术方法治中国文史的京都学派尤为重要。加藤常贤、宇野精一等人在旅费用完时，无须任何凭据就得到古书肆的借款，感到无信不立并非抽象概念，而是维系中国社会的重要支柱，因而尊敬中国人，认为中国人伟大。④ 平冈武夫在易县考察时，适逢七七事变，身陷战线中方一侧却得到当地巡警的

① 参见青木正儿：《崑曲劇と韓世昌》《見た燕京物語》《春聯から春燈まで》，见《江南春》，141～157、229～250 頁；奥野信太郎：《街巷の聲音》《空地と雑藝》，见《随筆北京》，218～236 頁。

② 参见吉川幸次郎：《狩野直喜氏しな文学史解説》，见《吉川幸次郎全集》第 23 卷，595 頁。据说狩野直喜曾在东京的教授欢迎会上讲，想起夜赴寒山寺，有人在船上解溲，很有意思，令在座的人大吃一惊。虽知道狩野直喜喜欢中国，可没想到竟到这种程度。参见《先学を語る——狩野直喜博士》，载《東方学》，第 42 輯（1971 年 8 月）。

③ 参见杨树达：《积微翁回忆录 积微居诗文钞》，47 页。

④ 参见《学問の思い出——加藤常賢博士を囲んで》，载《東方学》，第 39 輯（1970 年 3 月）。

保护得以生还，他本人和曾经去易县考察过的武内义雄都叹为奇迹。战争期间，平冈武夫还收到顾颉刚从昆明辗转寄来的亲笔书写的条幅。① 而松崎鹤雄、盐谷温不仅学习知识，也接受礼仪文化的熏陶。盐谷温初入师门，见同门杨树达入见叶德辉时以手击头出声，以示叩头，惊于中国礼仪之盛。松崎鹤雄后来对叶师事勤谨，他长期在华，广交中国学者，日本战败后也不愿归国，"被敦迫就道"。临别时致函陈垣、邓之诚等人，"追念多年高谊，依依不忍去"。② 这种热爱中国的感情在当时日本普遍蔑视中国的情况下，虽不足以阻止日本的侵华行动，第二次世界大战后却转化为推进中日民间交流的重要动力，在增进中日友好方面发挥了积极作用。美国学者任达（Douglas R. Reynolds）所著的《黄金十年与新政革命》，对清末中日关系重新估价，虽不无创见，但过于看重政府间的行为，失之笼统。其实，研究两次世界大战之间的中日关系，积极因素主要还在于民间，而"学问的留学生"显然是其中的重要内容。

---

① 参见平冈武夫：《顧頡剛先生をしのぶ》，载《東方学》，第 62 辑（1981 年 7 月）；武内義雄：《訪古碑記》，见《武内義雄全集》第 10 卷，188 頁。

② 陈智超编注：《陈垣来往书信集》，226、385 页。

第八章　梁启超的国学研究与日本

20 世纪初发端的中国国学研究，与日本的关系至为密切。梁启超作为国学研究的重要肇始者，其学术生涯与国学研究的前半期相始终，在许多方面不能不与日本发生联系和影响。不过，仔细考察，与这一时期中日两国学术界交往繁密的情形相比，梁启超与日本中国学研究者的关系可以说相当疏离，前后更显示出由合而分的趋势，以至当其生命终结之时，日本东西两京的中国学界几乎毫无反应。由此不仅可以探讨梁启超学术中外来成分的渊源，更能进而验证其利弊得失。因为对于他学术上的贡献与局限性，见仁见智，其在世之日即分别甚大，身后评价更加判若云泥。此案于理解近代中国学术发展至关重要，梳理清楚，适以鉴今人而昭来者。

第一节　肇始与先驱

梁启超的学术研究，严格说来是从其流亡日本后才正式发端的，且一开始就与国学结缘。其生平一般大致分为戊戌、辛亥、民初、晚年四期，始终摇摆于政治与学术之间，而各有侧重，距政治越远，即与学术越近。其政治活动又分为政论与政务，政务越多，则学术越少；反之，纯粹主持政论时，学术比重相应上升。原因很简单，虽然梁启超批评中国传统思想中"好依傍"的旧习，即由经史中寻求经世之道，但这毕竟是那时人们的立论基础，例外则为无根。就学于万木草堂之时，梁启超已开始听康有为与陈千秋等人论学，但程度尚浅，"有听受，无问难"①。掌教时务学堂之际，他鼓动思想甚于研讨学术，"其论学术，则自荀卿以下汉唐宋明清学者，掊击无完肤"②，这几乎是康有为万木草堂言论的翻版。众门生事迹显著者，多在从政一面。至于论学，则后来成名的杨树达虽然师事甚谨，所宗反而倾向于与其对立的叶德辉。③戊戌政变后，梁启超被迫离开权力中枢，避祸东瀛，主持政论之外，便欲开始深入一步的学术研究。

1902 年夏秋间，梁启超致函黄遵宪，提出创办《国学报》，由他本人和黄遵宪、马鸣三人分任其事，其意在于"养成国民，当以保国粹为主义，取旧学磨洗而光大之"。黄遵宪虽然称赞"至哉斯言。恃此足以立国矣"，但表达了两点异议：其一，"《国学报》纲目体大思精，诚非率尔遽能操觚"，建议先作一国学史；其二，认为"中国旧习，病在尊大，病在固蔽，非病在不能保守也"，主张先"大开门户，容纳新学"，待数年后新学盛行时，再倡国学。此事议而未成，却是近代国学概念的重要肇始。④

梁启超拟办《国学报》，动因之一，当为针对康有为的保教尊孔主张。戊戌变法后，师徒二人政见一度分歧明显。1902 年年初，梁发表《保教非所以尊孔论》，与康的宗旨公开冲突。其欲磨洗光大旧学，显然有从经史正途中寻找不尊孔的依据之意。在梁启超看来，中国学界最光明的时代莫过于战国，原因在于思想自由，"孔子之所以为孔子，正以其思想之自由也"⑤；保教尊孔，则精神相反。在回应康有为的指责时，他接受了黄遵宪暂不宣传旧学的意见，以鼓吹新学说、改变国

---

① 梁启超：《三十自述》，见《饮冰室文集》（乙丑重编），26 页，上海，中华书局，1916。

② 梁启超：《清代学术概论》，见《饮冰室专集》第 6 册，62 页。

③ 参见杨树达：《积微翁回忆录 积微居诗文钞》；《郋園學行記》，载《斯文》，第 9 编第 9、第 10 号（1927 年 9、10 月）。

④ 桑兵：《晚清民国时期的国学研究与西学》，载《历史研究》，1996（5）。关于近代国学概念的使用，前人虽指出源自日本，但时间笼统指为 19 世纪末 20 世纪初，媒介则有称留学生者。据目前所见，当始于 1902 年，主要是赴日游历者（如吴汝纶）及流亡者接受日本朝野人士的意见，借日本的国学概念移指本国的既有学问。

⑤ 梁启超：《保教非所以尊孔论》，载《新民丛报》，第 2 号（1902 年 2 月）。

人思想为救国急务，但仍坚持连黄遵宪也不以为然的批孔。动因之二，则是欲保国粹以养成国民。他受日本国粹主义思潮的影响，且引日本为依据。1902 年 3 月，梁启超在《新民丛报》第 3 号上发表《论中国学术思想变迁之大势》，开篇即揭出由学术思想求一国之精神的主旨，并特意对青年声言："自今以往三十年中，吾不患外国学术思想之不输入，吾惟患本国学术思想之不发明。……不然，脱崇拜古人之奴隶性，而复生出一种崇拜外人、蔑视本族之奴隶性，吾惧其得不偿失也。"所以黄遵宪婉转反驳道："持中国与日本较，规模稍有不同，日本无日本学，中古之慕隋唐，举国趋而东；近世之拜欧美，举国又趋而西。当其东奔西逐，神影并驰，如醉如梦，及立足稍稳，乃自觉己身在亡何有之乡，于是乎国粹之说起。"后来梁启超致函康有为时引申其意，称日本明治初年亦以破坏为事，"至近年然后保存国粹之议起。国粹说在今日固大善，然使二十年前而昌之，则民智终不可得开而已"。① 此外，喜好佛学的梁启超曾与日本僧人讨论过佛教救国之事。这一段反复，为第一次世界大战后梁启超欧游归来转向东方主义埋下伏线，表明他虽然趋时善变，毕竟有一以贯之的思想根源。

19 世纪和 20 世纪之交，正值日本国粹主义盛行之际，这一大背景无疑促使梁启超萌生保存国粹之念，但具体到创造性地使用国学概念，还有因人而异的殊遇。其要因有二：

一为交友。梁启超东渡后，与"日本人订交，形神俱亲，谊等骨肉者数人，其余隶友籍者数十"②。其中直接影响其使用国学概念者有二人，即陆实和古城贞吉。前者号称是在日本反对欧化，主张国粹，倡导日本主义的中流砥柱，以所办《日本》报为轴心，聚集了不少汉学学者和国文学者。③ 他曾对梁启超批评日本当局一味模仿德国办教育，表面文明，内容腐败，"孰知假文明之名，以行焚书坑儒之术者，其祸更惨于秦政十倍乎！"④虽然梁启超由此领悟的是以自由反对服从，而

① 丁文江、赵丰田编：《梁启超年谱长编》，275、293 页。
② 梁启超：《汗漫录》，载《清议报》，第 35 册（1900 年 2 月）。此为 1899 年年底以前的情况。
③ 参见東亜同文会編：《对支回顧録》下卷，918 页；五井直弘：《近代日本と東洋史学》，23～37 页。
④ 梁启超：《精神教育者 自由教育也》，载《清议报》，第 33 册（1899 年 12 月）。

陆实的所谓独立自重，则应以国粹为本。

古城贞吉与梁启超的关系由来已久。早在戊戌变法前《时务报》创刊之时，古城贞吉就是该报聘任的东文翻译，与主笔梁启超算是同事。他出身于和日本汉学关系极深的济济黉中学，1897 年便出版了号称世界上最早的《"支那"文学史》。这一阅历势必影响其译事。1897 年 4 月，他翻译了《东华》杂志所刊的《汉学再兴论》，发表于《时务报》第 22 册。该文对明治维新前后日本汉学的兴衰起伏及其与西学、日本国学的关系描述道："明治以前，汉学最盛，士人所谓学问者，皆汉学耳，除汉学则无有学问也。及政法一变，求智识于西洋，学问之道亦一变，贬汉学为固陋之学，如论孟子史之书，一委诸废纸之中，无复顾问者。然其衰既极，意将复变也。比年以来，国学勃然大兴，其势殆欲压倒西学，而汉学亦于是乎将复兴也。"古城贞吉在中国游学及担任新闻特派员数年，归国后任东洋协会殖民专门学校（后改名拓殖大学）讲师。①1902 年吴汝纶赴日考察教育，古城贞吉曾明确劝其"勿废经史百家之学，欧西诸国学堂必以国学为中坚"②，可见国学一词源自日本，本意在于与西学、汉学相区别。日本人士在向中国人鼓吹保存既有文化时，不能称汉学，而以国学代替，中国学人遂以"国学"借指本国学术，因而东亚三国，各有其国学。

至于日本中国学研究的主流学者，他们与梁启超也有所接触。1899 年 5 月，经姊崎正治介绍，梁启超出席了日本哲学会的春季例会，并发表论文《论"支那"宗教改革》，与会长加藤弘之、汉学家重野安绎、佛学家井上圆了、东洋史家三宅米吉等有一面之识。不久后，《清议报》两度刊载井上哲次郎的文章。后来成为京都学派主帅之一的内藤虎次郎，戊戌变法后曾一度与梁启超会晤，并对梁刊于《日本人》杂志的《论中国政变》一文发表读后感，后又在上海与张元济谈及梁启

---

① 参见《先学を語る——古城贞吉先生》，载《東方学》，第 71 辑（1986 年 1 月）。1896 年，古城贞吉任《时务报》翻译之初时尚在日本，年底来华。

② 吴汝纶：《桐城吴先生日记》，壬寅六月三十日（1902 年 8 月 3 日），见沈云龙主编：《近代中国史料丛刊》第 37 辑，796 页。

超。他开始对梁期望甚高，以后则渐有保留①，对当时日本的中国通与亡命的康、梁频繁来往的情形不以为然，闭门自修②。在此期间，内藤虎次郎与同样避祸日本的文廷式交往而回避康、梁，政治原因当在其次，学术方面主要是出身于学海堂的文氏与康、梁渊源迥异，而与自己服膺张之洞的好恶相近。

二为读书。梁启超流亡日本，稍学日文，即"广搜日本书而读之，若行山阴道上，应接不暇"。"畴昔所未见之籍，纷触于目；畴昔所未穷之理，腾跃于脑，如幽室见日，枯腹得酒"，"脑质为之改易，思想言论，与前者若出两人。每日阅日本报纸，于日本政界、学界之事，相习相忘，几于如己国然"。③ 其所读的不仅有日本翻译的政治学、经济学、哲学、社会学等西书，也有日本学者按照西学新法撰写的中国文史论著。他写于 1902 年的《东籍月旦》，在第二章"历史"第二节"东洋史"中，列举评点了桑原骘藏、儿岛献吉郎、市村瓒次郎、藤田丰八、那珂通世、田中萃一郎、木寺柳次郎、泷川龟太郎、田口卯吉、白河次郎、中西牛郎等人关于东洋史和中国史的著作，几乎囊括当时日本学术界在这一领域的重要著述。

其时影响近代日本中国研究至深且远的京都学派尚未出世，东京的东洋学派仍在草创之中④，而梁启超目光如炬，反应敏锐，所评多能中的。他知道东洋史学为新创，"故凡以此名所著之书，率十之八九纪载中国"；又指最晚出的桑原骘藏所著《中等东洋史》，为"现行东洋史之最良者"，"颇能包罗诸家之所长……条理颇整，繁简得宜，论断有识"。儿岛献吉郎是出道新手，市村瓒次郎则为东京帝国大学名家，

---

① 参见 J. A. Fogel, *Politics and Sinology*：*The Case of Naitō Konan*, *1866-1934*, Cambridge, Harvard University Press, 1984, pp. 90-100；狭间直树：《中国近代における日本を媒介とする西洋近代文明の受容に関する基礎的研究》，平成六年至七年度科学研究費補助金研究成果報告書（一般研究），8、15 頁。

② 参见東亜同文会編：《続対支回顧録》下卷，759 頁。亦有资料说 1904 年内藤虎次郎曾与梁启超见面。

③ 梁启超：《汗漫录》，载《清议报》，第 35 册（1900 年 2 月）；《论学日本文之益》，载《清议报》，第 10 册（1899 年 4 月）。

④ 参见三宅米吉述：《文学博士那珂通世君伝》，见《那珂通世遗书》，25～33 頁。

但后者所著《东洋史要》仅有中国，忽略其他，并非完璧，而以田中萃一郎的《东邦近世史》为最佳本。对于日本人所著中国史，梁启超的评价较低，虽也指出其注意民间和不避讳等优点，但总体认为或体例过旧，或内容太略。他较重视中西比较的史论，从中受到的启发较多。可以说，梁启超对此时日本在中国研究上的版本目录学（包括中译本的优劣）相当熟悉，尽管其立论角度不免偏重于思想性。他的基本看法是："以中国人著中国史，常苦于学识之局而不达；以外国人著中国史，又苦于事实之略而不具。要之，此事终非可以望诸他山也。"①了解日本的中国历史研究之学术史，应是他写作《中国史叙论》《新史学》，并有意撰写《中国通史》的重要学术准备。

《东籍月旦》在近代中国人的日本中国学研究史上，占有重要席位，具有转折意义。近代以来，中日两国学者交往不断，中国学者开始主要与日本的旧式汉学名家接触，如竹添进一郎、冈千仞、岛田翰等，以后逐渐转移到新进的东洋学和中国学的学者。但这时中国能用近代眼光看待日本学术变化的尚乏其人，不要说与日本汉学学者有所交往而未曾东渡的晚清诸大儒，如俞樾、王闿运、张裕钊、叶德辉等，就连到过日本甚至久住于此，并与新旧学者均有联系的杨守敬、文廷式、陈毅、吴汝纶等人，也无此眼界。曾经论及日本学术的杨守敬，只能指出其旧式汉学多宗明代学术的粗疏之处。而章炳麟鄙视东瀛汉学，罗振玉尚未致力于学问，王国维则仍在求学之际。梁启超在毫无依靠的情况下，仅凭半解半猜地阅读日文书籍，便能够划清汉学研究的新旧派别，这足以显示其用功之勤与悟性之高。可惜当时中国尚无人致力于此，否则不失为入门捷径。

不过，梁启超虽然极力鼓吹学习日文，而其所用"数日小成，数月大成"②的和文汉读法，于了解日本学术文化却只能浅尝，难以深究。而梁氏仅看懂大略，即任意敷衍发挥。其在报刊上所撰时论杂文，多有源自德富苏峰等人的著作而不注明者，因此留学生斥其抄袭剽窃；学术著作方面，也往往类此，据说所著的《新史学》《论中国学术思想变

---

① 何擎一编：《饮冰室文集》上，"教育"，79～82 页，上海，广智书局，1908。

② 梁启超：《论学日本文之益》，载《清议报》，第 10 册（1899 年 4 月）。

迁之大势》等书，均本于日本学者的著作。① 就观念架构而言，日本的影响显而易见，但这方面情形较为复杂，因为日本学者的有关论著时常依据中国学者的著述，而梁启超也可以读到原著，行文又极少注明出处，分清源流，甚为不易。1921年武内义雄撰文论述中国古代南北学术的异同，引俞樾《九九销夏录》和黄以周"子游子夏文学说"作为学分南北始于南北朝或始于周末的依据，与梁启超于此前二十年所写的《论中国学术思想变迁之大势》中有关章节的旨趣和引征重合颇多。② 如果梁著本于日本学者的著作，则武内义雄未曾提及，当为失察；否则两人均直接依据俞、黄旧著，而梁著尚在前面甚远。日本学者虽然很少引据梁启超的著述，实际上却颇为关注，只是梁著无注，行文又往往凭借日常读书印象，作为学术论著难以征引。

第二节 "耳痛"的书评

梁启超在日本中国学的研究领域表现出色，但这只是昙花一现，其注意力很快便转向政论与政务，民国以后，更长期从政，直到1917年退出政坛。而且此后虽声言专注于学术文化，毕竟不能不时时分心于腐恶不堪的政治。但十年之间，他挟昔日文笔风行海内的余威，写作出版了大量学术著作，又担任清华国学研究院导师，成为享盛名于其时的"大师"级学者。

在此期间，日本的东西两京学派并立之势早已形成，人才辈出，著述不断，尤其是京都的中国学研究，在中国学者如王国维、陈垣、胡适、陈寅恪等人看来，京都成为巴黎之外国际汉学界的又一中心。由于内藤虎次郎、狩野直喜等人倡导按照当时中国学者的观念和方法治中国学，京都学派与中国新旧各派学者的联系交往十分广泛，尤其看重旧学功底深厚，又能把握近代新法，创获极多的王国维。而较早关注近代日本中国研究的梁启超，在治学领域相互接近的情况下，与

---

① 参见彬彬（徐彬）：《梁启超》，见夏晓虹编：《追忆梁启超》，18页，北京，中国广播电视出版社，1997。

② 参见武内義雄：《南北学術の異同に就きて》，载《支那学》，第1卷第10号（1921年6月）。梁启超文从1902年3月的《新民丛报》第3号开始连载。

日本学者的关系反倒呈现日益疏离之势。

梁启超逝世后，胡适在为其撰写挽联时，于日记中记述其中缘由，有一段盖棺论定的评语，"任公才高而不得有统系的训练，好学而不得良师益友，入世太早，成名太速，自任太多，故他的影响甚大而自身的成就甚微"；以至一生的著作没有一篇一书最可传世不朽，勉强举出的《新民说》，又并非学术著作。① 若仅就学术贡献立论，这一评价不算苛刻，尽管胡适本人后来也不免重蹈覆辙。

民国时期海内外的中国研究，受欧美科学主义以及巴黎学派汉学的影响，重视专精的考据（至少须以此为基础），鄙夷空泛而弘廓的综合，这恰好是梁启超的短处。他治学论世，大抵靠聪明悟性。其师承以中国学术大道而论，可谓偏而不正。他少年时曾在学海堂学习训诂和辞章，这里虽然是江南学术正宗的别所，影响了晚清岭南乃至京师的学风，但到梁启超入学时已经开始显出由盛而衰之势，学生中足以称为名家者几无一人，所谓"东塾弟子遍粤中，各得其一体，无甚杰出者"②。而且两年后梁即退出学海堂，改从康有为问学，更加受到"语多妖妄"的今文经学的影响。

历来今文经学流风所被，即多文士而少学者，包括魏源等人的边疆史地著作，也都不入正道。尽管流亡日本后梁启超对康有为的伪经改制之说已渐生疑而绝口不谈，但长期鼓动舆论的经历还是令其善于言论的文学与思想特性发挥过度了，而治学所必需的严谨与周密相应减少。从政坛抽身后，他仍以办报的风格治学，号博约而实粗疏，往往凭记忆著述，下笔千言，虽然不至于凿空逞臆，离题万里，却难免漏洞百出。"晚年讲学，尤好揣摩风气，儒墨汉宋，佛老科玄，时时改易。前之以识见文字转移一代风气者，卒乃行文之末，亦随人为转移"，以至人们"悼惜梁氏，益叹先哲学必立本之义为不可易也"。③ 其无精深研究而欲多产，常将前人成果与本人发明相混淆，名为著述，

---

① 《胡适的日记》（手稿本），1929 年 2 月 2 日。此说有几位时贤提出异议，但所论并不足以推倒胡适的评判。

② 梁启超：《近代学风之地理的分布》，见《饮冰室专集》第 9 册，33 页。

③ 缪凤林：《悼梁卓如先生(1873—1929)》，载《学衡》，第 67 期(1929 年 1 月)。

实则抄撮。这不能不引起学风精细而且极重发明权的日本学者的反感和批评。①

梁启超的著作，较早译成日文的有《清代学术概论》和《中国历史研究法》，一在其生前，一在其身后。此外，其字数以千万计的著述极少得到日本学术界的正面反应，而可以查到的有数回响，又多为严厉的批评。1921年《清代学术概论》出版，虽然次年即分别由渡边秀方、桥川时雄译成日文，发行之际传媒颇加赞誉，但日本学术界实际上反应平平，极其重视清代学术的京都学派在相关著述中甚少引及此书。吉川幸次郎称其20世纪20年代求学于京都大学时，也很少听先生们在讲课中提到梁启超。② 个中玄机或许可从中国学者差异悬殊的评价里领略一二。对此书提过修改意见的胡适认为甚好，说这是只有梁启超才能作的"聪明的著述"③。傅斯年则认为"太糟，就是梁氏太无学问，只以滑头的手段去作著述家，要知人外有人，人人不尽可欺的"④。胡朴安总结《民国十二年国学之趋势》，也针对此书，"首先不承认梁启超在学术界上有相当之位置"，只是"言辨记博"，"利用各种学说，以为猎取功名之具"。⑤

1922年《中国历史研究法》出版，在日本却反响不小。田中萃一郎在当年4月的《史学》第1卷第3号发表短评，称此书问世为学界可喜之事，第二、第四、第五这三章具有为研究中国史者所必读的价值，对末章所说治史不必拘泥于个别事实，当达观大势以明因果关系的主张则不以为然，尤其对史料一章错认居庸关六体佛经石刻和莫高窟六体刻文之事提出批评。随后桑原骘藏应冈崎文夫之请，在同年的《"支

① 日本学术界对以严格苛刻著名的国际汉学领袖伯希和也评价不佳，认为其往往抄袭日本学者的发明而不注出。此事或有误会，后来羽田亨、戴密微曾予以辩解。

② 参见吉川幸次郎：《留学まで》，见《吉川幸次郎全集》第22卷，361页。狩野直喜讲授过"清朝学术沿革史"；内藤虎次郎讲授"中国史学史"，其中清代部分最重。

③ 《胡适的日记》，36页。

④ 《胡适来往书信选》上册，178页。

⑤ 该文载《民国日报·国学周刊》(上海)，1923年10月10日。

那学"》第 2 卷第 12 号发表长篇评论《梁启超氏の"中国历史研究法"を读む》。桑原骘藏是典型的欧洲科学主义者，在京都学派中，其风格较接近东京的东洋学派①，因而赞成梁启超"本欧美的史学研究法，倡革新中国史学的急务"的主张，声称作为学者的梁氏，"在现今的中国，很可以成一家"，尤其欣赏其批评中国旧史的最大缺陷在于非科学的见解，甚至在以史料详略来衡量旧史的优劣方面也引梁为同调。在坚持分析的基础上，桑原骘藏同样主张加强综合②，因而总体上认为此书立论还算妥当，指摘也得要领，若干地方可见其"见识之非凡拔俗"。但接下去一连列举的八条批评，尤其是后四条涉及与中西交通史相关的史实错误，指责梁氏引论西书而未读原著，导致"误谬满幅"；据以立论的所谓学者意见，当为与世界学术界毫无关系，且不合时宜的旧式金石学者之见等。这种肆无忌惮的批评，恐怕真会如作者所说，是令梁启超"耳痛"的。③

　　1922 年 11 月，石滨纯太郎在《"支那学"》第 3 卷第 2 号上发表《西夏学小记续》，再度将梁启超错认居庸关六体佛经石刻和莫高窟六体刻文之事牵出，并引田中萃一郎、桑原骘藏的批评作为支撑，一时间在中日两国学术界引起小小震动。桑原骘藏的评论先由章士钊在《甲寅》第 1 卷第 34 号"孤桐杂志"中摘要介绍，后《现代评论》第 2 卷第 49、第 50 期又连载了魏建功（署名天行）的全译文。几年后王森然撰写梁氏评传，还称桑原骘藏批评其《中国历史研究法》于时间、译名、地点、人物方面均误，对其辨正甚多。桑原骘藏内心对此书虽极不以为然，文中却略有褒义，认为此书作为历史研究法虽无新意，所举中国史范例则应参考，所予辨正主要也不在于中国本部之事。

　　在京都学派里，桑原骘藏的中国情结相对较淡，同时代的中国学

---

①　参见《先学を語る——桑原隲藏博士》，载《東方学》，第 49 輯（1975 年 1 月）。

②　参见［日］桑原骘藏撰，J. H. C. 生译：《中国学研究者之任务》，载《新青年》，第 3 卷第 3 号（1917 年 5 月）。

③　天行：《读梁启超的中国历史研究法》，载《现代评论》，第 2 卷第 49 期（1925 年 11 月 14 日）、第 50 期（1925 年 11 月 21 日）。

者中，他与陈垣的共鸣最多①，而与梁启超的风格相去甚远，且生性好与人争胜②。据说他对发自良心的纯学术作品的批评尚属温情，而对随意涂写的刊行物则态度严厉。③ 他以己之长攻梁氏之短，的确击中要害。不过，桑原骘藏大批梁著，与梁启超在书中对日本学术界出言不逊不无关系。对于曾经将日本中国研究的长老新进一齐骂倒的章炳麟，桑原骘藏也乘机报复，指为"炫着半生半熟的新知识，致招学者之讥"。梁认为研究中国史须参考外国的记录，但只注意阿拉伯和欧洲的相关资料，而排斥日本，声称："若日本则自文化系统上论，五十年前，尚纯为我附庸，其著述之能匡裨我者甚稀也。"桑原骘藏指此说太可笑，主张治唐以后历史必须参照朝鲜和日本资料。

尤其令桑原骘藏不满的，是梁启超接下来斥责日本"坊间之'东洋史''支那史'等书，累累充架，率皆卤莽蔑裂，不值一盼。而现今我国学校通用之国史教科书，乃率皆裨贩移译之以充数，真国民莫大之耻也"。对于当时在国际学术界评价甚高的日本中国学这样简单地一笔抹杀，与实际情形刚好相反，而不仅是武断。桑原骘藏将二十年前在《东籍月旦》中称赞日本东洋史研究的梁启超与现在做一对比，对其变化之大感到惊讶，怀疑政治上由亲日转为排日的梁氏在学问上也排斥日本。他指出梁启超并不了解日本学术界的实情，举日本关于唐宋中外贸易的深入研究等事，说明其忽略日本学术界的研究成果而导致的失误，奉劝梁氏以后须留意日本学界的进展。④

护国战争前后，梁启超的对日态度确有一百八十度大转弯，其影响是否及于学术见解，有待详究。而桑原骘藏的批评显然对梁启超产生了冲击作用，后来再版《中国历史研究法》时，即删除了对日本学术

---

① 有人称陈垣为"中国之桑原"，参见陈智超编注：《陈垣来往书信集》，169页。桑原骘藏钦佩内藤虎次郎，而与狩野直喜时有摩擦，他经常贬斥中国历史上的陋习，疑其有意与痴爱中国的狩野直喜作对。

② 参见《吉川幸次郎全集》第 17 卷，292 頁。

③ 参见宫崎市定：《解説》，见《桑原隲藏全集》第 2 卷，655 頁，東京，岩波書店，1968。

④ 参见天行：《读梁启超的中国历史研究法》，载《现代评论》，第 2 卷第 49期（1925 年 11 月 14 日），第 50 期（1925 年 11 月 21 日）。

界的偏颇指摘。1922 年 9 月他作《大乘起信论考证》，从《宗粹》《佛书研究》《宗教界》《佛教学》《哲学》等刊物及相关专书上"搜而遍读"松本文三郎、望月信亨、村上专精、常盘大定、羽溪了谛等人的著述，凡数十万言，并以这一佛学界的空前大发明"乃让诸彼都人士，是知治学须有方法，不然则熟视无睹"；还由此"一段公案，未尝不惊叹彼都学者用力之勤，而深觉此种方法若能应用之以整理《全藏》，则其中可以新发见之殖民地盖不知凡几"。①

梁启超治佛学，多本日文《八宗纲要》《佛宗纲领》等书，而罕有注出。有人说他绝不征引日本学者的著作，"看不起是一种原因，读不懂恐怕是更重要的原因"②。这次他虽然自称开始只想辑译日本学者的成说介绍于中国学界，既而参考各书，往往别有发明，才重行组织，不异新构，但仍未一一标明出处。不过能于序言中详细说明所本，对梁启超而言已是异例。梁氏私人藏书中有日文书三百余部，其中关于佛教者居三分之一。③

1923 年 4 月，他应《清华周刊》之请，凭记忆开列《国学入门书要目》并略述其读法，于"政治史及其他文献学书类"一栏中也特意列出稻叶岩吉的《清朝全史》，认为此书尚可读。揣度其意，当是间接回应桑原骘藏的批评，既有所改正，又借以辩解。不过，与二十年前相较，梁启超对日本学术界的认识的确大为退步，尤其与后者日新月异的发展以及同时代中国学者的了解程度相比，反差更为明显。稻叶岩吉的著作初版于 1914 年，此后日本的中国学界佳作迭出，早已不是这部将近十年前的旧著所能代表的了。

田中萃一郎、桑原骘藏等人的批评似乎为日本学术界的梁启超学术观定下基调，后来人看其著述，往往有纠谬的先入之见。1927 年清华国学研究院编辑的《国学论丛》创刊，仓石武四郎在《"支那学"》第 4

---

①　梁启超：《大乘起信论考证序》，见《饮冰室专集》第 7 册，35～38 页。梁启超的学术著述称引日文书较多者，只有此文以及《论中国成文法编制之沿革得失》，而后文所及多为明治及大正初年的出版物。

②　梁容若：《梁任公先生印象记》，见夏晓虹编：《追忆梁启超》，345 页。

③　参见苏精：《近代藏书三十家》，102 页，台北，传记文学出版社，1983。

卷第 3 号(1927 年 10 月)上予以评介。在日本学者看来,当时北京的
国学研究有三个中心,即北京大学、北京师范大学和清华大学。创刊
于 1924 年的《清华学报》上发表过不少重要的研究报告,引起时人重
视。1925 年开办的清华国学研究院,聘请王国维、梁启超等知名学者
为导师,令其更加受到国内外学术界的广泛关注。《国学论丛》为该院
正式刊物,由梁启超主编,自然为域外同好所瞩目。创刊号所载,主
要是毕业生(其中多为梁启超的弟子)的精选论文和王国维、梁启超两
位导师的文章。仓石武四郎对陆侃如、吴其昌、卫聚贤、陈守实、谢
国桢等学生的论文评价甚高,认为其搜材取舍绵密精富,且有分析之结
论,西式汉学研究的风格明显;却唯独对卷首梁启超的《王阳明知行合
一之教》颇有微词,怀疑梁以通俗演讲聊以应付,声称仅此一点总觉得
应当加以整顿才是。1938 年小长谷达吉将《中国历史研究法》译成日文,
他虽然于序言中称梁启超作为政治家和学者在近代中国都是第一流的,
却仍指出此书对日本和欧美东洋研究的意见陈旧而偏颇,特别是完全不
提日本的东洋学及其学者的贡献。[①]

第三节　角逐东方文化事业

梁启超自民元归国后,即少谈日籍,也不大与日本学者交往,在
中日两国学术界联系日益密切的当时显得有些怪异,不过,作为学术
文化界的名流,毕竟不能完全置身于风气之外。他时常参与各种交际
应酬活动,不免与日本学者照面,还要接待个别来访者。他见过短期
来华的田中萃一郎,更与长期在华从事文化学术活动的今关寿麿、桥
川时雄等人有所接触。今关寿麿于 1918 年到北京主持三井公司下设的
研究室,每年游历大江南北,广交各界名人,尤其注重与学术文化界
人士结交。经柏原文太郎介绍,他与梁启超相识。[②] 1922 年他在所撰

---

① 参见梁啟超著,小長谷達吉訳:《しな歷史研究法》,1～11 頁,東京,
改造社,1938。

② 参见《学問の思い出——今関天彭先生を囲んで》,載《東方学》,第 33 輯
(1967 年 1 月)。

的分析中国学术界状况的小册子中，将梁启超的研究系视为北方新学的一派，后来又于所著《近代しなの学芸》一书中，对梁启超做了正面的评介。①

　　桥川时雄来华的二十余年间，先入《顺天时报》社，后供职于东方文化事业总委员会，"与中国学者交游之广，堪称现代第一人"②。"凡故都耆宿，新学英流，靡不倾身延接，气谊殷拳"。他后来编写的《中国文化界人物总鉴》，"取近代人士凡学问文章才艺技能有名于时者四千六百人"③，为之作传，其中不少为其亲接。桥川时雄号称研究陶渊明的第一人，在这方面与梁启超有共同兴趣，他写过《满洲文学著述考》，还翻译了梁的《清代学术概论》④，表面似有缘分，实际上并不投缘。1924 年2 月底，桥川时雄在林长民家见过梁启超后，对吴虞道："梁任公为人随波逐浪，表面清淡，内容猎利，其学亦甚杂。"⑤不过，桥川时雄本人在日本占领北平期间积极从事所谓文化事业，旁观者似不无微词。⑥

　　第一次世界大战后，出于国际形势压力和自身利益需要，日本朝野提议归还庚款，以举办文化事业。中国南北各地的教育、学术、文化界人士对此反应相当热烈，作为其中一派代表的梁启超也不甘落于人后。1923 年，东京医科大学校长入泽达吉和对华文化事业局主任冈部长景奉命来华考察，并与中国人士交换意见，二人游历南方各地后，于 8 月初回到北京。日本驻华公使特设宴招待中日两国人士，梁启超代表与会的三十余位中方官员和专家致答词，声称："吾东方文化实为世界之第一等文化，最少限度，亦为第一流文化中之一部分。故发挥

---

　　①　参见今関天彭：《近代しなの学芸》，25、120～124 页。是书写作时，梁尚在世。

　　②　［日］长瀬诚：《日本之现代中国学界展望（下）》，载《华文大阪每日》，第 2 卷第 8 期（1939 年 4 月）。

　　③　傅增湘：《〈中国文化界人物总鉴〉序》，见［日］桥川时雄编：《中国文化界人物总鉴》。

　　④　参见《学問の思い出——橋川時雄先生を囲んで》，载《東方学》，第 35 辑（1968 年 1 月）。

　　⑤　中国革命博物馆整理，荣孟源审校：《吴虞日记》下册，165 页。

　　⑥　参见法本义弘：《遥かに北京村を想ふ》，载《しな覚え书》，70～71 页。

光大此种文化,不仅为吾东方诸国之事,实为全世界人类之贡献。而发挥光大之责任,则非吾东方人自负之不可。"他认为文化非一国之事,没有国界,各国应当合作。日本古代受中国文化影响实多,当时则有可为中国师资者。他主张分思想、文献、自然科学三部分进行。中国近年私家研究日多,颇有文艺复兴之势,得此款资助,可大见成效。①

1918 年梁启超访问欧洲后,受西方中心主义动摇和东方文化思潮兴盛的影响,转而鼓吹东方传统文化,基本观念与日本的中国学界主张保存东方文化遗产的主导倾向相当合拍。他曾先后提议创建中国文化学院和国学院,计划举办的事业之一是编辑"海外文编","专译欧美日本人研究中国学术、事业之著作"②。虽然均未实现,却为其进一步介入日本的东方文化事业制造了舆论。

1925 年中日文化委员会总会(后改称"东方文化事业总委员会")成立,按照对华文化事业协定,组建北平人文研究所和图书馆之事提上日程。③ 此事在中国各方引起了十分激烈的争夺,其中北京大学借天时地利之便,势在必得。早在 1922 年,胡适、蒋梦麟等人就拟订计划,企图以国立大学的名义全盘包揽④,校方还授意一些留日出身的教授与日本官员合组中日学术协会,积极活动。而与之竞争最力的,就是梁启超的研究系。1924 年 4 月王国维函告蒋汝藻:"东人所办文化事业,彼邦友人颇欲弟为之帮助,此间大学诸人,亦希其意,推荐弟为此间研究所主任(此说闻之日人)。但弟以绝无党派之人,与此事则可不愿有所濡染,故一切置诸不问。大学询弟此事办法意见,弟亦不复措一词。观北大与研究系均有包揽之意,亦互相恶,弟不欲与任何方面有所接近。近东人谈论亦知包揽之不妥,将来总是兼容办法。

---

① 参见《梁任公在日使馆之演说》,载《国际公报》,第 38 期(1923 年 8 月 18 日)。

② 王森然:《近代二十家评传》,204 页,北平,杏岩书屋,1934。

③ 参见黄福庆:《近代日本在华文化及社会事业之研究》,113~126 页。

④ 参见《胡适的日记》,395 页。

兄言甚是，但任其自然进行可耳。"①

北京大学推举王国维出任主任，主要是想借其名以争利，对抗声望甚隆的研究系领袖梁启超。后来又有鼓吹"将图书馆及人文研究所馆长、所长归校长兼理之说"，引起校外学者的普遍不满。张星烺致函陈垣，认为："北大党派意见太深，秉事诸人气量狭小，其文科中绝对不许有异己者。而其所持之新文化主义，不外白话文及男女同校而已。当其主义初创时，如屠敬山等史学专家皆以不赞同白话文而被摈外间，有知其内容者皆深不以其事为然。北大现在已几成为政治运动专门机关，不宜再使与纯萃学术牵混，故图书馆馆长及研究所所长皆宜立于党派之外，且人须气量宽洪也。闻日人有派柯劭忞或梁任公充所长之说，烺意此两人甚相宜。柯则为遗老，与世无争，梁则无党，且气量宽洪，可容纳异派人也。"他希望陈垣将此意见转告日方，如公开发表，则愿具名。②

关于所长人选，后来实由柯劭忞以东方文化事业总委员会委员长的身份兼任，"王国维说"也有所据，而"梁启超说"则似无根。此事发端于 1923 年狩野直喜与政友会山本鹈次的谈话，狩野直喜后来回忆道："关于东方文化事业，我屡次对当局谈起，除两三位老先生外，第一希望王静安君参加；又对中方委员说，东方文化事业要着手研究学问的话，首先必须王君参加。任何人都表示赞成。"③所谓两三位老先生，狩野直喜在公开场合均未指名，但在 1927 年 1 月 18 日与来访的董康谈及，为李盛铎、章炳麟、章梫、傅增湘等人，并不包括梁启超。可惜柯劭忞也不能秉公办事，任用私人，仍为包揽。而狩野直喜心目中的各家"并无一人厕列其间"，他大失所望，表示"如斯配置，宜乎旁观"④；屡屡公开对此表示不满，均是为王国维抱不平。

---

① 《王国维全集·书信》，394 页。此函所说，已出王国维各年谱及长编均误以为请王出任北京大学国学门研究所主任。

② 陈智超编注：《陈垣来往书信集》，209 页。

③ 狩野直喜：《王静安君を憶ふ》，见《しな学文藪》，372 页。《追忆王国维》收录了中译文，但意思有所遗漏。京都学派对于东京帝国大学授予柯劭忞文学博士学位一事，不无微词。

④ 董康著，傅杰校点：《书舶庸谭》，18 页。

1929 年，梁启超因病逝世，所引起的社会反响远远不及两年前自
沉于昆明湖的王国维；而日本学术界几乎可以说无动于衷，在东西两
京中国学界的各主要杂志上找不到任何报道。其回响不要说与王国维
之死的强烈震动相比，甚至赶不上在此前后亡故的叶德辉、柯劭忞等
人。这种与其地位声望以及当时中日学术界频繁往来情形极不相称的
异象，很大程度上表明了日本学术界对梁启超的态度，也是双方关系
跌入谷底的显著表征。其实，王国维自杀的主要原因，即国民革命军
在上海通缉所谓反动学者以及北伐军即将北上京津，也曾令梁启超萌
生再度流亡日本以避其锋的念头。① 他虽然自称从护国战争起，便认
为日本名为援华实则侵华的行径可怖可恨②，但仍不得不以东瀛为"避
难所"。

即使在学术上，梁启超与日本的关系也是剪不断，理还乱。他能
受聘于清华国学研究院，除了是国内的"硕学重望"，还有赖于对日本
学术的认识，因为该院教授及讲师必备的三种资格之一，是"稔悉欧美
日本学者研究东方语言及中国文化之成绩"③。梁启超的欧洲语言更
差，所以还是以不甚好的日语为招牌的。清华国学研究院招考新生的
日语试题原由王国维出，王死后，则由梁启超代命。只是所交往的日
本人士大都并非学术界中人，而在学者眼中，他的学术声誉不佳，政
客形象又太过突出。同时，日本中国学界不少人是清代文化的仰慕者，
对于"文字收功日，全球革命潮"的梁启超也不免心存异见。由此而生
的思想与学术的关系，至今仍然困扰中国学术界。④ 梁启超式的以政
论带动学术，在中国学术史上产生的负面影响多于积极作用。早在辛
亥革命以前，王国维就批评《新民丛报》这类"喜事之学生"或"亡命之遁

---

① 参见张旭光：《回忆王观堂先生的自沉》，载《扬州师院学报》，1982(1)。

② 参见吴其昌：《梁任公先生别录拾遗》，收入《子馨文在》第 3 卷《思桥集》，
见沈云龙主编：《近代中国史料丛刊续编》第 81 辑，456～457 页。

③ 吴宓：《清华开办研究院之旨趣及经过》，载《清华周刊》，第 351 期
(1925 年 9 月 18 日)。

④ 对此问题，20 世纪 90 年代尚有一轮争议。或主张有思想的学术与有学
术的思想，其实学术本身即含思想，尤其是欲达高妙境界之学术，但这种思想仍
为学术的而非社会政治的。

臣"所办的杂志，"本不知学问为何物，而但有政治上之目的。虽时有
学术上之议论，不但剽窃灭裂而已"；认为只有以学术为目的而不以之
为政论的手段，中国学术"庶可有发达之日"。① 世纪回首，慨叹先哲
不幸而言中。就此而论，尽管萧一山等人在梁启超身后曾为其"见轻于
人"②鸣不平，日本学术界从严格的学术观念出发批评梁启超，反而多
少有些先见之明。只是日本学者通识不足，治学难免走上专而偏的歧
途，终究难逃梁启超所指摘的流弊。而要取长补短，专博互济，达到
精通的境界，则为双方心有余而力不足之处。

---

① 王国维：《论近年之学术界》，见周锡山编校：《王国维文学美学论著集》，
106～110 页，太原，北岳文艺出版社，1987。

② 萧一山：《为清代通史批评事再致吴宓君书 并答陈恭禄君》，载《国风》，
第 4 卷第 11 号（1934 年 6 月）。

参考文献

一、报刊

(一)中文

《大公报》(天津)

《大公报》(香港)

《少年中国》

《中国史研究动态》

《中国学报》

《中国敦煌学会研究通讯》

《中法大学月刊》

《中法文化》

《中法汉学研究所图书馆馆刊》

《公言报》

《文史资料选辑》

《文物参考资料》

《东方杂志》

《北平晨报》

《北京大学日刊》

《北京大学研究所国学门月刊》

《北京大学研究所国学门周刊》

《北洋画报》

《申报》

《史地学报》

《史学年报》

《汉学》

《民国日报》（上海）

《传记文学》

《华文大阪每日》

《华国》

《齐大旬刊》

《时务报》

《时事新报》（上海）

《近代史资料》

《努力周报》

《现代评论》

《国专月刊》

《国风》

《国立中山大学文史学研究所月刊》

《国立中山大学语言历史学研究所周刊》

《国立北平图书馆馆刊》

《国立华北编译馆馆刊》

《国学专刊》

《国学月报》

《国学丛刊》

《国学季刊》

《国粹学报》

《岭南大学校报》

《图书月刊》

《图书馆学季刊》

《学文杂志》

《学衡》

《食货》

《语丝》

《旅欧周刊》

《读书月刊》

《辅仁学志》

《晨报》

《清议报》

《越风》

《厦大周刊》

《湘报》

《新月》

《新文学史料》

《新民丛报》

《新青年》

《新闻报》

《燕京学报》

（二）日文

《三田评论》

《艺文》

《"支那学"》

《历史学研究》

《日本帝国文部省年报》

《日华学报》

《东方学》

《东方学报》

《东亚》

《东洋史研究》

《北京周报》

《史学》

《史学杂志》

《考古学杂志》

《京城帝国大学学报》

《斯文》

《朝鲜》

(三)韩文

《开辟》

《文艺公论》

《文艺时代》

《东亚日报》

《东光》

《东明》

《汉城旬报》

《创造》

《如是》

《每日申报》

《青春》

《现代评论》

《废墟》

《学灯》

《新东亚》

《新生》

《新民》

《新兴》

《新朝鲜》

(四)西文

Monumenta Serica

The Chinese Social and Political Science Review

The Journal of Asian Studies

The Yenching Journal of Social Studies

T'oung Pao

二、论著

（一）中文

［日］矶野富士子整理，吴心伯译：《蒋介石的美国顾问——欧文·拉铁摩尔回忆录》，上海，复旦大学出版社，1996。

［日］青木正儿著，王古鲁译：《中国近世戏曲史》，上海，商务印书馆，1936。

［英］庄士敦著，众城、时伟、思泊译：《紫禁城的黄昏》，珠海，珠海出版社，1995。

［英］彼得·霍普科克著，杨汉章译：《丝绸路上的外国魔鬼》，兰州，甘肃人民出版社，1983。

［法］M. 罗克著，耿升译：《伯希和诞生一百周年》，载《中国史研究动态》，1980(8)。

［法］苏瓦米耶著，耿升译：《五十年来法国的"汉学"研究》，载《中国史研究动态》，1979(7)。

［法］沙畹著，冯承钧译：《西突厥史料》，上海，商务印书馆，1935。

［法］玛丽昂娜·巴斯蒂著，张富强、赵军译：《清末赴欧的留学生们——福州船政局引进近代技术的前前后后》，见中南地区辛亥革命史研究会、武昌辛亥革命研究中心编：《辛亥革命史丛刊》第8辑，北京，中华书局，1991。

［美］陈毓贤：《洪业传》，北京，北京大学出版社，1996。

［美］恒慕义：《清代名人传略》，台北，成文出版社，1970，据1943年华盛顿 U. S. Government Printing Office 版重印。

［美］费慰梅著，曲莹璞、关超等译：《梁思成与林徽因——一对探索中国建筑史的伴侣》，北京，中国文联出版公司，1997。

［美］费正清著，黎鸣、贾玉文等译：《费正清自传》，天津，天津人民出版社，1994。

［瑞典］高本汉著，赵元任、罗常培、李方桂合译：《中国音韵学研

究》，上海，商务印书馆，1940。

［瑞典］高本汉著，董同龢译：《高本汉诗经注释》，上海，中西书局，2012。

［瑞典］斯文·赫定著，徐十周、王安洪、王安江译：《亚洲腹地探险八年：1927—1935》，乌鲁木齐，新疆人民出版社，1992。

［德］卫礼贤著，王宇洁、罗敏、朱晋平译：《中国心灵》，北京，国际文化出版公司，1998。

丁文江、赵丰田编：《梁启超年谱长编》，上海，上海人民出版社，1983。

丁建弘、李霞：《中德学会和中德文化交流》，见黄时鉴主编：《东西交流论谭》，上海，上海文艺出版社，1998。

上海市文物保管委员会编：《康有为与保皇会》，上海，上海人民出版社，1982。

上海图书馆编：《汪康年师友书札》第1—4辑，上海，上海古籍出版社，1986—1989。

马建忠：《适可斋记言记行》，见沈云龙主编：《近代中国史料丛刊》第16辑，台北，文海出版社影印。

《王礼锡诗文集》，上海，上海文艺出版社，1993。

《王国维遗书》，上海，上海书店出版社，1983。

王力：《中国语言学史》，香港，中国图书刊行社，1984。

王仁俊：《敦煌石室真迹录》，宣统元年（1909）国粹堂石印本。

王汎森、杜正胜编：《傅斯年文物资料选辑》，台北，傅斯年先生百龄纪念筹备会，1995。

王季烈辑：《缘督庐日记钞》，上海，蟫隐庐，1933。

王重民：《敦煌古籍叙录》，北京，商务印书馆，1958。

王重民：《敦煌遗书论文集》，北京，中华书局，1984。

王闿运：《湘绮楼日记》（“中国史学丛书”之四），台北，台湾学生书局，1964。

王森然：《近代二十家评传》，北平，杏岩书屋，1934。

王静如：《西夏研究》第1辑，北平，国立中央研究院历史语言研究所，1932。

王德昭：《清代科举制度研究》，香港，香港中文大学出版社，1982。

"中华学术院"编印：《中国文化综合研究——近六十年来中国学人研究中国文化之贡献》，台北，1971。

中国人民政治协商会议江苏省无锡县委员会编：《钱穆纪念文集》，上海，上海人民出版社，1992。

中国历史博物馆编，劳祖德整理：《郑孝胥日记》第1—5册，北京，中华书局，1993。

中国史学会主编：《中国近代史资料丛刊·中日战争》第1—8册，上海，新知识出版社，1956。

中国史学会主编：《中国近代史资料丛刊·洋务运动》第1—8册，上海，上海人民出版社，1961。

中国社会科学院近代史研究所中华民国史研究室编：《胡适来往书信选》上中下册，北京，中华书局，1983。

中国社会科学院近代史研究所中华民国史研究室编：《胡适的日记》，北京，中华书局，1985。

中国社会科学院近代史研究所译：《顾维钧回忆录》，北京，中华书局，1985。

中国革命博物馆整理，荣孟源审校：《吴虞日记》下册，成都，四川人民出版社，1986。

方豪：《方豪六十自定稿》，台北，台湾学生书局，1969。

甘孺(罗继祖)辑述：《永丰乡人行年录(罗振玉年谱)》，南京，江苏人民出版社，1980。

北京图书馆业务研究委员会编：《北京图书馆馆史资料汇编(1909—1949)》上下册，北京，书目文献出版社，1992。

《问学谏往录——萧公权治学漫忆》，上海，学林出版社，1997。

冯承钧译：《西域南海史地考证译丛》第1、第2卷，北京，商务印书馆，1995。

《朱自清全集》第1—7卷，南京，江苏教育出版社，1990。

朱有瓛主编：《中国近代学制史料》第 1 辑上册，上海，华东师范大学出版社，1983。

朱维铮编：《周予同经学史论著选集》，上海，上海人民出版社，1983。

任继愈主编：《国际汉学》第 1 期，北京，商务印书馆，1995。

刘桂生、欧阳军喜：《陈寅恪先生编年事辑补》，见王永兴编：《纪念陈寅恪先生百年诞辰学术论文集》，南昌，江西教育出版社，1994。

刘寅生、袁英光编：《王国维全集·书信》，北京，中华书局，1984。

刘慧英编：《林语堂自传》，南京，江苏文艺出版社，1995。

汤志钧主编：《近代上海大事记》，上海，上海辞书出版社，1989。

许景澄：《许竹篑先生出使函稿》，出版信息不详。

牟润孙：《海遗杂著》，香港，香港中文大学出版社，1990。

孙常炜编著：《蔡元培先生年谱传记》上中下册，台北，"国史馆"，1986。

孙敦恒：《清华国学研究院纪事》，见葛兆光主编：《清华汉学研究》第 1 辑，北京，清华大学出版社，1994。

孙楷第：《沧州后集》，北京，中华书局，1985。

严文郁：《提携后进的袁守和先生》，载《传记文学》，第 8 卷第 2 期（1966 年 2 月）。

严绍璗：《日本中国学史》，南昌，江西人民出版社，1991。

劳乃宣：《韧叟自订年谱》，见王民信：《中国历代名人年谱汇编》第 1 辑，台北，广文书局，1971。

苏精：《近代藏书三十家 积微居诗文钞》，台北，传记文学出版社，1983。

杨树达：《积微翁回忆录》（《杨树达文集》之十七），上海，上海古籍出版社，1986。

杨逢彬整理：《积微居友朋书札》，长沙，湖南教育出版社，1986。

杨犁编：《胡适文萃》，北京，作家出版社，1991。

杨堃：《社会学与民俗学》，成都，四川民族出版社，1997。

杨联陞：《追怀叶师公超》，载《传记文学》，第 41 卷第 1 期（1982

年 7 月）。

《国际汉学》编委会编：《国际汉学》第 1 期，北京，商务印书馆，1995。

《李文忠公尺牍》（手稿本）第 1—2 册，台北，文海出版社，1963 年影印。

李凤苞：《使德日记》，见沈云龙主编：《近代中国史料丛刊》第 16 辑，台北，文海出版社影印。

李光谟：《锄头考古学家的足迹——李济治学生涯琐记》，北京，中国人民大学出版社，1996。

李宗桐：《旅法杂忆》，载《传记文学》，第 6 卷第 4 期（1965 年 4 月）。

李培德：《曾孟朴的文学旅程》（"传记文学丛书"之七），台北，传记文学出版社，1977。

吴汝纶：《桐城吴先生日记》，见沈云龙主编：《近代中国史料丛刊》第 37 辑，台北，文海出版社影印。

吴汝纶编：《李文忠公奏稿》，光绪三十四年（1908）刻本。

吴其昌：《子馨文在》，见沈云龙主编：《近代中国史料丛刊续编》第 81 辑，台北，文海出版社影印。

吴学昭：《吴宓与陈寅恪》，北京，清华大学出版社，1992。

吴学昭整理：《吴宓日记》第 1—8 册，北京，生活·读书·新知三联书店，1998。

何擎一编：《饮冰室文集》上下册，上海，广智书局，1908。

忻平：《治史须重考据 科学人文并重——南加利福尼亚州何炳棣教授访问记》，载《史学理论研究》，1997(1)。

沈来秋：《略谈辜鸿铭》，见中国人民政治协商会议福建省委员会文史资料编辑室编：《福建文史资料》第 5 辑，福州，福建人民出版社，1981。

沈瑜庆、陈衍主编：《福建通志》，1938 年刻本。

宋家珩主编：《加拿大传教士在中国》，北京，东方出版社，1995。

《张元济日记》，北京，商务印书馆，1981。

张允侯、殷叙彝、李峻晨：《留法勤工俭学运动（一）》，上海，上海人民出版社，1980。

张弘：《中国文学在英国》，广州，花城出版社，1992。

张芝联：《从〈通鉴〉到人权研究：我的学术道路》，北京，生活·读书·新知三联书店，1995。

张光直、李光谟编：《李济考古学论文选集》，北京，文物出版社，1990。

张旭光：《回忆王观堂先生的自沉》，载《扬州师院学报》，1982(1)。

张其昀等：《中国文学史论集（四）》（"现代国民基本知识丛书"第5辑），台北，中华文化出版事业社，1958。

张国刚：《德国的汉学研究》，北京，中华书局，1994。

张树年主编，柳和城、张人凤、陈梦熊编著：《张元济年谱》，北京，商务印书馆，1991。

张振鹍主编：《中法战争》（"中国近代史资料丛刊续编"）第1—5册，北京，中华书局，1995—2006。

张寄谦：《哈佛燕京学社》，载《近代史研究》，1990(5)。

张静河：《瑞典汉学史》，合肥，安徽文艺出版社，1995。

阿英编：《甲午中日战争文学集》，北京，中华书局，1958。

陈三井：《略论马建忠的外交思想》，载《"中央研究院"近代史研究所集刊》，第3期下册(1972年12月)。

陈之迈：《蒋廷黻的志事与平生》（"传记文学丛书"之四），台北，传记文学出版社，1967。

陈平原、王枫编：《追忆王国维》，北京，中国广播电视出版社，1997。

陈平原、杜玲玲编：《追忆章太炎》，北京，中国广播电视出版社，1997。

陈平原、郑勇编：《追忆蔡元培》，北京，中国广播电视出版社，1997。

陈旭麓、顾廷龙、汪熙主编，齐国华、季平子编：《盛宣怀档案资料选辑之三·甲午中日战争》下册，上海，上海人民出版社，1982。

陈声暨、王真编：《石遗先生年谱》，见沈云龙主编：《近代中国史料丛刊》第 28 辑，台北，文海出版社影印。

陈垣：《敦煌劫余录》（"国立中央研究院历史语言研究所专刊"之 4），北平，国立中央研究院历史语言研究所，1931。

陈桥驿：《水经注研究二集》，太原，山西人民出版社，1987。

陈桥驿：《论胡适研究〈水经注〉的贡献》，见耿云志：《胡适研究丛刊》第 2 辑，北京，中国青年出版社，1996。

陈哲三：《陈寅恪先生轶事及其著作》，载《传记文学》，第 16 卷第 3 期（1970 年 3 月）。

陈彪：《洋务运动与维新运动的交合点——台湾民主国》，载《社会科学战线》，1986（2）。

陈鸿祥：《王国维年谱》，济南，齐鲁书社，1991。

陈寅恪：《陈寅恪史学论文选集》，上海，上海古籍出版社，1992。

陈寅恪：《金明馆丛稿二编》，上海，上海古籍出版社，1980。

陈寅恪：《寒柳堂集》，上海，上海古籍出版社，1980。

陈智超编注：《陈垣来往书信集》，上海，上海古籍出版社，1990。

陈舜政：《高本汉论中国经学》，载《中华文化复兴月刊》，第 8 卷第 2 期（1975 年 2 月）。

陈源：《西滢闲话》，深圳，海天出版社，1992。

林增平、李文海主编：《清代人物传稿》下编第 3 卷，沈阳，辽宁人民出版社，1987。

罗志田：《再造文明之梦——胡适传》，成都，四川人民出版社，1995。

罗根泽编著：《古史辨》第 4 册，北平，朴社，1933。

罗振玉：《集蓼编》，见《罗雪堂先生全集》第 5 编，台北，大通书局，1973。

罗振玉辑：《流沙访古记》，宣统元年（1909）排印本。

季云飞：《中法战争期间清政府的抗法保台策略》，载《历史研究》，1995（6）。

金应熙：《国外关于中国古代史的研究述评》，呼和浩特，内蒙古人民出版社，1994。

金绍城：《十八国游历日记》，见沈云龙主编：《近代中国史料丛刊续编》第21辑，台北，文海出版社影印。

金梁：《瓜圃述异》，见沈云龙主编：《近代中国史料丛刊续编》第24辑，台北，文海出版社影印。

周作人：《苦茶——周作人回想录》，兰州，敦煌文艺出版社，1995。

周锡山编校：《王国维文学美学论著集》，太原，北岳文艺出版社，1987。

《郑子瑜学术论著自选集》，北京，首都师范大学出版社，1994。

郑天挺：《五十自述》，见中国人民政治协商会议天津市委员会文史资料研究委员会编：《天津文史资料选辑》第28辑，天津，天津人民出版社，1984。

郑良树编著：《顾颉刚学术年谱简编》，北京，中国友谊出版公司，1987。

河海昆仑客（裴景福）：《河海昆仑录》，宣统元年（1909）排印本。

《驻德使馆档案钞》（美国国会图书馆藏写本），台北，台湾学生书局，1966年影印。

赵白生编：《中国文化名人画名家》，北京，中央编译出版社，1995。

赵杨步伟：《欧洲游记》，载《传记文学》，第6卷第6期（1965年6月）。

赵剑阳：《高本汉〈诗经注释〉评介》，载《中华文化复兴月刊》，第12卷第7期（1979年7月）。

赵清、郑城编：《吴虞集》，成都，四川人民出版社，1985。

赵遐秋主编：《徐志摩全集》第1—5卷，南宁，广西民族出版社，1991。

故宫博物院编印：《清光绪朝中日交涉史料》，北平，1932。

胡光麃：《百年来影响我国的六十洋客》，载《传记文学》，第38卷第3期（1981年3月）。

胡传：《台湾日记与启禀》，见沈云龙主编：《近代中国史料丛刊续编》第85辑，台北，文海出版社影印。

《胡适和诸桥辙次的笔谈》，见王元化主编：《学术集林》第 10 卷，上海，上海远东出版社，1997。

《胡适文存》，上海，亚东图书馆，1922。

《胡适文存二集》，上海，亚东图书馆，1924。

《胡适文存三集》，上海，亚东图书馆，1930。

《胡适论学近著》，上海，商务印书馆，1935。

《胡适的日记》（手稿本），台北，远流出版事业股份有限公司，1989。

《胡适留学日记》，台北，台湾"商务印书馆"，1959。

胡适等：《丁文江这个人》，台北，传记文学出版社，1979。

胡颂平编著：《胡适之先生年谱长编初稿》（校订版），台北，联经出版事业公司，1990。

思痛子：《台海思痛录》，载《近代史资料》，1983(1)。

钟叔河编：《周作人文选》第 1—4 卷，广州，广州出版社，1995。

饶宗颐：《中国史学上之正统论》，上海，上海远东出版社，1996。

姜义华主编：《胡适学术文集·新文学运动》，北京，中华书局，1993。

姜建、吴为公编：《朱自清年谱》，合肥，安徽教育出版社，1996。

姚柯夫编著：《陈中凡年谱》，北京，书目文献出版社，1989。

袁祥辅：《漫谈谭家菜》，见中国人民政治协商会议北京市委员会文史资料研究委员会编：《文史资料选编》第 24 辑，北京，北京出版社，1985。

耿云志、欧阳哲生编：《胡适书信集》上中下册，北京，北京大学出版社，1996。

耿云志：《胡适年谱》，成都，四川人民出版社，1989。

耿昇：《戴密微和〈吐蕃僧诤记〉》，载《中国敦煌吐鲁番学会研究通讯》，1985(1)。

耿昇整理：《戴密微》，载《中国史研究动态》，1979(6)。

莫东寅：《汉学发达史》，上海，上海书店，1989 年影印。

夏东元编：《郑观应集》下册，上海，上海人民出版社，1988。

夏晓虹编：《追忆梁启超》，北京，中国广播电视出版社，1997。

夏晓虹编：《梁启超文选》下集，北京，中国广播电视出版社，1992。

顾廷龙、叶亚廉主编：《李鸿章全集》第1—3辑，上海，上海人民出版社，1985。

顾廷龙校阅：《艺风堂友朋书札》上下册，上海，上海古籍出版社，1980。

顾炎武：《亭林文集》（《四部丛刊》本），上海，商务印书馆，1919。

顾学颉校点：《白居易集》第1—4册，北京，中华书局，1979。

顾颉刚编著：《古史辨》第2册，北平，朴社，1930。

顾潮编著：《顾颉刚年谱》，北京，中国社会科学出版社，1993。

钱仲联编著：《近代诗钞》，南京，江苏古籍出版社，1993。

钱基博：《现代中国文学史》，上海，世界书局，1935。

钱萼孙辑：《文芸阁先生年谱》，见王民信：《中国历代名人年谱汇编》第1辑，台北，广文书局，1971。

钱穆：《八十忆双亲 师友杂忆》，北京，生活·读书·新知三联书店，1998。

徐一士：《一士类稿》，见荣孟源、章伯锋主编：《近代稗海》第2辑，成都，四川人民出版社，1985。

徐建寅：《欧游杂录》（"走向世界丛书"），见钟叔河主编：《漫游随录 环游地球新录 西洋杂志 欧游杂录》，长沙，岳麓书社，1985。

徐瑞岳：《刘半农评传》，上海，上海文艺出版社，1990。

高平叔编：《蔡元培全集》第1—7卷，北京，中华书局，1983—1989。

高华：《三十年来美国"中国学"的研究趋向》，载《社科信息（武汉）》，1988(1)。

郭沫若著作编辑出版委员会编：《郭沫若全集·历史编》第3卷，北京，人民出版社，1984。

郭嵩焘：《伦敦与巴黎日记》（"走向世界丛书"），长沙，岳麓书社，1984。

唐振常:《吴虞与青木正儿》,见朱东润、李俊民、罗竹风主编:《中华文史论丛》总第 19 辑,上海,上海古籍出版社,1981。

唐锡椠:《近百年来西洋人之中国学研究》,载《中华文化复兴月刊》,第 6 卷第 11 期(1973 年 11 月)。

唐德刚:《胡适杂忆》,北京,华文出版社,1992。

浦江清:《清华园日记·西行日记》,北京,生活·读书·新知三联书店,1987。

陶振誉等:《世界各国汉学研究论文集》,台北,"国防研究院",1962。

《陶斋(端方)存牍》("'中央研究院'近代史研究所史料丛刊"之 30),台北,"中央研究院"近代史研究所,1996。

桑兵:《甲午战后台湾内渡官绅与庚子勤王运动》,载《历史研究》,1995(6)。

桑兵:《论庚子中国议会》,载《近代史研究》,1997(2)。

桑兵:《晚清民国时期的国学研究与西学》,载《历史研究》,1996(5)。

黄秀政:《乙未割台与清代朝野的肆应》,载《文史学报》(台湾中兴大学文学院),第 17 期(1987 年 3 月)。

黄侃:《量守文钞》,见王元化主编:《学术集林》第 1 卷,上海,上海远东出版社,1994。

黄振华:《法国敦煌学研究述略》,载《中国敦煌吐鲁番学会研究通讯》,1985(2)。

黄淳浩编:《郭沫若书信集》,北京,中国社会科学出版社,1992。

黄福庆:《近代日本在华文化及社会事业之研究》("'中央研究院'近代史研究所专刊"之 45),台北,"中央研究院"近代史研究所,1982。

黄濬:《花随人圣盦摭忆》,上海,上海书店出版社,1998。

萧乾:《负笈剑桥》,香港,三联书店香港分店,1986。

《萧乾选集》第 2 卷,成都,四川人民出版社,1983。

梅贻宝:《燕京大学成都复校始末记》,载《传记文学》,第 44 卷第 2 期(1984 年 2 月)。

龚继民、方仁念：《郭沫若年谱》（增订版），天津，天津人民出版社，1992。

盛成：《海外工读十年纪实》，长沙，湖南人民出版社，1986。

商务印书馆编辑：《张元济诗文》，北京，商务印书馆，1986。

阎纯德主编：《汉学研究》第 1 集，北京，中国和平出版社，1996。

梁启超：《中国近三百年学术史》，北京，东方出版社，1996。

梁启超：《饮冰室专集》第 1—10 册，台北，台湾"中华书局"，1972。

梁启超：《饮冰室文集》（乙丑重编），上海，中华书局，1916。

梁启超：《清代学术概论》，北京，东方出版社，1996。

梁容若：《中日文化交流史论》，北京，商务印书馆，1985。

董同龢：《汉语音韵学》，台北，文史哲出版社，1979。

董康著，傅杰校点：《书舶庸谭》，沈阳，辽宁教育出版社，1998。

蒋天枢：《陈寅恪先生编年事辑》（增订本），上海，上海古籍出版社，1997。

《蒋廷黻选集》，台北，传记文学出版社，1978。

蒋梦麟：《西潮》，沈阳，辽宁教育出版社，1997。

蒋梦麟：《新潮》，台北，传记文学出版社，1967。

辜鸿铭著、黄兴涛、宋小庆译：《中国人的精神》，海口，海南出版社，1996。

程美宝：《庚子赔款与香港大学的中文教育》，载《中山大学学报（社会科学版）》，1998(6)。

傅乐成：《傅孟真先生年谱》，台北，传记文学出版社，1979。

傅振伦：《蒲梢沧桑·九十忆往》，上海，华东师范大学出版社，1997。

傅振伦编著：《七十年所见所闻》，上海，华东师范大学出版社，1997。

《傅振伦文录类选》，北京，学苑出版社，1994。

《傅斯年全集》，台北，联经出版事业公司，1980。

释印顺编著：《太虚法师年谱》，北京，宗教文化出版社，1995。

《鲁迅全集》第 1—20 卷，北京，人民文学出版社，1989。

鲁迅博物馆藏：《周作人日记》（影印本），郑州，大象出版社，1996。

曾朴：《孽海花》，北京，华夏出版社，1995。

曾纪泽：《出使英法俄国日记》（"走向世界丛书"），长沙，岳麓书社，1985。

《蔡元培自述》，台北，传记文学出版社，1967。

裴景福：《睫暗诗钞》，上海，商务印书馆，1918。

缪荃孙：《艺风老人日记》，北京，北京大学出版社，1986 年影印。

缪荃孙：《艺风老人年谱》，见王民信：《中国历代名人年谱汇编》第 1 辑，台北，广文书局，1971。

黎庶昌：《西洋杂志》（"走向世界丛书"），见钟叔河主编：《漫游随录 环游地球新录 西洋杂志 欧游杂录》，长沙，岳麓书社，1985。

薛福成：《出使英法义比四国日记》（"走向世界丛书"），长沙，岳麓书社，1985。

（二）日文

一戸務：《しなの発見》，東京，光風館，1942。

大山梓編：《北京籠城記他》，東京，平凡社，1965。

五井直弘：《近代日本と東洋史学》，東京，青木書店，1976。

内藤虎次郎：《新しな論》，東京，博文堂，1924。

今関天彭：《近代しなの学芸》，東京，民友社，1931。

市古宙三監修，塚瀬進編集：《近代日中関係史研究論文目録：1946 年～1989 年》，東京，竜渓書舎，1990。

《吉川幸次郎全集》第 16—23 卷，東京，筑摩書房，1974—1976。

《那珂通世遺書》，東京，大日本図書株式会社，1915。

《貝冢茂樹著作集》第 1—4 卷，東京，中央公論社，1977。

《武内義雄全集》第 1—10 卷，東京，角川書店，1980。

青木正児：《江南春》，東京，平凡社，1972。

東亜同文会編：《対支回顧録》，東京，原書房，1968。

東亜同文会編：《続対支回顧録》，東京，原書房，1973。

服部先生古稀祝賀記念論文集刊行会編：《服部先生古稀祝賀記念論文集》，東京，富山房，1936。

法本義弘：《しな覚え書》，東京，蛍雪書院，1943。

胡適著，今関天彭訳：《しな禅学の変遷》，東京，東方学芸書院，1936。

後藤朝太郎：《しなの社会相》，東京，雄山閣，1926。

狩野直喜：《しな学文藪》，東京，みすず書房，1973。

神田喜一郎：《敦煌学五十年》，見《神田喜一郎全集》第 9 巻，京都，同朋舎，1984。

宮崎市定：《アジア研究》，京都，同朋舎，1978。

《桑原隲蔵全集》第 1—4 巻，東京，岩波書店，1968。

桑原隲蔵：《考史遊記》，東京，弘文堂書房，1942。

教育史編纂会編：《明治以降教育制度発達史》第 1—7 巻，東京，竜吟社，1938—1939。

梅渓昇：《お雇い外国人——概説》，東京，鹿島研究所出版会，1968。

常盤大定：《しな仏教史蹟踏査記》，東京，竜吟社，1938。

梁啓超著，小長榖達吉訳：《しな歴史研究法》，東京，改造社，1938。

梁啓超著，小野和子訳：《清代学術概論》，東京，平凡社，1974。

葛生能久：《東亜先覚志士記伝》，東京，黒竜会出版部，1936。

奥野信太郎：《随筆北京》，東京，第一書房，1940。

塩谷温：《中国文学概論》，東京，講談社，1983。

福井文雅：《欧米の東洋学と比較論》，東京，隆文館，1991。

榎一雄編：《敦煌の自然と現状》，東京，大東出版社，1980。

諸橋轍次：《しなの文化と現代》，東京，皇国青年教育協会，1942。

慶応義塾望月基金しな研究会編：《しな研究》，東京，岩波書店，1930。

濱田耕作：《貔子窩》（東方考古学叢刊甲種第一冊），東京，東亜考古学会，1929。

(三)韩文

金允植:《韩国近代文艺批评史研究》，汉城，一志社，1976。

(四)西文

"Berthold Laufer: 1874-1913", *Monumenta Serica*, vol. I, fasc. II (1935).

Ernst Schierlitz, "In Memory of Alexander Wilhelm Baron von Stael-Holstein", *Monumenta Serica*, vol. III, fasc. I (1938).

Gilbert Rozman ed., *Soviet Studies of Premodern China: Assessments of Recent Scholarship*, Center for Chinese Studies, The University of Michigan, 1984.

H. J. Lamley, "The 1895 Taiwan Republic", *The Journal of Asian Studies*, vol. 27, no. 4(Aug., 1968).

J. A. Fogel, *Politics and Sinology: The Case of Naitō Konan*, 1866-1934, Cambridge, Harvard University Press, 1984.

L. C. Goodrich, "Chinese Studies in the United States", *The Chinese Social and Political Science Review*, vol. 15, no. 1 (Apr., 1931).

Robert A. Rupen, "Cyben Žamcaranovič Žamcarano (1880—? 1940)", *Harvard Journal of Asiatic Studies*, vol. 19, no. 1/2 (Jun., 1956).

Shang-Ling Fu, "One Generation of Chinese Studies in Cambridge: An Appreciation of Professor H. A. Giles", *The Chinese Social and Political Science Review*, vol. 15, no. 1(Apr., 1931).

Yang Kun, "Marcel Granet: An Appreciation", *The Yenching Journal of Social Studies*, vol. 10(1939).

人名索引

四画

五画

九画

十一画

十三画

图书在版编目(CIP)数据

国学与汉学：近代中外学界交往录 / 桑兵著. —北京：
北京师范大学出版社，2024.3
（中华学人丛书）
ISBN 978-7-303-27239-6

Ⅰ. ①国… Ⅱ. ①桑… Ⅲ. ①汉学－研究－史料
Ⅳ. ①K207.8

中国版本图书馆 CIP 数据核字(2021)第 185194 号

| 营　销　中　心　电　话 | 010-58808006 |
| 北京师范大学出版社
新史学策划部微信公众号 | 新史学 1902 |

GUOXUE YU HANXUE: JINDAI ZHONGWAI XUEJIE JIAOWANGLU

出版发行：北京师范大学出版社　www.bnupg.com
　　　　　北京市西城区新街口外大街 12-3 号
　　　　　邮政编码：100088
印　　刷：北京盛通印刷股份有限公司
经　　销：全国新华书店
开　　本：730 mm×980 mm　　1/16
印　　张：21.25
字　　数：317 千字
版　　次：2024 年 3 月第 1 版
印　　次：2024 年 3 月第 1 次印刷
定　　价：89.00 元

策划编辑：谭徐锋	责任编辑：于东辉　段亚彤
美术编辑：王齐云	装帧设计：王齐云
责任校对：陈　民	责任印制：陈　涛　赵　龙